Johannes Haaf
Entgrenzungsfor

Johannes Haaf

Entgrenzungsformen

Zum Verhältnis von Recht und Demokratie in der transnationalen Konstellation

VELBRÜCK
WISSENSCHAFT

Diese Open Access Publikation wurde vom
Open Access Publikationsfonds der Sächsischen Landesbibliothek,
Staats- und Universitätsbibliothek und vom
Sonderforschungsbereich 1285 »Invektivität. Konstellationen
und Dynamiken der Herabsetzung«
der Technischen Universität Dresden
gefördert.

Diese Publikation wurde ursprünglich als Dissertation
an der Philosophischen Fakultät der Technischen Universität Dresden
eingereicht und angenommen.

Publikation: Velbrück Wissenschaft
Erste Auflage 2024
www.velbrueck-wissenschaft.de
Printed in Germany
ISBN 978-3-95832-371-1

Bibliografische Information der Deutschen Nationalbibliothek
Die Deutsche Nationalbibliothek verzeichnet diese Publikation in der
Deutschen Nationalbibliografie; detaillierte bibliografische Daten
sind im Internet über http://dnb.d-nb.de abrufbar

Inhalt

Einleitung

Dass Herrschaft und Recht sich ebenso bedingen wie entgegenstehen können, ist für das Gebilde des demokratischen Rechtsstaates ausführlich dokumentiert. Das Recht kann, als ihr Instrument, Herrschaft ermöglichen, befestigen oder maskieren. Zugleich kann das Recht auch, als ihr Widersacher, Herrschaft binden, infrage stellen und kontrollieren. Dabei geht es aber in den Diagnosen der Verflechtung genauso wie in den Rekonstruktionen des Widerspruches von Recht und Herrschaft in der Regel um das Verhältnis zwischen einheitlichen Entitäten. Der Rechts*staat* bezeichnet die Bündelung von Herrschaftskompetenzen und darüber hinaus einen Zusammenhang faktischer Gewaltmittel. Als *Rechts*staat stützen sich diese Kompetenzen und Mittel auf ein geschlossenes System verbindlicher Rechtsnormen. Ein *demokratischer* Rechtsstaat hat schließlich zur Aufgabe, Recht und Herrschaft als ein gegenwendiges Verhältnis einzurichten. Das Recht soll hier Herrschaft programmieren, also in gebundener Form ermöglichen. Den Angelpunkt dieses Verhältnisses bildet ein inklusives Verfahren der Gesetzgebung, das in der Lage ist, die Ausübung von Herrschaftsgewalt vollständig auf die Herrschaftsunterworfenen zurückzuführen.

In der transnationalen Konstellation franst dieses Verhältnis immer deutlicher von beiden Seiten aus und stellt so die Voraussetzungen des demokratischen Legitimationszusammenhanges ganz grundsätzlich infrage. Es gilt zu verstehen, wie sich die Verbindung von Recht und Herrschaft darstellt, sobald Recht nicht mehr allein als staatliches Recht auftritt und Herrschaft nicht mehr allein den Aktivitäten des Staates zugerechnet werden kann. Die beiden letztgenannten Entwicklungen werden seit geraumer Zeit als *Internationalisierung* und *Privatisierung der Politik* sowie als *Instrumentalisierung des Rechts* diskutiert.[1] Die entsprechenden Untersuchungen zeigen auf, dass Herrschaft nicht mehr nur in den Verfahren und Entscheidungen staatlicher Institutionen manifest wird. Und sie wecken Zweifel an der Vorstellung, dass das Recht sich weiterhin dazu eignet, Herrschaft effektiv zu bändigen, anstatt sie lediglich einzukleiden. Der sukzessive Ausbau von internationalen Organisationen sowie der Bedeutungszuwachs der zugehörigen Gerichtsbarkeiten haben ebenso wie die Tiefenstrukturen einer kapitalistischen Globalisierung zur Diffusion von Herrschaftskompetenzen geführt. Infolge der Zerfaserung politischer Herrschaft und der Differenzierung

1 Aus der kaum mehr zu überblickenden Literatur an dieser Stelle jeweils nur ein Beispiel: Zur *Internationalisierung* vgl. Zürn (2018), zur *Privatisierung* vgl. Zumbansen (2015) und zur *Instrumentalisierung* vgl. Brunkhorst (2012).

sozialer Macht vervielfältigen sich die Instanzen, die selbstständig auf das Recht als Mittel zur Definition von Verpflichtungen, Leistungen und Sanktionen zurückgreifen. In beiden Hinsichten und jeweils entlang der Verbindung von Recht und Herrschaft werden deshalb die Prämissen gesetzesförmiger Herrschaft fraglich, die der souveränitätszentrierten Demokratie- und Verfassungstheorie so lange ganz selbstverständlich als Fundament gedient haben.

Die Beobachtungen der Internationalisierung oder der Privatisierung greifen jedoch zu kurz. Politische Herrschaft, ihre Ausübung und Funktion, ist insofern keineswegs allein »international«, als es nicht nur um Verfahren zwischenstaatlicher Kooperation geht. Zu beobachten ist nicht bloß eine Erweiterung, sondern die Kompensation klassischer Staatsfunktionen. Die Europäische Union (EU) ist dafür sicherlich nur ein, wenn auch ein besonders profiliertes Beispiel.[2] Analog dazu kann die Bezeichnung als »privat« die Ermächtigungen gesellschaftlicher Organisationen sowie die regulatorischen Dynamiken der globalen Wirtschaft nicht adäquat ausdrücken. Diese Zuständigkeiten werden gerade nicht im Rahmen der entsprechenden Befugnisse »öffentlicher«, staatlicher Institutionen wahrgenommen, wie es die Unterscheidung öffentlich/privat nahelegt. Ebenso kann das Recht nur unzureichend als Ergebnis einer Instrumentalisierung beschrieben werden, in deren Zuge es zum Mittel der multiplen (»internationalen« oder »privaten«) Herrschaftsinstanzen wird, die dadurch ein staatliches Monopol der Rechtserzeugung sukzessive aufbrechen. Die Diagnose der Instrumentalisierung konzentriert sich auf die Vervielfältigung normativer Ordnungen infolge des Auswuchses von Herrschaftsfunktionen, ohne dass aber der Formwandel des Rechts selbst hinlänglich adressiert wird.

Weil die herkömmlichen Beschreibungen nicht mehr ausreichend tragen, ist es sinnvoll, erst einmal abstrakter anzusetzen, um die konzeptuellen und normativen Herausforderungen der Demokratie in der transnationalen Konstellation zu verstehen. Es zeigt sich dann, dass die doppelte Einheit von Recht und Herrschaft porös geworden ist. Infrage steht einerseits die Einheit der Herrschaft in der Form staatlicher Souveränität und andererseits die Einheit des Rechts als ein reflexiv geschlossenes Normensystem. Sowohl der Gegenstand als auch das Medium demokratischer Legitimation sind damit entfallen. Zwar kann kaum vom schlichten Niedergang des ehemals souveränen Staates gesprochen werden. In den Untersuchungen der *Internationalisierung* und *Privatisierung* wird aber deutlich, dass nicht länger von rechtsstaatlichen Delegationsmodellen der Herrschaft auszugehen ist. Herrschaft ist insofern diffus und

2 Zur Ausübung vormals staatlicher Herrschaftskompetenzen durch die EU im Rahmen einer funktionalen Konstitutionalisierung vgl. Isiksel (2016a), zum Phänomen der »Entstaatlichung« vgl. Grimm (2012: 78 ff.).

vielgestaltig, als deren Ausübung nicht als ein Zusammenhang von intern differenzierten Kompetenzen plausibel wird, die an den rechtsförmigen Willen des Volkes gekettet werden können. Zuständigkeiten überlappen sich, dehnen sich aus und kommen in Konflikt miteinander, ohne dass sich diese eigenständigen Verschiebungen durch höhere Instanzen hinreichend steuern lassen.

In der transnationalen Konstellation wird zudem, so legt es die Diagnose der *Instrumentalisierung* bereits nahe, ein einheitliches Recht als Medium der Begründung und Begrenzung von Herrschaft fraglich. Dieser Wandel reicht aber über die Vervielfältigung des Rechts hinaus. An die Stelle hierarchischer Geltungsbeziehungen treten die normativen Verstrickungen einer wesentlich entgrenzten Rechtsordnung. Es entsteht ein Recht, das Geltung und Zugehörigkeit nicht synonym versteht. Im klassischen, staatlich begründeten Bild ist Geltung als Folge der Zugehörigkeit und Zugehörigkeit als Folge der Geltung bestimmt: eine Norm gilt, weil die Norm zur Ordnung gehört, und sofern die Norm zur Ordnung gehört, gilt die Norm. Das Recht der transnationalen Konstellation entsteht hingegen mit und aufgrund der Überschreitung dieser festgesteckten Grenzen unterschiedlicher Rechtsordnungen – und damit, aus der Perspektive der einzelnen Ordnung, als ein Vorgang der Entgrenzung. In der transnationalen Konstellation geraten, anders gesagt, Projektionen kollektiver Selbstbestimmung nicht allein aus institutionellen, sondern aus (rechts-)strukturellen Gründen unter Druck. Die Idee der Selbstgesetzgebung ist rechtlich haltlos geworden, so dass das Verhältnis von Recht und Demokratie neu erschlossen werden muss.

Die Möglichkeiten, Herrschaft durch Recht zu erreichen und zu binden, werden in der transnationalen Konstellation prekär – hinsichtlich der Komplexität der Herrschaftsformen, aber auch mit Blick auf das Recht als zentrales Medium der Herrschaftslegitimation. Lediglich die Ausübung von Herrschaft in der Form gebündelter Kompetenzen kann ein einheitliches Recht institutionell abstützen, und lediglich ein exklusiv strukturiertes Recht ist in der Lage, Herrschaft in der Form von Delegationsmodellen einzurichten. Der Rechtsstaat kann somit als »Klammerbegriff« der gegenläufigen Perspektiven der Politisierung von Recht einerseits und der Verrechtlichung von Politik andererseits (Luhmann 1993: 422) nur dann Vorstellungen demokratischer Legitimation anleiten, wenn Herrschaft und Recht, einmal als ein Delegations- und einmal als ein Geltungszusammenhang, Einheiten bilden und sich dergestalt wechselseitig in Betrieb nehmen. Nur dann ist es sinnvoll, von *der* Legalität der Herrschaft (oder *der* Herrschaft der Legalität) zu sprechen, und nur dann kann es gelingen, die Frage demokratischer Legitimation mit der Teilhabe der Betroffenen an Verfahren allgemeiner Rechtsetzung zu beantworten. Sobald jedoch die beiden Voraussetzungen der Einheit des Rechts und der Herrschaft infrage stehen, muss ein demokratischer

Legitimationszusammenhang anders verstanden und eingerichtet werden. Nur wie?

Für diese Suche bietet es sich an, mit der Figur der subjektiven Berechtigung zu beginnen. Sie bildet seit langem ein zentrales Moment der rechtsförmigen Begründung und Begrenzung von Herrschaftsgewalt. Innerhalb des demokratischen Rechtsstaates hatte die Formulierung und Konkretisierung von (Grund-)Rechten von den revolutionären Anfängen an die Funktion, die Herrschaftsunterworfenen von der »substantielle[n] Gewalt von politischer Herrschaft und sozialer Macht [loszusprechen], die der Legitimation an öffentlich diskutierten und rational erweisbaren Zwecken weder willens noch fähig ist.« (Habermas 1971: 122) Dabei kann aber die Entgegensetzung von Herrschaft und Recht nicht, wie manchmal behauptet wurde, umstandslos auf die Unterscheidung von objektiver, »souveräner« Rechtsordnung und subjektiven, »freiheitlichen« Rechtsansprüchen abgebildet werden.[3] Um zu verhindern, dass aus rechtlichen Freiheiten ein Mittel staatlicher Herrschaft (vgl. Heller 2018) oder gesellschaftlicher Repression wird (vgl. Preuß 1976), musste und muss die Garantie von Rechten mit der egalitären Beteiligung der Rechtsträger:innen an deren Ausgestaltung verknüpft werden, oder: es muss ein Zusammenhang von Berechtigung und demokratischer Befähigung etabliert und gegen die Usurpationen der Herrschaft verteidigt werden. Schließlich sollte die Inanspruchnahme von Rechten es den Betroffenen ermöglichen, auf die Gestaltung und Ausübung der Herrschaft einwirken zu können.

Zur Debatte steht, ob dieser Zusammenhang von Berechtigung und demokratischer Befähigung unter den Bedingungen der transnationalen Konstellation[4] noch einmal eingerichtet werden kann. Inwiefern könnte die Gewährleistung von Rechten zur egalitären Transformation von Herrschaft beitragen, wenn – zugleich – die Voraussetzungen des demokratischen Rechtsstaates entfallen sind? Ich gehe diese Frage in der Folge von der rechtlichen Seite, genauer: vonseiten der Techniken transnationaler Rechtserzeugung an.[5] Der Vorteil dieser Herangehensweise

3 Etwa bei Neumann (1937: 543), für den sich ein »echte[r] Widerspruch« von Gewalt und Gesetz »bereits in der Doppelbedeutung des Wortes ›Recht‹ aus[drückt]. Denn Recht meint einmal das objektive Recht, d.h. das [...] der souveränen Gewalt zurechenbare Recht, zum anderen den Anspruch des Rechtssubjektes.«

4 Ein Wort zum Ausdruck der Konstellation: Er wird hier vor allem verwendet, um den Eindruck zu vermeiden, dass es sich um ein im strikten Sinne globales und historisch bestimmtes Phänomen handelt. Wenn von der transnationalen Konstellation die Rede ist, ist damit also weder gesagt, dass diese Konstellation *überall* ist, noch, dass diese Konstellation *jetzt und in näherer Zukunft* die einzige Konstellation von Recht und Herrschaft ist.

5 Dieses Vorgehen hat den offenkundigen Nachteil, dass so alle Herrschaftsformen, die nicht auf das Recht zurückgreifen, aus dem Blick geraten. Ich

besteht darin, dass die Möglichkeiten einer rechtsförmigen Legitimation von Herrschaft in differenzierter und begrifflich strukturierter Weise ermittelt werden können, ohne diese Analyse bereits mit der Untersuchung von konkreten Herrschaftsformen zu verquicken. Die Forderung, ein Herrschaftsphänomen rechtlich in den Griff zu bekommen, kann nicht von der Frage getrennt werden, wie das Recht beschaffen ist, also wie es um das Recht als Mittel steht, das eben diese Leistung erbringen soll.

Weil in der transnationalen Konstellation das Recht porös geworden ist, gilt es, die Gewährleistung und Ausweitung von Rechten auf ein Potential demokratischer Befähigung hin zu befragen. Dabei soll der Zusammenhang von Berechtigung und Befähigung wiederum auf eine Weise entfaltet werden, die Ressourcen einer nicht-etatistischen Beschreibung und Kritik transnationaler Rechtserzeugung bereitstellt. Wir haben es also mit einem Zirkel aus analytischen und normativen Aspekten zu tun. Ich stelle die Frage nach der Funktion der Rechte aufgrund der (vorläufigen) Einsicht in die spezifischen Kennzeichen der transnationalen Konstellation. Gleichzeitig können, so meine Hoffnung, die Antworten auf jene Frage dazu beitragen, diese Konstellation auf umfassendere Weise zu begreifen. Es geht mir also nicht darum, von Rechten als Rahmen von Recht und Politik bereits auszugehen, sondern darum, die demokratisch befähigenden Wirkungen der Garantie und Inanspruchnahme von Rechten unter den Bedingungen der transnationalen Konstellation zu evaluieren, die es auf diesen Pfaden erst zu fassen gilt.

Es sind schließlich zwei Thesen, die die Absicht dieser Studie umreißen, eine Analyseperspektive auf den Vorgang transnationaler Rechtserzeugung zu erarbeiten, die ein Potential demokratischer Befähigung beschreiben und dessen Grenzen bewerten kann. Ich argumentiere erstens, dass der *Zusammenhang von Berechtigung und demokratischer Befähigung* nicht auf die Teilhabe an Verfahren allgemeiner Rechtsetzung beschränkt ist. Die Formalisierung fundamentaler Rechte stellt Möglichkeiten der Rechtserzeugung auch abseits gesetzgeberischer Verfahren bereit und kann dazu beitragen, die Selbstsetzungen der Herrschaft zugunsten der Gleichberücksichtigung der Einzelnen zu durchbrechen. Ich möchte zweitens für den spezifischen Fall der transnationalen Konstellation zeigen, dass es die *Entgrenzungsformen* sind, die darüber entscheiden, ob die Gewährleistung von Rechten demokratisch befähigt

gehe allerdings, aufgrund der spezifischen Funktionen, die Recht für die Ausübung von Herrschaft erbringt, nicht davon aus, dass dies allzu viele sind. Ein Zugang von der anderen Seite, derjenigen der Herrschaft, wäre ebenfalls möglich, würde dann aber voraussetzen, unter der transnationalen Konstellation nicht vorrangig die Neukonfiguration von staatlichen Herrschaftsbefugnissen zu verstehen (vgl. Franzius 2014: 40 ff.), sondern den Begriff auf die Modalitäten der Verknüpfung dynamischer Herrschaftsformationen auszurichten (vgl. Volk 2019).

oder nicht. Unter Entgrenzungsformen verstehe ich die Techniken, die den Prozess transnationaler Rechtserzeugung prägen. Sie bedingen die normativen Verflechtungen, die für diesen Prozess charakteristisch sind, und entscheiden auf diese Weise über die demokratische Funktion der Rechte.

Die erste These bezieht sich auf den Zusammenhang von subjektiver Berechtigung und demokratischer Befähigung, die zweite These auf die Bedingungen, um diesen Zusammenhang in der transnationalen Konstellation zu etablieren. Die erste These ist interpretativ, sie erklärt auf dem Wege der Rekonstruktion, inwiefern Rechte ein Potential demokratischer Befähigung gegen die Selbstermächtigung der Herrschaft einrichten. Die zweite These ist kritisch, sie unterscheidet zwischen der bloßen Ausweitung von Rechten und der Wirkung der Befähigung, indem sie das Augenmerk auf die Entgrenzungsformen der transnationalen Konstellation richtet. Es ist durchaus möglich, die erste These zu verneinen und die zweite These zu bejahen. Dann müsste die Suche nach Möglichkeiten der Demokratisierung der transnationalen Konstellation anderswo als bei der ausgezeichneten Stellung von subjektiven Rechten beginnen. Es ist ebenso möglich, die erste These zu bejahen und die zweite These zu verneinen. Wenn sich allerdings der Prozess transnationaler Rechtserzeugung in das Bild der Normenhierarchie einfügen lassen würde, spricht erst einmal wenig dafür, die Idee der Selbstgesetzgebung als Grund der Herrschaftskritik aufzugeben.

Um diese beiden Thesen zu entfalten, skizziere ich zunächst den Zusammenhang von Berechtigung und demokratischer Befähigung im Rahmen eines prozeduralen Demokratieverständnisses und stelle dar, dass die demokratische Funktion der Rechte nicht mit dem Prinzip der Volkssouveränität kurzgeschlossen werden sollte. Ich erläutere danach den für die Analyse des Zusammenhanges von Berechtigung und Befähigung im Recht der transnationalen Konstellation zentralen Begriff der Entgrenzungsformen. Jeweils geht es somit darum, rechts- und demokratietheoretische Überlegungen miteinander zu verknüpfen, um ein sich weitgehend gewandeltes Verhältnis von Recht und Herrschaft zu erschließen und die Problematik der demokratischen Legitimation von Herrschaft durch Recht aufzuzeichnen, die sich aus diesen Wandlungen ergibt.

Berechtigung und demokratische Befähigung

Die Form der Demokratie ist von der Idee der Gleichberücksichtigung der Einzelnen nicht zu trennen. Das schließt die Ausgestaltung des geltenden Rechts ein. Ich verstehe deshalb »demokratische Befähigung« in der Folge als die Gleichverteilung der Möglichkeiten, an der Erzeugung von Recht teilzunehmen. Diese Möglichkeiten sind im modernen

Recht regelmäßig als subjektive Rechte festgehalten. Zwischen Berechtigung und Befähigung muss zwar unterschieden werden. Sofern Rechte aber als egalitäre Befugnisse der Rechtserzeugung fungieren können, ist es zumindest prinzipiell möglich, ein Potential demokratischer Befähigung auch abseits von Verfahren der Gesetzgebung zu lokalisieren und zu befestigen. In diesem Sinne deutet Claude Lefort die Menschenrechte als ein »generatives Prinzip« der demokratischen Form. Subjektive Rechte können demnach nicht nur als »Platzhalter« (vgl. Brunkhorst 2002; Kreide 2016), sondern als möglicher Brückenpfeiler der Demokratie auch in der transnationalen Konstellation fungieren. Diesen Gedanken möchte ich nun zuerst mit Blick auf die Konstellation des demokratischen Rechtsstaates plausibilisieren und dazu ein prozedurales von einem staatlich begründeten Demokratieverständnis unterscheiden.

Die Gleichverteilung der rechtsförmigen Teilhabemöglichkeiten wird in staatlich begründeten Demokratiemodellen entlang der kategorialen Rollenverteilung zwischen den Autor:innen und den Adressat:innen des Rechts erläutert. Von tragender Bedeutung ist dort das Prinzip der Volkssouveränität, denn demokratisch befähigend bedeutet in diesen Ansätzen, dazu berechtigt zu sein, an inklusiven Verfahren der Selbstgesetzgebung teilnehmen zu können. Das Recht erscheint hier als prozeduraler Zusammenhang inhaltlich ungebundener Normen, die für den Zweck der umfassenden Steuerung staatlicher Herrschaft in den Dienst genommen werden. Es ist das Mittel, um Verfahren allgemeiner Rechtserzeugung einzurichten und den Ergebnissen dieser Verfahren verbindlichen Charakter zu verleihen. Doch gerade weil modernes Recht inhaltlich ungebunden ist und aus gegeneinander differenzierten und miteinander verknüpften Verfahren der Erzeugung von Normen besteht, betont hingegen ein prozedurales Demokratiemodell die fluide Rollenverteilung zwischen Rechtsautor:innen und Rechtsadressat:innen. Es versteht Gesetz- und Verfassunggebung also nicht als den einzigen »echten« Ausdruck von Volkssouveränität. Rechte können demnach auch abseits der Beteiligung an legislativen Verfahren demokratisch funktional werden, weil ihre Inanspruchnahme auch abseits der Gesetzgebung – z.B. durch den Gang vor Gericht – Recht erzeugen kann. Denn entgegen einer weiterhin verbreiteten strikten Unterscheidung zwischen Rechtsetzung und -anwendung[6] wirken die Anwendungen einer Norm selbst wiederum normativ: Sie erzeugen neues Recht (oder Recht von neuem).[7]

6 »Es ist ein Irrtum, wenn auch ein weitverbreiteter, daß die Erzeugung des Rechts [...] mit der Gesetzgebung abgeschlossen oder gar in ihr allein beschlossen sei.« Diese Feststellung von Kelsen (1920: 17) trifft wenigstens auf die demokratietheoretische Forschungsliteratur immer noch weitgehend zu.

7 Vgl. dazu aus unterschiedlichen Perspektiven und mit unterschiedlichen Folgen für das Verständnis rechtlicher Normativität Müller (1997: 309 ff.), Müller-Mall (2012: 225 ff.), Möllers (2015: 179 ff.), Sheplyakova (2018).

Die Erzeugung von Recht etwa auf dem Weg der Rechtsprechung ist zwar von der Gesetzgebung zu unterscheiden. Das erweist sich schon daran, dass Gerichtsentscheidungen auf eine Klage angewiesen sind und als Anwendungsfall geltender Rechtsnormen dargestellt werden müssen, während die Gesetzgebung von sich aus aktiv werden kann und in nur geringeren Ausmaßen als Applikation von vorausliegenden (verfassungsrechtlichen) Normen erscheinen muss. Trotzdem ist der Unterschied unter dem Aspekt der Normgenese ein gradueller, denn die Einordnung einer Entscheidung als Rechtsentscheidung ist in jedem Fall – sowohl für das Gesetz als auch für das Urteil – von der Bezugnahme auf eine andere Entscheidung mit Rechtsqualität abhängig. Auch »gesetzte« Rechtsnormen sind prozedural aufgespalten und entgleiten dadurch der Fiktion des (volks-)souveränen Zugriffs. Wenn demnach die Herstellung rechtlicher Entscheidungen auf der legislativen Ebene nicht abgeschlossen ist, ist das Potential demokratischer Befähigung in Form der Rechte nicht auf die Gesetzgebung beschränkt.

Der Blick von den Rechten zum Recht ist für die Konstellation des demokratischen Rechtsstaates mittlerweile genauso vertraut wie umstritten. Das Verhältnis von Recht und demokratischer Herrschaft drückt sich in dieser Konstellation zusehends entlang der Garantie subjektiver Rechte aus, die, als Grund- oder Menschenrechte, den Prozess der Willensbildung mit verpflichtenden Ansprüchen konfrontieren.[8] Es besteht weitreichende Übereinstimmung in der Beobachtung einer zunehmenden »rechtlichen Internalisierung klassischer politischer Funktionen«,[9] die durch die Gewährleistung und den Ausbau subjektiver Rechte sowie den Bedeutungszuwachs der Gerichte vorangetrieben wird. »In der echten Welt der modernen repräsentativen Demokratie ist das Recht, ein Gericht davon zu überzeugen, ein Veto gegen eine bestimmte Politik einzulegen, mindestens so stark wie das Recht, für eine Änderung der Politik zu stimmen.« (Kumm 2010: 168)[10] Die Inanspruchnahme von Rechten wird so immer nachdrücklicher als ein zentrales Mittel des demokratischen Prozesses wirksam. Diese »Omnirelevanz der Grundrechte« (Schlink 1992: 50) und ein »judizialisiertes«[11] Demokratieverständnis wird von republikanischen Ansätzen dafür kritisiert, den Gestaltungsspielraum der Politik

8 Die Debatte, ob es sich hierbei (nur) um einen historischen oder (auch) um einen notwendigen Zusammenhang handelt, ist verzweigt. Für einen detaillierten Überblick vgl. Lacroix/Pranchère (2018). Zur Historizität des liberalen (um die Garantie der Individualrechte zentrierten) Demokratieverständnisses vgl. neuerdings Manow (2024).

9 »[...] viele klassische politische Funktionen sind heute im Wesentlichen vom Rechtssystem internalisiert.« (Thornhill 2018: 499)

10 Alle Übersetzungen stammen, soweit nicht anders ausgewiesen, von mir (J.H.).

11 Zur »Judizialisierung der Politik« vgl. hier nur Hirschl (2008).

zu beschneiden und Regelungen mit zweifelhafter demokratischer Legitimation hervorzubringen (vgl. exemplarisch Bellamy 2013). Hingegen betonen liberale Positionen, dass die Gleichbehandlung der Einzelnen nur mittels des effektiven Schutzes grundlegender Rechte, notfalls auch gegen die legislativen Beschlüsse, und einer starken Rolle der (Verfassungs-)Gerichte Genüge getan werden kann (vgl. exemplarisch Dworkin 1996). Zur Debatte steht also nicht die Figur der subjektiven Berechtigung als solche, sondern vielmehr die Frage, wie ein subjektiv-rechtlich strukturiertes Recht mit den voluntaristischen Gehalten kollektiver Selbstbestimmung in Einklang gebracht werden kann.

Augenscheinlich sind es dabei stets die befähigenden Wirkungen der Rechte, um die sich die Diskussionen über den Umgang mit der Tatsache drehen, dass das Recht maßgeblich auf die Sicherung und Herstellung individueller Handlungsmöglichkeiten in dieser spezifischen Form ausgerichtet ist. Die prominente Rolle, die Rechte einnehmen, ist Wesensbestimmung und normatives Programm: Modernes Recht ist das Recht und soll das Recht sein, das auf Rechten gegründet ist. Sie gelten zwar nur aufgrund objektiver Rechtsnormen. Zugleich werden subjektive Rechte jedoch, wie Luhmann festhält, als ein »objektives Recht besonderer Art« wirksam, weil sie das »Verhältnis« zwischen dem objektiven Recht und dem privaten Willen der berechtigten Personen thematisieren. Der Privatwille wird in dieser Form[12] zum »Determinationsgrund« der geltenden Rechtsordnung (Luhmann 1981a: 66). Rechte sind deshalb eine spezifische Kategorie des Rechts. Denn sie erzeugen »eine bloße Ermächtigung zum Handeln« (Colliot-Thélène 2011: 136) und sind somit selbst, um einen allzu bildlichen Ausdruck zu verwenden, eine Quelle normativer Verpflichtungen. Als Ermächtigungen können Berechtigungen das Recht mobilisieren und gestalten.[13] Im Unterschied zur bloßen Gleichbehandlung der Einzelnen nach den Maßgaben objektiver Normen etablieren subjektive Rechte somit einen »Anteil an der [...] Erzeugung von Rechtsnormen« (Kelsen 1960: 143). Sie erlauben es, an der Gestaltung der normativen Ordnung teilzunehmen und dadurch nicht einseitig rechtlicher Herrschaft, wie vorteilhaft sie auch sein sollte, unterworfen zu sein. Die Garantie subjektiver Rechte ist in diesem Sinne produktiv, weil sie die Fähigkeit hervorbringt, sich an der Erzeugung des Rechts zu beteiligen, über das Recht mitzubestimmen.[14] Eben dieses Po-

12 Entscheidend ist also, dass es sich um ein *Verhältnis*, nicht aber um ein *Vorrang*verhältnis handelt, dem zufolge das Recht die Aufgabe hätte, Ansprüche zu garantieren, die ihm z.B. in Form natürlicher Rechte vorausliegen. Dieses letztere Deutungsmuster bezeichnet Kelsen (1960: 136) zurecht als »ideologisch«.

13 Zum subjektiven Recht als »Gegenbegriff zum objektiven Recht« vgl. auch die historische Genealogie bei Auer (2014: 22 ff.).

14 Im Anschluss an die kritische Rekonstruktion durch Menke (2015: insb. 177 ff.). Rechte nehmen derart, wie auch Preuß (1979: 30) festhält, eine

tential wird neueren rechtskritischen Diskussionsbeiträgen zufolge nur als die andere Seite der Abstraktion und des Positivismus wirksam, die mit der spezifischen Form der Rechte verbunden ist.[15] Aber auch solche Kehrseiten können ein »Eigenleben« annehmen, und so stellen Rechte »durchaus ›Waffen‹ in gesellschaftlichen Konflikten dar, die auch den schwächeren Positionen zur Verfügung stehen.« (Buckel 2007: 314)

Die Befähigung subjektiver Berechtigung ist dabei von den prozeduralen Möglichkeiten der Inanspruchnahme von Rechten zu unterscheiden. Ein subjektives Recht im eigentlichen Sinne wäre ansonsten allein und ausschließlich die Fähigkeit zur Durchsetzung einer bestehenden Verpflichtung.[16] Die Klagebefugnis etwa ist jedoch aus dem determinierenden »Verhältnis« von Individualwillen und objektiver Ordnung abgeleitet, das die Kompetenzen zur gerichtlichen Durchsetzung des Anspruches begründet. Der Rechtsanspruch geht der Möglichkeit der Klage voraus, das Klagerecht ist die Folge des (tatsächlich oder vermeintlich verletzten) Anspruches.[17] Dabei führt es nicht weiter, innerhalb der Gruppe subjektiver Berechtigungen zwischen Kompetenzen und Freiheiten scharf zu unterscheiden.[18] Alle subjektiven Rechtspositionen implizieren – als ein spezifisches Determinationsverhältnis – ein rechtliches Können, weil sie die Möglichkeit markieren, einen verpflichtenden Anspruch zu formulieren. Das kann man auch so erklären, dass die Garantie von Freiheiten (als Rechte) immer »eine gewisse Souveränität« beinhaltet.[19]

Diese befähigenden Wirkungen der Rechte lassen sich nur unter Schwierigkeiten in ein staatlich begründetes Demokratiemodell und

»spezifische Funktion für die Organisation und Legitimation von Herrschaftsbeziehungen« wahr.

15 Zur Abstraktion vgl. Buckel (2007: 237 ff.), zum Positivismus vgl. wiederum Menke (2015).

16 Das ist allerdings die Position von Kelsen (1960: 139 ff.), der die Einklagbarkeit als wesentlich für ein subjektives Recht »im technischen Sinne« versteht.

17 Dies zeigt sich unter rechtssoziologischen Gesichtspunkten daran, dass es »[s]ehr typisch« zu den Zugangsbeschränkungen des Rechtssystems gehört, »daß ein Interesse an einer Gerichtsentscheidung in der Form einer Verletzung subjektiver Rechte behauptet werden muß.« (Luhmann 1993: 419)

18 So Alexy (1994: 220, 222) in seiner an Bentham und Hohfeld angelegten Systematisierung der Grundrechte und im Anschluss an den von Jellinek formulierten »scharfen Gegensatz« von Dürfen und Können, um dann jedoch festzuhalten, dass der »Begriff der Kompetenz [...] zur Erfassung der Struktur der Grundrechte unerläßlich [ist]«, denn die Beseitigung einer Kompetenz »läßt aus *begrifflichen* Gründen den Freiheitsgegenstand (den Rechtsakt vorzunehmen oder nicht vorzunehmen) entfallen.«

19 »Freiheit ist im Grunde die Befugnis oder Macht zu tun, was man will [...]. Keine Freiheit ohne Selbstheit und, *vice versa*, keine Selbstheit ohne Freiheit. Und also eine gewisse Souveränität.« (Derrida 2003: 42)

dessen Fokus auf die Autor:innenschaft des Rechts eintragen. Der Idee der Selbstgesetzgebung verpflichtet, drängt es darauf, dass der Inhalt und die Reichweite der Rechte in symmetrischen und ergebnisoffenen Prozeduren allgemeiner Rechtserzeugung formuliert und ausgestaltet werden (vgl. Maus 2011: 212 ff.). Nur insofern die Gleichverteilung der Rechte an ein legislatives Verfahren zurückgebunden ist, in dem über die Hinsichten dieser Gleichverteilung befunden wird, kann von demokratischer Befähigung qua subjektiver Berechtigung die Rede sein. Denn nur derart kann eine Usurpation der rechtlichen Bindungen durch die Aktivitäten nicht-majoritärer Institutionen, insbesondere durch die Verfassungsgerichte, verhindert werden. Je weniger es sich bei den gewährleisteten Rechten um das Ergebnis gesetzgeberischer Verfahren handelt, desto mehr nehmen diese den Charakter von »Fertigprodukten« (Günther 2011: 46) oder »Reflexrechten« an (Maus 2015: 142), die die Festsetzungen einer vorausliegenden normativen Ordnung schlicht widerspiegeln, anstatt die Rechtsträger:innen selbst mit der Ausgestaltung der Rechte zu betrauen. Hingegen kann ein prozedurales Demokratiemodell den Zusammenhang von Berechtigung und Befähigung unabhängig von konkreten Verfahren der Rechtserzeugung denken und so Wege eröffnen, um die Problematik der Herrschaftslegitimation auch jenseits der Matrix des demokratischen Rechtsstaates zu erschließen. Dass der Zusammenhang von Berechtigung und Befähigung nicht auf die Gesetzgebung beschränkt ist, bedeutet, dass Rechte auch anderswo Herrschaft auf die Gleichberücksichtigung der Einzelnen zurückführen können.

In der transnationalen Konstellation kann die Idee gesetzesförmiger Herrschaft, die dem staatlich begründeten Demokratieverständnis zugrunde gelegt ist, keinen Halt mehr finden. Schon unter den Bedingungen rechtsstaatlicher Herrschaft ist es rechtstheoretisch kaum plausibel, zwischen legislativen (recht*setzenden*) und anderen (rechts*anwendenden*) Verfahren strikt zu trennen. Alle Gewalten erzeugen Recht. Unter den Bedingungen transnationaler Rechtserzeugung wird aber, darüber hinaus, das Recht als Medium der demokratischen Herrschaftslegitimation fraglich. Die Inkorporation von Rechten in ein selbstbezügliches Verfahren der Gesetzgebung reicht als analytischer wie normativer Horizont nicht mehr aus, sobald das Recht selbst nicht mehr mehr entlang hierarchischer Ableitungsbeziehungen operiert. In der transnationalen Konstellation ist, so könnte man auch formulieren, die Beteiligung an der Rechtserzeugung notwendigerweise asymmetrisch, denn symmetrisch können Teilhabemöglichkeiten allein in Bezug auf ein einheitliches Produkt sein. Die »Zerfaserung des Verfassungsstaates« (Meinel 2014: 767) beschränkt jedoch die Determinationskraft legislativer Entscheidungen. Die Gesetzgebung als Vehikel demokratischer Legitimation kann die Ausübung von Herrschaft nicht länger vollumfänglich programmieren, sobald das Recht nicht mehr exklusiv strukturiert ist.

Diese Eigenschaften der internen Hierarchie und der formalen Einheit hat das Recht in der transnationalen Konstellation, wie gleich ausführlicher erläutert wird, eingebüßt. Angesichts der »Entgrenzung« des Rechts bleibt ein Projekt kollektiver Selbstbestimmung notwendigerweise partiell – und blockieren ein staatlich begründetes Demokratiemodell und die Idee der Selbstgesetzgebung die Suche nach anders gelagerten Potentialen transnationaler Demokratisierung. Vielversprechender als von institutionellen Blaupausen, die das Prinzip der Volkssouveränität global skalieren, ist es daher, von der »reale[n] Funktionalität« der Rechte (Peters 2021: 74) Ausgang zu nehmen und sie entlang eines prozeduralen Demokratieverständnisses kritisch auf die Begründung egalitärer Teilhabemöglichkeiten hin zu befragen.[20]

Der Begriff der Entgrenzungsformen

Die Auseinandersetzung mit der Problematik demokratischer Legitimation muss konsequent berücksichtigen, dass transnationales Recht ein Phänomen der Entgrenzung darstellt.[21] An die Stelle normativer Ableitungsbeziehungen treten hier die Interaktionen unterschiedlicher Rechtsordnungen, die sich miteinander verflechten und verstricken.[22] Diese Interaktionen konstituieren ein kompositives Recht aus einer Mehrzahl von füreinander bedeutsamen Normativitäten. Der technische Begriff der Rechtsordnung wird fraglich,[23] und an die Stelle von Beziehungen der »absoluten Normativität«[24] treten Beziehungen der »relativen Autorität«.[25] Von inter- oder supranationalen Organisationen und gubernativen Netzwerken bis hin zur Selbstregulierung von Unternehmen vervielfältigen sich die Institutionen und Verfahren, die ein staatliches Monopol

20 In dieser Hinsicht können (aber müssen nicht) Entwicklungen bedeutsam werden, die unter der Überschrift der Individualisierung völkerrechtlicher Normen seit geraumer Zeit diskutiert werden (vgl. u.a. Janis 1984; Henkin 1996; Parlett 2011; Peters 2014: 469 ff.).

21 Eine wichtige Inspirationsquelle für den in dieser Studie verwendeten Begriff der Entgrenzung ist Müller-Mall (2023: insb. 48 ff.).

22 Vgl. für den Ausdruck bzw. die Perspektive der Interaktion Young (2012), Dunoff (2012), Urueña (2016), Burchardt (2017).

23 Zum technischen Begriff der Rechtsordnung, entwickelt in der ersten Hälfte des 20. Jahrhunderts u.a. in den Untersuchungen von Kelsen und Santi Romano, vgl. Itzcovich (2012), zum Fraglichwerden vgl. Burchardt (2018), Taekema (2019).

24 In Umkehrung der Formulierung von Weil (1983).

25 Vgl. dazu die Arbeiten von Roughan (2013: 136 ff.; 2016). Der dort entwickelte Ansatz konzentriert sich allerdings auf Fragen der Legitimität, vgl. ähnlich auch Venzke/Mendes (2018).

der Rechtserzeugung relativieren. Transnationales Recht ist aber anhand dieser Multiplikation rechtserzeugender Instanzen noch nicht adäquat beschrieben, denn *jenseits des Staates* ist transnationales Recht zuallererst in seinem Modus oder Vollzug. Als Vollzugsform normativer Interdependenz fügt es sich nicht in die staatlichen Vorstellungswelten der souveränen Autorität und der hierarchischen Geschlossenheit ein.

»Entgrenzung« bezeichnet somit ein strikt normatives Phänomen. Die konzeptuellen Herausforderungen der transnationalen Konstellation bestehen nicht allein in der Vervielfältigung des Rechts.[26] Vielmehr bringt das Recht der transnationalen Konstellation die Interdependenz unterschiedlicher Normen und Ordnungen *rechtlich* hervor. Es erweist sich insofern als entgrenzt, als hierarchische Rechtsstrukturen in Adaptions- und Interaktionsbeziehungen eingebettet sind. Das betrifft auch den Verfassungsbegriff. Schließlich ist die Idee der Verfassung in zentralen Hinsichten mit Vorstellungen der Rechtseinheit verbunden, die hier entfallen sind. Als eine »Rahmenordnung« (Grimm 2012: 33), die die Produktion von Recht insgesamt regelt, kann die Verfassung in der transnationalen Konstellation nicht mehr fungieren. Doch das Faktum des Rechtspluralismus bedeutet nicht das Ende der Verfassung. Denn dass sich das Recht in der transnationalen Konstellation als porös erweist, sollte zugleich nicht so verstanden werden, dass Verhältnisse des normativen Vorranges ausgeschlossen sind. Die normativen Verstrickungen können die Form von (partikularen) Verfassungsstrukturen annehmen, die die zukünftigen Interaktionen und Adaptionen transnationaler Rechtserzeugung normieren.

Unter inhaltlichen Aspekten ist das Phänomen der Entgrenzung außerordentlich vielgestaltig. Es zeigt sich zum Beispiel, wenn im internationalen Investitionsschutz auf Regeln der *corporate social responsibility* Bezug genommen wird, um die völkerrechtlichen Verpflichtungen von ökonomischen Akteuren aufzuklären (vgl. Crow/Escobar 2018), oder in den Interaktionen zwischen internationalem Menschenrechtsschutz und humanitärem Völkerrecht einerseits (vgl. Orakhelashvili 2008) und internationalem Umweltrecht andererseits (vgl. Shelton 2010). Es ist auch am Rückgriff auf nationales Recht im Regime zum außerbörslichen Handel von Finanzderivaten (vgl. Horst 2019: 68 ff.), im Rahmen der internationalen Sportgerichtsbarkeit (vgl. Duval 2022), oder im Recht der Domainvergabe zu erkennen (vgl. Renner 2011: 169 ff.). Derartige Verknüpfungen können aber auch einfach am Grundsatz der

26 Demokratietheoretische Überlegungen weisen schon seit langem darauf hin, dass Verfahren dezentraler Rechtserzeugung kein Problem für das Allgemeinheitspostulat sein müssen, solange die prozeduralen Entscheidungsprämissen entlang der hierarchischen Stufungen beachtet werden, die den technischen Begriff der Rechtsordnung charakterisieren (vgl. Maus 1986a).

Völkerrechtsfreundlichkeit des Grundgesetzes illustriert werden (vgl. Payandeh 2009).[27] Er gebietet es, nationales Recht konform mit einschlägigen internationalen Bestimmungen auszulegen, unabhängig von dem Aufweis, dass jene Verpflichtungen explizit in die deutsche Rechtsordnung eingegliedert sind. Ein formaler Erzeugungszusammenhang wird auf diese Weise zugunsten normativer Interaktionen zurückgenommen, »[d]ie binäre Unterscheidung – innerstaatliche Geltung ja oder nein – wird ersetzt und aufgeweicht durch eine relative normative Bedeutung der völkerrechtlichen Vorgaben.« (Payandeh 2013: 403)

Im Rahmen des demokratischen Rechtsstaates entspricht die Konzentration von sämtlichen Herrschaftskompetenzen in den Institutionen des Staates einer stufenbauförmigen Konzeption der Rechts.[28] Erst dieses Korrespondenzverhältnis erlaubt es, die Ausübung von Herrschaft durchgängig rechtsförmigen Bindungen zu unterstellen. In der demokratischen Legitimation von Herrschaft durch Recht verschränken sich somit zwei Hinsichten. Mit Blick auf den Herrschaftscharakter – aus der Perspektive, *wie Herrschaft ist* – kann das Recht den Anspruch, Herrschaft zu binden, deshalb einlösen, weil und solange Herrschaft als ein Herrschaftsverband eingerichtet ist. (Historisch betrachtet ist der moderne Staat selbst das Resultat einer Entdifferenzierung von Herrschaft.) Aus dem Blickwinkel der Rechtsgeltung – aus der Perspektive, *wie Recht ist* – kann das Recht den Anspruch der Herrschaftslegitimation erfüllen, insofern es exklusiv strukturiert ist, also Normen allein aufgrund der Zugehörigkeit zur jeweiligen Rechtsordnung relevant werden. Die Begründung und Begrenzung von Herrschaft durch Recht setzt somit die Unterscheidung zwischen »eigenen« und »fremden« Rechtsnormen voraus, denn nur so lassen sich die delegierten Zuständigkeiten eindeutig bestimmen und Überschreitungen evaluieren. Unter den Bedingungen

27 Die normativen Interaktionen transnationaler Rechtserzeugung sind nicht auf die Rechtsprechung begrenzt. Sie zeigen sich zum Beispiel auch an der Formulierung der EU-Grundrechtecharta, die Rechte mit der »gleichen Bedeutung« auszustatten, wie sie ihnen in der Europäischen Menschenrechtskonvention (EMRK) verliehen wird. Diese Bezugnahme ist Ausdruck der historischen Tatsache, dass die Rechtsprechung des Europäischen Gerichtshofs für Menschenrechte (EGMR) im Rahmen der Entscheidungen des Gerichtshofs der Europäischen Union (EuGH), auch ohne EU-Mitgliedschaft der Konvention, regelmäßig strikt beachtet wurde. Sie vermeidet es jedoch zugleich, das Verhältnis zwischen beiden Rechtsordnungen in Relationen der Über- bzw. Unterordnung zu formalisieren. Vgl. dazu in historischer Perspektive de Búrca (2011), in eher idealistischer Perspektive Bogdandy (2022).

28 Vgl. die Beobachtung von Wahl (1981: 498), dass die »Lehre vom Stufenbau der Rechtsordnung« ein »exakt auf die Situation der Demokratie passendes Konzept« ist.

der transnationalen Konstellation wird dieses Korrespondenzverhältnis prekär. Anstatt von hierarchischen Ableitungsbeziehungen ist der Prozess der Rechtserzeugung von normativen Interaktionen bestimmt, die jene starre Unterscheidung aufweichen.

Dieser Formwandel des Rechts ist für den hier thematischen Zusammenhang von Berechtigung und demokratischer Befähigung von wesentlicher Bedeutung. Denn entgegen eines individualrechtlichen Verständnisses der Demokratie besteht der Sinn demokratischer Befähigung, wie bereits skizziert, nicht im Schutz objektiver Interessen, sondern in der Gleichverteilung rechtlicher Teilhabemöglichkeiten. Im Hinblick auf den Prozess transnationaler Rechtserzeugung treten dabei Fragen der institutionellen Zuständigkeit in den Hintergrund. Ob es vorrangig die judikativen oder die legislativen Instanzen sein sollen, die über die Garantie und den Inhalt der Rechte entscheiden, steht für die Konstellation des demokratischen Rechtsstaates im Zentrum der Debatte: Soll es den Gerichten oder den Volksvertretungen zustehen, über diese (Verfassungs-)Normen zu befinden? Solche kompetenziellen Fragen nach der Entscheidungsbefugnis sind mit der normativen Einheit des Rechts verknüpft. Die Gliederung der Gewalten beschreibt schließlich eine Gliederung der rechtserzeugenden Gewalten, die sich auf eine Gesamtheit von potentiell relevanten Normen beziehen muss, um sinnvoll zu sein. Theorien der Gewaltengliederung sind in der transnationalen Konstellation deshalb nicht länger aufschlussreich, um den Zusammenhang von Berechtigung und Befähigung zu bewerten. Es kann hier allein noch um die Fundamentalisierung,[29] nicht aber um die Konstitutionalisierung der Rechte gehen; also um die Gewährleistung von fundamentalen Rechten im Zuge der Verflechtungen transnationaler Rechtserzeugung, nicht aber um die Einrichtung und Konkretisierung einer einzigen (und in dieser Hinsicht: universalen bzw. globalen) Verfassung. Ob eine solche Fundamentalisierung der Rechte erreicht werden kann, ist von den Techniken abhängig, die den Prozess transnationaler Rechtserzeugung formieren. Sie entscheiden darüber, ob die Verstrickungen konkurrierender Ordnungen ein Potential demokratischer Befähigung entfalten können.

Der Begriff der Entgrenzungsformen arbeitet eine analytische Perspektive aus, um dieses Potential unter den Bedingungen rechtsnormativer Interdependenz zu beschreiben und zu evaluieren. Entgrenzungsformen

29 Vgl. dazu die historische Untersuchung von Stourzh (1989). Unter der Fundamentalisierung der Rechte versteht Stourzh, dass in der »allgemeinen[n] Rechtsüberzeugung« die Garantie individueller Rechte ein »grundlegender Bestandteil« der betreffenden Rechtsordnung ist (ebd.: 31). Konstitutionalisierung bezeichnet hingegen den formalen Vorrang gegenüber allen anderen Rechtsnormen. Dass dieser »Weg« von der Fragmentierung zur globalen Konstitutionalisierung noch einmal beschritten werden kann, für eine solche Gegenposition zur hier vertretenen These vgl. Murray/O'Donoghue (2017).

sind Techniken, die den Prozess transnationaler Rechtserzeugung ermöglichen und prägen, denn die normativen Interaktionen geschehen nicht ad hoc. Es handelt sich bei diesen Techniken weder um Mechanismen noch um Prinzipien: Interdependenz kann weder als mechanischer Umsetzungs- noch als ein prinzipiengetreuer Anwendungsvorgang angemessen erklärt werden. Als Techniken weisen sie vielmehr strukturelle Eigenschaften auf, die den Prozess der Entgrenzung formieren und ihm Gestalt geben. Entgrenzungsformen übertragen und erzeugen. Sie bedingen die normativen Interaktionen, die Gegenstand der Vermittlung sind. Zugleich erwecken jene Techniken der Vermittlung den Eindruck, sich gewissermaßen wie von selbst zu vollziehen. Sie reduzieren Komplexität und invisibilisieren die eigenen, formierenden Leistungen. Diesen Entgrenzungsformen kommen aber »weltbildende Wirkungen« zu.[30] Das führt in dieser Studie die Auseinandersetzung mit der Technik der Verhältnismäßigkeit vor Augen.[31] Die Vermittlung divergierender Rechtsordnungen auf den Pfaden der Verhältnismäßigkeitsprüfung erweist sich dabei notwendigerweise – hinsichtlich der Eigenschaften der Technik selbst – als unfähig, Verfassungsstrukturen und also Positionen egalitärer Berechtigung hervorzubringen. Es wird deutlich, dass die Expansion der Rechte sich selbst unterlaufen kann, sobald sie nicht als Formalisierung von gleichen Teilhabemöglichkeiten, sondern als situatives Verhältnis von materiellen Ansprüchen manifest wird.

Der Formwandel des Rechts ist mit der Zerfaserung und Diffusion von Herrschaft verknüpft. Der Begriff der Entgrenzungsformen betont aber, dass diese beiden Entwicklungen nicht derart miteinander verbunden sind, dass sich neue Formen souveräner Autorität konstituieren. Herrschaft und Recht bilden in der transnationalen Konstellation eben

30 Bomhoff (2021: 172) spricht von der Verhältnismäßigkeitsprüfung als einer »juristischen Wissenspraxis mit weltbildenden Wirkungen«.

31 Eine andere Vermittlungstechnik ist die *comitas*-Doktrin, die immer häufiger von internationalen Gerichten verwendet wird, um konkurrierende Zuständigkeitsbehauptungen zu berücksichtigen, aber auch dazu dienen kann, die Einbeziehung externer Normen anzuleiten (vgl. Schultz/Ridi 2017). Innerhalb der EU ist zudem das Prinzip der Subsidiarität für den Prozess der Konstitutionalisierung stets wichtiger geworden (vgl. Granat 2018). Es findet sich, als Mechanismus »indirekter Herrschaft« (Cassese 2015), mittlerweile auch explizit in der EMRK normiert und könnte zur Konkurrentin der etablierten *margin of appreciation*-Doktrin werden (vgl. Benvenisti 2018; Kleinlein 2019). In weniger dichten Interaktionskontexten ist schließlich seit einiger Zeit das *principle of systemic integration* in den Fokus gerückt, das die Berücksichtigung von weiteren relevanten (völkerrechtlichen) Normen betrifft (vgl. McLachlan 2005; Rachovitsa 2017), also explizit darauf ausgerichtet ist, Kompositionen konfligierender Rechtsregime bzw. -regeln zu forcieren.

keineswegs wieder Einheiten aus. Im Gegensatz dazu bleibt ein souveränitätszentrierter Zugriff gebunden an Vorstellungen formaler Rechtseinheit und der Delegation von Herrschaftskompetenzen – an die Möglichkeit, eindeutig *die* Fähigkeit zu bestimmen, über *das* Recht zu bestimmen –, ohne zu reflektieren, dass sich Recht und Herrschaft in der transnationalen Konstellation auf andere Weise zeigen. Die mit der Gewährleistung von subjektiven Rechten verbundenen Grenzen und Chancen eines demokratischen Legitimationszusammenhanges sind ausgehend von den spezifischen Kennzeichen transnationaler Rechtserzeugung zu betrachten, die mit staatsbezogenen Demokratietheorien nicht erfasst werden können. Jene Möglichkeiten sind nämlich in der transnationalen Konstellation nicht hinsichtlich einer einzelnen Rechtsordnung bestimmbar. Der Zusammenhang von Berechtigung und demokratischer Befähigung ist von den Techniken abhängig, die in den normativen Interaktionen zwischen einer Mehrzahl von Ordnungen wirksam werden. Diese *Politiken der Vermittlung* bleiben jedoch in der zeitgenössischen Auseinandersetzung unterbelichtet.

Dabei verbindet die disparaten Strömungen der gegenwärtigen demokratie- und verfassungstheoretischen Debatte, dass Rechte bei der Suche nach Antworten auf die Frage, wie »die Normativität des demokratischen Rechtsstaates in den transnationalen Raum übertragbar ist« (Möller 2015: 20), eine hervorgehobene Rolle spielen. Das zeigt sich in deliberativen wie in kontestativen Ansätzen transnationaler Demokratie. *Deliberative Konzeptionen* rücken den rationalen Austausch von Gründen in symmetrisch verfassten Diskursen und, davon ausgehend, die Funktion der Rechte, Verfahren und Foren der inklusiven Beratung und Entscheidung zu institutionalisieren, in den Mittelpunkt (vgl. Benhabib 2013; Gould 2014: 226 ff.; Forst 2015; 2019; Bohman 2016). Diese Beteiligungsmöglichkeiten sollen sich dabei nicht mehr auf die staatlichen Rechtsgemeinschaften allein erstrecken, sondern sind auf die Verflechtungen vielfältiger Herrschaftsformen hin auszurichten. Obwohl derartige Möglichkeiten nicht subjektiv-rechtlich verfasst sein müssen, sind Rechte in diesen Ansätzen ein tragendes Mittel demokratischer Legitimation. Denn Rechte bedeuten »die Fähigkeit zu haben, eine Meinung zu äußern und ein Handeln zu initiieren« (Benhabib 2016: 147), und sind somit für die formalen Verfahren und informellen Praktiken der intersubjektiven Begründung verbindlicher Entscheidungen häufig unerlässlich. Auch *kontestative Konzeptionen* erhoffen sich von Rechten die Wiederherstellung demokratischer Handlungsfähigkeit. Die Ausstattung mit und die Forderung nach gleichen Rechten zielt hier nicht auf Verfahren der selbstbezüglichen Beteiligung, vielmehr geht es um die Revision bereits getroffener Entscheidungen. Im Zentrum steht demnach nicht der Austausch von Gründen, sondern ein disruptiver, punktueller Rückgriff auf Rechtspositionen mit dem Ziel, sie gegen die geltenden

Bestimmungen zu vertiefen oder auszuweiten (vgl. Brunkhorst 2014: 380 ff.; Schaffer 2015; Teubner 2018a). Zur Praxis des *rights claiming* (vgl. Zivi 2012) zählen der radikale Einspruch gegen die Ausgestaltung und Verteilung von vermeintlich universellen Rechten (vgl. Wall 2014) ebenso wie Formen der strategischen Prozessführung, um den einzelnen Fall in performativer Absicht zu mobilisieren (vgl. Sheplyakova 2016).

Jedoch gehen sowohl deliberative als auch kontestative Konzeptionen transnationaler Demokratie regelmäßig von der grundlegenden Position der Rechte aus. Die demokratische Funktion der Rechte wird zwar durchaus unterschiedlich gefasst. Sie dienen einmal der Institutionalisierung von Beteiligungschancen und einmal der Mobilisierung konkurrierender Normdeutungen. In beiden Ansätzen ist aber die Inklusion in einen unitaristisch konzipierten Prozess der Rechtserzeugung von elementarer Bedeutung. Sie begreifen demnach das Potential demokratischer Befähigung jeweils als die Folge einer »Vergrundrechtlichung der Weltgesellschaft« (Brunkhorst 2002: 990). Die Rolle und Position subjektiver Rechte unterliegt in der transnationalen Konstellation jedoch weitreichenden Modifikationen. Sie kann nicht derart verstanden werden, dass, analog zur »zweistufigen Legalität« des demokratischen Verfassungsstaates,[32] das Recht im Singular mittels zugrunde liegenden (bzw. höherrangigen) Rechten gestaltet und transformiert wird. Die spezifischen Determinationsbeziehungen, die mit dem Status der Grundrechte einhergehen, können in der transnationalen Konstellation nicht umstandslos vorausgesetzt werden. Denn wie weit ein Recht und die mit dem Recht verknüpften Rechtserzeugungsbefugnisse reichen, wird nicht allein innerhalb der Rechtsordnung entschieden, der dieser Anspruch zugehörig ist, sondern ist von der Form der entgrenzten Interaktionen des Rechts abhängig.

Verfassungstheoretische Beiträge thematisieren hingegen schon seit längerer Zeit das Phänomen normativer Interdependenz, ohne jedoch die formierenden Wirkungen der Techniken hinreichend in den Blick zu nehmen, die jene Verknüpfungen und Verflechtungen transnationaler Rechtserzeugung anleiten. Das liegt vor allem daran, dass der Formwandel des Rechts und das Problem der transnationalen Verfassung regelmäßig als ein ethisches Problem aufgefasst wird. Mittels »konstitutioneller« oder »relationaler Imagination« (Thym 2019; Del Mar 2017) oder im Rahmen einer »Ethik der Responsivität« (Michaels 2019) soll ein angemessener Umgang mit den Verstrickungen divergierender Rechtsordnungen erreicht werden. Nicht wie, vielmehr dass Interaktionen hervorgebracht und abgestützt werden, bildet hier das Erkenntnisinteresse. Zentrales Anliegen ist es, den Solipsismus sich voneinander abschottender Rechtsordnungen aufzubrechen. Affirmiert wird deshalb ein »kontrapunktuelles Recht« (Maduro 2003), das die relevanten Ordnungen

32 Vgl. zum Begriff die Diskussion bei Grimm (1980).

und Normen in der Form eines »geordneten Pluralismus« (Delmas-Marty 2009) aneinander entfaltet. Dieser ethische Zugang wird eindrücklich im substantiellen Verfassungsbegriff der Vertreter:innen des *globalen Konstitutionalismus* manifest. Die Rechtsprechung soll hier eine Mehrzahl von Rechtsordnungen entlang geteilter Verfassungsprinzipien harmonisieren und dabei ein »Constitutionalist Mindset« mobilisieren (vgl. exemplarisch Peters 2009a; 2017). Aber auch in *systemtheoretischen Konzeptionen des Konstitutionalismus*, die weder einen substantiellen Verfassungsbegriff noch eine offene Diskursgemeinschaft voraussetzen, rücken Forderungen der »Responsivität« (Viellechner 2015) oder der »Konnektivität« (Kjaer 2018) ins Zentrum. In diesen Ansätzen ist das Projekt der Verfassung auf die Konsolidierung gesellschaftlicher Differenzierung, d.h. auf die Herstellung normativer Kompatibilität aus der jeweiligen Binnenperspektive funktional definierter Rechtsregime ausgerichtet (vgl. exemplarisch Teubner 2012; 2016). In beinahe idealistischen Wendungen wird dabei die Verfassung schließlich als ein vollkommen dezentrales System der Vermittlung konzipiert, ohne dass aber die formierenden Wirkungen und damit der politische Gehalt dieser Vermittlungen ausreichend Beachtung finden.

Angesichts dieser Leerstelle hat die Studie zum Ziel, eine Analyseperspektive zu erarbeiten und empirisch zu illustrieren, die den Formwandel des Rechts mit der Problematik des demokratischen Legitimationszusammenhanges verknüpft. Diese Analyseperspektive spielt gerade nicht Recht gegen Politik aus. Sie rückt vielmehr die Politiken der Vermittlung in den Fokus und stellt auf diese Weise Ressourcen einer nicht-etatistischen Beschreibung und Kritik transnationaler Rechtserzeugung bereit. Eine solche Kritik der transnationalen Konstellation kann nicht allein unter politischen Vorzeichen erfolgen. Denn das würde heißen, sich darauf zu beschränken, den kontingenten Charakter dieser Konstellation zu unterstreichen, ohne aber den Prozess transnationaler Rechtserzeugung als ein eigenständiges normatives Phänomen ernst zu nehmen. Das entgrenzte Recht der transnationalen Konstellation wäre dann bloß ein defizitäres, dem Prinzip der Volkssouveränität entgegenstehendes und dementsprechend neu zu gestaltendes Recht. Die Kritik kann aber auch nicht allein in rechtlichen Bahnen erfolgen. Das würde bedeuten, die »Berechnungen des Rechts«[33] als selbstverständlich hinzunehmen und die formierenden Wirkungen der eingesetzten Vermittlungstechniken außer Acht zu lassen. Es geht also darum, das Recht auf eine politische Weise zu denken.[34] Dass und wie das Recht der transnationalen Konstella-

33 »Das Recht ist das Element der Berechnung« (Derrida 1991: 33f.).

34 »Das Recht politisch zu denken heißt, die Akte der Normierung (*und Formierung*) zu untersuchen, die es hervorbringen.« (Menke 2015: 373, Herv. J.H.)

tion in Form gebracht wird, und was diese Formierungen mit den Möglichkeiten der Demokratie zu tun haben, ist das Thema dieses Buches.

* * *

Die Darstellung gliedert sich in zwei Teile, die den beiden eingangs skizzierten Thesen entsprechen. Zunächst geht es darum, ein prozedurales Demokratieverständnis zu explizieren und den weitläufigen Zusammenhang von Berechtigung und demokratischer Befähigung zu rekonstruieren. Ich stelle im *ersten Kapitel* dar, dass die demokratische Funktion der Rechte weder auf Verfahren allgemeiner Rechtserzeugung beschränkt ist noch komplett von der Idee der Volkssouveränität abgelöst werden kann. Habermas' Rekonstruktion des demokratischen Rechtsstaates zufolge sollen Rechte dazu dienen, einen rationalen Prozess der Rechtsetzung einzurichten, ohne dass aber die leitende Unterscheidung zwischen Begründungs- und Anwendungsdiskursen schlussendlich durchgehalten werden kann. Hingegen fokussieren die Überlegungen von Catherine Colliot-Thélène und Karl Ladeur auf ein Potential demokratischer Befähigung, das mit der Unbestimmtheit der Rechte einhergeht und sich demnach in einer Reihe von rechtserzeugenden Verfahren realisieren kann. In diesen Ansätzen wird jedoch die Differenz zwischen politischen und (privat-)rechtlichen Handlungsformen eingeebnet – mit der Folge, den Zusammenhang von Berechtigung und Befähigung entweder in die Motivation der Rechtsträger:innen oder einen anonymen Modus gesellschaftlicher Selbstregulierung zu verlegen. Über diese Alternativen hinaus argumentiere ich im *zweiten Kapitel*, dass fundamentale Rechte als ein Medium demokratischer Repräsentation operieren. Im Anschluss an Claude Lefort ist die Figur der Volkssouveränität immer bereits durch das Erfordernis der Repräsentation durchbrochen, das die Gleichberücksichtigung der Einzelnen, die für demokratische Gesellschaften wesentlich ist, erst hervorbringt. Auf diese Weise bedeuten fundamentale Rechte für Lefort ein »generatives Prinzip« der Demokratie, das den Selbstsetzungen der Herrschaft einen uneingelösten Anspruch der Gleichheit entgegen wendet.

Anschließend gilt es, die Bedingungen zu evaluieren, um diesen Zusammenhang von Berechtigung und Befähigung in der transnationalen Konstellation etablieren zu können. Während transnationales Recht regelmäßig auf die Frage der Produktion und die Unterscheidung zwischen staatlichen und nicht-staatlichen Verfahren der Rechtserzeugung enggeführt wird, lautet mein Argument, dass dieses Phänomen angemessener als Entgrenzung rechtlicher Ordnung konzipiert werden sollte. An die Stelle der hierarchischen Normgenese tritt ein konstitutiver Fremdbezug des Rechts, so dass der technische Begriff der Rechtsordnung fraglich wird. In der einschlägigen Debatte um die Verfassung der transnationalen Konstellation werden, wie ich im *dritten Kapitel* zeigen möchte, diese normativen Interaktionen transnationaler Rechtserzeugung jedoch sogleich von ethischen Erwägungen überlagert. Derart gelangen aber die formierenden Wirkungen der Vermittlung unterschiedlicher Rechtsordnungen (und also das Problem der Verfassung selbst) nicht ausreichend in den Blick. Der Begriff der Entgrenzungsformen konzentriert sich im Kontrast dazu auf die Techniken, die jene Verstrickungen ermöglichen und prägen. Sie sind von entscheidender Bedeutung für die Begründung subjektiv-rechtlicher Teilhabemöglichkeiten und somit für das Potential demokratischer Befähigung, das mit der Garantie und Ausweitung von Rechten verbunden sein kann. Das *vierte Kapitel* illustriert diese Formierungen anhand des Einsatzes der Verhältnismäßigkeitsprüfung im massiv umstrittenen Regime des internationalen Investitionsschutzes. Sie verspricht, die den ökonomischen Interessen entgegenstehenden Forderungen als Grundrechtsnormen zu operationalisieren. Die Technik der Verhältnismäßigkeit kann dieses Versprechen aber nicht halten, denn sie richtet die normativen Interaktionen transnationaler Rechtserzeugung als ein permanentes Abwägungsgeschehen ein, das nicht dazu in der Lage ist, die Position der Rechte am Grund des Rechts abzubilden und so einen Zusammenhang von Berechtigung und demokratischer Befähigung zu etablieren. Ihre Analyse verweist auf die Politik der Form als ein essentielles Moment sowohl der Beschreibung als auch der Kritik der transnationalen Konstellation.

I. Berechtigung und Befähigung

Um den Zusammenhang von subjektiver Berechtigung und demokratischer Befähigung in der transnationalen Konstellation evaluieren zu können, ist es nötig, ihn zuerst für das Gebilde des demokratischen Rechtsstaates zu entfalten. Hier konnte er sich in gesellschaftlichen Verfassungskämpfen wenigstens annäherungsweise herausbilden und in staatlichen Verfassungsnormen und -institutionen Form annehmen. Über die spezifischen historischen und institutionellen Weichenstellungen hinaus stehen jedoch in der transnationalen Konstellation die Prämissen des Rechtsstaates und damit die Rahmenbedingungen demokratischer Legitimation infrage: sowohl die Einheit der Herrschaft als auch die Einheit des Rechts sind als Voraussetzungen entfallen. Sobald das Recht sich als porös erweist, kann ein Verfahren allgemeiner Rechtserzeugung nicht mehr den Anspruch erheben, die Ausübung von (vormals staatlich gebündelter) Herrschaft auf umfassende Weise zu normieren. Das Recht als Medium der Demokratie wird fraglich. Im Vorgriff auf diese Diagnose, die noch ausführlicher zu plausibilisieren ist,[1] soll nun zuerst die demokratische Funktion der Rechte entlang einer prozeduralen Konzeption der Demokratie rekonstruiert werden. Denn um zu erforschen, ob der Zusammenhang von Berechtigung und Befähigung in der transnationalen Konstellation noch einmal etabliert werden kann, gilt es ihn zunächst für den demokratischen Rechtsstaat auf eine Weise zu entfalten, die diese prinzipielle Möglichkeit auszuweisen in der Lage ist. Im Kontrast zu einem staatlich begründeten Demokratieverständnis kann ein prozedurales Modell offen lassen, welche Verfahren einen demokratischen Legitimationszusammenhang im Wege des Rechts etablieren. Rechte können somit in diesem prozeduralen Verständnis die Gleichberücksichtigung der Einzelnen im Prozess der Rechtserzeugung auch jenseits der souveränitätszentrierten Figur der Selbstgesetzgebung abbilden.

Die Debatte um die Rolle und Funktion der Rechte in der Konstellation des demokratischen Rechtsstaates wird vielfach als ein Streit zwischen liberalen und republikanischen Ansätzen geführt. Sie ist in dieser Form auf den Charakter oder die Natur der Rechte ausgerichtet. Ausgehend von der Frage, wie Rechte beschaffen sind, werden sodann die Kompetenzen und maßgeblichen Institutionen demokratischer Herrschaft bestimmt. Rechte sind dabei entweder, wie liberale Positionen behaupten, Grenze und Schranke der Herrschaft oder, wie republikanische Positionen argumentieren, Gegenstand und Scharnier derselben. Sie sind demnach der Ausübung von Herrschaft entweder vorgegeben oder aufgetragen. In beiden Ansätzen steht damit die Frage, was es heißt, Rechte

1 Siehe dazu Einleitung zu *Teil II*.

zu besitzen, am Beginn der Diskussion.[2] Im liberalen Verständnis sind Rechte demokratischer Herrschaft vorgegeben, weil der Besitz von Rechten die Garantie individueller Freiheiten bedeutet. Im republikanischen Verständnis ist dagegen die Formulierung und Ausgestaltung der Rechte der Auftrag demokratischer Herrschaft, weil deren Inanspruchnahme immer schon ein reziprokes Verfahren der Rechtsbegründung impliziert. Die Institutionen und Verfahren demokratischer Herrschaft werden damit jeweils aus der Natur der Rechte abgeleitet. Je nachdem, ob die Konkretisierung von Rechten als ein Akt der Bestätigung oder als ein Akt der Herstellung gleicher Freiheiten aufgefasst wird, wird die Frage, wie ein demokratischer Prozess der Rechtserzeugung eingerichtet sein soll, unterschiedlich beantwortet. Diese unterschiedlichen Antworten kristallisieren in der Regel im Streit um die Befugnis von Verfassungs- bzw. Höchstgerichten, Entscheidungen der legislativen Instanzen unter Rekurs auf Grundrechtsnormen invalidieren zu können.

In dieser Untersuchung wird hingegen die Rechtserzeugungsfunktion thematisch, die mit der Gewährleistung von Rechten verbunden ist. Es geht also nicht zuerst darum, *wie* Rechte beschaffen sind. Statt zu fragen, ob sie als Gegenstand oder als Grenze demokratischer Herrschaft fungieren, rückt in den Fokus, *was* Rechte in Bezug auf die Ausübung von Herrschaft tun können. Es geht also um Rechte nicht als Zwecke, sondern als Mittel demokratischer Legitimation, als etwas, mit dem und durch das Herrschaft rechtsförmig eingerichtet und gestaltet werden kann. Das setzt wiederum voraus, das Recht nicht nur als ein Thema, sondern als Medium der Demokratie genauer in den Blick zu nehmen.

Ich kontrastiere eingangs, um den Zusammenhang von Berechtigung und demokratischer Befähigung in dieser Hinsicht auszuloten, ein staatlich begründetes und ein prozedurales Demokratiemodell. Sie beziehen jeweils die Gewährleistung von Rechten auf den Prozess demokratischer Rechtserzeugung und interessieren sich also für die mit Rechten einhergehenden Ver-Mittelungen von Herrschaft. Entlang dieser schematischen Gegenüberstellung möchte ich zeigen, dass allein ein prozedurales Demokratiemodell in den transnationalen Kontext übertragen werden kann, weil es den Zusammenhang von Berechtigung und Befähigung nicht auf Verfahren allgemeiner Rechtserzeugung – auf die Chance zur Teilhabe an selbstbezüglichen Verfahren der Gesetzgebung – beschränkt. Im prozeduralen Modell wirken also nicht nur politische Rechte als *politische* Rechte.

Ein staatlich begründetes Demokratiemodell stellt die Idee der Selbstgesetzgebung in den Mittelpunkt. Es beruht auf einem radikalen, weil

2 Vgl. die entgegenstehenden Konzeptionen von Dworkin (»Rechte *sind* politische Trümpfe« [Dworkin 1977: xi, Herv. J.H.]) und Bellamy (»Rechte *sind* immer eine Dreiecksbeziehung« [Bellamy 2013: 133, Herv. J.H.]).

vor-rechtlichen und von Verfahren der Autorisierung unabhängigen Verständnis von Volkssouveränität. Dementsprechend unterscheidet es kategorial zwischen den Autor:innen und den Adressat:innen gesetzlicher Regelungen mit dem Ziel der Programmierung staatlicher Herrschaft. Die Autor:innenschaft ist dabei mit der Funktion der Recht*setzung* identisch, während die Adressat:innenschaft die Verfahren der regelgebundenen Rechts*anwendung* betrifft. Dieses Modell ist insofern staatlich begründet, als es demokratische Herrschaftslegitimation entlang der strikten Opposition zwischen dem staatlichen Gewaltmonopol einerseits und einer unbedingten, der rechtsstaatlichen Ordnung vorausliegenden und zugleich auf die Gestaltung dieser Ordnung bezogenen Souveränität des Volkes andererseits versteht. Im Unterschied dazu betont ein verfahrenbezogenes Demokratiemodell den prozedural zerstreuten Charakter der Volkssouveränität. Die Souveränität des Volkes bildet hier nicht den normativen Vorraum von kategorial differenzierten Verfahren der Rechtsetzung und -anwendung, sondern entfaltet sich in der Gesamtheit der rechtserzeugenden Verfahren.

Im staatlich begründeten Demokratiemodell kann nur die Teilhabe an inklusiven Verfahren der Rechtsetzung demokratisch befähigen. Das betrifft auch und insbesondere die Formulierung und Konkretisierung von subjektiven Rechten. Die Verfassung- und Gesetzgebung wird in diesem Modell als alleiniger Ort der Manifestation von Volkssouveränität betrachtet, so dass unter Aspekten demokratischer Legitimation die Beteiligung an legislativen Verfahren von ausschließlicher Bedeutung ist. Der Gehalt ebenso wie die Reichweite der Rechte müssen deshalb an die Ergebnisse dieser Verfahren effektiv zurückgebunden sein. Andernfalls besteht die Gefahr der Usurpation durch die exekutiven und judikativen Instanzen. Somit ist im staatlich begründeten Demokratieverständnis »[n]ur von den Grundrechten aus [...] das Terrain der Volkssouveränität nicht zu betreten.« (Maus 2011: 367) Im Unterschied zur Identifikation von Teilhabe mit allgemeiner Beteiligung kann im prozeduralen Modell die Mobilisierung von Rechten auch abseits von Verfahren der Selbstgesetzgebung demokratisch funktional werden. Weil hier der Unterschied zwischen Rechtsetzung und -anwendung als ein gradueller Unterschied aufgefasst wird, bedeuten Rechte »partielle Rechtserzeugungsbefugnisse« (Sheplyakova 2016: 47), ohne dass diese Befugnisse mit den Anforderungen der Gewaltengliederung und der Gesetzesbindung staatlicher Herrschaft in Konflikt geraten müssen.

Sowohl ein staatlich begründetes als auch ein prozedurales Demokratiemodell verstehen unter Recht allein positives Recht, also einen Zusammenhang inhaltlich ungebundener Normen. In Abkehr von einer naturrechtlichen Auffassung ist die Existenz von Recht nicht von dessen inhaltlicher Richtigkeit, sondern von einer Entscheidung über dessen Geltung abhängig. Ein materiell gesättigter Rechtsbegriff scheidet schon deshalb aus, weil nur aufgrund seiner Änderbarkeit das Recht als Medium der Demokratie dienen kann: es muss vollumfänglich zur Disposition stehen, um demokratische Legitimation umsetzen zu können. Ein staatlich begründetes Demokratiemodell, das von der Entgegensetzung zwischen Volk und Staat Ausgang nimmt, bewegt diese Zuständigkeit, »letzte« Entscheidungen über geltendes Recht zu treffen. Es geht ihm um die Kraft, die Recht hervorbringt, und damit um den Grund oder den Ursprung rechtlicher Normen.[3] Zwar unterliegt jene Zuständigkeit selbst selektiven (prozeduralen) Normen und ist derart reflexiv verfasst. Dennoch besteht in diesem Modell ein Verhältnis der einseitigen Abhängigkeit: Geltendes Recht soll allein und ausschließlich aus den gesetzesförmigen Rechtsentscheidungen des Volkes hervorgegangen sein. Dass die Aktivitäten der judikativen und exekutiven Instanzen dem Willen des Volkes zugerechnet werden können, reicht zur Legitimation dieser Aktivitäten nicht aus. Sie müssen die legislativen Beschlüsse streng befolgen, weil nur so die Souveränität des Volkes im Wege des Rechts wirklich wird. Ein prozedurales Modell versteht hingegen die Allokation von rechtlich relevanten Argumenten nicht anhand der kategorialen Trennung zwischen gesellschaftlicher Basis und staatlichen Herrschaftsinstitutionen und dadurch die Gesetzgebung nicht als einzigen authentischen Ausdruck der Volkssouveränität. »Letzte« Entscheidungen kann es demnach schon deshalb nicht geben, weil sich die Herrschaft des Volkes und das Rechtsmedium *wechselseitig* konstituieren.

Unter den Bedingungen der transnationalen Konstellation kann nur noch ein prozedurales Demokratiemodell Halt finden. Diese Einschränkung betrifft nicht, wie manchmal behauptet wird, das Legitimationssubjekt.[4] Ein staatlich begründetes Demokratiemodell kann, entgegen einer kulturellen oder völkischen Definition, das Volk abstrakt bestimmen und allein auf die Teilhabe an der Gesetzgebung hin definieren. Der Begriff der Volkssouveränität *muss* somit nicht ein konkretes Subjekt voraussetzen, an dessen bereits bestehenden Willen dann die Ausübung von Herrschaft geknüpft wird.[5] Wohl aber muss ein einheitliches,

3 Die Formulierung der »hervorbringenden Kraft« des *pouvoir constituant* stammt von Böckenförde (1991a: 91), mit deutlichen Anklängen an Schmitt, für den die konstituierende Gewalt »Quelle aller Kraft« ist, die »immer neue Formen und Organisationen aus sich herausstellt, selber jedoch niemals ihre politische Existenz einer endgültigen Formierung unterordnet.« (Schmitt 2017b: 79)

4 Zur empirischen Möglichkeit einer globalen Demokratie unter diesem Aspekt vgl. Koenig-Archibugi (2010).

5 Das befürchtet etwa Raimondi (2014: 13): »Indem der Begriff der Volkssouveränität den Anspruch des Volkes in den geschlossenen Zirkel einer (identitären) Selbstbestimmung hineinzwängt, muss er das Subjekt der Selbstbestimmung entweder als Nation oder als völkische Substanz denken.«

»gebundenes« Objekt der Legitimation angenommen werden. Die Souveränität des Volkes, die auf die Begründung und Begrenzung (staatlich) gebündelter Herrschaft ausgerichtet ist, muss darüber hinaus das Recht als ein einheitliches Medium der Herrschaftslegitimation voraussetzen. Bezogen auf die Normenhierarchie des Rechts ist in diesem Modell der Wille des Volkes vor-rechtlicher Art und drückt, wiederum in Bezug auf das Recht (im Singular), ein unbeschränktes Können aus. Der Begriff der Souveränität bezeichnet demnach die Befugnisse der rechtsetzenden Gewalten, Herrschaft (im Singular) zu binden und zu kontrollieren. Ein staatlich begründetes Demokratiemodell geht somit von der Entgegensetzung und antagonistischen Trennung von Volk und Staat aus, die rechtlich als ein Verhältnis einseitiger Determination manifest werden kann und soll. Hingegen ist, wie in den folgenden Abschnitten nun ausführlicher erklärt wird, im prozeduralen Demokratiemodell die Idee der Volkssouveränität von Anfang an rechtsförmig gebunden und prozedural aufgespalten. Es kann deshalb in seinen Grundzügen auf den Fall der transnationalen Konstellation übertragen werden.

Im ersten Kapitel wird mit den Überlegungen von Jürgen Habermas zuerst der Versuch thematisch, den Zusammenhang von Berechtigung und Befähigung anhand der formalen Eigenschaften des Gesetzgebungsprozesses zu fassen. Die Auseinandersetzung mit Habermas ist deshalb relevant, weil dessen Rekonstruktion des demokratischen Rechtsstaates einerseits an der Figur der Selbstgesetzgebung festhält. Die Idee der Volkssouveränität wird diskurstheoretisch gewendet und, auf diese Weise »subjektlos« geworden (Habermas 1994: 170), als Gleichheit der Teilhabe an legislativen Verfahren konzipiert. Bei Habermas wird exemplarisch deutlich, dass Rechte als ein Mittel demokratischer Herrschaftslegitimation wirksam werden. Die Form der Rechte steht zwar nicht zur Disposition. Ein inklusiver Prozess der Rechtsetzung kann Habermas zufolge aber dieses Mittel derart in sich aufnehmen, dass es die Idee der Volkssouveränität nicht verletzen muss. Rechte können sodann nur in Bezug auf die Teilhabe an Verfahren der Gesetzgebung Legitimation vermitteln, in deren Zuge die Hinsichten rechtlicher Gleichbehandlung durch die Rechtsadressat:innen selbst formuliert werden. Zugleich und andererseits geht Habermas aber von der gegenseitigen Konstitution von Volkssouveränität und Rechtsmedium aus – eine Verhältnisbestimmung, die schließlich das Verfahren der Gesetzgebung als einzigen Ort demokratischer Rechtserzeugung relativieren muss. Ein derart eingeschränktes Primat der Gesetzgebung folgt bei Habermas aus der Unterscheidung zwischen rechtsbegründenden und rechtsanwendenden Diskursen, die an die Stelle der kategorialen Trennung von Rechtsetzung und -anwendung tritt. Habermas' Demokratiekonzeption ist also deshalb hier zu berücksichtigen, weil sie sich gewissermaßen auf der Grenze zwischen einem staatlich begründeten und einem prozeduralen Demokratiemodell bewegt.

Schließlich bleibt für Habermas zwar nicht das Verfahren der Gesetzgebung selbst, aber umso mehr dessen Anspruch auf Allgemeinheit ausschlaggebend. Die Auseinandersetzung mit den Überlegungen von Catherine Colliot-Thélène und Karl-Heinz Ladeur soll dementgegen einen ganz anders gelagerten Ansatz akzentuieren, dem zufolge der Zusammenhang von Berechtigung und demokratischer Befähigung unmittelbar von den Eigenschaften subjektiver Berechtigung her zu verstehen ist. Damit wird das Panorama des prozeduralen Demokratieverständnisses über Habermas hinaus (und oftmals gegen ihn) um Positionen erweitert, die das Ideal der Volkssouveränität sowie Verfahren der Selbstgesetzgebung als Fluchtpunkte der Herrschaftslegitimation konsequent aufgeben. Demokratisch befähigen Rechte hier, weil und wenn sie zur Ausweitung rechtlicher Gleichheit dienen (Colliot-Thélène) oder einen Prozess gesellschaftlicher Selbstorganisation abstützen (Ladeur). Von zentraler Bedeutung ist dabei jeweils die Unbestimmtheit der Rechte. Es wird sich jedoch zeigen, dass jene Positionen die Gleichverteilung von Teilhabemöglichkeiten entweder normativistisch überspannen oder funktionalistisch deflationieren.

Angesichts dieser unbefriedigenden Alternativen geht es im darauffolgenden Kapitel darum, mit Hilfe von Claude Lefort die Gewährleistung fundamentaler Rechte als ein Medium demokratischer Repräsentation zu entwickeln und so den Zusammenhang von Berechtigung und Befähigung noch einmal anders zu fassen. Diese Rekonstruktion greift Einsichten der vorausgegangenen Diskussion auf. Denn zum einen kann aufgezeigt werden, dass, *pace* Habermas, die demokratietheoretische Forderung der wechselseitigen Konstitution von Volkssouveränität und Recht nicht allein auf den Pfaden der Gesetzgebung eingelöst werden kann. Zum anderen wird deutlich, dass sich, *pace* Colliot-Thélène und Ladeur, der Zusammenhang von subjektiver Berechtigung und demokratischer Befähigung nicht ohne Weiteres auf die Form der Rechte übertragen lässt. Das Verständnis der Rechte als ein Medium demokratischer Repräsentation, das mit Lefort tiefer ausgeleuchtet wird, geht hingegen davon aus, dass die Souveränität des Volkes allein in rechtserzeugenden Verfahren Ausdruck findet, ohne aber in diesen Verfahren vollends ausgedrückt werden zu können. Die Volkssouveränität ist also, wie Albrecht Wellmer betont, »gleichsam als überall und nirgends im demokratischen Rechtsprozeß lokalisiert [zu] denken« (Wellmer 1998: 276). Sie ist *überall*, weil Volkssouveränität »in jedem Akt der Gesetzgebung und Rechtsprechung anwesend gedacht werden muß.« (ebd.) Entgegen einer eindeutigen Differenzierung zwischen Verfahren der Rechtsetzung und Verfahren der (bloßen) Anwendung von Recht ist politische Selbstbestimmung demnach nicht eindeutig zu lokalisieren. Auch in exekutiven und judikativen Verfahren, die die legislativen Entscheidungen in der Form von administrativen Vorgängen und juridischen Urteilen konkretisieren, wird die Souveränität des Volkes manifest.[6] Zugleich ist die Herrschaft des Volkes zwingend auf Akte der Repräsentation angewiesen und kann deshalb »niemals in reiner Form gegenwärtig sein« (ebd.). Volkssouveränität ist nicht als solche vorhanden, weil ein singulärer Wille des Volkes weder praktisch noch epistemisch unabhängig von den Verfahren seiner (rechtsförmigen) Herstellung bestehen kann. Praktisch ist Volkssouveränität ein Produkt der Autorisierung. Vor der Auszeichnung von Personen und Institutionen, die im Namen des Volkes sprechen, kann allein die pure Vielfalt der »Menge« (Hobbes) existieren. Doch selbst wenn ein ursprünglicher Volkswille, etwa in der imaginären Gestalt des nationalen Volkes (Schmitt), existieren sollte, kann dessen normativer Gehalt nur mittels Verfahren ermittelt werden, die ihn immer nur vorläufig ausdrücken.

In dieser Differenz zwischen der Souveränität des Volkes und den rechtserzeugenden Verfahren, die den jeweiligen Willen des Volkes formulieren wie formieren, ist für Lefort der Zusammenhang von Berechtigung und Befähigung begründet. Als ein Medium demokratischer Repräsentation mobilisieren Rechte ein formales Gleichheitsprinzip gegen die Selbstsetzungen der Herrschaft des Volkes. Weil, wie auch Wellmer hervorhebt, die rechtsförmigen Manifestationen volkssouveräner Herrschaft nicht auf Verfahren der Gesetzgebung beschränkt sind, kann dieser Zusammenhang von Berechtigung und demokratischer Befähigung *überall* im Recht wirksam werden. Zugleich kann diese Entgegensetzung gleicher Rechte nicht selbst den Ausdruck objektiver Allgemeinheit annehmen: Das Potential demokratischer Befähigung besteht vielmehr darin, die substantiellen Bestimmungen der Volkssouveränität mit der Gleichberücksichtigung der Einzelnen als deren eigenen, uneingelösten Anspruch zu konfrontieren und auf diese Weise offen zu legen, dass die Souveränität des Volkes *nirgends* ist. Fundamentale Rechte können die Souveränität des Volkes gegen sie selbst wenden – und zwar überall im Recht.

Mit Lefort ist somit der Zusammenhang von Berechtigung und demokratischer Befähigung nicht auf Verfahren der Gesetzgebung begrenzt: So verstanden können Rechte nur dann demokratisch befähigen, *wenn*, wie Habermas sagt, die Hinsichten der Gleichberechtigung durch die Rechtsträger:innen selbst formuliert werden. Der Zusammenhang wird mit Lefort aber auch nicht aus dem Horizont der Volkssouveränität herausgelöst: In dieser Perspektive können Rechte deshalb demokratisch befähigen, wie Colliot-Thélène und Ladeur argumentieren, *weil* sie notwendigerweise unterbestimmt sind. Im Kontrast zu diesen beiden Alternativen sind Rechte in der Lage, Volkssouveränität egalitär zu

6 Wie Möllers (2008: 176) festhält, sind hinsichtlich der Distanz zum Volk alle Gewalten »gleich nah«.

durchbrechen und die Substanz institutionalisierter Herrschaft zu »leeren«. Die Garantie und Inanspruchnahme von fundamentalen Rechten wendet der Herrschaft *des* Volkes ein formales Prinzip demokratischer Repräsentation entgegen. Rechte wirken auf diese Weise als ein generatives Prinzip der Demokratie.

1. Eine Demokratie der Rechte

> *»Das Recht ist zugleich Thema und Medium der Demokratie.«*[1]

1.1 Die Allgemeinheit des Gesetzes

Ein »System der Rechte« steht am Anfang der Auseinandersetzung mit der Frage, wie subjektive Rechte ein Potential demokratischer Befähigung erzeugen können. Es steht hier am Anfang, weil Habermas mit diesem System ein auf die Garantie von Rechten ausgerichtetes Recht mit diskursiven Verfahren der Gesetzgebung als Modell egalitärer Teilhabemöglichkeiten verbindet. Jene Verbindung ist bei Habermas auf Verfahren der Recht*setzung* ausgerichtet, ohne jedoch den fraglichen Zusammenhang von Berechtigung und Befähigung mit der Figur der Selbstgesetzgebung schlichtweg zu identifizieren. Sein Ansatz stellt so einen geeigneten Ausgangspunkt dar, um die normativen Herausforderungen zu vermessen, diesen Zusammenhang in den transnationalen Kontext zu übertragen. Die Idee subjektiver Freiheit in Form der Rechte und die Idee der Volkssouveränität »bestimmen« Habermas zufolge das »Selbstverständnis demokratischer Rechtsstaaten bis heute.« (Habermas 1994: 124) In Habermas' Rekonstruktion dieses Selbstverständnisses wird die Verknüpfung der beiden Dimensionen als ein gegenläufiger Prozess aufgefasst, in dessen Zuge sich das Rechtsmedium und die Souveränität des Volkes wechselseitig konstituieren. Das Recht und insbesondere die Gewährleistung von Rechten soll der Idee der Volkssouveränität nicht vorausliegen oder *vice versa*, vielmehr geht es um den »gleichwertig[en]« Schutz individueller und kollektiver Selbstbestimmung (ebd.: 163). Dabei explizieren die Verfahren kollektiver Selbstbestimmung den strikt artifiziellen Charakter einer um den Schutz individueller Selbstbestimmung zentrierten Rechtsordnung.[2] Zum einen können somit für Habermas Rechte allein bezogen auf das Verfahren der Gesetzgebung demokratisch befähigen. Nur dort hat der Zusammenhang von Berechtigung und Befähigung einen Platz, weil nur dort die Unterwerfung unter ein bestimmtes Programm der Rechte zugunsten der Selbstbestimmung der Rechtsträger:innen aufgebrochen wird. Infolge der konsequenten Ausrichtung auf die Bedingungen freiheitlicher Rechtsetzung erweist

1 Günther (1994: 471).

2 Modernes Recht bezeichnet »ein Stück artifiziell erzeugter sozialer Realität [...], die nur auf Widerruf existiert« (Habermas 1994: 57).

sich Habermas aber zum anderen (zumindest in Teilen) als Vertreter einer prozeduralen Demokratiekonzeption, die Rechte auch abseits legislativer Verfahren als demokratisch befähigend erachtet. Gerade weil das Verhältnis von Recht(en) und Volkssouveränität als ein Verhältnis der wechselseitigen Konstitution aufgefasst wird, reicht bei Habermas, so möchte ich im Folgenden zeigen, der Zusammenhang von Berechtigung und Befähigung über die Idee und Verfahren der Selbstgesetzgebung hinaus.

1.1.1 Funktionalität und Legitimität

Die Rekonstruktion des demokratischen Rechtsstaates,[3] die Habermas in *Faktizität und Geltung* unternimmt, geht von den spezifischen Eigenschaften modernen Rechts aus. Dazu gehört, dass das Recht auf die Garantie subjektiver Freiheiten festgelegt ist. Es stellt in dieser Form die Lösung für ein grundsätzliches Problem sozialer Integration bereit. Das Problem besteht darin, dass mit der zunehmenden Komplexität des Sozialen ein andauerndes wie tiefgreifendes Konfliktpotential einher geht. Unter den »profanisierten« Umständen sozialer Reproduktion (Habermas 1994: 42) kann Gesellschaft ausschließlich auf den ungewissen Pfaden sprachlicher Verständigung gelingen. Das bedeutet, dass die Koordination von Handlungen und Zielen allein durch den freiwilligen Austausch von Gründen und durch ein objektiv hergestelltes Einvernehmen bewerkstelligt werden kann. Zugleich machen aber Entwicklungen der gesellschaftlichen Differenzierung gemeinsame Regelungen erforderlich, die das Vermögen ausschließlich illokutionärer Verpflichtungen übersteigen und deshalb das Recht als Instrument sozialer Organisation alternativlos werden lassen. Es ist in dieser rudimentären Form einer universellen (moralischen) Begründung nicht zugänglich, sondern wird historisch vorgefunden (vgl. ebd.: 143).[4] Dabei ist der »Bezug« auf das Recht der Rechte dasjenige Merkmal, das den klassischen und den modernen Demokratiebegriff voneinander trennt (Habermas 2009a: 154). Die Geschichte des Rechts und die Geschichte der Demokratie sind miteinander verknüpft.

In der diskurstheoretischen Rekonstruktion des demokratischen Rechtsstaates, die Habermas unternimmt, ist demnach in der Funktionalität des

3 Zur Methode der »rationalen Rekonstruktion« vgl. Patberg (2018: 112 ff.).

4 Zur Kritik einer (bloß) funktionalen Begründung der Rechte bei Habermas vgl. z.B. Forst (1999). Siehe außerdem Habermas' (2011a) neuere Überlegungen zum Zusammenhang der Menschenrechte mit dem Konzept der Menschenwürde. Vgl. dazu auch Hoesch (2017) sowie zur systematischen Verknüpfung von Menschenrechts- und Würdediskurs neuerdings Pollmann (2022).

Rechts dessen Legitimität enthalten. Legitimes Recht ist funktionales Recht, denn Rechtsnormen erlauben einen angemessenen Umgang mit dem Zuwachs strategischer Interaktionen im Hinblick darauf, dass sich Sozialintegration und die Koordination von gesellschaftlichen Zielen nur noch auf Ressourcen der intersubjektiven Überzeugung stützen können. »Angemessen« bedeutet dabei, dass das Recht dazu in der Lage ist, Relationen intersubjektiver Normbegründung auf die Ebene der sozialen Organisation zu übertragen.[5] Das wiederum ist nur möglich, weil das Recht, analog zur sprachlichen Praxis, ein faktisches und ein kontrafaktisches (ideales) Element miteinander verbindet, es also »gleichzeitig auf der Androhung äußerer Sanktionen wie auf der Unterstellung eines rational motivierten Einverständnisses beruht.« (Habermas 1994: 23) Das Recht kann demnach integrativ wirken, weil und insofern es ein faktisches und ein ideales Moment voneinander unterscheidet *und* miteinander verbindet. Durch und durch illegitimes Recht kann es demnach schon aus funktionalen Gründen nicht geben: Das Recht empfiehlt sich als Mittel der Vergesellschaftung gerade deshalb, weil es die Spannung zwischen sozialer Geltung und normativer Gültigkeit ausdrückt, es also die (moderne) Spannung zwischen dem, wie es ist, und dem, wie es sein sollte, exponieren kann.

Im Rechtsmedium verständigen sich die Adressat:innen selbst über die verbindlichen Regelungen strategischer Interaktionen. Weil Recht sowohl zwingend als auch zwanglos »gilt«, kann es Handlungen koordinieren, ohne die praktische Reichweite kommunikativer Verständigung einzuschränken. Positives Recht wird also genau dann als Medium der Sozialintegration funktional, wenn es sich um legitimes Recht handelt, d.h. wenn jede Norm die Revision einer strategischen Perspektive zugunsten der Perspektive reziproker Normbegründung aufgrund der realen Beteiligung an den Verfahren erlaubt, die das Recht setzen. Die Auseinandersetzung über das richtige Recht muss geführt werden (können), um die Herrschaft des Gesetzes von seinen paternalistischen Konnotationen zu befreien (vgl. ebd.: 154). Die Gleichheit der Teilhabe steht auf diese Weise ganz im Zeichen des rationalen, Vergesellschaftung ermöglichenden Diskurses. Das erklärt, warum für Habermas die Gesetzgebung »im Rechtssystem den eigentlichen Ort der sozialen Integration [bildet].« (ebd.: 50) Sie stellt ein ergebnisoffenes Verfahren der Kommunikation über Recht dar, das für die jeweiligen Ergebnisse einen Anspruch der diskursiven Akzeptabilität etabliert. So ist dann auch zu verstehen,

5 Dies im Unterschied zur früheren Unterscheidung zwischen »Recht als Medium« und »Recht als Institution« (Habermas 1981: 522 ff.). Zum Recht als Vermittlungsinstanz zwischen System und Lebenswelt vgl. Marxsen (2011: 124 ff.), insbesondere zur Stabilisierung intersubjektiver Normbegründung vgl. Flynn (2003).

dass das Recht zur Wahrnehmung seiner gesellschaftlichen Funktion legitim sein »muß« (ebd.: 49).

Die Legitimität (oder: Funktionalität) des Rechts ist für Habermas demnach allein von den gleichverteilten Möglichkeiten, am Prozess der Gesetzgebung teilzunehmen, und damit von spezifischen Verfahren der Rechtskommunikation abhängig. Nur im Rahmen des Gesetzgebungsprozesses kann der Wechsel von der strategischen Perspektive der bloßen Akzeptanz zur Perspektive der Akzeptabilität gelingen. Die Gewährleistung gleicher Freiheiten allein reicht dazu nicht aus. Die heteronome Garantie sowie die Durchsetzung von Recht und Rechten ist vielmehr auf die autonome Hervorbringung der fraglichen Normen angewiesen. Dass funktionales (oder: legitimes) Recht die Verbindung gegenläufiger Perspektiven darstellt, zeigt sich nicht zuletzt daran, dass die Teilhabe an der Gesetzgebung, in deren Zuge die Hinsichten der Gleichberechtigung bestimmt werden, selbst subjektiv-rechtlich strukturiert ist und also die Orientierung an individuellen (»subjektiven«) Interessen eine Option bleibt. Es geht demnach um die »paradoxe Entstehung von Legitimität aus Legalität« (ebd.: 110), die nur aufgrund einer Revision der strategischen Perspektive und – zumindest auf den ersten Blick – nur mittels Verfahren, die eine solche Revision der strategischen Perspektive forcieren, möglich ist.

Das Rollenverständnis der Diskursteilnehmer:innen und die Eigenschaften der rechtserzeugenden Verfahren bedingen sich für Habermas gegenseitig. Den gegenläufigen Perspektiven der Akzeptabilität und der Akzeptanz werden die rechtsetzenden Verfahren auf der einen und die rechtsanwendenden Verfahren auf der anderen Seite zugeordnet. Nur durch die Teilhabe an der Gesetzgebung können die Betroffenen als Autor:innen wirken *und sich deshalb* als solche verstehen. Dieser Unterschied der subjektiven wie der objektiven Stellung erweist sich Habermas zufolge an unterschiedlichen Kategorien der Rechte. So geht es bei Abwehr- und sozialen Teilhaberechten um Ansprüche, »die *nur* auf Willkürfreiheit [...] abstellen« (ebd.: 51, Herv. J.H.). Von paradigmatischer Bedeutung sind dabei Regelungen der Vertragsfreiheit (vgl. Habermas 1996a: 391). Solche Rechte stellen bereits die Gründe für deren Inanspruchnahme frei und befreien dadurch in legalistischer Manier von den Verpflichtungen kommunikativer Freiheit. Rechte der politischen Teilhabe – Rechte zur Rechtsetzung also – können hingegen Verständigung zumindest »ansinnen« (Habermas 1994: 165). Ein Zusammenhang von subjektiver Berechtigung und demokratischer Befähigung besteht daher bloß im Rahmen der »kommunikative[n] Struktur der Selbstgesetzgebung« (ebd.: 135). Allein politische Rechte führen eine Revision der strategischen Perspektive auf Fragen der sozialen Organisation herbei.

Die Unterscheidung verschiedener Anspruchstypen spiegelt sich in den Eigenschaften verschiedener Verfahrenstypen, also unterschiedlichen

Formen der Rechtskommunikation, wider. Wie Klaus Günther im Anschluss an Habermas betont, tritt für diejenigen, die nicht am Verfahren der Gesetzgebung teilnehmen können, das Recht »allein als eine Zwangsordnung auf, deren Begründung ebenso verschlossen bleibt wie ihre Kritisierbarkeit.« (Günther 2008: 359) Und erst die Bindung der exekutiven und judikativen Instanzen an den Output dieser legislativen Verfahren kann die Selbstbestimmung der Rechtsträger:innen wirklich werden lassen. Hier also die Autor:innen des Gesetzes, die über das Recht in inklusiven und ergebnisoffenen Verfahren der Rechtsetzung entscheiden, dort die Adressat:innen des Gesetzes, die diesen legislativen Bestimmungen buchstäblich folgen müssen. Habermas betont, dass Verfahren sich »auf die Präferenzen der Beteiligten auswirken; sie sortieren die Themen und Beiträge, Informationen und Gründe so, daß idealerweise nur die ›gültigen‹ Eingaben [...] für die Beschlußfassung ins Gewicht fallen.« (Habermas 1994: 414) Vor Gericht etwa zählen nur solche Gründe, die Rückhalt im geltenden Recht finden. Von einer Recht*setzung* durch den Gang vor Gericht kann also für Habermas weder dem Selbstverständnis nach[6] noch hinsichtlich der tatsächlichen Folgen die Rede sein, denn schließlich finden sich die Teilnehmer:innen hier – objektiv wie subjektiv – auf die »Rolle von Klienten der Rechtsprechung« festgelegt (ebd.: 476). Es gilt hier, das Gericht von etwas zu überzeugen, das gelten, aber nicht für alle gültig sein muss. Die Kläger:innen können eben kein Recht setzen, und deshalb, so legt es Habermas' Auffassung von Verfahrenstypen als Formen der Rechtskommunikation nahe, ihre partikularen Interessen nicht transzendieren. Nur durch die Beteiligung an der Gesetzgebung können die Rechtsadressat:innen ein »richtiges Verständnis« (ebd.: 154) der geltenden Normen erwerben, weil sie nur hier als Autor:innen derselben Normen auftreten.

Der Zusammenhang zwischen gesellschaftlicher Funktionalität und diskursiver Normbegründung schlägt sich auch in Habermas' Konzeption der Verfassung nieder. So ist für Habermas die Forderung der Gleichberechtigung für das Recht ebenso konstitutiv wie die Forderung, der moralischen Norm der Gleichbehandlung der Einzelnen zu entsprechen.[7] Doch jene normativen Vorstellungen von Verallgemeinerbarkeit, die sowohl Recht als auch Moral zugrunde liegen, sind jeweils nur die ungesättigten Forderungen eines diskursiven Prozesses der egalitären Teilhabe.

6 In Rechtsanwendungsdiskursen treten für Habermas (1994: 280) die »Bezüge [auf die Interessen aller möglicherweise Betroffenen] hinter den Interessen der unmittelbar beteiligten Parteien zurück.« Vgl. ganz ähnlich die Beobachtung von Loick (2011: 199), dass »Gerichtssäle nicht gerade Schauplätze reziproker Anerkennung, sondern strategischer Übervorteilungsversuche« sind.

7 Zum komplementären Verhältnis von rechtlichen und moralischen Normen vgl. Habermas (1994: 135 ff.).

Dieser Prozess kann deshalb bei der effektiven Garantie gleicher Rechte nicht stehen bleiben, wie es liberale Theorien der Verfassung tun.[8] Intersubjektiv begründet, muss das Recht stets einer Verselbstständigung der staatlichen Institutionen entgegenarbeiten, auf die wiederum das Recht als ein zwingendes Medium der Sozialintegration nicht verzichten kann. Jede Rechtsnorm muss als eine Entscheidung des *demos* über sich selbst verstanden werden können. Deshalb kann mit Blick auf den Vorrang der Verfassung nur von einer »relative[n] Fixierung« (ebd.: 163) höherrangiger Normen ausgegangen werden. Die Verfassung muss, anders gesagt, durchweg an den Normalprozess der Gesetzgebung zurückgebunden sein. Zwar unterliegt die Gesetzgebung (verfassungsrechtlichen) Bindungen. Das unterstreicht auch Habermas, versteht die Verfassung aber zugleich als andauernden Prozess der Rechtsetzung. In diesem »dynamischen Verfassungsverständnis« findet sich »die Schwelle zwischen Verfassungsnormen und einfachen Gesetzen ein[geebnet]« (Habermas 2009a: 167). So hat dann auch das System der Rechte, das die Vermittlung von kollektiver und individueller Selbstbestimmung erbringt, den evaluativen Sinn, dass »jeder Rechtsakt [...] als Element eines auf Dauer gestellten verfassunggebenden Prozesses verstanden werden kann.« (Habermas 1994: 494) Schließlich befinden allein die Bedingungen seiner Genese über die Legitimität (und somit die Funktionalität) des Rechts.

Diese Bedingungen erstrecken sich auch auf die informellen Foren der Willensbildung, die dazu beitragen, das System der Rechte zu

8 Im liberalen Verständnis sieht die Verfassung zugunsten des Schutzes individueller Freiheiten von der Idee der Volkssouveränität als Horizont demokratischer Herrschaftslegitimation ab. Dieses Verfassungsverständnis legt Habermas seinen späteren Überlegungen zur Konstitutionalisierung des Völkerrechts zugrunde (vgl. Habermas 2005; 2009c; 2009d; 2011b), denn die Verfassung der »dezentrierten Weltgesellschaft« (Habermas 2009c: 336) muss sich vom Staat als institutioneller Rahmen der gesetzlichen Formulierung und Konkretisierung des Rechts der Rechte verabschieden. Damit wird deutlich, dass der Zusammenhang von Berechtigung und demokratischer Befähigung für Habermas in der transnationalen Konstellation – in Ermangelung echter gesetzgeberischer Verfahren – nicht länger aufgefunden werden kann. Die Berücksichtigung von fundamentalen Rechten, z.B. im Rahmen der Welthandelsorganisation (WTO), kann nicht die Gleichheit der Teilhabe kompensieren (vgl. Habermas 2009c: 341). Noch viel offenkundiger ist diese Abstraktion der Verfassung von den Bedingungen freiheitlicher Rechtsetzung im Fall der Durchsetzung der Menschenrechte unter Mandat der Vereinten Nationen. Nur im liberalen Verfassungsverständnis reichen nämlich die »medial verstärkten Reaktionen einer immer wieder punktuell erregten Weltöffentlichkeit« zur Rechtfertigung aus (ebd.: 344). Der Zusammenhang von Berechtigung und Befähigung findet sich hier auf die Garantie von »elementare[n] Rechte[n]« (ebd.: 379) umgewendet.

konkretisieren. Das Zusammenwirken von zivilgesellschaftlichen und parlamentarischen Teilhabemöglichkeiten soll wiederum die »Entwurzelung« des Rechts vom »Boden legitimer Rechtsetzung« vermeiden (ebd.: 518). Ein subjektiv-rechtlicher Schutz kommunikativer Freiheiten soll dabei seinerseits ein »Potential der Selbsttransformation« der Öffentlichkeit befestigen (ebd.: 452). Aber andererseits kann die deliberative Öffentlichkeit Verfahren der Rechtsetzung nicht ersetzen. Die Foren intersubjektiver Verständigung, die sich zu Netzwerken der Öffentlichkeit verdichten, biegen deshalb in Habermas' Rekonstruktion stets in die Gesetzgebung ein, die erst die Rolle der Autor:innenschaft und den Anspruch der tatsächlichen Allgemeinheit des Gesetzes einlösen kann. Informalität muss zur Formalität, und das bedeutet für Habermas, notwendigerweise zum legislativen Verfahren führen. Nur hier, im Rahmen der Gesetzgebung, wird der Zusammenhang von subjektiver Berechtigung und demokratischer Befähigung wirklich und erhält das Recht erst seinen »vollen normativen Sinn«.[9]

1.1.2 Das Recht der Volkssouveränität

Modernes Recht ist, wie Habermas durchweg betont, ein um Rechte zentriertes Recht. Die Form der Rechte ist dabei auf den Schutz der »private[n] Lebensführung der einzelnen Personen« ausgerichtet (Habermas 1998: 185). »Privat« bedeutet hier, dass Rechte es erlauben, sich aus kommunikativen Beziehungen des Austausches von Gründen zurückzuziehen. Sie schützen vor dem Druck, Stellung zu nehmen, und sind in dieser Hinsicht individualistisch orientiert. Diese Form der Rechte ist der Souveränität des Volkes vorgegeben, denn in Habermas' funktionaler Begründung des Rechts »gibt« es kein modernes Recht ohne den derartigen Schutz individueller Freiheiten (Habermas 2009b: 149). Recht ist ohne Rechte nicht zu haben. Deshalb ist die Herrschaft des Volkes in der Form gleicher Rechte *eingerichtet* und zugleich darauf *ausgerichtet*, Recht in der Form gleicher Rechte zu erlassen. Präziser ausgedrückt, resultiert ein mit dem Diskursprinzip verschränktes, subjektiv-rechtlich strukturiertes Recht in ein »System der Rechte«, das den gleichen Schutz individueller Freiheiten mit Verfahren der Gesetzgebung verbindet, die wiederum den »Kern« (Habermas 1994: 155) dieser systematischen Verschränkung bilden. Berechtigung und demokratische Befähigung sind also für Habermas sowohl voneinander unterschieden als

9 »Seinen vollen normativen Sinn erhält das Recht nicht per se durch seine *Form*, auch nicht durch einen a priori gegebenen moralischen *Inhalt*, sondern durch ein *Verfahren* der Rechtsetzung, das Legitimität erzeugt.« (Habermas 1994: 169)

auch miteinander verbunden, weil sich die »Idee der Selbstgesetzgebung [...] im Medium des Rechts selbst Geltung verschaffen [muß].« (ebd.: 160) Die Volkssouveränität ist auf das Rechtsmedium und also die basale Form der Rechte verpflichtet.

Die Souveränität des Volkes befindet sich deshalb in einer ambivalenten Position, denn sie ist sowohl Objekt als auch Subjekt rechtsförmiger Herrschaft. Einerseits *muss* sich die Idee der Selbstgesetzgebung gegen das Rechtsmedium Geltung verschaffen. Ansonsten untergräbt die Rechtsförmigkeit der Herrschaft den Anspruch der Demokratie. Andererseits ist die Idee der Selbstgesetzgebung auf das Recht verpflichtet und an dessen Form gebunden, sie muss sich also gegen *dieses* Medium Geltung verschaffen. Die Volkssouveränität muss sich (selbst) verrechtlichen. Der Hinweis, dass die Verwendung der Rechtsform wiederum als ein selbstbestimmter Entschluss zu verstehen ist (vgl. Günther 1994: 478), kann diese Ambivalenz hinsichtlich der faktischen Alternativlosigkeit des Rechts als Medium der Vergesellschaftung nicht aus der Welt schaffen.[10] Ohne Recht geht es in modernen Gesellschaften für Habermas schlichtweg nicht. Aufgrund dieser wechselseitigen Konstitution fungiert die Souveränität des Volkes eher als »Scharnier« (Habermas 1994: 209) denn als Begründungsprinzip der Demokratie. Die Gleichverteilung der Rechte auf den Pfaden des rationalen Diskurses muss dann jedoch die Entgegensetzung von rechtsetzenden und rechtsanwendenden Verfahren aufweichen, die für die Idee der Selbstgesetzgebung eigentlich von entscheidender Bedeutung ist.

Der Schutz individueller Selbstbestimmung darf für Habermas die Reichweite des Gesetzgebungsprozesses nicht von außen begrenzen. Das zeigt sich vor allem an der Frage der Menschenrechte. Die Souveränität des Volkes untersteht zwar der Figur der subjektiven Berechtigung. Im Kontrast zu einem »von der Moral zum Recht fortschreitende[n] Gang der Begründung« (ebd.: 131),[11] ist aber ausschließlich die Entscheidung über die Form der Rechte den Verfahren kollektiver Selbstbestimmung entzogen. Die »Substanz der Menschenrechte« steckt hingegen allein »in den formalen Bedingungen der rechtlichen Institutionalisierung jener Art diskursiver Meinungs- und Willensbildung, in der die Souveränität des Volkes rechtlich Gestalt annimmt.« (ebd.: 135) Denn nur mit Blick auf ein allgemeines wie symmetrisches Verfahren der Rechtsetzung können die Betroffenen die Hinsichten der Gleichberechtigung selbst spezifizieren. Menschenrechte sind somit nur dem Anschein nach moralisch begründete Rechte, die von Verfahren der gesetzlichen Definition,

10 Siehe dazu *Kapitel 1.1.1.*

11 Ein »Gang der Begründung«, den Habermas mit Kant verbindet. Zur Kritik an dieser, den Aspekt demokratischer Herrschaftslegitimation verkürzenden, Kant-Rezeption vgl. Brandt (2002), Maus (2011: 212 ff.).

Ausgestaltung und Konkretisierung unabhängig sind (vgl. Habermas 1996b: 220). Der Sinn der Menschenrechte impliziert vielmehr das Anrecht auf ein inklusives Verfahren der Gesetzgebung, das sie selbst vollumfänglich zum Gegenstand der Deliberation der Rechtsträger:innen machen kann. Zugleich müssen Verwaltung und Justiz von der Gesetzgebung getrennt werden, damit die Gleichberücksichtigung der einzelnen Rechtsträger:innen sichergestellt ist.

Dabei deutet Habermas auf folgenreiche Weise die Funktionen der rechtsstaatlichen Gewaltengliederung als ein diskursives Feld. Gesetzgebung, Justiz und Verwaltung lassen sich in dieser Interpretation nicht nach verschiedenen Zuständigkeiten oder institutionellen Zusammenhängen, vielmehr nach »Potentialen von Gründen« unterscheiden (Habermas 1994: 235). Anhand der parlamentarischen Institutionen oder der semantischen Kennzeichen des Gesetzes kann also die Legislativgewalt nicht von weiteren Gewalten abgegrenzt werden. Die Gesetzgebung ist vielmehr durch einen unbeschränkten Zugriff auf die Ressourcen normativer Verpflichtung gekennzeichnet. Hingegen kann die Justiz zwar einerseits nicht im »hermetisch abgeschlossenen Universum« der geltenden Bestimmungen allein operieren (ebd.: 282), andererseits darf sie nur in eingeschränkter, nämlich rekonstruktiver Weise, über die legislativ begründeten Normen verfügen. (Die administrativen Instanzen dürfen in keinem Fall eigene Entscheidungsprämissen zur Diskussion stellen.) Es ist dabei wichtig zu erkennen, dass die Gemeinsamkeit von rechtsetzenden und rechtsanwendenden Diskursen, auf Fragen der rationalen Akzeptabilität eingestellt zu sein, die Grenze zwischen Verfahren der Autor:innenschaft und der Adressat:innenschaft des Rechts nicht überspülen darf. Ein immer nur vorläufiges System der Rechte wird zwar sowohl durch die Gesetzgebung als auch in juristischen Verfahren ausgestaltet (vgl. ebd.: 287). Von einer Beteiligung an der Recht*setzung* – also von Momenten der rechtlichen Konstruktion – durch die Rechtsprechung darf aber bei Habermas nicht die Rede sein. Die Justiz darf das Bündel der Gründe aufschnüren, die den legislativen Entscheidungen zugrunde liegen, ohne ihm jedoch etwas hinzuzufügen.

Jedoch geht mit dieser Interpretation der rechtsstaatlichen Gewaltengliederung, so möchte ich argumentieren, ein erster Schritt auf das Terrain eines prozeduralen Demokratieverständnisses einher, das den Zusammenhang von Berechtigung und Befähigung über die Gesetz- und Verfassunggebung hinaus auf andere Verfahren erstreckt. Es wird sich zeigen, dass Habermas' Rekonstruktion des demokratischen Rechtstaates die Unterscheidung zwischen Rechtsetzung und Rechtswendung bzw. zwischen Begründungs- und Anwendungsdiskursen nicht konsequent verfolgen kann – gerade um die Allgemeinheit des Gesetzes und den Anspruch der diskursiven Akzeptabilität aufrechterhalten zu können. Habermas will zwar die Idee der Volkssouveränität »unverkürzt« zur

Geltung bringen (ebd.: 118) und muss dazu die Herrschaft des Volkes als inhaltlich ungebundenen Prozess der *Rechtsetzung* entfalten, der sich auf jede Norm erstrecken kann. Der *Prozess* der Rechtsetzung darf aber nur als Abfolge von einzelnen legislativen Entscheidungen abgebildet werden. Obwohl Habermas den reflexiven Charakter des Rechts betont und zudem herausstellt, dass »alle geltenden Normen [...] von Haus aus unbestimmt« sind (ebd.: 266), muss das Recht als statisch oder diskontinuierlich aufgefasst werden, als Summe von aufeinanderfolgenden Gesetzesentscheidungen, die dann auf den einzelnen Fall angewendet werden. Dass aber an dieser kategorialen Unterscheidung nicht festgehalten werden kann, demonstriert Habermas selbst hinsichtlich der institutionellen Absicherung des (nur relativ fixierten) Vorranges der Verfassung. Hier, in der Auseinandersetzung mit der Befugnis, Gesetzesnormen aufzuheben, wird deutlich, dass der Zusammenhang von Berechtigung und Befähigung auch abseits legislativer Verfahren wirksam werden kann und sich derart ein staatlich begründetes Demokratiemodell eingeklammert findet. Denn anhand der Befugnis, ein beschlossenes Gesetz invalidieren zu können, werden schließlich Fragen der Rechtsgeltung im Rahmen des (verfassungs-)gerichtlichen Anwendungsdiskurses explizit. Hier wird über Recht befunden, ohne dass diese Entscheidung aus einer gesetzgeberischen Handlung resultiert. Dabei geht Habermas davon aus, dass jene »weitgehenden Kompetenzen« zwar restriktiv eingesetzt werden sollen, sie aber per se »die Logik der Gewaltenteilung nicht gefährden [müssen]« (ebd.: 299).

Dass die Idee der Volkssouveränität im Rahmen der verfassungsgerichtlichen Normenkontrollen gegen ein Gesetz wirksam werden kann, wendet Habermas affirmativ, solange damit ein Vorgriff auf den Anspruch der diskursiven Akzeptabilität einhergeht – solange also Fall und Urteil für die Funktionstüchtigkeit des demokratischen Prozesses relevant sind.[12] Der Zusammenhang von Berechtigung und demokratischer Befähigung erstreckt demnach auch auf diejenigen rechtserzeugenden Verfahren, die zur Einrichtung des demokratischen Legitimationszusammenhanges und somit zur Funktion des Rechts als Medium

12 Diese Bejahung der (eingeschränkten) verfassungsgerichtlichen Befugnisse wird einerseits dafür kritisiert, im Kontrast zum »demokratischen Charakter der Rechte« zu stehen (Bellamy 2013: 141) sowie die »Asymmetrien der radikalen Konzeption von Volkssouveränität hinter sich [zu lassen]« (Maus 2011: 265). Zudem stellt, andererseits, die Einschränkung auf den Schutz allein des demokratischen Prozesses ein gleichursprüngliches Verhältnis von individueller und kollektiver Selbstbestimmung infrage (vgl. Lieber 2007: 197; Grimm 2021a: 202). Letztere Gewichtung ist jedoch insofern konsequent, als es dabei um den »wichtigsten Aspekt« der Herrschaftslegitimation geht (Habermas 2009a: 171), also um den »Kern«, um den Habermas' System der Rechte ausgerichtet ist.

der Vergesellschaftung beitragen. Wenn die Autor:innenrolle für Habermas dadurch gekennzeichnet ist, an Verfahren teilzunehmen, die legitimes (und also: funktionales) Recht erzeugen, so kann dies auch für ein juristisches Verfahren gelten. Die Autor:innenrolle kann demnach, entgegen der ursprünglichen Unterscheidung von Verfahrenstypen, auch im legalistischen Gewand wahrgenommen werden. Über die Gesetzgebung hinaus können für Habermas alle Rechte dann als demokratisch befähigend bezeichnet werden, sobald deren Inanspruchnahme die Aufrechterhaltung oder Wiederherstellung der Bedingungen zur Folge hat, unter denen geltendes Recht als Entscheidung der Rechtsgemeinschaft über sich selbst verstanden werden kann.

In Habermas' Rekonstruktion betrifft die Idee der Volkssouveränität die Teilhabe an Diskursen der Rechtsbegründung. Weil die Egalität der Teilhabe im Grunde einen Anspruch rationaler Akzeptabilität rechtfertigen soll, kann die Ausgestaltung der Verfassung auch ein kooperatives, »gemeinschaftliches« Unterfangen[13] zivilgesellschaftlicher, legislativer und judikativer Instanzen sein. Es ist eine Mehrzahl von Verfahren, die zur wechselseitigen Konstitution von Rechtsmedium und Volkssouveränität einen Beitrag leisten und den Kreis schließen können, den modernes Recht zwischen individueller Selbstbestimmung – sichergestellt durch die Gewährleistung gleicher Rechte – und kollektiver Selbstbestimmung – sichergestellt durch die Gleichberücksichtigung der Einzelnen im Gesetzgebungsprozess – zeichnet. Im Hinblick auf die Legitimität (bzw. Funktionalität) des Rechts ist für Habermas nicht zuerst und nicht allein die Garantie formal-gleicher Teilhabemöglichkeiten ausschlaggebend. Somit ist der Vorrang der Gesetzgebung zwar ein ausgeprägter, aber dennoch nur noch ein relativer. Anders gesagt, ist die Autor:innenrolle, entgegen eines staatlich begründeten Demokratieverständnisses, mit der Wahrnehmung *und* der Institutionalisierung rechtsförmiger Kommunikationsfreiheiten verknüpft. Um zugleich die Unterscheidung zwischen Begründungs- und Anwendungsdiskursen nicht generell infrage zu stellen, weist Habermas zudem auf die Eigenschaften von spezifischen »Gesetzesprogrammen« hin,[14] die jene Abgrenzung zwischen legislativen und judikativen Verfahren auch jenseits von verfassungsrechtlichen Streitfällen zusehends relativieren. Doch dass die Unterscheidung beider Diskurstypen notwendigerweise gradueller Natur ist, wird schon daran deutlich, dass sich, wie Habermas selbst bemerkt, die

13 Vgl. den mehrfachen Verweis von Habermas (1994: 274, 340) auf die Überlegungen von Häberle (u.a. 1975).

14 »Soweit Gesetzesprogramme auf eine rechtsfortbildende Konkretisierung in dem Maße angewiesen sind, daß der Justiz [...] Entscheidungen in der Grauzone zwischen Gesetzgebung und Rechtsanwendung zufallen, müssen die juristischen Anwendungsdiskurse auf eine erkennbare Weise um Elemente von Begründungsdiskursen ergänzt werden.« (Habermas 1994: 530)

Rechtsprechung »gegenüber den im Gesetzgebungsprozeß zur Geltung gebrachten und im Legitimitätsanspruch von Rechtsnormen gebündelten pragmatischen, ethischen und moralischen Gründen offenhalten [muß].« (Habermas 1994: 282f.) Zwischen den Resultaten der Gesetzgebung und dem »Legitimitätsanspruch von Rechtsnormen« ist also zu differenzieren. Entsprechend dieser aufgeweichten Trennung zwischen legislativen und judikativen Verfahren darf dann, wie Habermas auch festhält, die »Gewährleistung gleicher subjektiver Handlungsfreiheiten [...] nicht den Entscheidungen einer (wie auch immer sozialwissenschaftlich angeleiteten) Justiz *allein* überlassen bleiben.« (Habermas 1996a: 391, Herv. J.H.) Wenigstens mit Blick auf die Bedingungen freiheitlicher Rechtsetzung ist der Zusammenhang von Berechtigung und demokratischer Befähigung mit Habermas also auch anderswo als nur in Verfahren der Gesetzgebung zu lokalisieren.

Über diese Interpretation des demokratischen Rechtsstaates im Zeichen des rationalen Diskurses hinaus wird unter systematischen Aspekten deutlich, dass die (Selbst-)Verrechtlichung der Volkssouveränität notwendigerweise in ein prozedurales Demokratiemodell einmündet, das die kategoriale Trennung zwischen Rechtsetzung und -anwendung infrage stellt. Denn sobald das Verhältnis von Rechtsmedium und Volkssouveränität das der *wechselseitigen Konstitution* ist, kann der Zusammenhang von Berechtigung und Befähigung nicht mehr ausschließlich den formalen Eigenschaften der Gesetzgebung überantwortet werden. Selbstbestimmung gibt es nur durch Verfahren. Und so wie das Recht für Habermas auf ein Verfahren kollektiver Selbstbestimmung angewiesen ist, gibt es Verfahren kollektiver Selbstbestimmung nur im Rahmen der Rechtsform. Dieses Verhältnis des Instandsetzens darf nicht mit inhaltlichen Bindungen aufgeladen werden, um zu vermeiden, dass das Recht der Rechte der Souveränität des Volkes vorgeordnet wird. Dennoch ist für die Idee und Praxis der Volkssouveränität das Recht immer zugleich Rahmen und Ergebnis. Als Thema *und* Medium der Demokratie ist es auf eine Weise vielgestaltig, dass eine Mehrzahl rechtserzeugender Verfahren als ein Moment (der Bedingungen) des demokratischen Legitimationszusammenhanges in Betracht kommen kann. Dieser Einsicht arbeitet Habermas' Konzeption der Gewaltengliederung zu. Der Zusammenhang von subjektiver Berechtigung und demokratischer Befähigung besteht nicht allein aufgrund der Teilhabe an der Gesetzgebung, sondern entlang von rechtserzeugenden Verfahren, die Volkssouveränität *sowohl* manifestieren *als auch* herstellen.

1.2 Die Unbestimmtheit der Rechte

In Habermas' Rekonstruktion des demokratischen Rechtsstaates spielt die Idee der Selbstgesetzgebung und demnach die Unterscheidung zwischen Rechtsautor:innen und Rechtsadressat:innen eine tragende Rolle. Der Zusammenhang von Berechtigung und demokratischer Befähigung ist hier auf die Arenen der Öffentlichkeit und insbesondere auf die Teilhabe an legislativen Verfahren ausgerichtet. Nur in Bezug auf solche Verfahren der (allgemeinen) Rechtsetzung kann demokratische Legitimation vermittelt werden. Ein vertikales Modell der Gewaltengliederung wird zwar der rechtsförmigen Konstitution der Volkssouveränität schließlich nachgeordnet, aber letztere bildet weiterhin den normativen Horizont einer Demokratie der Rechte.

Die in der Folge diskutierten Positionen bestreiten diesen Horizont der Volkssouveränität. Sie identifizieren vielmehr den demokratischen Legitimationszusammenhang direkt mit den formalen Eigenschaften (des Rechts) der Rechte. Die Rollenverteilung zwischen Autor:innen und Adressat:innen des Gesetzes und die Unterscheidung verschiedener Verfahrenstypen wird so auf die Form der Rechte übertragen. Ich konzentriere mich im Folgenden auf die in dieser Hinsicht exemplarischen Positionen von Catherine Colliot-Thélène und Karl-Heinz Ladeur. Während Colliot-Thélène die Ausweitung und Vertiefung rechtlicher Gleichheit als wesentliches Moment einer demokratischen Legitimation von Herrschaft versteht, rückt Ladeur den Beitrag der Rechte für einen anonymen Prozess der gesellschaftlichen Selbstregulierung in den Fokus. Die beiden Positionen teilen die Prämisse einer *intrinsischen Politik der Rechte*. Für Ladeur wie auch für Colliot-Thélène ist dabei der unmittelbare Zusammenhang von Berechtigung und Befähigung in der Unbestimmtheit der Rechte fundiert. Sie verfolgen diese Politik der Rechte jedoch aus entgegengesetzten Richtungen: Die Forderungen der Gleichheit bestreiten genau jene Bestimmungen, die Rechte im Zuge des gesellschaftlichen Prozesses der funktionalen Differenzierung annehmen.

1.2.1 Die Forderung der Gleichheit

Die Idee der Selbstgesetzgebung betrifft nicht nur die Teilhabe an verbindlichen Entscheidungen. Sie beschreibt vielmehr einen Prozess der wechselseitigen Konstitution von Volkssouveränität und Rechtsmedium. Er reicht so weit, dass, wie Habermas betont, das System der Rechte »nicht nur eine vernünftige politische Willensbildung institutionalisieren [soll].« Es soll zudem auch »das Medium selbst gewährleisten«, durch das der Wille des Volkes Ausdruck findet (Habermas 1994: 143). Habermas' System der Rechte wird deshalb zuerst intersubjektiv gerechtfertigt und danach auf die Institutionen des Staates übertragen. Der Zusammenhang von Berechtigung und Befähigung wird somit zuerst in selbstbezüglichen Verfahren der Gesetzgebung manifest und orientiert sich auch in der Folge an dieser Gleichheit der Teilhabe. Hingegen versteht ein um die Ausweitung der Rechtsgleichheit zentriertes Demokratiemodell diese Abfolge aus intersubjektiver Rechtsbegründung und gesetzlicher Lizenzierung der staatlichen Herrschaft, wie sie Habermas seinen Überlegungen zugrunde legt, als eine illusorische. Die Rechtsgemeinschaft des *demos* geht hier der Ausübung von Herrschaft nicht voraus. Vielmehr wird das Volk als ein Kollektiv gleichgestellter Rechtsträger:innen erst durch die Herrschaft des Staates hervorgebracht. Colliot-Thélène spricht in dieser Hinsicht vom »Mythos der Selbstgesetzgebung« (Colliot-Thélène 2011: 17) und drängt die Unterscheidung zwischen Rechtsautor:innen und -adressat:innen weitgehend zur Seite. An dessen Stelle tritt das Rechtssubjekt als »Grundform« der Demokratie (ebd.: 22). Während das Ideal der Volkssouveränität und der Begriff der konstituierenden Gewalt einen eindeutig bestimmten *demos* voraussetzen, ist die »streng individualistische Logik der subjektiven Rechte« (ebd.: 157) von der Mitgliedschaft in einer spezifischen Rechtsgemeinschaft unabhängig. Nur diese »Logik der Rechte« kann, spätestens wenn sich die Idee der Selbstgesetzgebung vor den empirischen Entwicklungen blamiert hat, als Angelpunkt demokratischer Legitimation dienen. Demokratie ist sodann die Forderung gleicher Rechte, nicht die Gleichheit der Teilhabe in Bezug auf eine Rechtsgemeinschaft.

Unter empirischen Aspekten wird die Illusion der Selbstgesetzgebung durch die Vervielfältigung des Rechts offenbar. Schließlich ist die Souveränität des Volkes nur verständlich als Befugnis, allein (das) Recht zu setzen. Sobald dieses Monopol der Rechtserzeugung und mit ihm »die Perspektive einer Normenhierarchie« in Frage gestellt ist (Colliot-Thélène 2018a: 231), wird deutlich, dass das Gebilde des demokratischen Rechtsstaates nur ein »institutioneller Rahmen« (Colliot-Thélène 2011: 28) für die Forderungen gleicher Rechte gewesen ist. Die Fragmentierung des Rechts erscheint hier als Resultat der Zersplitterung der Herrschaft, die nun durch ein Verfahren der Gesetzgebung nicht mehr auf umfassende Weise programmiert werden kann. Sobald die eigene Rechtsgemeinschaft aber nicht mehr die einzige Adresse für Forderungen der Gleichheit ist, gerät die Souveränität des Volkes unter den Druck der historischen Entwicklungen. Mit dieser Idee verschwindet Colliot-Thélène zufolge auch eine Auffassung von Legitimation im Sinne der egalitären Beteiligung an der Gesetzgebung. Die Idee der Volkssouveränität ist für Colliot-Thélène aber bereits von Anfang an fehlgeleitet, denn sie beruht auf der Vorstellung eines einheitlichen Volkes, das – mit Hilfe des Rechts – »in der Lage ist, selbst über sein Schicksal zu bestimmen.« (ebd.: 113) Die Entgegensetzung zwischen der Gemeinschaft des *demos* einer- und dem Staat als

Objekt der Legitimation andererseits geht jedoch, so Colliot-Thélène weiter, von einer falschen Relation aus. Sie versteht das Legitimationssubjekt als primär, obwohl der *demos* allein der Effekt staatlicher Herrschaft ist. Die Einheit des Volkes ist die Folge, nicht der Ursprung der Herrschaft des Staates, denn sie spiegelt die Einheit der Herrschaft lediglich wider. Deshalb sind die Herausforderungen der transnationalen Konstellation nur illustrativ. Weil Herrschaft immer zuerst ist, ist die Idee der Selbstgesetzgebung notwendigerweise widersprüchlich. Die »Pluralisierung des *kratos*« (ebd.: 30) führt dann bloß noch vor Augen, dass die Idee der Selbstgesetzgebung immer schon ein Mythos gewesen ist.

An dieser Stelle ist es sinnvoll, noch einmal ein staatlich begründetes und ein prozedurales Demokratiemodell zu unterscheiden. Die Unterscheidung beruht nicht, wie die Bezeichnung »prozedural« unter Umständen nahelegt, auf der verschiedenen Wertschätzung von Verfahren in beiden Modellen. Ein staatlich begründetes Demokratieverständnis, wie es vor allem Ingeborg Maus vertritt (vgl. Maus 1992; 2011), betont gerade die Notwendigkeit, Verfahren voneinander zu differenzieren, um so einen demokratischen Legitimationszusammenhang im Wege des Rechts einrichten und aufrechterhalten zu können. Wie Maus kaum müde wird zu erklären, müssen die judikativen und exekutiven Instanzen von der Mitwirkung an der Gesetzgebung ausgeschlossen werden. Zugleich dürfen die legislativen Instanzen den Einzelfall, auf den sodann das Gesetz angewendet wird, genauso wenig kennen, wie der konstituierenden Gewalt die konkreten Gesetzesvorhaben nicht bekannt sein dürfen. Die basale »Idee der Einheit und Unteilbarkeit der Volkssouveränität« (Maus 2011: 43) wird gerade von diesen strikten Differenzierungen getragen. Dass, wie Maus betont, der Volksbegriff »überhaupt nur aus der Entgegensetzung zum staatlichen Gewaltmonopol verständlich [ist]« (ebd.: 268), betrifft hier keinen existenziellen, vielmehr den legitimatorischen Zusammenhang, dass die Souveränität des Volkes auf Verfahren der Gesetz- und Verfassunggebung beschränkt ist, von denen wiederum die exekutiven und judikativen Institutionen ausgeschlossen sein sollen. Demgegenüber bezweifelt ein prozedurales Demokratiemodell jene kategoriale Unterscheidung von rechtsetzenden und rechtsanwendenden Verfahren und die Möglichkeit einer gesetzesförmigen Determination der Herrschaft. Vielmehr ist in diesem Modell die Souveränität des Volkes von Beginn an prozedural aufgespalten.

Die hier diskutierten Positionen bilden insofern den Extremfall eines prozeduralen Demokratieverständnisses, als die Idee der Volkssouveränität und die Gemeinschaft des *demos* als Bezugsrahmen der Demokratie konsequent aufgegeben werden. Alle Verfahren und Institutionen, die aus den Adressat:innen des Rechts deren Autor:innen machen sollen, können Colliot-Thélène zufolge die Kluft zwischen dem Volk als Legitimationssubjekt und dem Volk als Herrschaftsobjekt nicht überwinden.

Die Verselbständigung der staatlichen Institutionen, die Maus (und Habermas) problematisieren, ist deshalb nicht per se kritikwürdig, sondern ein notwendiges, irreduzibles Moment. Erst jene Distanz bringt die Einheit des Volkes hervor. Aufgrund dieser »unüberbrückbaren Kluft« (Colliot-Thélène 2011: 80) kann von der Souveränität des Volkes oder Verfahren der Selbstgesetzgebung nicht ausgegangen werden. Vielmehr soll die Garantie und Inanspruchnahme der Rechte Herrschaft möglichst egalitär ausgestalten. Die Vertiefung und Ausweitung der Gleichheit, nicht das Ende der Herrschaft ist das Telos der Demokratie.

Weil die Einheit des Volkes der Ausübung rechtsförmiger Herrschaft nachträglich ist, sind auch Rechte immer nur als Gewährleistungen der Herrschaft, insbesondere des Staates, verständlich. Ihre Existenz beruht nicht, wie bei Habermas, auf Verfahren intersubjektiver Normbegründung. Sie sind das Resultat der Kämpfe gegen die Institutionen des Staates, die Befugnisse internationaler Organisationen oder die Macht der Unternehmen. Am Ursprung der Rechte befindet sich niemals die (politische) Selbstbestimmung, primär ist niemals die (politische) Gemeinschaft. Die demokratische Funktion der Rechte ist demnach nicht an einen legislativen Prozess der egalitären Teilhabe gebunden, in dessen Rahmen wiederum über die Hinsichten der Gleichberechtigung entschieden wird. Von zentraler Bedeutung ist vielmehr die Unbestimmtheit der Rechte, denn sie eröffnet die Chance der »Eroberung« (ebd.: 67) von neuen und der Ausweitung von bestehenden Ansprüchen. Die Forderungen der Rechtsgleichheit zielen, anders formuliert, auf die Nivellierung von Vorrechten, auf das Ende der Privilegien. Dabei geht es sowohl um Auseinandersetzungen vor Gericht als auch um die Interventionen sozialer Bewegungen (vgl. Colliot-Thélène 2018b).[15] Spielarten der rebellierenden Öffentlichkeit sind auf diese Weise nicht nur als Vorfeld des Gesetzgebungsprozesses bedeutsam,[16] ohne dass jedoch Colliot-Thélène das Recht als Medium der Demokratisierung relativieren möchte.[17] Weil die Form der subjektiven Berechtigung sowohl basal als auch unbestimmt ist, kann das Recht, unabhängig von seinen herrschaftlichen Ursprüngen, durch die Inanspruchnahme der Rechte egalitär transformiert werden. An die Stelle der wechselseitigen Konstitution von Volkssouveränität und Rechtsmedium treten die Behauptungen der Gleichheit, denn in

15 Insgesamt geht es um Formen und Verfahren der Rechtsgestaltung, die »sich am Rande der verfassungsmäßig festgelegten Verfahrensweisen entwickelt haben« (Colliot-Thélène 2011: 28).

16 So bei Habermas, siehe dazu *Kapitel 1.1.1*. Vgl. dazu auch die Unterscheidung von »konstitutioneller Demokratie« und »demokratischem Konstitutionalismus« durch Wollin (2016).

17 Das trennt die Position von Colliot-Thélène von Ansätzen, die solche Proteste als *acts of citizenship* verstehen (vgl. dazu programmatisch Isin 2008).

der Forderung gleicher Rechte »liegt der ganze Sinn der modernen Demokratie beschlossen.« (Colliot-Thélène 2011: 196)

Es ist dabei die Allgemeinheit des Gesetzes, die diese abstrakte Gleichheit der Rechte erst einsetzt. Das Gesetz »öffnet« die Herrschaft (vgl. ebd.: 91), weil und insofern es keinen konkreten Fall adressiert. So hält auch Hans Kelsen fest, dass mit Rechtsgleichheit immer nur die Gleichheit vor dem (formalen oder abstrakten, jedenfalls generellen) Gesetz bezeichnet sein kann. Mit dieser Gleichheit ist allein ein »immanente[s] Prinzip der Gesetzmäßigkeit der Gesetzanwendung, also nur statuiert, daß Normen normgemäß anzuwenden sind.« (Kelsen 1960: 146) Rechtsgleichheit ist auch für Colliot-Thélène nicht die Folge einer naturrechtlichen Begründung. Es ist erst die Herausbildung des Staates, die jene Gesetzmäßigkeit der Herrschaft etabliert: Ein von spezifischen Qualifikationen unabhängiger und insofern gleicher Besitz der Rechte ist das Produkt des »Gesetz[es] einer Territorialmacht, das unterschiedslos für alle Menschen gilt.« (Colliot-Thélène 2011: 56)[18] Der Zusammenhang von staatlicher Herrschaft, bürgerlicher Revolution und Gleichheit der Rechte besteht aber für Colliot-Thélène nur historisch. Er kann sich in der transnationalen Konstellation, in der die Einheit von Staat und Recht aufgebrochen ist, entlang der Garantie (und der Forderung) gleicher Rechte von neuem befestigen.

Entscheidend für dieses Projekt der Demokratisierung irreduzibler Herrschaft ist dabei der Abstand zwischen formaler und inhaltlicher (»wirklicher«) Gleichheit. Ein Gesetz ist insofern abstrakt, als es nicht für eine besondere Person oder eine besondere Situation gilt. Gleichheit ist hier die Eigenschaft einer unpersönlichen Regel. Die Forderungen der Gleichheit sind einerseits bezogen auf diesen formalen Aspekt der *Gleichbehandlung*, d.h. auf die »normgemäße« (Kelsen) Anwendung einer Regel entlang der Abstraktionen, die aus der Regel ein allgemeines Gesetz machen. Dabei ist die Allgemeinheit der Regel mit der Definition von spezifischen Vorrechten im Sinne personeller und sachlicher Qualifikationen durchaus vereinbar. Welche das sind, und wie diese Qualifikationen re-formuliert werden sollen, damit sich Gleichheit wirklich realisiert findet, ist, andererseits, ebenso Gegenstand der Gleichheitsforderungen. Sie beziehen sich also auf die normativen Eigenschaften einer Regel und interpretieren diese Regel anders. Die Forderung der

18 Erst im Fortgang des 19. Jahrhunderts wird die Gleichstellung der Einzelnen von der nationalen Zugehörigkeit absorbiert. In der Interpretation durch Colliot-Thélène läuft dieser Prozess – der von Arendt als die »Eroberung des Staates durch die Nation« (1986: 575) bezeichnet wurde – dem historischen Pfad der Individualisierung entgegen, also dem »Umstand, dass das Individuum in der Neuzeit als freies Subjekt betrachtet wird, das als solches Rechte besitzt« (Colliot-Thélène 2011: 38).

Gleichbehandlung geht demnach über die Allgemeinheit der Regel hinaus, um eine andere Gleichheit (oder andere Verallgemeinerungen) zu etablieren.

Unter den normativen Maßgaben der Herrschaft des Volkes wird der Abstand zwischen formaler und inhaltlicher Gleichheit durch das Verfahren der Gesetzgebung überbrückt, das die Gleichbehandlung der Einzelnen durch die Allgemeinheit der Teilhabe sicherstellt. Wie Habermas gegen Rousseau einwendet, kann von der »grammatische[n] Form« des Gesetzes allein nicht auf demokratische Legitimation geschlossen werden (Habermas 1994: 133). Nur durch die Inklusion der Rechtsträger:innen in den Prozess der Gesetzgebung kann über die Hinsichten der Gleichbehandlung so entschieden werden, dass dabei alle Einzelnen gleich viel zählen. An dieser zweifachen Gleichbehandlung – Resultat und Prozess – kann ein Demokratiemodell, das die Idee der Volkssouveränität verabschiedet hat, nicht festhalten. Hier soll, ohne Rekurs auf ein allgemeines Verfahren der Rechtsetzung, Inhaltsgleichheit aus formaler Gleichheit (immer wieder neu) hervorgebracht werden. Es geht demnach nicht um die *Konstruktion*, sondern um die *Rekonstruktion des Gesetzes*. Der praktische Modus dieser Rekonstruktion ist die Forderung gleicher Rechte.[19] Sie ist die Behauptung, dass ein Gesetz nur unvollkommen allgemein ist: dass die Gleichheit fälschlicherweise weiterhin, auf eine einzelne Gruppe etwa, begrenzt ist, die »Öffnung der Herrschaft« also noch nicht gelungen ist und vertieft werden muss, um wirklich Gleichheit zu erreichen. Das betrifft natürlich auch den Inhalt der Rechte selbst. Die Garantie subjektiver Rechte kombiniert, so Colliot-Thélène, die Unterwerfung der Einzelnen unter das Gesetz mit einer »Veränderbarkeit von Macht« durch dieselben Einzelnen (Colliot-Thélène 2011: 95), die als Rechtsträger:innen die Abstraktionen der Rechtsgleichheit neu und anders bestimmen können.

Modernes Recht besteht wesentlich aus Rechten, mit der Konsequenz, dass auch die Ausübung von Herrschaft, sobald sie auf das Recht zurückgreift, auf Rechten basieren muss. Dabei sind Rechte ein gestaltendes und ein ungemein gestaltbares Element des Rechts. Colliot-Thélène spricht deshalb im Hinblick auf die Figur der subjektiven Berechtigung von einer »leere[n] Form« (ebd.: 68), die entsprechend für die Demokratisierung von Herrschaft, d.h. für andere Bestimmungen der Rechtsgleichheit, eingesetzt werden kann. Diese Unbestimmtheit der Rechte erlaubt es, den jeweiligen *status quo* egalitär zu übertreten. Die Andersbestimmbarkeit subjektiver Rechte stellt das Potential bereit, die bestehenden Rechtsverhältnisse in die Richtung einer Ausweitung der Rechtsgleichheit zu überschreiten. Aufgrund dieser »Leere« sollen demnach die

19 Zur Performanz der Rechtsgleichheit vgl. bspw. Butler/Spivak (2007: 41 ff.), Balibar (2003: 94 ff.), Rancière (2011).

Rechte selbst als Bedingungen demokratischer Rechtserzeugung fungieren können. Der Zusammenhang von Berechtigung und demokratischer Befähigung wird der Form der Rechte übertragen.

Selbstverständlich sind alle Rechtsnormen insofern auf eine moderate Weise unbestimmt, als sie auf einen konkreten Fall erst angewendet werden müssen.[20] Normen oder Regeln können die eigene Anwendung nicht determinieren, sondern sind auf ein »entscheidendes« Moment angewiesen. Der Vorgang der Anwendung kann nicht allein als ein deduktives Verfahren, also als die Subsumtion eines konkreten Sachverhaltes unter die Bestimmungen der Norm, erklärt werden. Rechtsanwendung ist nicht die mechanische Applikation der Norm auf den jeweiligen Fall, vielmehr beinhaltet jede Rechtsentscheidung ein »Moment inhaltlicher Indifferenz«, denn es »[muß] ein konkretes Faktum konkret beurteilt werden [...], obwohl als Maßstab der Beurteilung nur ein rechtliches Prinzip in seiner generellen Allgemeinheit gegeben ist. So liegt jedesmal eine Transformation vor.«[21] (Schmitt 2021: 36f.) Die Unbestimmtheit genereller Normen ist aber gleichzeitig ein graduelles Phänomen. Die Reichweite der »Transformation« ist unterschiedlich ausgeprägt, und es ist leicht einzusehen, dass die Unbestimmtheit der (Grund-)Rechte größer ist als bei anderen Rechtsnormen: Sie haben einen »lapidaren und, gesetzestechnisch gesehen, durchaus fragmentarischen Charakter« (Böckenförde 1991b: 116) und bedürfen deshalb einer »ausfüllenden Interpretation« (ebd.: 115). Das betrifft sowohl den Kreis der Träger:innen als auch den Inhalt der gewährleisteten Berechtigungen.

Die Formulierung einer »leeren Form« der Rechte schließt an solche Beobachtungen der weitgehenden Unbestimmtheit an und betont davon ausgehend ein »dynamisches Potential« und den »emanzipatorischen Charakter« (Colliot-Thélène 2011: 68, 142) der Garantie und Inanspruchnahme der Rechte. Um »emanzipatorisch« zu sein, darf die Form der Rechte für den Prozess der Demokratisierung (für die Demokratie als Ausweitung der Rechtsgleichheit) nicht als Beschränkung wirksam werden. Im Anschluss an die Formulierung von Habermas sind demnach die Bedingungen freiheitlicher Rechtsetzung – ist die »Substanz der Menschenrechte« – für Colliot-Thélène in der Form der Rechte enthalten. Während Habermas zwischen verschiedenen Anspruchs- und

20 Die These einer »radikalen« – im Unterschied zur »moderaten«, sich auf die Notwendigkeit der Interpretation beziehenden – Unbestimmtheit, die von den *Critical Legal Studies* vertreten wird (vgl. Unger 2015: 26 ff.) geht über dieses Moment hinaus (vgl. Kress 1989). Die Leistung der Rechtsprechung, »Unbestimmbarkeit in Bestimmbarkeit [zu] transformieren«, betont Luhmann (1993: 320).

21 Diese Einsicht ist analytisch von dem Beharren auf einer »letzten Instanz« (vgl. z.B. Schmitt 2021: 38) der Souveränität in Form einer personalen Entscheidung zu differenzieren.

Verfahrenstypen unterscheidet, richtet Colliot-Thélène den Blick auf die offene Form der Rechte. Die Gleichberechtigung zur Rechtsetzung, die Habermas mit legislativen Verfahren allein verknüpft, kann so für Colliot-Thélène überall im Recht relevant werden. Dennoch möchte Colliot-Thélène an der normativen Qualifikation einer *demokratischen* Befähigung durch Rechte festhalten. Dazu soll, wie nun gezeigt wird, aus der Not der aufgeweichten Unterscheidung zwischen Rechtsetzung und -anwendung eine Tugend der Gleichheit werden.

Subjektive Rechte stellen das Motiv der Inanspruchnahme frei. Deshalb muss ein diskurstheoretisches Verständnis des Rechtsstaates die Teilnehmer:innen an der Gesetzgebung »mit den normativen Erwartungen der Gemeinwohlorientierung konfrontieren.« (Habermas 1994: 111) Obwohl es der Form nach genauso um Ermächtigungen zur Verfolgung subjektiver Interessen geht, dürfen für Habermas politische Freiheiten explizit »nicht *wie* von vereinzelten Privatrechtssubjekten [...] wahrgenommen werden.« (ebd.: 50) Auch Colliot-Thélène möchte die normativen Erwartungen an die Demokratie der Rechte aufrechterhalten. Die Demokratisierung der Herrschaft mittels Forderungen der Rechtsgleichheit darf kein richtungsloses Andersgestalten sein. Weil die Unterscheidung zwischen Autor:innen- und Adressat:innenrolle und die entsprechenden prozeduralen Abstufungen jedoch entfallen sind, muss sich die Tugend der Gemeinwohlorientierung auf die Rechte und Verfahren *in toto* erstrecken. Habermas kann die normativen Anforderungen der Demokratie zum großen Teil an die Eigenschaften der Gesetzgebung weiterleiten. Insofern kann er argumentieren, dass »die Kosten der angesonnenen staatsbürgerlichen Tugenden gering bleiben« (ebd.: 165). Das Selbstverständnis der Teilnehmer:innen und die Ausgestaltung von Verfahren bedingen einander, so dass die Gesetzgebung einen Wechsel von der strategischen zur performativen Einstellung zwar nicht erzwingen, aber motivieren kann. Die moralischen Konnotationen sind, entlang des komplementären Verhältnisses von Recht und Moral, auf ein geringes Maß zurückgenommen und auf das Verfahren der Gesetzgebung bzw. auf die Rolle der Autorin begrenzt. Hingegen muss Colliot-Thélène diese normativen Anforderungen generalisieren, so dass schließlich der Wille zur egalitären Abstraktion immer dann entscheidend wird, wenn es um das Recht geht.

Das Bild der Eroberung, das Colliot-Thélène bemüht, ist hier einschlägig. Von unterschiedlichen Angriffspunkten aus wird eine gegebene Ausgestaltung der Rechtsgleichheit und eine konkrete Verteilung der Rechte infrage gestellt, ohne dass über die Hinsichten der Gleichbehandlung von einem allgemeinen Standpunkt aus entschieden werden könnte. Allein die Gleichheit selbst gibt der Rekonstruktion des Gesetzes aus der Vielzahl von Perspektiven eine Richtung vor: »Das Prinzip der Rechtsgleichheit setzt fest, was *als demokratisch legitimes Recht gelten soll.*«

(Colliot-Thélène 2018a: 240) Zwischen der Gleichverteilung der Rechte und dem Anspruch der egalitären Berücksichtigung – zwischen formaler und inhaltlicher Gleichheit also – klafft eine prozedurale Lücke, die mit Intentionen und Zielen aufgefüllt wird. Die Rechtsträger:innen treten hier durchweg als Gesetzgeber:innen auf, denn die Einstellung der Allgemeinheit soll das Verfahren der gleichgewichtigen Berücksichtigung der Einzelnen ersetzen. So kann, wie Colliot-Thélène betont, eine »Klage vor juristischen Instanzen« dann und nur dann als ein Akt der Demokratisierung gelten, »wenn sie [die Klage] die Durchsetzung der Rechtsgleichheit intendiert.« (ebd.: 242) Das Motiv der Gleichstellung, die Intention der Gleichberücksichtigung wird maßgeblich, um die demokratische Qualität einer spezifischen Rechtsentscheidung zu bewerten. Weil die Auseinandersetzung um die Hinsichten der Gleichbehandlung ohne Rekurs auf den übergreifenden Bezugsrahmen des *demos* auskommen muss, wird Habermas' Unterscheidung zwischen verschiedenen Kategorien der Rechte und verschiedenen Formen der Rechtskommunikation zugleich eingeebnet und gesteigert. Sie wird eingeebnet, weil der Zusammenhang von subjektiver Berechtigung und demokratischer Befähigung über die Gesetzgebung hinaus mit Colliot-Thélène in einer Vielfalt von Verfahren zu lokalisieren ist. Zugleich wird die Unterscheidung gesteigert, weil das Telos der Demokratie in die Bereitschaft der einzelnen Rechtsträger:innen zur Einnahme eines Standpunktes der Allgemeinheit zurückverwiesen wird. Die Eigenschaften spezifischer Verfahren können hier nicht mehr als Geländer der Rechtskommunikation dienen. Für den Zusammenhang von Berechtigung und demokratischer Befähigung müssen die Einzelnen vielmehr selbst dem »Ziel« der Gleichheit »gerecht« werden (Colliot-Thélène 2018a: 242, 235). Es ist jedoch nicht leicht ersichtlich, wie dieser Fokus auf die Intentionen der Rechte-Fordernden mit der Zentralstellung der Rechte zusammengebracht werden kann, ohne zugleich die Trennung von rechtlichen Freiheiten und moralischen Pflichten zu revidieren, die in dieser Zentralstellung auch zum Ausdruck gelangt.

Darüber hinaus, so möchte ich nun argumentieren, steht infrage, inwiefern die Idee der Gleichheit als ein selbstverständliches Kriterium, hier: als Kriterium der demokratischen Legitimation von Rechtsentscheidungen fungieren kann, wenn es doch selbst auf einen Maßstab der Gleich- bzw. Ungleichbehandlung, also auf Hinsichten der Gleichheit angewiesen ist, um diese Orientierung bieten zu können. Die Feststellung von Ungleichheit (oder Gleichheit) ist von den konkreten Hinsichten abhängig, die eben dieser Feststellung zugrunde liegen. Deshalb ist, wie Kelsen betont hatte, die Rechtsgleichheit immer nur der Effekt der Gesetzesform. Dass Gleichheit, als ein »Reflexionsbegriff« (Geuss 2011: 106), von bestimmten Maßstäben abhängig ist, bedeutet, dass die Forderung der Gleichheit für sich genommen nichts besagt. Um keinen

Unterschied zu machen (Gleichbehandlung), muss zuerst ein Unterschied gemacht werden (Ungleichbehandlung), z.B. zwischen natürlichen und juristischen Personen oder zwischen Staatsbürger:innen und denjenigen, die von den ungerechtfertigten Vorrechten der Staatsbürger:innenschaft ausgeschlossen sind. Gleichheit allein ist ein tautologisches Unterfangen. Deshalb evoziert, so hält Cornelia Vismann fest, die »Idee der ursprünglichen, natürlichen Gleichheit [...] die Rhetorik des Dritten, eines Anderen, Fremden.« (Vismann 2012: 373) Welche Bestimmungen der Gleichheit die relevanten sind, muss entschieden, es muss unterschieden und getrennt werden. Als Leitidee ist die Gleichheit selbst funktionslos, d.h. sie kann nicht als Norm fungieren, die umstandslos anzuwenden wäre.[22] Die Entscheidung über diese Unterscheidungen wird von Colliot-Thélène nicht der Gemeinschaft der Rechtsträger:innen übertragen. Sie soll und – weil die Idee der Volkssouveränität als Bezugsrahmen aufgegeben wurde – muss von den Einzelnen selbst getroffen werden.

Die Forderungen der Gleichheit erscheinen hier somit als das Resultat der *subjektiven Rekonstruktion des Gesetzes*. Das zeigt sich insbesondere dann, wenn Colliot-Thélène zur Erläuterung des (direkten) Zusammenhanges von Berechtigung und demokratischer Befähigung auf die Praxis der Desidentifizierung zurückgreift, die Jacques Rancière als wesentlich für politische Handlungen bestimmt. Rancière versteht unter Desidentifizierung jene Handlungen, die den »Unterschied zwischen der ungleichmäßigen Verteilung der gesellschaftlichen Körper und der Gleichheit der sprechenden Wesen« inszenieren (Rancière 2002: 50). Politik ist für Rancière demnach die Konfrontation einer (»polizeilichen«) gesetzesförmigen Logik der je bestimmten Verteilung von Rechten oder Ressourcen mit der Forderung der Gleichheit. Wie Colliot-Thélène bemerkt, ist die Gleichheit für Rancière eine »Leitidee [...], die jene Bewegungen inspiriert und beflügelt, die die institutionalisierte Ordnung in Frage stellen.« (Colliot-Thélène 2011: 188) Die Forderung der Gleichheit ist demnach von grundlegender Bedeutung für politische Handlungen und Subjektivitäten. Aber die Gleichheit selbst ist – wie Rancière explizit sagt – gerade nicht das »Ziel« der Politik, »das sie sich zu erreichen vornimmt.« (Rancière 2002: 45) Dies nicht deshalb, weil die Politik insgesamt ziellos ist, sondern weil die Logik der Gleichheit als solche nicht zur Unterscheidung zwischen verschiedenen Ausprägungen des (»polizeilichen«) Gesetzes dienen kann. Sie kann das nicht tun, weil die Forderung der Gleichheit eben von bestimmten Hinsichten der Gleichbehandlung ausgehen muss, die Konfrontation dieser bestimmten, bestimmenden Hinsichten mit der Forderung der Gleichheit aber das Kennzeichen der Politik im Unterschied zur polizeilichen Identifizierung

22 »[D]as Prinzip der Gleichheit gibt es in jedem Moment nur *in* seinen verschiedenen und veränderlichen Anwendungen.« (Menke 2004: 50)

darstellt.[23] Deshalb bestreitet Rancière nicht, dass die Ausprägungen der Polizei unterscheidbar sind: die eine kann, aufgrund einer Vielzahl von Gleichheitsforderungen über die Zeit, besser sein als die andere. Aber die Polizei »bleibt deswegen nicht weniger das Gegenteil der Politik« (ebd.: 42), weil sie immer entlang von spezifischen Aufteilungen oder Verteilungen der Gleichheit, also durch Formen der Ungleichbehandlung, operiert.[24] Jede Evaluation unter Gesichtspunkten der Gleichheit ist strikt perspektivisch verfasst und nicht ohne Gemeinsamkeiten und also Gemeinschaften denkbar. Ohne die Bezugnahme auf eine Gemeinschaft (z.B. der Staatsbürger:innen oder der Menschen) – die Colliot-Thélène aus der Definition und Praxis der Demokratie heraushalten möchte – kann das Gleichheitsprinzip die Demokratisierung der Herrschaft gerade nicht anleiten.

So ist für Rancière, der Politik als die Disruption der Polizei konzipiert, die (politische) Praxis der Desidentifizierung von normativen Orientierungen und Gewichtungen gerade zu unterscheiden. Politische Akte bezeichnen hier vielmehr die »Konfrontation der Form mit dem Formlosen« (Menke 2015: 390) und also nicht Verfahren oder Handlungen, die Ordnungen der Ungleichheit an einer Idee der Gleichheit messen, die bislang verleugnet oder missachtet wurde. Politik ist nicht einfach die Denunziation einer »Lüge des Universellen« (Rancière 2002: 53) und bringt nicht ein den polizeilichen Unterscheidungen entgegenstehendes Prinzip von Normativität in Anschlag (vgl. Muhle 2012: 12). Deshalb handelt es sich bei der Prämisse der Gleichheit, wie Rancière festhält, um einen »leeren Anspruch« (Rancière 2002: 47). Die Logik der Gleichheit ist gleichbedeutend mit der »reine[n] Zufälligkeit der Ordnung« (ebd.: 42), also selbst Ausdruck fundamentaler Unbestimmtheit. Sie kann als Annahme oder Anspruch dienen, um eine gegebene Verteilung der Rechte infrage zu stellen und bestimmte Ungleichheiten auffällig zu machen. Auf Gleichheit kann man sich, wie auch Colliot-Thélène festhält, »berufen« (Colliot-Thélène 2011: 34). Aber die Forderung der Gleichheit selbst kann den Standpunkt des Allgemeinen nicht ersetzen. Denn Gleichheit als solche ist nur die Hinsicht einer anderen Regel, einer weiteren Verteilung, ohne selbst über den Maßstab dieser Neubestimmungen Auskunft geben zu können. Die Demokratie der Rechte, die Colliot-Thélène entwirft, ist daher normativistisch: Sie kann ihre normativen Grundlagen

23 Es ist demnach nicht einem bloßen Desinteresse geschuldet, dass in den Überlegungen von Rancière die »Bedeutung der Anerkennung von Rechten« für die Demokratie außer acht gelassen wird, wie Colliot-Thélène (2011: 20) bemängelt. Vielmehr ist ernst zu nehmen, dass Rancière (2011: 484) zufolge die Demokratie »die Macht derer [ist], die keine Berechtigung zur Machtausübung haben.«

24 Der »Grundsatz« der Gleichheit ist der Politik »nicht eigen« (Rancière 2002: 43), und gehört damit (auch) zur Polizei (vgl. Balke 2010).

nicht ausweisen und deshalb den Zusammenhang von subjektiver Berechtigung und demokratischer Befähigung nicht fassen.

1.2.2 Die Lernfähigkeit des Rechts

Die Eigenschaft der Rechte, sowohl für modernes Recht strukturbildend als auch weitgehend unbestimmt zu sein, soll ein Potential demokratischer Befähigung abseits von Verfahren der Gesetzgebung befestigen können. Rechte stehen Colliot-Thélène zufolge einer endlosen Vielfalt von Interpretationen und Interventionen in einer Mehrzahl von Verfahren offen, die deren Inhalt anders bestimmen und darüber die bestehenden Rechtsverhältnisse transformieren können. Karl-Heinz Ladeur entwickelt eine solche *intrinsische Politik der Rechte* unter ganz anderen Vorzeichen. In dessen Überlegungen wird die Idee der Volkssouveränität und damit die Figur der Selbstgesetzgebung ebenso problematisch. Die Unbestimmtheit der Rechte garantiert Ladeur zufolge aber nicht Möglichkeiten einer egalitären Rekonstruktion des Gesetzes, vielmehr forciert sie einen »spontanen« Prozess gesellschaftlicher Selbstorganisation.[25]

Der unmittelbare Zusammenhang von Berechtigung und Befähigung ist hier, in den nun diskutierten Überlegungen, auf die Reproduktion der funktional differenzierten Gesellschaft ausgerichtet. In seiner ausdrücklich *post*modernen Konzeption der juristischen Dogmatik und demokratischen Legitimation möchte Ladeur »von einer Philosophie der Gesetzgebung [...] Abschied [nehmen].« (Ladeur 1995: 85) Zwar gerät auch für Ladeur die (Idee der) Souveränität des Volkes unter den Druck der historischen Entwicklung. Doch dieser Abschied wird nicht, wie in der normativistischen Konzeption der Demokratie, die Colliot-Thélène entwirft, mit der Irreduzibilität der Herrschaft erklärt. Der Anlass der Verabschiedung ist ein Wandel der epistemologischen Bedingungen,[26] die Recht und Demokratie zugrunde liegen. In einer »a-zentrisch gewordenen Gesellschaft« (ebd.: 103) kann von keiner Stelle aus mehr die Komplexität sozialer Ordnung überblickt werden und muss die unitaristische Idee der Selbstbestimmung einer unbeschränkten Summe von Beobachtungsperspektiven Platz machen. Eine solche Gesellschaft ist, in einer Formulierung von Niklas Luhmann, auf dessen Einsichten sich Ladeur vielfach stützt, »ohne innere Repräsentanz« (Luhmann 1981b: 22). Weil eine Verständigung über gemeinsame Problembeschreibungen

25 »›Spontan‹ ist allerdings nicht gleichbedeutend mit ›selbstverständlich‹ oder ›natürlich‹! Im Gegenteil!« (Ladeur 2000: 75)

26 Diesen historischen Wandel beschreibt Ladeur als Übergang von der »Gesellschaft der Individuen« zur »Gesellschaft der Organisation« und weiter zur (gegenwärtigen) »Gesellschaft der Netzwerke« (vgl. z.B. Ladeur 2013a).

unmöglich geworden ist, kann die Gesetzgebung nicht mehr als organisatorisches wie (rechts-)normatives Zentrum der Gesellschaft auftreten. »Die demokratische Legitimation des Gesetzes kann nicht darüber hinwegtäuschen«, hält Ladeur fest, dass ein »für die Gesetzgebung erforderliche[s] Entscheidungswissen [...] nicht verfügbar ist.« (Ladeur 2004: 16) Aufgrund der funktionalen Differenzierung in eine Vielzahl von Teilsystemen wird Ungewissheit zum entscheidenden Faktor der Vergesellschaftung. Analog dazu kann ein einheitliches rechtsetzendes Subjekt, in individueller oder kollektiver Form, nicht mehr die Lasten der Erkenntnis und der problemadäquaten Entscheidung tragen. Das Subjekt bezeichnet, und das betrifft Ladeur zufolge insbesondere das Legitimationssubjekt des Volkes, nur den »pluralen Ort der Inszenierung« von Entscheidungen (Ladeur 1995: 44) unter den Umständen der Ungewissheit.

Jene spezifischen Bedingungen moderner Vergesellschaftung erklären den Vorrang von Ansprüchen der systemspezifischen Selbstregulierung vor den Steuerungsansprüchen der Gesetzgebung. Das Primat der Selbstorganisation von sozialen Subsystemen wiederholt sich in der Gegenüberstellung von privatem und öffentlichem Recht bzw. in der Dichotomie von Gesellschaft und Staat, die im Werk von Ladeur die systemtheoretische Perspektive im Anschluss an Luhmann ergänzt. Diese liberale Perspektivierung wird etwa daran deutlich, dass Ladeur den Prozess der gesellschaftlichen Selbstorganisation und die »Eigenrationalität« der Grundrechte mit der »Rationalität des Staates« kontrastiert (Ladeur 2004: 44, 60). Hingegen stellt der Staat bei Luhmann gerade kein eigenständiges Funktionssystem dar. Aufgrund der sozialen und epistemischen Komplexität müssen die Institutionen des demokratischen Rechtsstaates den opaken Charakter der funktional differenzierten Gesellschaft und die privat-rechtlichen Koordinationsleistungen als eigene Grenze anerkennen. Ein Demokratiemodell, das auf Verfahren der gesellschaftsweiten Selbstbestimmung und eine »Logik des Öffentlichen« (Ladeur 2000: 311) zurückgreift, ist somit aufzugeben. An dessen Stelle müssen die Problembeschreibungen von verschiedenen Sozialsystemen und »transsubjektiven«[27] Netzwerken rücken. Dabei wird zwar entlang der systemspezifischen Operationen der Beobachtung und Unterscheidung ein »übergreifender Gesamteffekt« hergestellt. Dieser Gesamteffekt ist »aber seinerseits nicht mehr der ›sensus communis‹ einer einheitlichen Weltsicht« (Ladeur 1995: 140). Die unterschiedlichen Beobachtungen kondensieren vielmehr in heterogene Formen gesellschaftlicher Rationalität,[28] die einerseits aufrechterhalten und geschützt werden

27 Vgl. zur Entgegensetzung von intersubjektiver und »transsubjektiver« Rationalität Ladeur (2000: 79f.).

28 Siehe zum systemtheoretischen Begriff der Rationalität auch *Kapitel 3.3.1*.

müssen. Deshalb, um den Prozess funktionaler Differenzierung zu erhalten, sollen aber – andererseits – die jeweiligen Binnenrationalitäten der Politik, der Wirtschaft oder der Wissenschaft einander irritieren und sich darüber im Laufe der Zeit transformieren. Diese beiden Funktionen des Schutzes und der Adaption gesellschaftlicher Selbststeuerung können Ladeur zufolge durch das Rechtssystem und insbesondere durch die Form der Rechte sichergestellt werden.

Ein angemessener Umgang mit der Ungewissheit und Unbestimmtheit des Sozialen besteht in der Multiplikation dieser Selbstbeobachtungen und Selbstbeschreibungen. Entgegen der Luhmann'schen Annahme einer weitgehend stabilen System/Umwelt-Unterscheidung betont Ladeur[29] den transitiven Charakter der jeweiligen Systemgrenze (vgl. Vesting/Augsberg 2013). »Das System befindet sich zwar nicht ständig in einem Prozeß grundlegender Neubestimmung«, dennoch ist ihm »gerade durch die Implikation der Beobachtung und der Beschreibung/Interpretation ein prozeßhaftes, zeitabhängiges Moment der Dauervariation eingeschrieben« (Ladeur 1995: 130). Unter den verschiedenen gesellschaftlichen Teilsystemen hat sodann das Rechtssystem im Allgemeinen und die Figur der Rechte im Besonderen die Funktion, eine solche Variabilität über die Zeit zu ermöglichen. Das betrifft vor allem das Verhältnis von normativen und kognitiven Operationen. Das Recht soll »Ungewissheit binden« (Ladeur 2000: 158) und muss dazu vom Prozess der gesellschaftlichen Evolution »lernen«.[30] Aus dieser kognitivistischen Perspektive[31] muss das Recht für Ladeur nicht begründungsfähiges, sondern anwendungsfähiges, kurz: es muss »selbstorganisationsgerecht[es]« Recht sein (Ladeur 2000: 93). Die Auszeichnung von in dieser Hinsicht geeigneten Verfahren und Mechanismen ist dabei bloß im Nachhinein, hinsichtlich der Auswirkungen auf den Prozess der gesellschaftlichen Selbstorganisation, möglich; mit Ausnahme der Faustregel allerdings, dass die fraglichen Regelungen möglichst »einfach« und »eher abstrakt« sowie geeignet für »Variation durch Anwendung« sein sollen (ebd.: 91, 131, 225). Das Verfahren der Gesetzgebung, das mit dem Anspruch einer detaillierten Gestaltung der zukünftigen Gesellschaft einhergeht, ist mit dieser Orientierung hingegen unvereinbar. Statt die legislativen

29 Unter der Überschrift »Das Rechtssystem als autopoietisches System?« hält Ladeur (1995: 162f.) gegen Luhmann am Beispiel des Rechts an der Möglichkeit flächiger intersystemischer Beziehungen fest: »Auch wenn das Rechtssystem natürlich nicht die Wirklichkeit abbildet und nur mit seinen Entscheidungen operieren [...] kann, so muß es sie doch auf die Selbstmodifikationsprozesse einstellen, die ständig in anderen Systemen erzeugt werden.«

30 Lernfähiges Recht: »[...] ein Begriff, dem N. Luhmann stets mit großer Skepsis begegnet ist.« (Ladeur 2013b: 106)

31 Die Bezeichnung »kognitivistisch« ist übernommen von Cappel (2006). Vgl. zum Demokratiebegriff auch Augsberg/Gostomzyk/Viellechner (2009: 72f.).

Verfahren mit sozialen Steuerungsaufgaben zu betrauen, geht es Ladeur gerade darum, variable Regulierungsformen zu institutionalisieren, die jene »a-zentrische« Selbstorganisation erlauben. Für das Rechtssystem bedeutet das, dass sich die kognitiven und die normativen Dimensionen der Rechtserzeugung miteinander verschränken müssen.[32] Die Verschränkung von Norm und Wirklichkeit beschreibt Ladeur als zirkulären Prozess der »Verschleifung« (Ladeur 1995: 212), in dessen Zuge ein post-modernes Recht »der Rückwirkung der Regelanwendung auf die Regel selbst« erzeugt wird.[33]

Ein soziales System besteht allein aus den selbstreferentiellen Operationen, die es von der Systemumwelt unterscheiden. Auch das Recht ist, als ein Sozialsystem, »nichts anderes [...] als die Geschichte seiner eigenen Bewegung« (Luhmann 1997: 116f.). Nur das Rechtssystem entscheidet darüber, was Recht ist, und es entscheidet nur darüber, was Recht ist. Aber die Rechtsproduktion beruht, so wendet Ladeur ein, auf epistemischen und kulturellen Voraussetzungen, ohne die ein fortlaufender Systemzusammenhang – die Erzeugung von Recht allein durch Recht – nicht stabilisiert werden könnte. Recht ist immer auch Konvention (vgl. Ladeur 2013c: 48). Weil ein Durchgriff der Gesetzgebung auf die ökonomischen oder wissenschaftlichen Binnenrationalitäten unter Bedingungen moderner Vergesellschaftung ausgeschlossen ist, besteht die Aufgabe des Rechts darin, solche Verfahren und Normen bereitzustellen, die für die »Fortsetzung der Selbstorganisation« erforderlich sind (Ladeur 1995: 212). Für Habermas fungiert das Recht als Medium, um Relationen der Reziprozität auf das Gefüge einer funktional differenzierten Gesellschaft zu übertragen. Die Gesetzgebung soll ihm zufolge die Eigenlogik von Sozialsystemen derart in den Griff bekommen, dass die einzelnen Rationalitäten zumindest stellenweise unterminiert werden – um auf diese Weise etwa »das kapitalistische Wirtschaftssystem zu zähmen« (Habermas 1994: 494). Im Ansatz von Ladeur ist die Gesetzgebung dagegen von nachrangiger Bedeutung, um Gesellschaften rational einzurichten. Das Recht kann die Selbstorganisation der Gesellschaft eben dadurch unterstützen, dass es auf Konventionalität bezogen bleibt. Das Recht ist und soll immer auch Konvention sein. Es geht dann in seinen Operationen von den etablierten Sozialnormen und Problembeschreibungen aus (vgl. u.a. Ladeur 2016a). Obwohl das Rechtssystem normativ geschlossen ist, ist es zugleich von einem »Rahmen des Vor-entschiedenen« abhängig

32 Der Netzwerkbegriff soll deshalb auch den Begriff der Verfassung und dessen Ausrichtung an zeitstabilen normativen Vorrangrelationen ersetzen (vgl. Ladeur 2011).

33 Die Bezeichnung als »post-modern« erklärt Ladeur unter Hinweis auf das »verstärkte Auftreten von Phänomenen der Selbstreferenz [...], insbesondere der Rückwirkung der Regelanwendung auf die Regel selbst.« (Ladeur 1995: 211)

(Ladeur 2013d: 81). Erst aufgrund von vorausliegenden epistemischen Prägungen und sozialverbindlichen Strukturen besteht das Recht als ein eigenständiges Funktionssystem. Es muss deshalb »mit der Erfahrung übereinstimmen« (Ladeur 2000: 150), um zu sein, was es ist, und um zu tun, was es tun soll. Rechts- und Sozialnormen sollen einerseits miteinander kooperieren. Dazu sind Verfahren für den »Wandel des Rechts diesseits der expliziten Veränderung« (Ladeur 2018: 75), also diesseits der Gesetzesform, von zentraler Bedeutung.[34] Zugleich und andererseits sind Rechts- von weiteren Sozialnormen letztendlich nicht eindeutig zu unterscheiden, denn, wie Thomas Vesting im Anschluss an Ladeur erklärt, es »geht im Begriff der gesellschaftlichen Konventionen [...] um mit Recht vergleichbare Normen, um einen Fall von Normativität« (Vesting 2015: 113). Das Gesetz und das Gesetzmäßige nähern sich an. Konvention ist hier also nicht, wie im klassischen Rechtspositivismus, der Grund, sondern der Modus – die Art und Weise der Reproduktion – des Rechts. Im Recht verbinden sich das Gesetz und das Gesetzmäßige, die Norm und das, was normal ist.

Hinsichtlich dieser profunden Abhängigkeit von gesellschaftlichen Konventionen kann das Rechtssystem nicht länger einen spezifischen Zustand aufrechterhalten oder bestimmten Zielen wie der Gerechtigkeit dienen.[35] Es soll vielmehr einen anonymen Prozess der funktionalen Differenzierung forcieren, auf dem es selbst beruht. Dazu muss es *unvollständig* sein: Die »Unvollständigkeit« des Rechts ist »angesichts der Kontinuität der Selbstmodifikation der Gesellschaft nicht das Problem, sondern die Lösung« (Ladeur 1995: 235). So erlaubt das Recht einen angemessenen Umgang mit der Komplexitätssteigerung des Sozialen vor allem dann, wenn es darauf ausgerichtet ist, die eigene »Unvollständigkeit systematisch in Rechnung [zu] stellen.« (Ladeur 2000: 243) Dazu müssen die fraglichen Regelungen »immer stärker in ›Echtzeit‹ entstehen« (Ladeur 2016a: 20). Erforderlich sind, z.B. mit Blick auf die normativen Interaktionen zwischen Rechts- und Wirtschaftssystem, solche Formen der Verknüpfung, durch die das Recht »Funktionsbedingungen des Wirtschaftssystems an sich selbst abbildet.« (Ladeur 2000: 223) Hinsichtlich des Zusammenhanges zwischen sozialen (ökonomischen) und rechtlichen Normen muss diese »Verschleifung« immer unmittelbarer erfolgen. Verbunden mit dieser offenen Dynamik der Rechtspraxis ist ein Bedeutungszuwachs von Rechtsprechung und Rechtswissenschaft. An die Stelle der *Internalisierung* demokratischer Legitimation, wie noch bei Colliot-Thélène, tritt bei Ladeur deren *Externalisierung* im Rahmen

34 Ladeur spricht dabei von einer »Prozeduralisierung zweiter Ordnung« (vgl. Ladeur 2003; 2018).

35 »[...] der unmittelbare Durchgriff auf Gerechtigkeit [ist] unmöglich« (Ladeur 2014: 475).

einer sozialwissenschaftlich informierten Dogmatik, die ihrerseits an den gesellschaftlichen Wandel »anzupassen« ist (vgl. Ladeur 2007a: 169 ff.). Legitimes Recht ist also nicht zuerst egalitäres, sondern sozialadäquates Recht. Darauf wird gleich, entlang der frühen Überlegungen von Luhmann zur Rolle der (Grund-)Rechte, noch einmal zurückzukommen sein.

Subjektive Rechte sind insbesondere dazu geeignet, den Prozess gesellschaftlicher Selbstorganisation rechtsförmig freizusetzen. Sie fungieren Ladeur zufolge als ein Mechanismus der dynamischen Verschleifung von Rechts- und Sozialnormen. Jene Variationen im Gebrauch, die neues Recht generieren, unterstützen die Ausgestaltung und die wechselseitige Adaption der unterschiedlichen sozialen Rationalitäten und befestigen derart den Fortgang der funktionalen Differenzierung. Rechte fungieren als ein »Medium der gesellschaftlichen [...] Regelerzeugung« (Ladeur 2008: 110). Das gilt vor allem für »negative« Rechte, die einen großen Handlungsspielraum und darüber Möglichkeiten der Teilhabe an der gesellschaftlichen (im Kontrast zur allein legislativen) Regelerzeugung einrichten. Zur Begründung dieser prominenten Rolle der Rechte greift Ladeur auf klassische und neuere liberale Konzeptionen der Gesellschaftskritik zurück.[36] Negative Abwehrrechte deutet er dabei nicht vorrangig als Vorrichtungen zum Schutz der Individuen vor staatlichen Eingriffen,[37] vielmehr als Ermöglichungsbedingungen der nicht-hierarchischen (»privaten«) Koordination und Kooperation. Das »liberale Rechtsmodell« ist für Ladeur nämlich gerade dadurch gekennzeichnet, dass es auf die Idee der Souveränität gänzlich verzichtet:

> Statt dessen akzeptiert es, daß nur im Meinen der Leute, nicht in der politischen Gemeinschaft eines »Volkes«, ein (unsicherer) Halt gefunden werden kann. Es »vergesellschaftet« Ordnungsbildung durch eine a-zentrische Distribution von Entscheidungsrechten, die die Selbsterzeugung [der Gesellschaft] [...] mit der Praxis der Selbstkoordination der Individuen verknüpft. (Ladeur 2000: 60)

Rechte dienen also nicht allein der Garantie subjektiver Freiheiten. Sie helfen vielmehr bei der »Gewährleistung einer experimentellen Selbstorganisation« der Gesellschaft (Ladeur 2013f: 532). Dabei bringt Ladeur die Garantie und Inanspruchnahme von Rechten explizit mit Deutungen des kapitalistischen Marktes als ein »Entdeckungsverfahren« (Hayek)

36 Ladeur greift, wie Brugger (2005: 266f.) erklärt, auf einen Strang des Liberalismus zurück, der jene mit der »Stärkung der Individuen [...] einhergehenden Vermittlungen und Aufbauleistungen in sozialem Handeln und gesellschaftlichen Wissen thematisiert«, die wiederum »im egoistischen, mechanistischen oder monadischen Liberalismus etwa bei Jeremy Bentham und James Mill« außen vor bleiben.

37 Vgl. dazu auch den Anschluss an Ridders Theorie »inpersonaler« Grundrechte bei Ladeur (2013e; 2022).

in Zusammenhang, das die Koordination von Handlungen dadurch erreicht, dass die Partikularinteressen der Teilnehmer:innen forciert werden (vgl. Ladeur 2000: 115 ff.).[38] Rechte erlauben es unter Umständen der Ungewissheit neue Konventionen herauszubilden: Die »Grundrechte *selbst* institutionalisieren ein vom demokratischen Verfahren der Selbstgesetzgebung zu unterscheidendes a-zentrisches Ordnungsprinzip« (Ladeur 2006: 348, Herv. J.H.). Weil (Grund-)Rechte Normativität und Konventionalität verbinden, bedeuten sie ein Potential gesellschaftlicher Selbstorganisation. Sie sind in dieser Hinsicht *politische*, weil auf die Ordnung der Gesellschaft bezogene, Rechte.

Durch die Gewährleistung von Rechten wird zugleich eine umfangreiche Politisierung, werden also die legislativen Ambitionen der expliziten Steuerung und Gestaltung, beschränkt. Das »a-zentrische Ordnungsprinzip« der Rechte kann dabei entlang der Schmitt'schen Unterscheidung zwischen »Normen« und »Normierungen« konzipiert werden. Zwar drücken sowohl Normen als auch Normierungen ein generelles Sollen aus. Doch während Normen eine Bandbreite möglicher Handlungen beinhalten, sind Normierungen »vorherbestimmt[]« und derart ein »[t]ypischer Ausdruck des Gesetzgebungsstaates.« Sie etablieren ein geschlossenes »Legalitätssystem«, das das »Leben« des Staates in seiner Gesamtheit erfassen soll (Schmitt 2012: 9). Man muss nur den Begriff des Staatslebens durch den Prozess gesellschaftlicher Selbstorganisation ersetzen, um die Argumentation von Ladeur wiederzufinden. Die Bedeutung der in Form der Rechte geschützten individuellen Freiheiten liegt darin, gegen die vorherbestimmenden Normierungen der Gesetzgebung die »Erzeugung des Neuen« (Ladeur 2000: 129) aus der vielgestaltigen Mitte der Gesellschaft heraus zu ermöglichen.

Durch (negative) Rechte wird, so die systemtheoretische Formulierung dieses Zusammenhanges, die Gesellschaft der funktionalen Differenzierung abgestützt. Um dieser zweifachen Funktion der Rechte nachzuspüren, Freiheiten auch als Institutionen und Verfahren gesellschaftlicher Selbstregulierung zu befestigen, ist es sinnvoll, die Überlegungen von Luhmann zur sozialen Funktion der Grundrechte miteinzubeziehen. Rechte wirken in dieser Interpretation als Schranken, die »gegen Tendenzen zu simplifizierender Entdifferenzierung schützen, die vom politischen System ausgehen können« (Luhmann 1965: 135). Sie schützen also nicht nur die Einzelnen vor staatlicher Herrschaft, sondern ebenso die Ausgestaltung der modernen Gesellschaft in eine Vielzahl von Funktionssystemen. Das beinhaltet Luhmann zufolge insbesondere den Schutz der Religion, der Wirtschaft oder der Wissenschaft – aber auch der »Systeminteressen der Persönlichkeit« (ebd.: 68) – vor einer unbeschränkten

38 Vgl. zur »Ermöglichung der Verfolgung von Eigeninteressen« im Rahmen einer post-modernen Verfassungstheorie auch Ladeur (2013d, hier: 96).

Politisierung. Dass es solche Rechte gibt, ist ihrerseits die Folge eines gesellschaftlichen Prozesses,[39] denn sie sind »zunächst ein faktisches Geschehen« generalisierter Erwartungen, »die im Zusammenhang einer sozialen Rolle aktuell werden und durchweg auf sozialen Konsens rechnen können.« (ebd.: 13) Rechte sind also selbst ein Effekt der gesellschaftlichen Entwicklung in Richtung funktionaler, rollenspezifischer Differenzierung. Sie werden nicht oktroyiert. Die Positivierung dieser Erwartungen ist vielmehr der sozialen Evolution nachträglich und tritt als »eine Art Sicherheitsverstärker« hinzu (ebd.: 185).[40] Grundrechte tragen zur Durchsetzung der modernen Gesellschaft bei und rechtfertigen so das eigene Dasein.[41] In der Form von Rechtsansprüchen, die am Vorrang der Verfassung teilnehmen, wird durch die Grundrechte also nur die Tatsache manifest, dass Rechte »keineswegs nur individuellen Interessen [dienen]« (Luhmann 1999a: 361).[42] Sie sind auch und zugleich funktional für die Entwicklung der Gesellschaft, deren Folge sie sind.

Die Funktionalität der Rechte beruht auf Vorgängen der Abstraktion. Subjektive Rechte erlauben es, Rechtsbeziehungen zusehends von reziproken Sozialbeziehungen abzuziehen, so dass auch Beziehungen der bloßen Komplementarität durch das Recht formuliert werden können. Sie eröffnen somit unbestimmte, unvorhersehbare (in der Terminologie von Ladeur: »unvollständige«) Ordnungsmuster. Denn bei komplementären Beziehungen geht es allein um korrespondierende Erwartungen, bei reziproken Beziehungen hingegen außerdem um Leistungen, die füreinander erbracht werden.[43] Reziprozität bedeutet die »unmittelbar-konkrete Verzahnung von Rechten und Pflichten als Bedingung für Rechtlichkeit schlechthin« (ebd.: 368). Von diesen gleichläufigen Beziehungen sehen Rechte ab und sind dadurch selbst wiederum für das Rechtssystem funktional. Weil das Recht in Form der Rechte von konkreten Verpflichtungen unabhängig wird, kann es sich als ein eigenständiges, von reziproken Beziehungen unabhängiges System erst herausbilden (vgl. Luhmann 1993: 483). Die Einzelnen können sich durch die Figur der Rechte auf einen individualisierten (»subjektiven«) Anspruch beziehen, um für Handlungen Rückhalt im Rechtssystem zu finden. Es werden

39 Luhmann unterscheidet demnach zwischen der *sozialen Institutionalisierung* und der *rechtlichen Positivierung* der Grund- bzw. Menschenrechte (vgl. Verschraegen 2006; Dammann 2011; Japp 2015).

40 Das schließt an die Funktion der »zeitstabilen« Sicherung von Erwartungen an, die für das Recht insgesamt zentral ist (vgl. Luhmann 1993: 124 ff.).

41 Luhmann (1965: 197) spricht explizit von einer »Daseinsrechtfertigung«.

42 Zur abstrahierenden und zugleich individualisierenden Funktion subjektivrechtlicher Personalisierung vgl. die hilfreiche Rekonstruktion bei Heller (2018: 303 ff.).

43 Die Leistungen müssen nicht gleichwertig sein, es muss aber die »die Möglichkeit einer inneren Gerechtigkeit« bestehen (Luhmann 1999a: 363).

Beziehungen möglich, die allein auf Rechten (oder auf Pflichten) basieren – Beziehungen, die kein konkretes Gegenüber mehr kennen und damit, sozial betrachtet, für sich allein stehen.

Aufgrund der Rechte kann also ein verbindlicher Anspruch entlang von weiter gefassten, lockeren Verhältnissen der bloßen Komplementarität existieren. Im Wege des Rechts der Rechte kann dadurch eine bislang unbekannte Vielfalt von Sozialbeziehungen geknüpft werden, mit der Folge der Emanzipation der Einzelnen von primären Formen gemeinschaftlicher Zugehörigkeit und der Orientierung an feststehenden Gemeininteressen. Diese Individualisierung ist ein Ausweis der sozialen Funktionalität der (Form der) Rechte. Die rechtsförmigen Sozialbeziehungen werden nun allein durch den »im Recht vorausgesetzten Interessenausgleich« getragen (Luhmann 1981a: 68). Vor der Abstraktion von Reziprozität konnte etwas nur unter Bezugnahme auf bereits bestehende Bindungen rechtens heißen. Von derartigen vorausliegenden Bindungen sehen die Form und Semantik der Rechte ab. Bedeutsam für das Zustandekommen von Rechtsbeziehungen sind nur die »Selektionen« der Rechtsträger:innen, die mit dem »bloßen Erleben« der Verpflichteten korrelieren (ebd.: 75). Anders formuliert, erlauben subjektive Rechte die Abstraktion von substantiellen Kriterien der Rechtsträger:innenschaft. Luhmann beschreibt die Wirkungen dieser sozialen Innovation als *Elastizität* (vgl. Luhmann 1981a: 73; 1999a: 371). Damit ist gemeint, dass die Figur der subjektiven Berechtigung »mehr sozialen Beziehungen Rechtsqualität verleihen [kann]« (Luhmann 1999a: 365). Das Recht wird elastisch, kann über den Horizont der bestehenden Sozialbeziehungen und Ordnungsmuster ausgedehnt werden. Es hat, aufgrund der Form der Rechte, ein »höheres Potential für Komplexität« (ebd.) und kann auf diese Weise zur Differenzierung und Interdependenz von gesellschaftlichen Teilbereichen und sozialen Rollen beitragen.

Dass die Individuen mittels Rechten aus Beziehungen der Reziprozität herausgelöst werden, ist also sowohl Folge als auch Grund der funktionalen Differenzierung. Eine nach Funktionssystemen geordnete Gesellschaft ist auf den effektiven Schutz spezifischer Sozialrollen angewiesen, denn es »kann [...] kein soziales System ohne Inklusion zustande kommen.« (Luhmann 1989: 162) Dabei bedeutet Inklusion die Möglichkeit, an der systemspezifischen Kommunikation teilzunehmen. Diese Kommunikation darf nicht aufhören, wenn das System weiter existieren will.[44] Es muss Kläger:innen, Forscher:innen oder Verbraucher:innen geben (können). Es ist aber nicht nötig, dass alle Rollen durch alle übernommen werden können. Wie Luhmann in seiner Diskussion

44 »[...] ein soziales System, das nicht in der Lage wäre, neue Kommunikationen zu generieren, wäre als System zum Verschwinden bestimmt« (Baraldi/Corsi/Esposito 1999: 30, unter dem Eintrag »Autopoiesis«).

des Wohlfahrtsstaates formuliert, ist die Ungleichheit der Teilhabemöglichkeiten nur dann problematisch, wenn »sie durch das Differenzierungsschema der Gesellschaft nicht mehr getragen [...] wird.« (Luhmann 1981b: 27) Der Schutz sozialer Rollen zum Zweck der Systemreproduktion kann also durchaus mit der ungleichen Verteilung dieser Teilhabemöglichkeiten einhergehen. Dass für das Rechtssystem Kläger:innen existieren müssen, bedeutet nicht, dass alle vor Gericht ziehen können müssen. Solange solche Ungleichheiten nicht »funktionslos« sind (ebd.), besteht für Luhmann kein Handlungsbedarf (bzw. ist die Ungleichverteilung der Teilhabe »gerechtfertigt«). Die Organisation dieser Rollenvielfalt kann wiederum ein elastisch gewordenes Recht übernehmen. Es bietet, durch die Abstraktion von Reziprozität, die nötige Variabilität für die Formalisierung einer Mehrzahl sozialer Rollen derselben Person. Die Inklusion der Individuen wird – obwohl Luhmann zu Beginn noch von der Funktion der gesellschaftlichen »Integration« spricht (Luhmann 1965: 200) – strikt als Teilhabe an den verschiedenen Funktionssystemen verstanden.[45] (Grund-)Rechte können somit als Kompensation für den Verlust stabiler sozialer Positionen aufgefasst werden. Während in der Ständegesellschaft die einzelnen Personen gesellschaftlichen Schichten exklusiv zugewiesen sind, muss unter Bedingungen der funktional ausgerichteten Differenzierung »die Beteiligung des Einzelnen an der Gesellschaft in andere Formen gebracht werden« (Luhmann 1981a: 83). Die »Symbolik« von subjektiven Rechten ist dafür insbesondere geeignet (ebd.: 84), denn der Bezug auf Subjektivität bringt zum Ausdruck, dass die Einzelnen als Individuen, d.h. unabhängig von die eigene Rechtsstellung determinierenden sozialen Positionen und Beziehungen einen Anspruch auf Inklusion geltend machen können.

Die konkreten Rechte auf und die präzisen Regelungen der Inklusion werden jedoch systemintern bestimmt. Die Bestimmungen über die Teilhabe am Bildungs- oder am Rechtssystem werden ebenso wie die Voraussetzungen zur Teilhabe am System der Wirtschaft durch das System selbst festgelegt. Diese Bestimmungen spezifizieren die Gleich- bzw. Ungleichbehandlung der Einzelnen aus der jeweiligen Systemperspektive. Luhmann spricht deshalb auch von »systemspezifische[n] Allgemeinbegriffe[n]« (1993: 415). Nur diejenigen, die einen bestimmten Schulabschluss vorweisen können, bekommen Zugang zum Bildungssystem und werden somit in dieser spezifischen Hinsicht gleich behandelt. Zugleich stellt das Recht Mechanismen bereit, um diese Gleichbehandlung der Individuen entlang der systemspezifischen Definitionen zu überprüfen und Diskriminierungen zu sanktionieren. Die Gleichheit vor dem Gesetz ist deshalb mit dem »allgemeine[n] Strukturgesetz sozialer Differenzierung« verbunden (Luhmann 1965: 180). Nur wenn die systeminternen

45 Hingegen taucht der Begriff bei Ladeur (vgl. 2013d: 96) durchaus auf.

Kriterien der Gleichbehandlung auch tatsächlich angewendet werden, kann schließlich die Spezifizierung sozialer Rollen gelingen. Die Inklusion der Schülerin in das Bildungssystem darf auf Dauer nur aufgrund des Abschlusses, nicht aufgrund der wirtschaftlichen Potenz der Eltern erfolgen. Eine solche Ökonomisierung würde der Entwicklung funktionaler Differenzierung entgegenstehen, denn sie bringt in der Luhmann'schen Terminologie eine »funktionslose« Ungleichbehandlung hervor. Aus diesem Grund ist das »Recht auf Gleichheit« von fundamentaler Bedeutung für die Idee der Grund- bzw. Menschenrechte (Luhmann 1993: 115), die ihrerseits als Mittel der Inklusion in eine Vielzahl von gesellschaftlichen Teilbereichen fungieren.

Die Elastizität der Rechte trägt auf diese Weise zur Aufrechterhaltung von sozialen Systemen und den korrespondierenden Funktionsrollen bei. Mindestens ebenso relevant ist die systemeigene Adaption an die jeweiligen Umwelten. Auch in dieser Hinsicht ist die Form der Rechte sozialfunktional. Denn durch die Formulierung und Institutionalisierung subjektiv-rechtlicher Freiheiten wird in den einzelnen Systemen ein »Bereich der Indifferenz« eingerichtet (Luhmann 1965: 35). Hier können dann systemfremde Orientierungen wirksam werden. Rechte sind also nicht nur Mittel der Entflechtung und Trennung von gesellschaftlichen Rollen. Sie dienen auch der »wechselseitige[n] Beeinflußbarkeit und Anpassungsfähigkeit« von Teilsystemen (Luhmann 1965: 36) und somit dem »Offenhalten von Zukunft« (Luhmann 1993: 116). Entscheidend ist hier wiederum die Unbestimmtheit der Rechte. Denn Rechte-als-Freiheiten bedeuten ein Nicht-Festgelegtsein (vgl. Luhmann 1965: 36). Unbestimmte subjektive Rechte stellen auf diese Weise »Möglichkeiten abstrakter System*steuerung*« dar (Luhmann 1999a, Herv. J.H.), die die Aufmerksamkeit für die Systemumwelten steigern, weil sie es erlauben, den etablierten Eigenlogiken entgegenzuarbeiten. Diese Funktion der systeminternen Adaption an die Anforderungen der Umwelt ist deshalb relevant, weil für Luhmann wie für Ladeur Vergesellschaftung nur auf »a-zentrische« Weise, also nicht allein im Rahmen des Gesetzgebungsprozessses, erfolgen kann.

Um jene Adaptionsleistungen auch wirklich erbringen zu können, müssen Rechte in gewisser Hinsicht zwecklos sein. Nur durch die Gewährleistung von weitreichenden, wenig normierten Freiheiten kann die Funktion der Rechte sichergestellt werden, dass »zwanglos und in bunter, widerspruchsreicher Fülle Normen, Rollen und Institutionen gebildet und ausprobiert werden [können].« (Luhmann 1965: 102) Dieses Verständnis der sozialen Funktionalität der Rechte-als-Freiheiten legt nahe, dass Inklusion durchaus auch »positiv« herbeizuführen ist. Es geht also nicht allein um den Abbau von Zugangsbeschränkungen und den Schutz von »negativ« konzipierten Freiheiten. Es muss sichergestellt sein, dass Institutionen gebildet und Rollen probiert werden können. Doch Rechte müssen für Luhmann und Ladeur zuerst Freiheiten schützen, um den zukunftsoffenen Zusammenhang zwischen subjektiver Berechtigung und der Anpassung der Umweltbeziehungen nicht stillzustellen. »Die Garantie von Freiheiten ist nichts anderes als eine Garantie von Kommunikationschancen.« (ebd.: 23) Als *Chancen* der Kommunikation bedürfen Rechte der Institutionalisierung. Als Chancen der *Kommunikation* müssen Rechte ermöglichen, etwas Neues oder Anderes zu sagen. Sobald Inklusion vor allem politische (bzw. politisierende) Eingriffe bezeichnet, die, wie Luhmann mit Blick auf den Ausbau wohlfahrtsstaatlicher Leistungen beobachtet,[46] in einer »immensen Zahl von neu geschaffenen subjektiven Rechten« Niederschlag finden (Luhmann 1981a: 88), steht dieser systemtheoretische Zusammenhang infrage. Denn Rechte-als-Freiheiten werden hier »durch eine Vielzahl von Regulierungen eingeschränkt« (ebd.) und können, so legt es Luhmann nahe, aufgrund dieser Determinationen, aufgrund von detaillierten Normierungen, nicht länger zur »Anpassungsfähigkeit« von Sozialsystemen beitragen.

Die elastische Form der Rechte stützt den Pluralismus der sozialen Rollen und Systemrationalitäten ab. Ladeur greift die Luhmann'sche Beobachtung, dass (Grund-)Rechte den Prozess funktionaler Differenzierung abbilden und ausgestalten, ausdrücklich mit einer »normativen Wendung« auf (Ladeur 2013f: 532, Fn. 79). Im Kontrast zu Luhmann ist dabei die Funktionalität der Rechte allerdings nicht allein auf die Abwehr von Bestrebungen der Politisierung beschränkt. Grundrechte können zum Beispiel auch jene privat-rechtlichen Ordnungsmuster »irritieren« (Ladeur/Viellechner 2008: 677), die allein wirtschaftlichen Rationalitätskriterien folgen. Ihre Funktion bleibt aber, wie bei Luhmann, auf die Gleichverteilung von systemspezifischen Teilhabemöglichkeiten bezogen. Im Hinblick auf den pluralen Prozess der gesellschaftlichen Selbstorganisation etablieren Rechte »ein Verhältnis der Partizipation, ohne ein Verhältnis der Zugehörigkeit zu sein« (Ladeur 1995: 149). Weil ein direkter Zugriff auf die Organisation des Sozialen unmöglich (geworden) ist, spricht Ladeur mit Blick auf diese Teilhabemöglichkeiten von einem »Recht auf Mit-Konstruktion« (ebd.: 210) und einer »nicht-hierarchischen Variante der Demokratie« (Ladeur 2013g: 632). Mittels der Institutionalisierung grundrechtlicher Freiheiten finden die einzelnen Sozialteilnehmer:innen Berücksichtigung, ohne dass deshalb – aufgrund der Unbestimmtheit der Rechte – die Selektivität der Systemoperationen und das Primat der Selbstregulierung infrage gestellt wird.

Der Fokus auf die »Negativität« der Rechte akzentuiert diesen Zusammenhang zwischen gesellschaftlicher Selbstregulierung und der Unbestimmtheit der Rechte. Weil ein auf den Schutz von individuellen

46 »Wohlfahrtsstaat, das ist realisierte politische Inklusion.« (Luhmann 1981b: 27)

Freiheiten ausgerichtetes Recht durchaus »Selbstblockierungen der Gesellschaft« (Ladeur 2013f: 539) nach sich ziehen kann, betont Ladeur zwar die Notwendigkeit von inhaltlich stärker determinierten Teilhabeansprüchen. Die Selbstkoordination der privaten Individuen und die Selbstorganisation von Sozialsystemen kann sich auch selbst gefährlich werden. Grundrechte können deshalb, als Reaktion auf diese Gefährdungen, auch als positive Rechte konzipiert und praktiziert werden. Aber mit Blick auf die Funktion der Rechte, Möglichkeiten der gesellschaftlichen Regelerzeugung zu institutionalisieren, müssen solche substantiellen Inklusionsgarantien wiederum – vor allem durch die Rechtswissenschaft und Rechtsprechung – auf eben jene Funktionalität hin untersucht werden.[47] Es muss, so Ladeur, das »Problem der Wechselwirkung zwischen der Selbstorganisation der privaten Gesellschaft und der staatlichen Schaffung von sozialen Rechten« adressiert werden (Ladeur 2000: 256). Denn subjektive Rechte im Rahmen des Sozialstaates operieren so, dass ein spezifischer Zustand oder ein konkretes Ziel normativ ausgezeichnet wird und stehen damit, wie schon Luhmann beobachtet hatte, im Widerspruch zur »Anpassungsfähigkeit einer komplexen Gesellschaft« (Ladeur 2007b: 86). Die »a-zentrische« Gesellschaft ist Tatsache und Norm, Sein und Sollen. Nur solche Rechte, die den Prozess sozialer Evolution reflektieren, ohne ihn zu überformen, können zum funktionalistischen Zusammenhang von subjektiver Berechtigung und demokratischer Befähigung beitragen.

Die demokratische Funktion der Rechte basiert somit schlussendlich sowohl für Colliot-Thélène als auch für Ladeur auf der formalen Eigenschaft der Unbestimmtheit. In der »leeren Form« der Rechte ist der unmittelbare Zusammenhang von Berechtigung und Befähigung begründet. Für Ladeur (und Luhmann) hat die Garantie von Grundrechtspositionen den Sinn, an sozialen Funktionssystemen teilnehmen zu können. Rechte sorgen für Inklusion und forcieren derart den Prozess funktionaler Differenzierung. Die konkreten Verallgemeinerungen der Teilhabe werden dabei systemintern geregelt. Allein dass Inklusion sichergestellt ist, kann hier als normatives Substrat dienen. Die Funktion der Rechte besteht in der Abstraktion von Beziehungen der Reziprozität *im Zuge* des Schutzes von spezifischen Teilhabemöglichkeiten. Die Unbestimmtheit der Rechte und damit das Potential demokratischer Befähigung ist auf diese Weise immer schon sozial gesättigt. Die Abstraktionen der Rechtsgleichheit können das fokale System nicht hinter sich lassen, denn subjektive Rechte sind als ein »Medium gesellschaftlicher Regelerzeugung« (Ladeur) selbst ein Element der selbstgesetzlichen Systemreproduktion. Die

47 Das folgt wiederum Luhmann (1981b: 14, 156), der das »Anmelden von Ansprüchen« im Zuge der wohlfahrtsstaatlichen Entwicklung mit einer »harte[n] Pädagogik der Kausalität« konfrontiert.

Forderungen der Gleichheit, die Colliot-Thélène ins Zentrum rückt, richten sich genau gegen diese bestimmten und vermeintlich selbstverständlichen Inklusionskriterien. Sie problematisieren die Verbindung gleicher Rechte mit spezifischen sozialen Rollen sowie gesellschaftlichen Konventionen und drängen auf andere Abstraktionen. Die Gleichheit der Rechte soll hier dem »Strukturgesetz sozialer Differenzierung« (Luhmann) entgegenarbeiten, statt es zu befestigen.

Hinsichtlich der Rolle gleicher Rechte stehen sich die Konzeptionen von Colliot-Thélène und Ladeur deshalb strikt entgegen. Sie sind insofern paradigmatisch, als sie den Zusammenhang von subjektiver Berechtigung und demokratischer Befähigung aus exakt entgegengesetzten Richtungen betrachten. Das wird noch einmal deutlich, wenn danach gefragt wird, auf welche Weise sich in beiden Ansätzen Rechte von Privilegien unterscheiden. In der funktionalistischen Interpretation durch Luhmann und Ladeur sind Rechte keine Privilegien, weil und insofern sie von sozialen Positionen abstrahieren und derart Inklusion gewähren. In der normativistischen Interpretation durch Colliot-Thélène sind Rechte keine Privilegien, weil und insofern sie die konkreten Bestimmungen der Rechtsgleichheit transzendieren. *Aus dem Blickwinkel der Gleichheit* bleibt die Gleichbehandlung aufgrund systemspezifischer Inklusionskriterien notwendigerweise unvollkommen. Hier soll die Gleichheit der Rechte über jene konkreten Teilhabemöglichkeiten der Politik, Wirtschaft, Wissenschaft etc. hinaus ausgeweitet werden. *Aus dem Blickwinkel sozialer Differenzierung* jedoch bleibt ein »leerer« Anspruch der Gleichheit zwingend auf die Justierungen der Teilhabemöglichkeiten bezogen, die ein anonymer Prozess der gesellschaftlichen Selbstorganisation hervorgebracht hat. Nur dort kann, anhand spezifischer Kriterien, über Gleich- bzw. Ungleichbehandlung sinnvoll entschieden werden. Die fortdauernden Unterscheidungen zwischen »allgemeinen« Rechten und »partikularen« Ansprüchen, die den normativistischen Ansatz motivieren, sind, so wendet die systemtheoretische Betrachtungsweise ein, von konkreten Hinsichten der Gleichheit abhängig. Die Forderung der Egalität trifft immer bereits auf eine Vielzahl von Systemperspektiven, hinter die es für den funktionalistischen Ansatz kein Zurück gibt. Beide Blickwinkel widerstreiten einander somit unauflöslich.

Dieses Oszillieren zwischen einer normativistischen und einer funktionalistischen Betrachtungsweise ist wiederum Ausdruck des gemeinsamen Ausgangspunkts: eines in der Form der Rechte selbst begründeten Zusammenhanges von Berechtigung und demokratischer Befähigung. Sowohl die normativistische als auch die funktionalistische Konzeption der Rechte geben die Idee der Volkssouveränität auf. Das hat auf den ersten Blick den Vorzug, die demokratische Funktion der Rechte in einer Mehrzahl rechtserzeugender Verfahren und damit auch jenseits der Matrix des demokratischen Rechtsstaates lokalisieren zu können.

Während Habermas den Zusammenhang von Berechtigung und Befähigung für Konstellationen reserviert, die unter Bezug auf die formalen Eigenschaften des Gesetzgebungsprozess entfaltet werden können, reicht für Ladeur und Colliot-Thélène die Form der Rechte für eine Demokratie der Rechte hin. Mit der Verabschiedung der Volkssouveränität wird aber die Gleichverteilung der Teilhabemöglichkeiten entweder vollkommen abstrakt, nämlich zur Forderung der Gleichheit an und für sich. Oder die Definition gleicher Teilhabemöglichkeiten wird vollkommen (system-)relativ und erweist sich als schlichtes Abbild der funktionalen Differenzierung.

Im nächsten Kapitel möchte ich deshalb hinter die diskutierten Alternativen zurücktreten und argumentieren, dass der Zusammenhang von Berechtigung und demokratischer Befähigung nicht auf die Gesetzgebung allein beschränkt ist. Er ist jedoch auch nicht aus dem normativen Horizont der Souveränität des Volkes vollends herauszulösen und mit der Form der Rechte zu identifizieren. Im Unterschied zu diesen beiden Positionen ist die Inanspruchnahme von fundamentalen Rechten in der Lage, Volkssouveränität egalitär zu durchbrechen. Rechte wenden den selbstbezüglichen Manifestationen der Herrschaft – der Herrschaft im Namen *des* Volkes – die Gleichberücksichtigung der Einzelnen als eigenen, bislang uneingelösten Anspruch entgegen. Sie können so, als ein »generatives Prinzip« der Demokratie, auch unter Bedingungen der transnationalen Konstellation wirksam werden.

2. Politische Formen

»Alles spricht, das heißt auch, daß die Hierarchien der Repräsentationsordnung abgeschafft werden.«[1]

»So gesehen wird das Volk in dem Moment, in dem es [...] wählt, verkürzt und geht beinahe verloren.«[2]

In der transnationalen Konstellation kann nur noch ein prozedurales Demokratiemodell Halt finden. Denn hier entfallen die Voraussetzungen eines staatlichen Demokratieverständnisses, nämlich sowohl die Einheit der Herrschaft als auch die Einheit des Rechts. Die Souveränität des Volkes kann den rechtsförmig eingerichteten Herrschaftsinstanzen nicht mehr strikt entgegengesetzt werden, sobald das Medium dieser unzweideutigen Entgegensetzung porös geworden ist.[3] Ein staatlich begründetes Demokratiemodell geht von der Idee der Selbstgesetzgebung aus und unterscheidet kategorial zwischen der Rolle der Rechtsautor:innen und der Rolle der Rechtsadressat:innen. Die demokratische Funktion der Rechte ist hier auf politische Freiheiten und auf Verfahren der Gesetzgebung beschränkt. Hingegen kann ein prozedurales Demokratiemodell den Zusammenhang von Berechtigung und demokratischer Befähigung auch unter den Bedingungen transnationaler Rechtserzeugung entfalten. Es betont den zerstreuten Charakter der Volkssouveränität im Rahmen einer nur graduellen Unterscheidung zwischen Verfahren der Setzung und der Anwendung von Rechtsnormen, mit der Folge, die Gesetzgebung als einzigen »echten« Ausdruck der Herrschaft des Volkes zu relativieren.

Ich habe im vorherigen Kapitel zwei Weisen skizziert, den Zusammenhang von Berechtigung und Befähigung auch abseits von legislativen Verfahren zu lokalisieren. So tritt bei Habermas an die Stelle einer scharfen Trennung zwischen Rechtsetzung und -anwendung die Unterscheidung von rechtsbegründenden und rechtsanwendenden Diskursen. Diese Rekonstruktion der normativen Implikationen des Rechtsstaates tendiert zwar einerseits dazu, die Gesetzgebung als alleinigen Pfad der Herrschaftslegitimation insofern infrage zu stellen, als Volkssouveränität und Rechtsmedium einander in Form setzen. Zugleich und andererseits hält Habermas aber an der Gleichheit der Teilhabe im Hinblick auf eine Rechtsgemeinschaft fest. Demokratische Legitimation können nur solche Verfahren für sich beanspruchen, die die Souveränität des Volkes

1 Rancière (2006: 27).

2 Butler (2016: 218).

3 Siehe dazu Einleitung zu *Teil II*.

im Wege des Rechts manifestieren oder herstellen.[4] In den Ansätzen von Colliot-Thélène und Ladeur wird dagegen diese Idee der Volkssouveränität als normativer Horizont der Demokratie aufgegeben. Sie übertragen den Zusammenhang von Berechtigung und Befähigung vielmehr auf die Formeigenschaften der Rechte. Demokratisch befähigend sind Rechte diesen Überlegungen zufolge, weil und wenn sie der Ausweitung rechtlicher Gleichheit dienen oder den Prozess gesellschaftlicher Selbstorganisation abstützen. Von entscheidender Bedeutung ist dabei in beiden Ansätzen die Unbestimmtheit der Rechte und das Potential der Transformation, das mit dieser notorischen Unbestimmtheit verbunden ist.[5]

Solche, auf der Form der Rechte aufbauende, Demokratiekonzeptionen sind angesichts der normativen Herausforderungen der transnationalen Konstellation ungemein attraktiv. Schließlich könnte, wenn der Zusammenhang von Berechtigung und Befähigung der Form der Rechte selbst eingeschrieben ist, direkt von der »Rechtserzeugungsfunktion« der Rechte (Kelsen) auf ein Potential demokratischer Legitimation geschlossen und könnte dieses Potential einfach – eben durch eine Garantie und Ausweitung der Rechte – aus der rechtsstaatlichen Konstellation in den transnationalen Raum übertragen werden. In der Diskussion hatte sich aber gezeigt, dass diese Konzeptionen die Gleichverteilung von Teilhabemöglichkeiten entweder normativistisch überspannen oder funktionalistisch deflationieren müssen. Aus Unbestimmtheit – das wird ein zentraler Aspekt der folgenden Auseinandersetzung sein – ergibt sich nicht von allein die Gleichberücksichtigung der Einzelnen, die für die Demokratie schlichtweg wesentlich ist. Daher können die notwendigerweise perspektivischen Forderungen der Rechtsgleichheit (Colliot-Thélène) für sich genommen genauso wenig wie die funktionalen Gebote der systemspezifischen Selbstregulierung (Ladeur) demokratische Legitimation vermitteln. Als vorläufiges Ergebnis ist deshalb festzuhalten, dass auf der Suche nach dem Zusammenhang von Berechtigung und demokratischer Befähigung an der Idee der Volkssouveränität weder strikt *festgehalten* werden kann, noch dass diese Idee schlicht *aufgegeben* werden darf.

Vielmehr ist die Souveränität des Volkes als *egalitär durchbrochen* zu begreifen. Sie fungiert als der negative Bezugsrahmen, um die Objektivierungen der Herrschaft auf die Gleichberücksichtigung der Einzelnen zurückzuführen. Um diese These zu erklären und zu verteidigen, greife ich im Folgenden ausführlicher auf die repräsentationstheoretischen Überlegungen von Claude Lefort zurück. Lefort stellt die formierenden Wirkungen von Verfahren der Repräsentation in das Zentrum einer Demokratiekonzeption, die sich auf die praktische Genese normativer Prinzipien konzentriert. Repräsentationsverfahren zeichnen sich dadurch aus, das

4 Siehe dazu *Kapitel 1.1*.
5 Siehe dazu *Kapitel 1.2*.

eigene Objekt sowohl vorauszusetzen als auch herzustellen. Das »Volk« gibt es nicht unabhängig von seiner Repräsentation, und wie es das Volk »gibt«, ist von den unterschiedlichen Verfahren und Praktiken seiner – notwendigen – Repräsentation abhängig. Dass es dabei, wie Schmitt festhält, das »Schicksal der Demokratie« ist, sich »im Problem der Willensbildung selbst aufzuheben« (Schmitt 2017a: 37), dieses Schicksal versteht Lefort als grundlegendes Merkmal der demokratischen Gesellschaftsform. Insbesondere die Wahl führt vor Augen, dass die Form der Demokratie dadurch gekennzeichnet ist, die Souveränität des Volkes zugleich zu realisieren und zu revidieren: Die Demokratie gelingt hier gerade im Scheitern eindeutiger Identifikationen und handfester Verallgemeinerungen. Denn das Wahlverfahren bildet auf der einen Seite das Volk und dessen Willen als Subjekt demokratischer Legitimation ab. Auf der anderen Seite löst es die Substanz dieses Subjektes zugunsten einer arithmetischen (durch und durch formalen) Gleichberücksichtigung der Einzelnen auf. Dass die Demokratie, wie in einer Reihe von kritischen Interventionen herausgearbeitet wurde, »sich nie der Gleichheit verpflichtet [gesehen hat], außer im ganz formalen Sinne der Repräsentation« (Brown 2012: 64) – eben diese Tatsache stellt Lefort an den Beginn seiner Überlegungen. Zwar kann im Zuge von formalen Verfahren der Repräsentation Gleichheit nur durch Abstraktion wirklich werden. Sie stellen jedoch durch diese radikale Abstraktion die Öffentlichkeit der Gleichheit erst her.

Die Auseinandersetzung mit dem Erfordernis der Repräsentation ist erst einmal ein Umweg. Aber dieser Umweg erlaubt es, die Diskussion um die intrinsische Politik der Rechte von deren Rückseite aus fortzusetzen. Denn dessen einflussreiche Beobachtungen zur Rolle der Menschenrechte werden oftmals so interpretiert, dass auch für Lefort der Zusammenhang von Berechtigung und demokratischer Befähigung auf der Unbestimmtheit der Rechte basieren würde. Zwar ist eindeutig, dass Lefort sich von einer naturrechtlichen Auffassung der Menschenrechte distanziert und den zukunftsoffenen Charakter der Forderungen betont, die unter dem Banner der Menschenrechte formuliert wurden und werden. Dabei bleibt jedoch regelmäßig unbeachtet, dass für Lefort das Potential der Menschenrechte als ein »generatives Prinzip« der Demokratie nicht in ihnen selbst enthalten ist. Entscheidend ist nicht die Form oder Semantik der (Menschen-)Rechte, sondern ihre Position am Grund des Rechts. Nur aufgrund dieser fundamentalen Position, und damit aufgrund einer bestimmten Rolle im Prozess der Rechtserzeugung, werden Rechte als ein *Medium demokratischer Repräsentation* wirksam. Sie können dann der Gleichberücksichtigung der Einzelnen gegen die Manifestationen der Herrschaft des Volkes (rechtlich) Ausdruck verleihen.

Die folgenden Seiten führen zuerst in den repräsentationstheoretischen Ansatz von Lefort ein (2.1.1). Ich greife danach, um die formgebenden Wirkungen der Repräsentation zu vertiefen, auf Überlegungen von Thomas Hobbes zurück, dessen Rigorosität sich (wie so oft) als illustrativ erweisen wird (2.1.2). Darüber hinaus soll der Rückgriff auf Hobbes zeigen, dass ein von Lefort inspiriertes Verständnis des Zusammenhanges von Berechtigung und demokratischer Befähigung nicht allein im Rahmen seiner gesellschaftstheoretischen Betrachtungen zu verstehen ist. Vielmehr kann mit Lefort, obwohl er stellenweise von spezifischen Prämissen hinsichtlich der Institution und Reproduktion des Sozialen ausgeht, auch zu Diskussionssträngen der Verfassungs- und Demokratietheorie beigetragen werden, die diese Prämissen nicht teilen. Die Wirkungen der Repräsentation im Anschluss an Lefort werden meistens im *Register der Unbestimmtheit* aufgezeichnet. Wesentlich für die Demokratie ist in dieser Interpretation die Dimension des Konfliktes, die durch Verfahren und Praktiken der Repräsentation symbolisch bearbeitet wird. Eine solche Interpretation steht jedoch vor dem Problem, nicht hinlänglich erklären zu können, wie diese Konflikthaftigkeit mit dem Anspruch der Gleichberücksichtigung der Einzelnen verbunden ist (2.1.3). Dementgegen stelle ich eine Deutung der Demokratie im *Register öffentlicher Gleichheit*, die sich auf die formgebenden Wirkungen der Repräsentation konzentriert. Paradigmatische Bedeutung für die demokratische Form hat das Verfahren der Wahl. Es ist nicht ein bloßes Ritual oder nur ein funktionales Erfordernis der Demokratie. Vielmehr tritt in der Wahl die Zahl an die Stelle der Substanz des Volkes. Die Wahl bringt den Willen des Volkes hervor und formiert das Volk als Zusammenhang gleicher Einzelheiten. Sie streicht auf diese Weise die Souveränität des Volkes durch, die sie zugleich bekräftigt (2.2). Davon ausgehend wird schließlich der Zusammenhang von Berechtigung und demokratischer Befähigung mit Lefort erläutert. Gegen Marx' Kritik der Menschenrechte wendet Lefort ein, dass nur von der rechtsstaatlichen Vorgeschichte der Demokratie her verständlich wird, inwiefern fundamentale Rechte zur Form der Demokratie beitragen (2.3.1). Um die Einsicht zu plausibilisieren, dass es sich beim demokratischen Rechtsstaat um ein normatives Kompositum handelt, bietet sich ein erneuter Rückgriff auf Hobbes an. Hier wird deutlich, dass das Recht nicht nur Mittel der Herrschaft ist, sondern ein Medium der Gleichheit bereitstellt, das (Volks-)Souveränität weder einfach ein- noch umsetzt (2.3.2). Ich greife schließlich die Unterscheidung zwischen dem Register der Unbestimmtheit und dem Register öffentlicher Gleichheit noch einmal auf, um den Zusammenhang von Berechtigung und demokratischer Befähigung mit Lefort neu zu entfalten. Ich argumentiere, dass fundamentale Rechte, genauer: die Fundamentalisierung der Rechte im Prozess der Rechtserzeugung, es erlauben, die Setzungen der Herrschaft egalitär zu durchbrechen (2.3.3). Rechte wirken dann als ein Medium demokratischer Repräsentation, das die Herrschaft des Volkes an die Öffentlichkeit der Gleichheit und damit an den eigenen Grund zurückbindet.

2.1 Repräsentationsregime

2.1.1 Zum Begriff der politischen Form

Lefort begreift die Demokratie als eine politische Form der Gesellschaft. Dieser Begriff ist zweideutig. Die Beschreibung der Form der Gesellschaft als *politisch* könnte so verstanden werden, dass die Gesellschaft als Objekt fungiert, das durch politische Handlungen eingerichtet und geprägt wird. Über »die« Gesellschaft würde demnach »in« der Politik entschieden. Auf diese Weise würde der Begriff die Idee der Selbstbestimmung, die Idee einer durch Politik auf sich selbst einwirkenden Gesellschaft ausdrücken. Tatsächlich bezeichnet die Qualifikation als *politisch* für Lefort jedoch ein »bestimmtes *In-Form-Setzen*« der sozialen Beziehungen und Erfahrungen (Lefort 1999: 37), das nicht mit der Sphäre oder den Aktivitäten der Politik kurzgeschlossen werden kann. So weist für Lefort »die Tatsache, daß sich so etwas wie *die* Politik in einer bestimmten Epoche im gesellschaftlichen Leben abzugrenzen begann« (Lefort 1990a: 284), selbst wiederum eine politische Bedeutung auf, weil diese Differenzierung für die Form der Gesellschaft relevant ist. Dass es also so etwas wie die Politik gibt (neben der Wirtschaft, der Religion, der Wissenschaft etc.), dass es politische Handlungen gibt, formiert die Gesellschaft. *Politisch* ist demnach nicht ein System staatlicher Institutionen, und der Begriff des Politischen wird auch nicht allein funktional bestimmt, etwa anhand der Herstellung kollektiv verbindlicher Entscheidungen. Er betrifft vielmehr die Konstitution der Gesellschaft. Jede Gesellschaft ist somit politisch, und ein »erneute[s] Denken des Politischen« (ebd.: 283), das Lefort unternimmt, ist auf die Unterscheidung von Formen der Gesellschaft und die Identifikation der normativen Prinzipien, die diese verschiedenen Gesellschaftsformen einrichten und erhalten, ausgerichtet.[6]

Die Unterscheidung von Gesellschaftsformen ist zuerst eine Frage der Methode. Um zwischen verschiedenen Formen der Gesellschaft differenzieren zu können, ist Lefort zufolge ein »Bruch mit dem Standpunkt der politischen Wissenschaft« erforderlich (ebd.). Dieser Bruch ist nötig, weil jede Wissenschaft, die sich im Gestus objektiver Erkenntnis um das »Wissen der wirklichen Ordnung der Gesellschaft« bemüht (Lefort 1999: 34), die Konstitution des eigenen Erkenntnisgegenstandes nicht erfassen kann. Die Sozialwissenschaften machen sich zur Aufgabe, »eine Ordnung von einzelnen Tatsachen *im* Sozialen einzugrenzen« (ebd.: 49)

6 Für diese Art von Untersuchung findet Lefort Inspiration in den (jedoch durchweg modernitäts- und demokratiekritischen) Überlegungen von Strauss. Vgl. etwa den Hinweis von Lefort (1990a: 285) auf die »›Kastration‹ des politischen Denkens, die Leo Strauss allzu treffend angeprangert hat [...].« Vgl. dazu auch Flynn (2005: 152 ff.).

und nehmen dazu die Existenz der Gesellschaft in Form dieser Vielfalt von Funktionssystemen als selbstverständlich an. Vom »Standpunkt der politischen Wissenschaft« aus betrachtet, wird jene Möglichkeit, die Sphäre der Politik von der Sphäre der Wirtschaft zu unterscheiden, einfach hingenommen. Das hat zur Folge, die Frage nach der Existenz und der Form der Gesellschaft, die diesen Unterscheidungen und Untersuchungen zugrunde gelegt ist, »gleichsam unter der Hand« zu ignorieren (Lefort 1990a: 283). Dass es die Gesellschaft auf diese Weise gibt, bestimmt die Perspektive. Der Akt oder Prozess der Formgebung, der Befund, dass und wie die Gesellschaft als ein bestimmtes Modell sozialer Organisation in Erscheinung tritt, wird hingegen »vergessen«:

> Wenn man zwischen dem trennt, was zur Ökonomie, zur Politik (in dem Sinne, wie sie die moderne Wissenschaft versteht), zum Rechtlichen und zum Religiösen gehört [...], würde man ebenso vergessen, daß wir nur dadurch zu einer solchen analytischen Unterscheidung kommen, indem wir an der Idee einer originären Dimensionalität des Sozialen festhalten, daß sich diese Dimensionalität nur zusammen mit der Idee ihrer originären *Form* gibt, ihrer politischen *Form*. (Lefort 1999: 38f.)

Die Unterscheidung von Gesellschaftsformen betrifft demnach die Frage des Selbstbezugs, die Frage also, wie sich Gesellschaften als solche verstehen. Sie thematisiert die Frage der Vergegenwärtigung der Gesellschaft als Einheit und die Frage nach den Folgen, die die Formen der Vergegenwärtigung für das Selbstverständnis der Gesellschaftsmitglieder haben.

Die Antwort auf diese Frage findet Lefort in Verfahren der Repräsentation. Die unterschiedlichen Gesellschaftsformen sind für ihn Ausdruck spezifischer Verfahren und Praktiken der Vergegenwärtigung von Macht und Herrschaft, also dessen, was Lefort als »Getriebe der Verkörperungsmechanismen« beschreibt (Lefort 1999: 93). Jene Repräsentationsregime und die mit ihnen verbundenen Gesellschaftsformen gilt es zu rekonstruieren, um die Lefort'sche These der *gesellschaftlichen Formgebung durch Repräsentation* zu verfolgen. Entgegen einer dualistischen Konzeption von Repräsentation sind Lefort zufolge die beiden Hinsichten durchweg miteinander verknüpft. Es gibt weder nur »die« Gesellschaft noch ausschließlich »die« Repräsentation der Gesellschaft.[7] Verfahren der Repräsentation bedeuten hier einerseits, etwas sichtbar zu machen und zur Darstellung zu bringen. Es bedeutet aber andererseits auch, etwas zu erzeugen, das nur mittels Repräsentation zur Existenz gelangen kann. Die Konstitution des Sozialen und die Einheit der Gesellschaft beruht weder auf Zwang noch auf Konsens, nicht allein auf Tradition oder Kalkül, sondern auf vielgestaltigen Verfahren und Praktiken der Repräsentation. Die Art und Weise, wie sich Gesellschaften

7 Vgl. die Kritik von Lefort (2017: 186) an Vorstellungen vom »Primat der Repräsentation«.

selbst verstehen, ist dabei für Lefort insbesondere mit der »Stellung der Macht« und der Repräsentation der Gesellschaft entlang der Autorisierung und Ausübung von Herrschaft verknüpft (Lefort 1990a: 292). Denn das die Gesellschaft als ein zusammenhängendes Ganzes aufgefasst wird, »impliziert ja die Referenz auf einen Ort, von dem aus [der Raum der Gesellschaft] sich sehen, lesen, benennen läßt« (Lefort 1999: 49). Die Rede von der Gesellschaft als solche impliziert einen Ort, der erst diese Selbstbetrachtung und Selbstbeschreibung ermöglicht.[8] Dieser Ort ist für Lefort vorrangig der Ort der Macht. Er erlaubt, als ein spezifischer Blickpunkt, die Bezugnahme der Gesellschaft auf sich, und zwar aufgrund einer »Bewegung der Exteriorisierung des Sozialen, die mit der Bewegung seiner Interiorisierung einhergeht.« (ebd.) Lefort spricht deshalb auch von einer Teilung zwischen dem politischen und dem sozialen Raum (vgl. Lefort 1981: 152), wobei diese Teilung, wie deutlich geworden sein sollte, innerhalb der Gesellschaft und für die Gesellschaft wirksam wird (vgl. Trautmann 2013).

Macht ist demnach immer mehr als ein Instrument der Herrschaft. Anders gesagt, kann die politische Form der Gesellschaft nicht als Regierungs- oder Staatsform konzipiert werden. Um diese repräsentativen (kreativen) Funktionen der Macht besser zu verstehen, bietet es sich an, den Begriff der Macht und den (modernen) Begriff der Souveränität als Ausdruck einer vollumfänglichen Herrschaftsgewalt voneinander zu unterschieden. Souveränität bezeichnet den Besitz der »höchsten«, inhaltlich ungebundenen und zeitlich unbegrenzten Gewalt. Diese Gewalt bedeutet die Befugnis, über die Form der sozialen Ordnung zu entscheiden, also Gesellschaft nach Belieben zu prägen.[9] Von diesen unbeschränkten Entscheidungskompetenzen unterscheidet sich der Lefort'sche Machtbegriff nachdrücklich. Nicht nur ist Macht nicht mit der Staatsgewalt zu identifizieren. Vor allem ist der Begriff, wie Lefort ihn verwendet, nicht allein über die Mittel und Zuständigkeiten zur Gestaltung der Gesellschaft zu erklären. Die politische Bedeutung der Macht entdeckt Lefort deshalb auch in den ethnologischen Studien Pierre Clastres',[10] die sich »Gesellschaften gegen den Staat« widmen: archaischen Gesellschaften, die, in der Interpretation durch Clastres, jede Konzentration von Herrschaftsgewalt explizit vermeiden und trotzdem bzw. auf eben diese Weise *politisch* sind (vgl. Clastres 2020: 145 ff.). Mit Clastres betont Lefort, dass von fehlenden Herrschaftsstrukturen und -kompetenzen gerade

8 Insofern sprechen Lefort und Gauchet (1990: 97 ff.) auch von der Macht als einer »instituierenden Instanz des gesellschaftlichen Raumes«.

9 Das betont Loick (2012: 40) in einer pointierten Rekonstruktion der Souveränität bei Bodin: »sein Objekt ist nicht das Recht, sondern das Leben.«

10 Clastres hatte die Formel vom »leeren Ort der Macht« bereits einige Jahre vor Lefort verwendet. Dazu und insgesamt zum Verhältnis von Clastres und Lefort vgl. Geenens (2013).

nicht auf den *nicht*-politischen Charakter der jeweiligen Gesellschaft zu schließen ist. Jede Gesellschaft ist politisch, weil ihre Form von der Art und Weise der Autorisierung und Repräsentation der Macht abhängig ist – und das schließt den Verzicht auf Herrschaft ein (vgl. Lefort 2000: 215). Durch die Linse der gegen-staatlichen Gesellschaften wird deutlich, dass der Begriff der Macht nicht mit der Existenz und Ausgestaltung souveräner Herrschaft in eins zu setzen ist.

Die Repräsentation der Macht ermöglicht es, auf die Einheit der Gesellschaft zu reflektieren. Auf diese Weise kann dann doch noch Anschluss an den Begriff der Souveränität gefunden werden, unter der Annahme allerdings, dass mit der gängigen Definition der »höchsten Gewalt« nicht ein potentielles Vermögen, vielmehr ein besonderer Blickpunkt der (Selbst-)Betrachtung der Gesellschaft bezeichnet wird. Die Stelle der Macht ist nicht nur aufgrund der tatsächlichen Mächtigkeit bedeutsam, vielmehr aufgrund des Überblicks, der mit dieser Stelle verbunden ist – mit dem Bild, das sich von dort aus ergibt.[11] Diese »Exteriorisierung des Sozialen« kann sich auch anderswo vollziehen,[12] ausgeprägt ist für Lefort aber vor allem aber die Verbindung (von Verfahren der Repräsentation) der Macht[13] mit der Modellierung des Sozialen (vgl. Lefort 1986a: 282; 1999: 48; 2017: 78). Wie die Macht »ist« und erfahren wird, so werden die Beziehungen erfahren, die den sozialen Raum zur Gesellschaft machen. Dieses Korrespondenzverhältnis zwischen politischer und gesellschaftlicher Repräsentation soll nun kurz anhand der monarchischen, der demokratischen und der totalitären Gesellschaftsform aufgezeigt werden.

Innerhalb der korporal verfassten Gesellschaft des Ancien Régime bezieht sich die Stellung der Macht auf einen zunächst religiösen, jedenfalls aber »unbedingten, außerweltlichen Pol« (Lefort 1990a: 292). Mittels dieser transzendenten Begründung wird, wie Lefort herausarbeitet, die Macht »in der Person des Fürsten zugleich zum Garanten und Repräsentanten der Einheit des Königreiches« (ebd.). Der Körper der Königin steht für die Gesellschaft ein. Es handelt sich, im Anschluss an Ernst Kantorowicz (vgl. Lefort 1999: 78 ff.), um Operationen der Personifikation

11 Lefort zufolge ist es Marx, der diesen Zusammenhang von Repräsentation und Einheitsstiftung entdeckt und sogleich wieder verdeckt (vgl. Lefort 2017: 82 ff.). Einschlägig für diese Interpretation ist die komplexe Auseinandersetzung mit der Marx-Interpretation von Merleau-Ponty (vgl. Moyn 2008; Breckman 2013: 151 ff.). Zur Auseinandersetzung von Lefort mit Merleau-Ponty im Hinblick auf demokratietheoretische Fragen vgl. Gerçek (2020).

12 Nicht nur die Macht, auch das Recht haben an der Form der Gesellschaft Anteil. Siehe dazu *Kapitel 2.3.3.*

13 So ist es dann auch, unter Vorzeichen einer ansonsten ausdrücklichen Nähe, die politische Bedeutung der Repräsentation, die Lefort gegen Hannah Arendt betont (vgl. Lefort 1988b: 55).

und der Verkörperung des sozialen Raumes.[14] Die Person, genauer: »der Körper des Fürsten« stellt die Gesellschaft dar, die entsprechend »als substantielle Einheit vorgestellt [wurde].« (Lefort 1990a: 292f.) Weil und insofern also die Macht als ein Körper vorstellig wird, weil die Macht körperlich konfiguriert ist, wird auch die Gesellschaft im Bild des menschlichen Organismus sichtbar und gehen die Gesellschaftsmitglieder von einer naturgegebenen Hierarchie der sozialen Gliederungen aus. Der Körper fungiert als Modell der Gesellschaft, wenn (und weil) die Macht in körperlich-personalisierter Form Gestalt annimmt.

Mit dieser korporalen Erscheinung der monarchischen Gesellschaft bricht die Form der Demokratie.[15] Die Stellung der Macht kann unter demokratischen Bedingungen nicht mehr mittels Figuren der Transzendenz gerechtfertigt werden, sondern sie ist diskursiver und temporaler Natur. Das Resultat ist eine De-Personifikation der Macht, die nun als eine »Leerstelle« verfasst ist. In der Demokratie findet sich eine »Repräsentation der Macht eingerichtet [...], die sinnfällig bestätigt, daß sie ein *leerer Ort* ist« (Lefort 1999: 49f.) Dieser Leerstelle der Macht entspricht ein offener, unabgeschlossener Prozess sozialer Anordnungen. Das ändert aber nichts daran, so Lefort, dass auch hier die Gesellschaft sich durch diese Repräsentation der Macht auf sich selbst beziehen und als eine intelligible Einheit auffassen kann. Obwohl die demokratische Gesellschaft also »körperlos« ist (*société sans corps),* ist »dies nicht so zu verstehen, daß sie ganz ohne Einheit [...] wäre« (Lefort 1990a: 295). Schließlich wird beständig im Namen des Volkes gehandelt und entschieden. Doch der Singular des Volkes und die Einheit der Gesellschaft sind nun prozessualer und kontestativer Art. Die Macht beruht nicht länger auf den festen Fundamenten der Religion oder Tradition. Ihre Begründung und Ausübung sind nun selbst von Verfahren der Autorisierung derjenigen abhängig, die (nur) für einen gewissen Zeitabschnitt die Stelle der Macht besetzen dürfen. Sie ist anonym und unbestimmt. Die Macht des Volkes gehört niemandem, denn die Stelle der Macht kann von niemandem in Besitz genommen, sie kann von keiner im Voraus bestimmten Person oder Gruppe permanent angeeignet und ausgeübt werden.

Demokratische Gesellschaften sind also insofern unabgeschlossen, als deren Reproduktion ausdrücklich der temporalen Dimension der Neuverteilung der Macht und der diskursiven Dimension der

14 Kurz gesagt, verbindet Lefort mit Kantorowicz' Untersuchungen (Kantorowicz 1990), dass jede Gesellschaft durch Verfahren der Repräsentation der Macht (und in diesem Sinne: symbolisch) konstituiert ist. Repräsentation (re-)produziert Einheit, weil Gesellschaften sich mittels der Erzeugung und Ausübung von Macht auf sich selbst beziehen können (vgl. Flynn 2005: 131 ff.; Yildiz 2013; Trautmann 2017).

15 Für den historischen Pfad »von der Dekonstruktion des Hauptes zur demokratischen Ästhetik« vgl. auch Frankenberg (2010: 53 ff.).

Re-Artikulation der Gesellschaft unterliegt. Wie der Wille des Volkes, bleibt auch das Selbstverständnis der Gesellschaft umstritten. Eben weil die Stelle der Macht nun als Macht des Volkes erscheint, ist es zugleich die »Macht von niemandem«.[16] Die Souveränität des Volkes wird, wie es insbesondere das Verfahren der Wahl vor Augen führt, niemals wirklich.[17] Demokratie bezeichnet die Dispersion der Macht sowie die Institutionalisierung des andauernden Konfliktes. Auf diese Weise geht die demokratische Repräsentation der Macht einher mit »einer Gesellschaft ohne positive Determination«, die nicht »in der Gestalt einer Gemeinschaft« dargestellt werden kann (Lefort 1999: 50). Die Durchbrechungen der Volkssouveränität – die praktische Neu- oder Fortbestimmung dessen, wie das Volk ist und was es will – werden für die Form der Gesellschaft wesentlich. Die Herrschaft im Namen des Volkes ist also nicht die Herrschaft der Allgemeinheit. Entgegen der unmittelbaren Identifikation von Demokratie mit dem Willen des Volkes ergibt sich die Form der modernen Demokratie aus der Negation der jeweiligen Bestimmungen politischer Macht und gesellschaftlicher Einheit. Lefort spricht deshalb von der »Effektivität des Negativen« (Lefort 1988a: 41) in der und für die Demokratie. Die Verfahren und Praktiken der Repräsentation durchbrechen die Selbstsetzungen des Volkes und erzeugen (darüber) die Gesellschaft als pluralen Zusammenhang gleicher Einzelheiten. Diese Dynamik ist nicht auf die Ausübung der (staatlichen) Herrschaft beschränkt, sondern wird im gesamten sozialen Raum in der »freien Ausdifferenzierung der Existenz-, Handlungs- und Erkenntnisweisen« manifest (Lefort 1990c: 33). Die Einheit des Volkes sowie die Form der Gesellschaft beruht auf und ist durchsetzt von egalitärer Vielheit.

Hinsichtlich der formgebenden Wirkungen von Verfahren der Repräsentation kann man deshalb mit Lefort festhalten, dass jene Verfahren nicht allein die Gleichheit der Einzelnen in Teilhabemöglichkeiten (mehr oder weniger gelungen) umsetzen. Auch entzieht sich die Aufmerksamkeit für die politische Form der Gesellschaft der geläufigen Entgegensetzung einer demokratischen *Regierungs*form und einer demokratischen *Lebens*form. Zwar ist Demokratie für Lefort zweifellos mehr als ein Ensemble von Prozeduren und Institutionen zur Legitimation verbindlicher Entscheidungen. Anstatt jedoch den Blick von diesen Verfahren abzuwenden, geht es Lefort darum, zu zeigen, wie durch diese Verfahren erst die grundlegenden (normativen) Prinzipien demokratischer Vergesellschaftung hervorgebracht werden. Die politische *Realisierung* der Gleichheit ist zugleich die *politische* Realisierung dieser Gleichheit.

16 »Die Demokratie verbindet diese beiden scheinbar widersprüchlichen Prinzipien: Einerseits geht die Macht vom Volk aus, andererseits ist sie die Macht von niemandem.« (Lefort 1986a: 279)

17 Siehe dazu ausführlich *Kapitel* 2.2.

Die Körperlosigkeit demokratischer Gesellschaften ist somit das Ergebnis von Repräsentationsverfahren, die einen einzelnen, authentischen Willen des Volkes ebenso manifestieren wie durchstreichen. Dass der Volkswille *repräsentiert und dadurch dementiert wird*, bildet den Kern der modernen Demokratie. Hingegen erzeugen totalitäre Gesellschaften entlang der Repräsentation eines substantiell aufgefassten Volkes die »Vorstellung einer homogenen und für sich durchsichtigen Gesellschaft« (Lefort 1990a: 287). Die Enthauptung des Königs muss also nicht zwangsläufig zur De-Personifikation der Macht und der Gesellschaft führen. Ganz im Gegenteil stellt die totalitäre Repräsentation der Macht den Versuch dar, der »Gesellschaft wieder einen *Körper* zu geben« (Lefort 1999: 62) und so deren (»gereinigte«) Einheit wiederherzustellen.[18] Mittels einer Praxis der Identifikationen verbindet sich in diesen Gesellschaften die Herrschaft des Volkes mit seiner Repräsentation durch einzelne Personen, den Führer oder den Vorsitzenden der Partei, die mit dem Körper des Volkes verschmelzen und zugleich als dessen Kopf gelten (vgl. Lefort 1986b: 299). Unter modernen Bedingungen, also infolge der Erosion einer transzendenten Begründung der Macht, nehmen Gesellschaften die Form einer Repräsentation des Volkes und dessen Souveränität an. Totalitäre Gesellschaften sind für Lefort jene, die für sich beanspruchen, dass die Einheit des Volkes wirklich geworden ist. Die Souveränität des Volkes wird hier manifest, der *demos* ein eindeutig konturiertes Gebilde gerade dadurch, dass der Diskurs über die Ausübung der Macht stumm geschaltet wird und die Verfahren egalitärer Repräsentation außer Kraft gesetzt sind. Die doppelte Codierung der Macht (in) der Demokratie – nämlich die Macht von allen und zugleich von niemandem zu sein – wird hier aufgegeben. An ihre Stelle tritt die Repräsentation einer einheitlichen Gesellschaft-als-Körper, durch die der Wille des (»eigentlichen«) Volkes Realität erlangt und die den gesamten Raum des Sozialen ausfüllt. Mit der Identifikation von Volk und Führer oder Partei korrespondiert eine reduktive Vergegenwärtigung der Gesellschaft als form- und steuerbar.[19] Hingegen beruht die Form der Demokratie nicht auf der wirklich gewordenen, sondern auf der egalitär durchbrochenen und insofern unverfügbaren, latenten Idee der Volkssouveränität.

Wie diese Skizze monarchischer, demokratischer und totalitärer Gesellschaftsformen nur andeuten kann, stehen für Lefort Verfahren der

18 Die Repräsentation des Volkes passiert hier »identitätsrepräsentativ« (Vollrath 1992: 229).

19 Dieser Repräsentation der Macht entspricht, dass sich die Sphäre der Wirtschaft, der Wissenschaft etc. wieder »gleichsam verquicken.« (Lefort 1990a: 287) Als ein Vorhaben der Entdifferenzierung von vormals getrennten Sozialsystemen ist die totalitäre Gesellschaftsform auch in dieser Hinsicht zweifellos modern. Zum Totalitarismus als Gesellschafts-, nicht (nur) als Herrschaftsform vgl. schon den frühen Text von Lefort (1986c) aus dem Jahr 1956.

Repräsentation und die Konstitution des Sozialen in einem Korrespondenzverhältnis. In dieser Hinsicht besitzen, wie gesagt, alle Gesellschaften eine politische Form. Dabei enthalten die verschiedenen Repräsentationsregime allesamt ein überschüssiges, gegenwendiges Moment. Die politische Form der Gesellschaft weist immer auch den »Charakter einer *Infragestellung*« auf (Lefort/Gauchet 1990: 103). Der Begriff markiert also insofern ein tautologisches Moment, als jede Gesellschaft (qua Repräsentation) eine politische Gesellschaft ist. Er beinhaltet aber auch und ebenso ein antithetisches Moment, weil die politische Form der Gesellschaft (wiederum qua Repräsentation) nicht notwendigerweise so ist, wie sie ist. Dass jede Gesellschaft sich selbst nur durch die eigene Repräsentation erreicht, involviert die Absage an eine vollständige Vergesellschaftung der Gesellschaft.[20] Dennoch ist die Form der Gesellschaft selbst ein soziales Produkt. Die politische Form der Gesellschaft umfasst so auch den Vorgang der Transgression: die Auflösung der bestehenden und das In-Form-Setzen einer neuen Gesellschaftsform.

Ich greife im Folgenden auf Überlegungen von Hobbes zurück, um diese formbildenden Wirkungen der Repräsentation noch etwas zu vertiefen. Dieser Exkurs ist erklärungsbedürftig. Denn dass die Gesellschaft aus einzelnen Individuen besteht, die durch den Abschluss eines Vertrages einen als nachteilig aufgefassten Naturzustand verlassen, ist für Lefort das Sinnbild einer positivistischen Wissenschaft.[21] Hobbes' protoliberale Konzeption ist Ausdruck einer rationalistischen Auffassung des Sozialen, die die Genese der Gesellschaft aus der Begründung souveräner Herrschaft erklärt und also gerade die Konstitution des eigenen Gegenstandes im Gestus der objektiven Erkenntnis verbirgt. Zugleich teilen Hobbes und Lefort aber die Auffassung, dass Sozialität keineswegs ein Natur-, sondern ein Repräsentationsprodukt ist. Gesellschaften können sich nicht als solche umstandslos auf sich selbst beziehen. Sie existieren nur aufgrund von Verfahren der Repräsentation, die deren Einheit herstellen und aufrechterhalten. Repräsentation ist für Hobbes und für Lefort ein Prozess der Formgebung. Dass diese Repräsentationen sich unterscheiden können – dass sich also entlang von Verfahren und Praktiken der Repräsentation Gesellschaftsformen unterscheiden lassen –, ist für Hobbes und sein Modell der uneingeschränkten Autorisierung staatlicher Herrschaft irrelevant. Ihm geht es nicht um Gesellschaftsformen, sondern um die Form der Gesellschaft angesichts der Problematik der

20 Diese (Un-)Möglichkeit einer unmittelbaren Vergesellschaftung der Gesellschaft markiert die Bruchstelle zwischen Lefort und seinem langjährigen Weggefährten Cornelius Castoriadis. Vgl. Lefort (1976) für ein Selbstzeugnis sowie die instruktive Darstellung bei Breckman (2013: 139 ff.).

21 Liberale Gesellschaftskonzeptionen handeln Lefort (1999: 60) zufolge allein von der »Vielfalt an und für sich«. Das trifft auch und insbesondere auf Hobbes' Problematik der Menge zu.

»Menge«.[22] Das Problem von Hobbes ist das der verbindlichen Verbindung von unverbundenen Einzelnen, das Problem von Lefort hingegen ist das der Formen des gesellschaftlichen Selbstbezugs.

2.1.2 Repräsentation als Absorption: Hobbes

Um die Lefort'sche These der gesellschaftlichen Formgebung durch Repräsentation besser zu verstehen, kann es helfen, sich Hobbes' radikale Konzeption vertraglicher Vergesellschaftung vor Augen zu führen. Schließlich wird dort die Gesellschaft als ein zusammenhängendes Ganzes allein durch die Autorisierung souveräner Herrschaft möglich – also allein dadurch, dass eine Person (oder eine Gruppe) für alle spricht und entscheidet. Die Stellvertretung der Einzelnen ist hier mit der Konstruktion des Sozialen gleichbedeutend. Denn erst durch die Übereinkunft, sich durch einen einzelnen empirischen Willen repräsentieren zu lassen, wird Hobbes zufolge der Eintritt in den Gesellschaftszustand möglich. Diese Möglichkeit von Gesellschaft betrifft nicht zuerst die faktischen Bedingungen individueller Selbsterhaltung, obwohl es für Hobbes eindeutig ist, dass Sicherheit und Wohl von der Einrichtung einer unbeschränkten Staatsgewalt abhängig sind, die den ewigen Konflikten des Naturzustandes ein Ende bereitet. Aber mehr noch als um die konkrete Verfassung der Gesellschaft geht es um den Zustand der Gesellschaft selbst: um die Herstellung von Einheit im Wege der Repräsentation.

Hobbes' Überlegungen kreisen um die Möglichkeit, einen souveränen, die Gefahr des Bürgerkriegs überwindenden Herrschaftsapparat mit den Willen der Einzelnen, die dieser Herrschaft folgen müssen, übereinstimmen zu lassen. Die Herausforderung besteht somit nicht allein darin, einen bestimmten Willen verbindlich zu *machen*, also im Ende des Bürgerkriegs infolge einer effektiven Durchsetzung von Regeln. Das Problem ist vielmehr, einen kollektiven Willen *herzustellen*, auf den sich jene Regeln beziehen können. Dieses Problem kann allein durch ein Verhältnis der Repräsentation gelöst werden (vgl. Pettit 2008: 115 ff.; Runciman 2009), denn von Natur aus bestehen bloß die Willen einzelner Individuen. Auf der Basis von Hobbes' individualistischen Prämissen muss nicht nur Herrschaft auf impliziter oder expliziter Zustimmung basieren.[23] Ohne ein Repräsentationsverhältnis, also die Auszeichnung einer

22 In dieser Hinsicht kann auch bei Hobbes von der »Entkörperung« der Macht gesprochen werden (Skinner 2007: 175). Das betrifft aber die Artifizialität der Herrschaft, nicht deren Reversibilität infolge einer diskursiven und temporalen Begründung der Macht.

23 Das betrifft sogar die Herrschaft der Eltern über ihre Kinder: »Dieses Recht [...] beruht auf Zustimmung des Kindes, die entweder ausdrücklich oder durch andere, ausreichende Erklärungen erfolgte.« (Hobbes 1966: 156)

Stelle, die für alle spricht, kann Hobbes zufolge kein kollektiver Wille existieren.[24]

Repräsentation ist für Hobbes wesentlich ein Vorgang der Einheitsstiftung. Nur weil es eine Person gibt, die alle vertritt, gibt es auch die Gesellschaft als die Form des Sozialen. Die Autorisierung der Herrschaft verwandelt die Menge, d.h. die Summe der widerstreitenden Privatwillen, in eine Einheit.

> Denn es ist die *Einheit* des Vertreters, nicht die *Einheit* der Vertretenen, die bewirkt, daß *eine* Person entsteht. Und es ist der Vertreter, der die Person, und zwar nur eine Person, verkörpert – anders kann *Einheit* bei einer Menge nicht verstanden werden. (Hobbes 1966: 125)

Repräsentation erweist sich somit bei Hobbes als ein konstruktiver Vorgang, der einen einheitlichen sozialen Raum aus der (für Hobbes destruktiven) Tatsache der reinen Vielfalt erst hervorbringt. Die Menge ist Name und Ausdruck einer endlosen Fragmentierung. Sie ist nicht nur handlungs*un*fähig, sondern auch urteilslos. Der Souverän, der die Person des Staates und damit »*alle* und jeden einzelnen der Menge vertritt« (ebd.: 145, Herv. J.H.), bildet deshalb keinen einheitlichen, kollektiven Willen ab. Jenseits der Repräsentation gibt es allein die Vielfalt der Einzelwillen als das Signum des Natur- bzw. Kriegszustandes.[25] Dort existieren nur die Handlungen von unverbundenen und potentiell miteinander kollidierenden Einzelnen. Es entscheiden die Einzelnen jeweils für sich selbst, d.h. ohne Rekurs auf eine gemeinsame Definition davon, welche Handlungen notwendig sind, das eigene Selbst zu erhalten.[26] Deshalb ist das Einvernehmen des Naturzustandes rein zufällig und kann nicht auf Dauer gestellt werden. Andere Entscheidungen über die geeigneten Maßnahmen zum Selbsterhalt sind schließlich immer möglich, und eine Entscheidung reicht hin, alle Entscheidungen infrage zu stellen. Die Gefahr des Bürgerkriegs ist immer nur ein weiteres Urteil entfernt, weil die Vielfalt der Willen notwendigerweise disparat ist. Der Gesellschaftszustand muss deshalb für Hobbes ein Zustand geteilter Bedeutungen sein, durch den das Risiko, das mit Sprache und Schrift und insbesondere mit

24 Zugleich kann so Hobbes (2017: 188) auch für den Fall der Monarchie erklären, dass »der *König* das *Volk* ist.« Vgl. zu dieser Formel Manow (2008: 7), Martinez Mateo (2018: 65f.).

25 Vgl. dazu auch Hobbes' Kritik gemischter Regierungsformen, die unfähig dazu sind, »*eine* Person« zu bilden (Hobbes 1966: 252).

26 Hobbes geht selbstverständlich davon aus, dass Herrschaftsbefugnisse auch nur begrenzt verliehen werden können (vgl. Pitkin 1967: 20). Dies setzt aber den Eintritt in den Gesellschaftszustand voraus, weil nur dort die vertragsförmigen Grenzen dieser Befugnisse sinnvoll werden: »[D]ie Stellvertretung des Leviathan [ist] die Voraussetzung aller anderen Stellvertretungsverhältnisse« (Trüstedt 2022: 111).

der »Autorität der Schriftsteller« (Hobbes 1966: 212) einhergeht, gebannt wird. Zwar ist, wie auch Hobbes weiß, Souveränität und die Einheit, die sie stiftet, »immer nur ein Schein«.[27] Doch kann Hobbes zufolge nur durch die Repräsentation der Menge bewerkstelligt werden, dass eine Vielheit von Menschen in die Lage versetzt wird, sich auf sich selbst als Einheit zu beziehen. Nur Repräsentation führt zur Unität. Die Souveränität der Herrschaft ist also effektiver Schein.

Das Vehikel dieser Transformation der Menge in das Volk ist ein Vertrag, durch den alle Einzelnen sich dazu verpflichten, den Willen derselben Person zu übernehmen. Die Gewalt der Repräsentation ist diejenige der Definition. Jemand zu autorisieren und so ein Verhältnis der umfänglichen Repräsentation einzurichten, ist somit etwas anderes, als Rechte an jemand zu übertragen. Die Autor:innenschaft etabliert eine Relation der Identifikation, während der Übertrag von Rechtsansprüchen nahelegt, dass die souveränen Handlungen und Kompetenzen zuerst den Besitz derjenigen dargestellt haben, die diese Handlungen und Kompetenzen danach als eigene anerkennen (vgl. Green 2015). Auch in dieser Hinsicht ist das Verfahren der Repräsentation konstruktiv oder eben effektiver Schein. Hinsichtlich einer Gesellschaft von Personen und damit der theatralischen Fähigkeiten, sich selbst oder andere vertreten zu können,[28] beschreibt Hobbes sodann die gemeinsame Stellvertretung als »künstliche Seele«. Die Seele der Souveränität realisiert (im doppelten Sinne von *Ein-* und *Um*setzen) einen kollektiven Willen und gibt der vormaligen Menge »Leben und Bewegung« (ebd.: 5). Der Souverän ist Ausdruck der zur Person des Staates[29] konsolidierten Menge, ohne den sie nicht urteilen und entscheiden könnte.

Dadurch, dass die Gesamtheit der Einzelnen die Autor:innenschaft für den Willen einer einzelnen Person übernehmen, wird die Möglichkeit kollektiver Handlungen um den Preis gewonnen, auf die tatsächlichen Handlungen keinen Einfluss nehmen zu können. Die Einheit der Menge ist nur das Produkt des Repräsentationsverhältnisses und besteht allein als Folge der unbeschränkten Herrschaft. Das Volk kann sich nur durch, niemals abseits von oder entgegen der Herrschaft äußern. Nur die souveränen Handlungen sind Handlungen der auf den Pfaden individueller

27 Denn Souveränität »kann nur dadurch zustande kommen, daß eine Vielheit sich so verhält, als ob sie [...] ein einziger [wäre].« (Arendt 1994: 214f.)

28 »So ist also eine *Person* dasselbe wie ein Darsteller, sowohl auf der Bühne als auch im gewöhnlichen Verkehr, und als *Person auftreten* heißt soviel wie sich selbst oder einen anderen *darstellen* oder *vertreten*.« (Hobbes 1966: 123)

29 Entscheidend für diese Studie ist das Verhältnis der Repräsentation, nicht dessen Ergebnis. Die weiterhin vielfach diskutierte Frage, wie die Person des Staates in Hobbes' Schriften zu verstehen ist, kann ich hier nicht aufgreifen. Vgl. zum Stand der Diskussion Fleming (2021).

Zustimmung hergestellten Kollektivität. Sich über den Souverän zu beklagen, bedeutet demnach, sich über sich selbst zu beschweren. Das gilt auch für den Willen des Volkes als Vergesellschaftung der Menge. Den »privaten Gesinnungen« sind also im Gesellschaftszustand »politische Auswirkung genommen« (Koselleck 1973: 23). Denn, wie Hobbes feststellt, auch die Missachtung von natürlichen Gesetzen »genügt nicht, einen Untertanen zu bevollmächtigen, entweder Krieg gegen seinen Souverän zu führen oder ihn wenigstens der Ungerechtigkeit anzuklagen oder sonst irgendwie schlecht über ihn zu sprechen« (Hobbes 1966: 192).[30] Zwar kann die Herrschaft zu bestimmten Handlungen verpflichtet sein. Aber diese Verpflichtungen sind nicht die Folge der Autorisierung, durch die das Repräsentationsverhältnis eingerichtet wird. Sie liegen dem Verhältnis der Repräsentation nicht zugrunde, denn der Souverän ist allein Gegenstand des Vertrages, den die Einzelnen der Menge untereinander geschlossen haben. So ist der Gesellschaftszustand das Ende der Parteiungen und Parteilichkeiten. Zwar könnte man annehmen, so Hobbes, dass die Einzelnen zuvor einen individuellen Herrschaftsvertrag vereinbart hätten. Aber nach dem Eintritt in den Gesellschaftszustand ist ein derartiger Vertrag mit einzelnen Parteien auf jeden Fall »unwirksam«, denn jede Handlung, die als Bruch des Vertrages aufgefasst werden könnte, gilt als die eigene Handlung derjenigen, die ihn anzeigen. Und ein Vertragsschluss mit der »ganzen Menge als einer Partei ist unmöglich« (Hobbes 1966: 137), weil die Menge im Voraus der Autorisierung noch nicht als eine Person auftreten kann. Nur durch ein Verhältnis der Repräsentation und nur im Rahmen dieses Verhältnisses besteht die Einheit der Menge, oder: die Gesellschaft als (politische) Form.

2.1.3 *Die politische Form der Demokratie*

Für Hobbes ist, wie für Lefort, Gesellschaft eine politische Angelegenheit. Denn das Objekt der Gesellschaft kann nur aufgrund von Verfahren der Repräsentation, in Bezug auf die Stellung der Macht, zur Existenz gelangen. Abseits dieses Repräsentationsverhältnisses gibt es für Hobbes allein die »Menge«. Die Begründung souveräner Herrschaft im *Leviathan* ist ein rationalistisches Beispiel für den Zusammenhang von politischer und gesellschaftlicher Repräsentation: Erst aufgrund der Stelle der Macht kann sich die Gesellschaft als jene Einheit erfahren, die sie selbst hervorgebracht hat. Einen einheitlichen sozialen Raum kann es für Hobbes nur mittels Repräsentation geben. Gesellschaft kann sich, so konzipiert Lefort diesen Zusammenhang, allein durch eine Position

30 Eine Anklage aufgrund gesetzlicher Regelungen ist allerdings möglich. Siehe dazu *Kapitel 2.3.2*.

der Externalität auf sich selbst beziehen. Während Hobbes die Institutionalisierung uneingeschränkter Staatsgewalt rechtfertigen möchte, geht es Lefort um die Konstitution sozialer Tatsachen und gesellschaftlicher Formen infolge von spezifischen Verfahren der Repräsentation. Sie rahmen und prägen den Raum der Gesellschaft.

Nachdem der Zusammenhang zwischen der Repräsentation der Macht und der Verfassung des Sozialen deutlicher geworden ist, sollen nun die Kennzeichen der *demokratischen* Gesellschaftsform mit Lefort expliziert werden. Das ist von zentraler Bedeutung für die Frage nach der Rolle der Rechte, schließlich wird am Ende die These stehen, dass Rechte dazu beitragen können, die Demokratie in Form zu setzen. Rechte sind *politische* Rechte, weil und insofern sie dazu beitragen, die Demokratie zu formieren. Dabei ist jedoch die Genealogie der Lefort'schen Überlegungen zur Demokratie zu berücksichtigen. Lefort konzentriert sich nämlich oftmals auf die Gesellschaftsform des Totalitarismus, um sodann die Kennzeichen der Demokratie herauszuarbeiten: Lefort blickt in der Regel von der *re*-personalisierten Form des Totalitarismus zur *de*-personalisierten Form der Demokratie. Auf diese Weise erscheinen die Logik der Negation und des pluralen Konfliktes als das exakte Gegenstück zur Logik der Identifikation und der repressiven Einheit, die Lefort zufolge für totalitäre Gesellschaften wesentlich sind. Diese Perspektive verstellt aber vor allem die Sicht auf die demokratische Funktion der Rechte. Deshalb ist es wichtig, die Demokratie, soweit das möglich ist, nicht allein als dieses Gegenstück, sondern als ein »ganz einzigartiges In-Form-Setzen der Gesellschaft« (Lefort 1999: 49) zu fassen. Diese selbstständige Form der Demokratie entdeckt Lefort insbesondere in der numerischen Abstraktion vom Willen des Volkes durch das Verfahren der Wahl.[31]

Lefort gelangt regelmäßig von der Totalitarismus- zur Demokratietheorie.[32] »Genau genommen sind nahezu alle Schriften Leforts über die Demokratie um diesen Unterschied [zwischen demokratischen und totalitären Gesellschaften] herum konstruiert oder beschwören ihn zumindest herauf, um das Wesen der Demokratie zu erläutern.« (Geenens 2012: 83) Es ist für ein systematisches Verständnis der Überlegungen von Lefort überaus relevant, diese demokratietheoretische Konstruktion konsequenter zu bedenken und also zu beachten, dass Lefort demokratische Gesellschaften vielfach anhand der »Umkehrung« (Lefort 1990a:

31 Siehe dazu gleich *Kapitel* 2.2.

32 In Anlehnung an den Beitrag von Rödel (1997). Dort wird festgehalten, dass sich »[a]us der historischen Erfahrung des Totalitarismus als einer die Freiheit und die Rechte der Einzelnen auslöschenden ›Antwort‹ auf die Dekorporierung und Säkularisierung von Gesellschaft und Macht [...] für Lefort Konsequenzen für die Ausarbeitung einer Theorie der Demokratie [ergeben].« (ebd.: 216)

288) der Demokratie durch die politische Form des Totalitarismus beschreibt. Dieser enge Zusammenhang von Totalitarismus- und Demokratietheorie kann anhand des wohl berühmtesten Textes von Lefort, *Die Frage der Demokratie*, aufgezeigt werden. Der Text enthält einige Passagen, die die Form der Demokratie zu definieren scheinen. Wesentlich ist, so hält Lefort dort fest, »daß die Demokratie sich dadurch instituiert und erhält, daß sie die Grundlagen aller Gewißheit auflöst. Sie eröffnet eine Geschichte, in der die Menschen die Probe auf eine letzte Unbestimmtheit machen« (Lefort 1990a: 296). Ungewissheit und Unbestimmtheit sind demnach die zentralen Kennzeichen demokratischer Vergesellschaftung. Mit dieser fundamentalen Kontingenz geht die Institutionalisierung des Konfliktes einher, also der ausdrücklichen (und irreduziblen)[33] Möglichkeiten, die sozialen Institutionen und Verhältnisse befragen und stets anders über sie entscheiden zu können. Beides erklärt Lefort explizit anhand der Diskrepanz zur Form des Totalitarismus. Er beschreibt die Demokratie als »Gesellschaft, die *im offenkundigen Kontrast zum Totalitarismus* die Unbestimmtheit in ihre Form aufnimmt und erhält.« (ebd.: 291, Herv. J.H.) Diese demokratische Unbestimmtheit ist das genaue Gegenstück des Totalitarismus, den Lefort als Versuch der vollständigen Determination des Sozialen versteht.[34] Ebenso werden dort die Möglichkeiten des Konfliktes weitgehend eingeschränkt. Schlussendlich erhält die Demokratie somit »genau auf der Folie des Totalitarismus [...] eine neue Kontur. [...] Sie tritt *nun* ihrerseits als eine bestimmte Gesellschaftsform in Erscheinung« (ebd.: 288, Herv. J.H.). Totalitäre Gesellschaften fungieren als die Negativfolie, um die Konturen der Demokratie zu zeichnen. Es wird sich aber zeigen, dass diese Bejahung der Unbestimmtheit und Ungewissheit nicht die einzige Weise ist, mit Lefort die Form der Demokratie zu verstehen.

Der Fokus auf die radikale Unbestimmtheit der Demokratie, die sich aus der einseitigen Interpretation dieser Überlegungen ergibt, hat zur Folge, die formbildenden Wirkungen der Repräsentation zu vernachlässigen und damit einen zentralen Beitrag des Ansatzes von Lefort mindestens zu verkürzen, wenn nicht gar komplett aus dem Blick zu verlieren. Eine letzte Ungewissheit sozialer Tatsachen und die Produktivität des Konfliktes werden so, infolge des beschriebenen Zusammenhanges, und

33 Die Einsicht in die irreduzible Konfliktivität des Sozialen ist auch Resultat der Auseinandersetzung mit Machiavelli u.a. im Rahmen der von Raymond Aron betreuten Doktorarbeit (Lefort 2012). Zur Bedeutung von Machiavelli für das politische Denken von Lefort vgl. z.B. Erfani (2008). Die Einsicht in die Unbestimmtheit sozialer Institutionen entwickelt Lefort zudem im Rahmen der Interpretation von Tocqueville (vgl. z.B. Lefort 1988c).

34 Auch anderswo hält Lefort (1999: 48) fest, dass »kein Zweifel« besteht, dass die »Unternehmen des Totalitarismus [...] zur Klärung des Geheimnisses der Demokratie beitragen«.

sowohl in den ontologischen als auch in den phänomenologischen Interpretationen,[35] zum »Wesen der Demokratie« gekürt. Im Anschluss an die Beobachtung einer grundlegenden (ontologischen) Teilung der Gesellschaft deutet etwa Miguel Abensour die Demokratie unter Rückgriff auf Lefort als Ordnung der Deutungsoffenheit und spricht von einer »wesensgleiche[n] Verbindung mit der Unbestimmtheit« (Abensour 2012: 227). Ganz ähnlich versteht Oliver Marchart die Demokratie mit Lefort als »gegründet auf der Anerkennung der eigentlichen Abwesenheit eines letzten Grundes.« (Marchart 2010: 150) In einer phänomenologischen Deutung hält Bernard Flynn fest, dass »der Begriff des ›Volkes‹, aus dem die moderne Demokratie ihre Legitimation bezieht, eben kein bestimmter Begriff [ist]; er hat keine exakten Grenzen.« (Flynn 2005: 158) Charakteristisch für die Demokratie ist somit, wie auch Ulrich Rödel bemerkt, dass das Volk nicht eindeutig bestimmt werden kann und dass sie dementsprechend »die Konflikte [...] innerhalb der Gesellschaft als unausweichlich und notwendig bejaht, anstatt sie als gefährlich anzusehen, zu leugnen oder zu unterdrücken.« (Rödel 1997: 216)

In diesen Ansätzen werden die Idee und Praxis der Demokratie mit Lefort im *Register der Unbestimmtheit* entfaltet. Die Demokratie wird (wiederum in Abgrenzung von der Form des Totalitarismus)[36] als die Form der uneingeschränkten Kontingenz und des permanenten Konfliktes konzipiert. Sie affirmiert eine offene Zukunft und erhält sich durch den Schutz von sozialer Vielfalt und Räumen der Kontestation. Die politische Funktion von Verfahren der Repräsentation ist dann darauf begrenzt, eben diese reversiblen Entscheidungen und fortwährenden Auseinandersetzungen zu institutionalisieren und die »Leerstelle« der Macht zu bekunden. Insbesondere die Wahl hat allein die Funktion, die Konflikthaftigkeit des Sozialen zum Ausdruck zu bringen und »symbolisch zu zivilisieren« (Rödel 1997: 217). Sie dient dazu, »den politischen Wettbewerb mit Regeln zu versehen, die eine periodische Evakuierung des Ortes der Macht garantieren« (Marchart 2010: 149) und drückt dadurch jene »offene und unabschließbare Prozesshaftigkeit« aus (Gaus 2004: 76), die für die Demokratie wesentlich ist.

Die Interpretation im Register der Unbestimmtheit kann einer immanenten Kritik unterzogen werden. Denn sie bedeutet, den Prozess der Demokratisierung zu naturalisieren und – gegen den eigentlichen Ansatz

35 Zur Unterscheidung dieser beiden Linien der Lefort-Interpretation vgl. Klein (2016: insb. 43 ff.).

36 Vgl. exemplarisch den Argumentationsgang von Marchart (2010: 143 ff.), der zuerst mit Lefort das Phänomen des Totalitarismus diskutiert, um im Anschluss daran zu »rekapitulieren, worin genau die Differenz zwischen dem demokratischen Dispositiv und den verschiedenen Formen von Ideologie besteht.« (ebd.: 146)

von Lefort[37] – schließlich zu ent-historisieren. Versteht man unter der Form der Demokratie vorrangig die Kontestation der Form, zeichnet sie sich dadurch aus, dass alle gesellschaftlichen Tatsachen, rechtlichen Normen und wissenschaftlichen Einsichten immer bereits die Möglichkeit von weiteren, wiederum nur vorläufigen und insofern partikularen Formulierungen in sich tragen. Alle Definitionen stehen potentiell infrage. Der Prozess der Demokratisierung wäre dadurch aber selbst schicksalhaft, die politische Form der Demokratie unausweichlich. »Lefort impliziert, dass die endgültige Form der Demokratie nicht Despotismus sein *kann* [...], einfach weil die Demokratie keine endgültige Form *hat* [...]. Der Kopf des Königs kann nicht wieder an seinem Körper befestigt werden, und so können wir nicht anders als frei sein.« (Bilakovics 2012: 152f.) Historischer Wandel verläuft im Register der Unbestimmtheit notwendigerweise in demokratische Bahnen zurück.[38] Das »Abenteuer der modernen Demokratie« (Lefort 1990a: 288) würde sodann das Ende der Geschichte der gesellschaftlichen Formen markieren, weil hinter der Demokratie letztendlich immer schon wieder die Demokratie wartet. Die Geschichte der Gesellschaftsformen und Repräsentationsregime wäre dann, auch und gerade mit Blick auf das »totalitäre Abenteuer« (Lefort 1999: 61), nur die Wiederkehr der Demokratie.

Darüber hinaus kann der Interpretation im *Register der Unbestimmtheit* aber auch eine andere Lesart im *Register öffentlicher Gleichheit* entgegengesetzt werden. Das ist das Vorhaben der folgenden Seiten. Ich richte dazu, wie schon angedeutet wurde, den Fokus auf die in-Form-setzenden Wirkungen der Repräsentation (der Macht). Nicht nur hält diese Interpretation an die These der gesellschaftlichen Formgebung durch Repräsentation deutlicher Anschluss. Zudem werden nur so die verbreiteten Beschreibungen der Form der Demokratie (von und mit Lefort)[39] als unbestimmt und konfliktiv verständlich. Denn Lefort geht es nicht um die Unbestimmtheit als solche, vielmehr um die egalitäre Berücksichtigung der Einzelnen, die dann den Konflikt um andere Bestimmungen erst als demokratischen (legitimen) Konflikt sinnvoll machen. Natürlich hat das demokratische Repräsentationsregime auch die Funktion, Kontroversen zu begrüßen und auf Dauer zu stellen. Die Demokratie ist die Normalisierung des Konfliktes. Aber die Frage nach der demokratischen Form des Konfliktes, nach seinen temporalen und ästhetischen Elementen, wird in der Interpretation im Register der Unbestimmtheit kaum

37 Siehe dazu *Kapitel 2.1.1*.

38 Für diese demokratische Disposition der Geschichte spricht werkintern, dass Lefort zufolge die totalitäre Gesellschaftsform schließlich am Erfahrungsbestand der Demokratie scheitern musste (vgl. Lefort 1986c: 291; 1999: 63f.).

39 Es soll, um dies noch einmal deutlich zu machen, nicht bestritten werden, dass Lefort selbst an vielen Stellen eine solche Interpretation im Register der Unbestimmtheit nahelegt.

aufgegriffen. Wohl auch aufgrund des Zusammenhanges von Totalitarismus- und Demokratietheorie bleibt auch Lefort selbst hier manchmal vage.[40] Ich möchte argumentieren, dass die Untersuchung des demokratischen Repräsentationsverhältnisses diese theoretische Lücke füllen und erklären kann, wieso für Lefort die Demokratie zugleich und zuerst jene Gesellschaftsform ist, mit der »sich die Ungleichheit im Horizont der Gleichheit [entfaltet].« (Lefort 1990c: 35) Dieser Horizont der Gleichheit und also ein normativer Anspruch der Gleichberücksichtigung ist, so wird zu zeigen sein, das Ergebnis einer spezifischen Repräsentation der Macht.

Hingegen wird die Egalität der Demokratie im Register der Unbestimmtheit entweder stillschweigend angenommen. Oder die positive Bestimmung der Gleichheit wird als bloßes Korrelat der Kontingenz des Sozialen eingeführt. Aus der Grundlosigkeit gesellschaftlicher Verhältnisse und Institutionen ergibt sich demnach bereits der Horizont der Gleichheit. Der Tatsache oder der Erfahrung der Unbestimmtheit entsprechen in dieser Interpretation die gleichen Möglichkeiten, den etablierten Normen und Privilegien widersprechen zu können. Eine basale Gleichheit ist die Folge der »Verneinung einer wirklichen oder natürlichen Grundlage der sozialen Ordnung« (Weymans 2011: 183). Gleichheit ist sodann die (logische) Konsequenz der letztgültigen Unbestimmtheit. Gleichzeitig soll aber die Idee der Gleichheit den demokratischen Gesellschaften als Wegweiser dienen, sie soll jene »leiten«.[41] Doch um das tun zu können, muss die Idee der Gleichheit sich von der Unbestimmtheit per se unterscheiden, muss »mehr« sein als das Korrelat einer grundlosen Gesellschaft, denn Gleichheit als Wegweiser (und damit als normativer Maßstab) ist weder Grund noch Konsequenz dieser fundamentalen Unbestimmtheit. Dass nichts notwendigerweise so bleiben muss, wie es ist, sagt noch nichts darüber aus, wie es anders wird und wie es anders werden soll. Es geht aber im Register der Unbestimmtheit um eine *bestimmte* Unbestimmtheit, die sich an der Idee der Gleichberücksichtigung als Vollzugsform der jeweiligen *Um*bestimmungen orientiert. Dieser Anspruch, gleich (viel) zu zählen, muss hervorgebracht werden. Es gibt ihn – auch das zeigt ja die Geschichte der Gesellschaftsformen – nicht einfach so. Nicht allein der Wegfall traditioneller Herrschaftsbegründungen und Ordnungsmuster, sondern Verfahren egalitärer Repräsentation definieren deshalb für Lefort die demokratische Form.

40 »Was heißt nun aber, dass die Demokratie den Konflikt *für legitim* erachtet? [...] Lefort bleibt an dieser Stelle unbestimmt.« (Raimondi 2014: 127)

41 »[D]emokratische Gesellschaften werden von der Idee der Gleichheit *geleitet*« (Weymans 2005: 267, Herv. J.H.).

2.2 Die numerische Einheit des Volkes

Die Form der Demokratie wird mit Lefort regelmäßig im *Register der Unbestimmtheit* aufgezeichnet, als die Versicherung der Kontingenz und Institutionalisierung des Konfliktes. Es ist die Verfassung der andauernden Bestreitbarkeit, die demokratische Verhältnisse etabliert. Jene Deutung setzt jedoch den entscheidenden Schritt zu spät ein. Sie versteht das Repräsentationsregime der Demokratie als nachrangig, nämlich als den bloßen Ausdruck der fundamentalen Unbestimmtheit und Umstrittenheit. Wie würde sich dagegen die Form der Demokratie im *Register öffentlicher Gleichheit* darstellen? Diese Interpretation hält konsequent Anschluss an die formierenden (konstruktiven bzw. kreativen) Wirkungen von Repräsentation, die für die Herangehensweise von Lefort und insbesondere für dessen Konzeption der Demokratie als ein »einzigartiges In-Form-Setzen der Gesellschaft« elementar sind. Die Wahl hat dann deshalb eine politische Bedeutung – d.h. eine Bedeutung für die Form der modernen Demokratie –, weil dort die Gleichberücksichtigung der Einzelnen hervorgebracht wird, die aus der Umstrittenheit und Unbestimmtheit erst demokratische Verhältnisse macht. Diese Öffentlichkeit der Gleichheit wird auch den Zusammenhang von subjektiver Berechtigung und demokratischer Befähigung im Werk von Lefort besser erklären können.[42]

Eine solche politische Funktion der Wahl ist zunächst verwunderlich. Schließlich wird sie vielfach dafür beargwöhnt, den kollektiven, den kontestativen und den öffentlichen Charakter der Demokratie zu verformen. Bei der Wahl handelt es sich »der Idee nach nur«, so hält etwa Habermas fest, um den »abschließende[n] Akt eines kontinuierlichen, öffentlich ausgetragenen Streites von Argument und Gegenargument« (Habermas 1990: 314). Ein anspruchsvolles Verständnis der Demokratie, wie es agonale, republikanische oder deliberative Demokratiekonzeptionen ausbuchstabieren, begreift das Verfahren der Wahl meistens als einen allein in funktionalen Erfordernissen begründeten Mechanismus der formalen Legitimation. Statt Debatte und Diskussion zu forcieren, erscheinen Wahlen dabei als ein privatives Verfahren der Vereinzelung und der schlichten Addition von im Geheimen aufgezeichneten Präferenzen. Sie führen außerdem dazu, die Grenzen des *demos* als eine Gemeinschaft der Staatsbürger:innen zu befestigen. Die Demokratie der Wahl beschränkt, so die geteilte Kritik, politische Entscheidungen auf ein diskontinuierliches Auswählen von offiziösen Entscheidungsträger:innen und abstrahiert von den Bedingungen der freien und gleichen Teilhabe an diesen Entscheidungen.

Für Lefort besteht die Funktion der Wahl hingegen nicht zuerst darin, den Prozess der Meinungs- und Willensbildung vorläufig zum Abschluss

42 Siehe dazu *Kapitel 2.3.3*.

zu bringen. Im Unterschied zur Interpretation im Register der Unbestimmtheit ist die Wahl aber auch nicht nur ein ritualisierter Nachweis der »Leere« der Macht, die auf diese Weise die konstitutive Umbestimmbarkeit demokratischer Gesellschaften auf Dauer stellt. Zwar hat die Wahl *auch* diese Funktion, solche Auseinandersetzungen (um andere Bestimmungen) zu institutionalisieren. Sie richtet aber *zuerst und primär* die Souveränität des Volkes als egalitär durchbrochen ein. Die politische Funktion der Wahl ist damit eine positive,[43] weil und insofern die Wahl die negative Funktion erfüllt, das Kollektivsubjekt des Volkes in »Recheneinheiten« zu überführen (Lefort 1990a: 295). Die Wahl bringt Volkssouveränität – die Einheit des Volkes und seinen einheitlichen Willen – erst hervor, aber sie tut dies so, dass sie jene Einheit egalitär verfasst. Über die Manifestation der Grundlosigkeit des Sozialen hinaus besteht die politische Bedeutung der Wahl (und der Zahl)[44] somit in einer identitätszersetzenden Repräsentation des Volkes. Denn die Wahl ist *nicht* dazu in der Lage, »den allgemeinen Willen auszusprechen oder ihm ein Gesicht zu verleihen« (Lefort/Gauchet 1990: 108). Sie versetzt das Volk also gerade *nicht* in die Lage, mit einer einzigen Stimme zu sprechen. Mit der Wahl wird die Repräsentation der Macht auf eine Weise effektiv, die Lefort als »quasi-Auflösung der sozialen Beziehungen« beschreibt, »in dem Augenblick, in dem sich der Volkswille ausdrückt« (Lefort 1999: 51). Diese numerische Begründung der Macht strömt durch den gesamten sozialen Raum. Die Wahl wiederholt und bestätigt also nicht nur die Unbestimmtheit des Sozialen. Die Gleichheit der Stimme zeichnet vielmehr die Konturen einer Gesellschaft, die aufgrund von und infolge der Wahl als Einheit der Differenzen, als ein Zusammenhang egalitärer Einzelheiten eingerichtet ist.

Dieser Egalitätseffekt lässt sich in einem ersten Schritt anhand einer schematischen Unterscheidung zwischen modernen und vor-modernen Wahlen akzentuieren. Letztere zeichnen sich zum einen durch die weitreichende Einschränkung der Verfahrensautonomie aus (vgl. Dartmann et al. 2010; Stollberg-Rilinger 2017). Sinn und Ziel bestehen darin, Kontingenz so weit wie möglich zu reduzieren. Nicht die Auswahl tatsächlicher Alternativen und also Möglichkeiten einer Inszenierung von Dissens, sondern die Bekräftigung des Gegebenen und die Herstellung von Konsens steht im Zentrum der jeweiligen Verfahren. Zum anderen und wichtiger noch, basieren jene Wahlen nicht auf der Gleichgewichtung der einzelnen Stimme. Die Wahl reproduziert hier die (in der Regel

43 Schnell (2009: 216) spricht hinsichtlich des Ortes der Macht bei Lefort treffend von einer »bestimmte[n]« und »positive[n] Leere«.

44 »[D]ie Idee der Zahl als solche steht im Gegensatz zur Idee der Substanz der Gesellschaft. Die Zahl bricht die Einheit auf, zerstört die Identität.« (Lefort 1986b: 303)

hierarchischen) bestehenden sozialen Formationen. Die gesellschaftlichen Zugehörigkeiten und Status erstrecken sich typischerweise in das Wahlverfahren hinein und prägen es maßgeblich. Nicht nur ist das Repräsentationsverhältnis auf diese Weise untrennbar mit Macht und Einfluss verwoben. Auch ist die Auswahl selbst nicht an Prozeduren der Abstraktion gebunden, die jene Gleichheit der Wahlstimme einsetzen. Nur am Ende der mehrstufigen Verfahren und nur im kleinen Kreis wurde »ausnahmsweise von Status- und Rangunterschieden abgesehen« (Stollberg-Rilinger 2017: 49).

Während in vor-modernen Wahlen die sozialen Gegebenheiten bekräftigt werden, fallen in demokratischen Wahlen die Konstitution und die Transgression der gesellschaftlichen Form zusammen. Denn sie bewirken, dass die Einheit des Volkes und darüber die Einheit der Gesellschaft zugleich konstituiert wie fragmentiert wird. Zwar hat die Wahl zur Aufgabe, den Willen des Volkes auszudrücken. Sie

> [verwandelt] aber dieses Volk, im Augenblick selbst, in dem es seinen Willen vermeintlich behauptet, in eine reine Vielfalt von Individuen – ein jedes abstrahiert vom Netz der sozialen Bande, die seine Existenz bestimmen, eine Vielzahl von Atomen, oder genauer: von Zähleinheiten. Kurzum: es zeigt sich, daß der Letztbezug auf die Identität des Volkes, auf das instituierende Subjekt den rätselhaften Schiedsspruch der Zahl verdeckt. (Lefort 1999: 52f.)

Im Rahmen der Wahl soll das Volk seinen Willen äußern. Aber es kann das nur so tun, dass es in »eine Vielzahl von Atomen« aufgespalten wird, dass das Volk zersplittert in Einzelheiten gleicher Relevanz. Für die Demokratie ist ein diskursiver wie temporaler Prozess des Streitens um die Stelle der Macht essentiell. Aber es ist für Lefort vor allem das Verfahren der Wahl selbst, das die politische Form der Demokratie hervorbringt. Hier wird der Volkswille wirklich, indem das Volk in seinen numerischen Ausdruck zerfällt. Der (eine) Volkswille verwandelt sich in dem Moment, in dem es ausschließlich um ihn gehen soll, in die pure Vielfalt der gleichen Stimme. Schon deshalb ist es fraglich zu behaupten, dass Macht durch Wahlen erzeugt wird. Vielmehr wird die Souveränität des Volkes durch das Verfahren der Wahl bestätigt und suspendiert, seine Einheit aufgezeichnet und durchgestrichen.

Die demokratische Repräsentation der Macht verbindet somit Einheitsstiftung mit der Negation dieser Einheit und den Projektionen einer Herrschaft *des* Volkes. Lefort geht es nicht vorrangig darum, die Vorstellung zurückzuweisen, man könnte den Volkswillen in Kettenmodellen der Legitimation in die Entscheidungen (und die Zwangsgewalt) staatlicher Institutionen übersetzen. Es geht ihm somit nicht zuerst darum, Verfahren der Repräsentation wiederum mit Souveränität des Volkes zu kontrastieren. Lefort richtet den Blick vielmehr darauf, wie der

Anspruch der Volkssouveränität wirklich wird und was diese Wirklichkeit der Volkssouveränität für die Form der Gesellschaft bedeutet. Die Wahl ist demnach darin bedeutsam für die Formierungen der Demokratie, dass sie das Volk als ein durchgestrichenes Subjekt der Legitimation etabliert, als ein »instituierendes Subjekt«, dessen Substanz allein in der egalitären Berücksichtigung der Einzelnen besteht. Die moderne Demokratie setzt demnach nicht Formlosigkeit an die Stelle der Form. Sie wendet vielmehr den Hypostasierungen der Allgemeinheit die Öffentlichkeit der Gleichheit entgegen.

Diese formbildenden Wirkungen möchte ich im nächsten Schritt anhand einer einflussreichen Kritik der Wahl vertiefen. Die Beobachtungen von Lefort sind schließlich keineswegs neu. Die Wahl als ein Mechanismus der gesellschaftlichen Vereinzelung und als ein Hindernis der Souveränität des Volkes bildet von Beginn an einen zentralen Einsatz der anti-parlamentarischen Kritik, die eine liberale Privatisierung der Demokratie durch die Ausweitung des Wahlrechts befürchtet. In seinen Betrachtungen zur *geistesgeschichtlichen Lage des heutigen Parlamentarismus*, unter der Überschrift einer »Vorbemerkung über den Gegensatz zwischen Parlamentarismus und Demokratie«, stellt Carl Schmitt als ein Vertreter dieser Kritik die demokratische Qualität der Wahl rundheraus in Abrede. Denn der Wille des Volkes kann, so Schmitt, nur schwerlich in der Form einer »arithmetische[n] Mehrheit« kristallisieren, und die »Demokratie [ist] etwas anderes [...] als ein Registriersystem geheimer Abstimmungen.« (Schmitt 2017a: 22) Der Arithmetik der Wahl stellt Schmitt den Vitalismus der Demokratie entgegen, und so besteht für ihn zwar zwischen Parlamentarismus und Demokratie, aber nicht zwischen Demokratie und Diktatur ein Gegensatz, insofern auch unter diktatorischen Bedingungen »der Wille des Volkes allein maßgebend sein kann.« (ebd.: 37) Diese anti-liberale Kritik der Wahl geht von einem organischen Begriff des Volkes sowie einem substantiellen Begriff der staatsbürgerlichen Gleichheit aus und ist auf diese Weise mit dem Verständnis demokratischer Befähigung, das dieser Studie zugrunde gelegt ist, unvereinbar.[45] Sie ist aber insofern relevant, als ein Zusammenhang zwischen der Form der Demokratie und formal-egalitären Verfahren der Repräsentation in Zweifel gezogen und dadurch konturiert wird. Die Schmitt'sche Kritik erkennt, dass der Wille des Volkes hergestellt werden muss und dass die Mittel seiner Herstellung von entscheidender, weil formbildender Bedeutung sind. So erläutert Schmitt in einem kurzen Beitrag zum demokratischen Rechtsstaat, der im selben Jahr wie die *Verfassungslehre* erscheint, die Geheimwahl als ein Werkzeug, das ganz und gar ungeeignet ist, die Souveränität des Volkes »ins Werk zu setzen« und den Willen des Volkes abzubilden (Schmitt 1928:

45 Siehe dazu *Einleitung*.

202).[46] Die Wahl ist für Schmitt ein technisch-neutraler Vorgang der Addition privater Präferenzen. In den Begriffen der klassischen Demokratietheorie kann sie niemals die *volonté générale*, nur die *volonté de tous* generieren (vgl. Schmitt 2017b: 246), denn in der Wahl erscheinen die Einzelnen »aus der Masse herausgenommen« (Schmitt 1928: 202) und kann somit das Volk nicht als ein gestaltendes (und das bedeutet für Schmitt: als ein entscheidendes) Subjekt auftreten. Der demokratische Rechtsstaat enthüllt sich gerade hier, in seinem repräsentativen Kern, als Verbindung von widersprüchlichen Elementen, »dessen Sinn gerade darin besteht, eine politische Form zu vermeiden« (ebd.). Die Wahl ist, kurz gesagt, für Schmitt ein identitätszersetzender und *deswegen* ein formzersetzender Vorgang.

Wie Lefort bemerkt also schon Schmitt, dass sich im Rahmen der Wahl alle gesellschaftlichen Bindungen auflösen, die Einheit des Volkes in die Summe der Einzelwillen zerfällt und auf diese Weise »der Souverän verschwindet« (Schmitt 2014b: 126). Repräsentationsverfahren wie das Wahl degenerieren Schmitt zufolge die demokratische Form, die nicht der Logik der Gleichheit, sondern einer Logik der Identifikation (also der exkludierenden Gleich*setzungen*) verpflichtet ist. Zugleich kann aber auch die demokratische Form auf Verfahren der Repräsentation nicht gänzlich verzichten: »Methoden der Repräsentation« sind selbst für das identitäre Regime der Demokratie »unumgänglich« (Schmitt 2017b: 205). Dabei besteht Schmitt zufolge ein notwendiger Zusammenhang zwischen Öffentlichkeit und der Repräsentation des Volkes. Repräsentation zeichnet sich dadurch aus, »ein unsichtbares Sein durch ein öffentlich anwesendes Sein sichtbar [zu] machen und [zu] vergegenwärtigen« (ebd.: 209). Schmitt betont auf diese Weise – wie nach ihm Lefort und vor ihm Hobbes – den formierenden Charakter der Praxis der Repräsentation (vgl. Duso 2005: 148 ff; Neumann 2015: 150 ff.; Martinez Mateo 2018: 89 ff.). Die Einheit des Volkes muss einerseits erst hervorgebracht werden. Deshalb ist dessen Repräsentation »kein normativer Vorgang«, sondern »etwas *Existentielles*.« (Schmitt 2017b: 212, 209) Jenseits der Repräsentation gibt es nur Unverbundenes, Vergegenwärtigung und Einheitsstiftung sind nicht voneinander zu trennen. Der Vorgang der Einheitsstiftung ist aber andererseits von substantiellen

46 Zur Ideengeschichte der Geheimwahl vgl. Buchstein (2000). Siehe in diesem Zusammenhang auch die Bemerkungen von Otto Kirchheimer (2017: 145f.) zum »spezifischen politischen Wert« der öffentlichen Wahlen in der frühen Sowjetunion. Dieser Wert besteht nicht in der Entscheidung über die Träger:innschaft der Herrschaft, vielmehr im Effekt der Einheitsstiftung. »Der Unterschied zwischen geheimer und öffentlicher Wahl bedeutet in Wirklichkeit den denkbar schärfsten Bruch mit den Traditionen parlamentarisch-individualistisch-liberaler Vorstellungen«, wobei die Öffentlichkeit der Wahl »Bestätigung, Zustimmung, aber keineswegs Entscheidung [bedeutet].«

Bestimmungen der Ungleichheit durchformt, denn »etwas Minderwertiges oder Wertloses, etwas Niedriges« ist für Schmitt zur Repräsentation, zur »Heraushebung in öffentliches Sein«, nicht geeignet (ebd.: 210). Der Akt der Repräsentation lässt diese spezifischen Existenzen sichtbar werden: nur Abwesend*seiendes* kann also für Schmitt repräsentiert werden.

Dieses Sichtbarwerden wertvoller Existenzen, auch hier zeigen sich die formbildenden Wirkungen der Repräsentation, wird durch die Wahl unmöglich gemacht. Denn durch ein arithmetisches Verständnis der Idee der Gleichheit vermeidet die Wahl eine identitäre Form der Demokratie. Die Wahl »vernichtet« die Unmittelbarkeit des Volkes, weil sie als ein Medium fungiert und also ein Mittleres ist: sie steht in der Mitte und damit zwischen den Identifikationen der Demokratie.

> Vom Standpunkt der echten, klassischen Demokratie (in diesem Sinne: der »reinen« Demokratie), gibt es eigentlich nichts Mittelbareres als eine auf solchen geheimen Einzelabstimmungen beruhende Feststellung des politisch maßgebenden Willens, durch welche der einzelne Stimmberechtigte zum isolierten, unverantwortlichen Privatmann und die in vitaler Unmittelbarkeit gegebene Gesamtgröße Volk zu einem Additionsverfahren gemacht wird. (Schmitt 2014a: 53)

Diese numerische Gleichheit steht insbesondere der Möglichkeit der Öffentlichkeit und also den Bedingungen der Repräsentation, wie Schmitt sie versteht, entgegen. Die Gleichheit der Zahl ist die Negation der spezifischen Existenzen, die für Schmitt die Basis des Repräsentationsverhältnisses bilden. Pure Gleichheit ist der Öffentlichkeit (und deshalb der Repräsentation) *un*fähig. Oder, anders gesagt, »Volk und Öffentlichkeit bestehen zusammen« (Schmitt 2017b: 243). Entsprechend sind für Schmitt zum Repräsentieren nicht alle in der Lage, sondern dieses Verhältnis muss »in der substantiellen Gleichartigkeit des Volkes verbleiben« (ebd.: 236). Demokratische Repräsentation ist demnach weder ein beliebiger Vorgang im Sinne der Repräsentierten noch ein Vorgang unter Beliebigen im Sinne derjenigen, die repräsentieren können. Öffentlich (und das heißt: Gegenstand von Repräsentation) kann nur das sein, was die Beliebigkeiten der formalen Gleichheit übersteigt: das Volk als Einheit substantieller Gleichartigkeit. Und immer nur dann, wenn es als eine solche Einheit öffentlich erscheint, gibt es das Volk als Subjekt der Demokratie.

Im Kontrast dazu versteht Lefort das Repräsentationsregime der Demokratie nicht im Raster der kollektivistischen Präsenz (Praktiken der Akklamation)[47] und der Homogenisierung (Verfahren der Exklusion). Die Wahl verhindert nicht die politische Form der Demokratie, sondern konstituiert sie. Gerade insofern die Wahl auf der formal-abstrakten

47 Die Akklamation erklärt Schmitt (2014a: 75) zum »unveräußerlichste[n] Recht jedes Volkes.«

Gleichheit der Zahl beruht – auf einer »allgemeinen und gleichgültige[n] Gleichheit«, wie Schmitt kritisiert (Schmitt 2017b: 226) –, ist sie Lefort zufolge für die demokratische Repräsentation der Macht wesentlich. »Die Zahl tritt an die Stelle der Substanz.« (Lefort 1990a: 295) Die Wahl ist ein Vorgang der Vereinzelung, der eine andere Art der Einheitsstiftung ermöglicht (»tritt an die Stelle von«). Die Deformation substantieller Existenzen, die für das Verfahren der Wahl charakteristisch ist, ist zugleich ein Vorgang der Bezugnahme, ein In-Beziehung-Setzen und ein Einbezogen-Sein, durch das einerseits alle als *Einzelne* (Vereinzelung), andererseits alle als *gleicher Teil* erscheinen (Einheitsstiftung). Im Unterschied zu Theorien der normativen Begründung der Demokratie bedeutet das Wahlverfahren für Lefort nicht die Realisierung einer irgendwie vorausliegenden (menschlichen oder staatsbürgerlichen) Gleichheit. Es ist nicht die Applikation einer fundamentalen Egalität auf die politische Sphäre und nicht die politische Form der Gemeinschaft. Die Formierungen der Demokratie etablieren erst die Berücksichtigung von Gleichen. Das gilt insbesondere für die Wahl als ein mit der Idee der Volkssouveränität verknüpftes Verfahren der Addition der je einzelnen Stimme. Auch hier, in der Rekonstruktion der Souveränität des Volkes als ein Zusammenhang gleicher Einzelheiten, erweist sich also, dass die demokratische Gesellschaftsform »nicht die Dimension des *Anderen*, sondern seine Gestalt abschafft« (Lefort 1999: 56). Zwar entscheidet ein souveränes (und insofern einheitliches) Subjekt. Aber die Wahl demonstriert gerade, dass ein »allgemeiner« Volkswille nicht zwangsläufig als »einheitlicher« Volkswille in Erscheinung treten muss.[48] Das Wahlverfahren bindet die Repräsentation der Macht und dadurch die Form der modernen Demokratie an jene basale Gleichbehandlung – an eine Art von Gleichheit, die nur vermeintlich von selbst vorhanden ist. Die Logik der Identifikation, die Schmitt postuliert, besteht in der Bekräftigung der Ungleichheit. Die Wahl bringt hingegen Beziehungen der Gleichheit hervor.

In der Demokratie ist die Souveränität des Volkes demnach egalitär durchbrochen. Die Öffentlichkeit der Gleichheit – im Unterschied zur *Öffentlichkeit der Gleichartigkeit* –, die durch die Wahl hervorgebracht und bestätigt wird, besteht in dieser gleichen Berücksichtigung

48 So versteht es hingegen eine radikale Kritik der Repräsentation, der zufolge die »Vorstellung der juridischen konstituierenden Macht des souveränen ›Volkes‹« mit der Vorstellung verbunden ist, dass der »*demos* als ›Volk‹ [...] nicht unbestimmt, vielheitlich und heterogen sein [darf].« (Lorey 2020: 15) Zwar bringt die Wahl einen einheitlichen Willen hervor. Aber wenn die *präsentische Demokratie*, die Lorey der *modernen repräsentativen Demokratie* entgegensetzt, sich einer »Inwertsetzung von Differenz« und »Zusammen-Führung der Vielen zum Einen« entgegenstellt sowie »radikale Inklusion« fordert (ebd.: 161, 197f.), dann scheinen eben jene Eigenschaften in egalitären Verfahren der Repräsentation bereits aufgehoben zu sein.

tout court. Die Gleichheit, die Verfahren demokratischer Repräsentation einsetzen, beschreibt nicht, wie bei Schmitt, eine besondere Qualität der Einzelnen, eine besondere Qualifikation, Teil des Repräsentationsverhältnisses sein zu können. Sie besteht vielmehr in der Bezugnahme auf alle Einzelnen als von gleicher Bedeutung. Als ein arithmetischer Zusammenhang bedeutet die Herrschaft der Vielen nicht die Entscheidungsgewalt der »Menge« oder »Masse« (Lefort 1997: 50). Die Demokratie ist vielmehr die politische Form, in der die »Singularität der Einzelnen« den Ausgangpunkt einer internen Selbstüberschreitung bildet. Wie Juliane Rebentisch betont, besteht ein »unüberbrückbarer Abstand zwischen den politischen Bestimmungen der Gemeinschaft und den ihr entsprechenden Gleichheitsvorstellungen auf der einen und der aus einer unabsehbaren Vielzahl von Singularitäten sich zusammensetzenden Multitude auf der anderen Seite« (Rebentisch 2015: 136). Zwar bringt auch die demokratische Wahl ein »Moment von Souveränität« (ebd.: 137) hervor, insofern sie als ein authentischer Ausdruck des Willen des Volkes aufgefasst und in Verfahren der Produktion verbindlicher Entscheidungen relevant wird. Sie bringt Einheit durch Repräsentation zustande – die Wahl produziert das Volk (und seinen vermeintlich einheitlichen Willen) als das Subjekt demokratischer Legitimation. Aus den Vielen muss eine Einheit werden, denn nur so ist Volkssouveränität möglich. Aber diese Einheit besteht infolge der Wahl aus füreinander gleichen Teilen. Weil alle als ein gleicher Teil zählen, besteht die Möglichkeit, die bestehenden Verhältnisse – die jeweiligen »Bestimmungen der Gemeinschaft« – im Namen der Demokratie selbst (und nicht notwendigerweise im Namen des Volkes) infrage zu stellen. Demokratische Souveränität ist, wie Rebentisch hervorhebt, *keine* unteilbare, weil diese Vorstellung eine »vermittlungslose Souveränität« annehmen müsste (ebd.: 136). Dass es so nicht ist, dass der *demos* nicht bereits eine Stimme hat, das zeigt sich im Akt und durch das Verfahren der Wahl. Denn hier werden alle zum gleichen Anteil des Ganzen, das auf diese Weise erst hervorgebracht bzw. dessen Willen derart »vermittelt« wird. So ist dann zu verstehen, wieso Lefort mit Blick auf die Leerstelle der Macht schreibt, dass diejenigen, die sie einnehmen, »gar nicht beanspruchen können, ihn [den Ort der Macht] sich anzueignen« (Lefort, zit. Trautmann 2013: 99). Es ist unmöglich (und gerade nicht gleichermaßen möglich), die Stelle der Macht anzueignen, weil aus diesen Beziehungen der Gleichheit kein entsprechender Anspruch abgeleitet werden kann.

Dasselbe gilt auch für die Grenzen des *demos.* Nicht nur werden alle als gleicher Teil gezählt, auch die Antwort auf die Frage, wer Teil ist, kann nicht von Bestimmungen der Ungleichheit Gebrauch machen, ohne dadurch die demokratische Form aufzuheben und den *demos* in einen *éthnos* zu überführen. Mit Blick auf die Geschichte der Demokratie betont Lefort, dass die antike Demokratie »das Prinzip einer Macht, die sich anzueignen den Menschen untersagt ist«, eingeführt hat (Lefort 1999: 50). Aber gegen Positionen, die Volkssouveränität als das Begründungsprinzip der Demokratie deuten, wendet Lefort ein, dass dort »die Repräsentation der Polis [...] auf einer ausschließenden Unterscheidung beruht« (ebd.), auf bestimmten Kriterien von Teilhabe und Teilsein. Der Unterschied zwischen dieser und der modernen Demokratie kann also anhand der »Leere« der Macht (und der damit einhergehenden Souveränität des Volkes) nicht erfasst werden. Die antike Demokratie kannte ebenso wenig wie die moderne Demokratie jene Verkörperungen der Macht, die für das Ancien Régime und auch, unter ganz anderen Vorzeichen, für totalitäre Gesellschaften charakteristisch sind.[49] Auch hier ist die Macht nicht verfügbar und können deshalb »alle« die Stelle der Macht besetzen. Dennoch handelt es sich für Lefort im Fall der Antike um eine positive Bestimmung der Macht und (aufgrund der Korrespondenz von politischer und gesellschaftlicher Repräsentation) des Sozialen. Nicht, weil die Macht dort als Körper auftritt, sondern weil sie aus Verfahren hervorgeht, die mittels einer »ausschließenden Unterscheidung« operieren, die eine radikale Ungleichheit voraussetzen.

Wie Lefort hier betont, versteht man die moderne Form der Demokratie falsch, wenn man sie an die Idee der Volkssouveränität zurückbindet. Sie würde sich dann nämlich von der Demokratie der Antike allein dadurch unterscheiden, dass die Exklusionen, die damals den Kreis der Teilnehmer:innen beschränkt haben, nun überwunden sind. Die politische Form der modernen Demokratie ist aber weder die antike Demokratie ohne den Ausschluss der Armen, der Frauen oder der Sklaven noch pure Heterogenität. Der Unterschied betrifft die Form der Gleichheit selbst. Er besteht darin, dass die moderne Demokratie über die Berücksichtigung *von* bereits Gleichen hinausgeht und Teilhabe per se als Anspruch gleicher Teilhabe versteht. Lefort beschreibt deshalb die Definitionen des Volkes als »latent« (Lefort 1999: 57). Es gibt das Volk, aber es gibt es immer nur vorläufig, unter dem Vorbehalt des egalitären Einspruches. Einheit wird derart bekräftigt, dass Einheit in die Vielheit der Gleichen aufgespalten wird. Die Gemeinschaft des *demos* ist eine der egalitären Konstruktion und damit eine der Rekonstruktionen, der neuen und anderen Zusammensetzungen. Die »Unfassbarkeit« der modernen Demokratie (Lefort 1990b: 260) resultiert somit nicht zuerst aus einer fundamentalen Unbestimmtheit, sondern aus diesen spezifischen Formierungen der Gleichheit. Es handelt sich um *Formierungen* der Gleichheit, weil jene Beziehungen der Gleichheit durch Verfahren der Repräsentation erst eingerichtet werden. Und es handelt sich um Formierungen der *Gleichheit*, weil diese Beziehungen in immer neuen

49 Siehe dazu *Kapitel 2.1.1.*

Bestimmungen dessen Ausdruck erhalten können, was es bedeutet, ein gleicher Teil zu sein.

Die Öffentlichkeit der Gleichheit, die für die politische Form der Demokratie wesentlich ist, bezeichnet eine basale Egalität, die den Bestimmungen der Herrschaft des Volkes und, darüber hinaus, den sozialen Tatsachen widerstreitet.[50] Die Formulierung greift in kritischer Absicht jene Feststellung von Schmitt auf, dass Gleichheit der Öffentlichkeit *un*fähig ist. Sie ist für Schmitt ohne eigene Existenz, ohne ein Sein, das sichtbar gemacht werden und Relevanz beanspruchen könnte. Genau das tut Lefort zufolge aber das Verfahren der Wahl: Es bringt die Gleichheit der Einzelnen als normativen Horizont der Legitimation von Herrschaft und der Organisation der Gesellschaft hervor. Diese (numerische) Gleichheit, die es aufgrund und infolge der Wahl gibt, ist sicherlich rein formal. Die Gleichheit der Stimme ist das Mittel, um von sozialen Unterschieden zu abstrahieren. Sie sieht davon ab, wie die Teilhabenden wirklich sind, welche Rechte sie wahrnehmen können und welche Ressourcen sie besitzen. Das ist der Formalismus der Wahl. Aber diese Abstraktionen bedeuten zugleich auch, »Zugang zu einer Form der Universalität zu erhalten« (Lefort/Gauchet 1990: 113). Denn die Wahl verbindet sich mit der Figur der Souveränität des Volkes und bestimmt jede:n Einzelne:n als gleichen Teil. Die Öffentlichkeit der Gleichheit betrifft diese Gleichheit des Teilseins. Es handelt sich deshalb bei der Wahl, wie Pierre Rosanvallon in seiner Lefort gewidmeten Studie zur *Gesellschaft der Gleichen* erläutert, nicht um ein Recht und um ein Verfahren der Repräsentation unter anderen, sondern um das »Konstitutionsprinzip« der Demokratie (Rosanvallon 2017: 19), weil sie ein Verhältnis von Gleichen unter dem Gesichtspunkt der Äquivalenz herstellt. Mit der Wahl wird Gleichheit als *Maß* und als *Beziehung* manifest (vgl. ebd.: 47 ff.). Jede Stimme hat dasselbe Gewicht für ein Ganzes, das auf den Pfaden der egalitären Repräsentation erst hergestellt wird. Auf diese Weise gelangt Gleichheit als ein eigenständiger, relationaler Zusammenhang zum Ausdruck. Die Abstraktionen und Formalisierungen der Wahl sind deshalb nur unzureichend verstanden als eine »Reduktion [...] auf Recheneinheiten«, die »gleichsam Seite an Seite aufgereiht, Gegenstand einer Zählung werden könnten« (Lefort/Gauchet 1990: 119f.). Mit der Wahl wird Gleichheit als eine Relation von gleichen Teilen manifest. Gleichheit, so lässt sich gegen Schmitt formulieren, wird selbst Gegenstand der Repräsentation und hat insofern eine eigene Existenz.

50 »Öffentlich« bezeichnet also nicht, entlang der Unterscheidung öffentlich/privat, eine Sphäre oder Ebene der Gesellschaft oder einen Modus sozialer Beziehungen. Die Öffentlichkeit der Gleichheit ermöglicht es vielmehr erst, diese Unterscheidung(en) auf die Gleichberücksichtigung der Einzelnen hin zu befragen.

Die Gleichberücksichtigung der Einzelnen ist für die (moderne) Demokratie wesentlich. Sie ist das Ergebnis von Verfahren der Repräsentation, die diese Gleichberücksichtigung und darüber die Demokratie in Form setzen. Treffenderweise wurde ein pauschaler Entzug des Wahlrechts für Gefängnisinsassen vom Obersten Gerichtshof in Kanada als eine »antike Idee« zurückgewiesen. Die Qualifikation zur egalitären Repräsentation, die das Wahlverfahren bedeutet, kann, so das Gericht, nicht vom »moralischen Wert« der Einzelnen abhängig gemacht werden, ohne dass dies eine solche basale Gleichheit untergräbt.[51] So trifft dann auch die Kritik am Formalismus der Wahl zu, wenn sie darauf hinweist, dass im Rahmen der Wahl eine Reihe von relevanten Ungleichheiten missachtet werden. Sie enthüllt aber nicht das Wesen dieses Repräsentationsverhältnisses. Denn die Kritik an den vielfältigen Ungleichheiten, die der allein formalen Gleichheit der Repräsentation entgegengesetzt werden, beruht selbst auf der Vorstellung einer fundamentalen wie relationalen Gleichheit, die durch die Formierungen der Demokratie erst realisiert wird. Die Abstraktionen der Wahl fassen die Einzelnen als gleichen Teil. Teil zu sein bedeutet *erst jetzt*, als gleicher Teil Berücksichtigung beanspruchen zu können – auch und insbesondere gegen Souveränität des Volkes und die »Versteinerungen« der Demokratie selbst (Lefort 1990a: 291).

Demokratische Gesellschaften sind zweifellos von Hierarchisierungen und Ungleichheiten durchzogen. Sie etablieren aber zugleich ein fundamentales Moment der Gleichheit, das zur immanenten Kritik dieser problematischen Ungleichheitsverhältnisse herangezogen werden kann. Das Register der Unbestimmtheit ist somit dem Register öffentlicher Gleichheit nachgelagert. Dass demokratische Gesellschaften weitgehend unbestimmte und umstrittene sind, diese Einsicht formuliert nur die Konsequenzen eines spezifischen Repräsentationsverhältnisses, aufgrund dessen sich alle Einzelnen in gleichem Maße gegen das »Bild der Einheit« wenden können, das – etwa in den Begriffen des Staates oder der Nation – »aus dem Inneren selbst der modernen Demokratie erzeugt oder neu erzeugt wird.« (Lefort 1999: 56) Diese Formierungen der Gleichheit, die sich gegen die Selbstsetzungen der Herrschaft wenden lassen, liegen der Unbestimmtheit der Demokratie zugrunde oder, anders gesagt, sie verleihen der Unbestimmtheit eine demokratische Form.

51 »The idea that certain classes of people are not morally fit or morally worthy to vote and to participate in the law-making process is ancient and obsolete.« (*Sauvé v. Canada* [Chief Electoral Officer], [2002] 3 S.C.R. 519, 2002 SCC 68, Rd. 43) Auf das Urteil nimmt einige Jahre später der Europäische Gerichtshof für Menschenrechte in einem ähnlich gelagerten Fall Bezug (*Hirst v. United Kingdom [No 2]* [2006] 42 EHRR 41). Vgl. dazu Kesby (2012: 69 ff.).

2.3 Ein Medium demokratischer Repräsentation

2.3.1 Die politische Bedeutung der Menschenrechte

Die politische Form der Demokratie ist für Lefort zuerst das Resultat von spezifischen Verfahren der Repräsentation. Die Spezifik dieser Verfahren besteht darin, Volkssouveränität aufzurufen und (egalitär) zu durchbrechen. Die Souveränität des Volkes tritt hier als ein durchgestrichener Grund der Herrschaft in Erscheinung. Auch die demokratische Funktion der Rechte, wenn es sie denn gibt, gilt es auf diese Formierungen zu beziehen. Im Hinblick auf eben jene Funktion beschreibt die Demokratie nicht (*pace* Habermas) ein historisches Projekt der Selbstbestimmung, in dessen Zuge mittels legislativer Verfahren die Gleichheit der Rechte inhaltlich ausgestaltet wird.[52] Die Demokratie der Rechte bedeutet aber auch nicht (*pace* Colliot-Thélène und Ladeur), die Idee der Volkssouveränität schlichtweg aufzugeben und den Zusammenhang von Berechtigung und demokratischer Befähigung der Form der Rechte zu übertragen.[53] Gegenüber diesen beiden Alternativen sollen im Folgenden mit Lefort Rechte als ein Medium demokratischer Repräsentation konzipiert werden.

Lefort diskutiert den Zusammenhang von Berechtigung und demokratischer Befähigung anlässlich der Frage der Menschenrechte.[54] Diesen

52 Siehe dazu *Kapitel 1.1.*

53 Siehe dazu *Kapitel 1.2.*

54 Lefort wirft diese Frage maßgeblich im 1980 erstmals publizierten Text »Menschenrechte und Politik« auf (Lefort 1990b), und zwar an der Kreuzung von zwei historischen Entwicklungen. Zum einen reagiert dieser Text auf den Durchbruch der Menschenrechte in der internationalen Politik seit dem Ende der 1970er Jahre (vgl. Moyn 2010). Zum anderen wird die Thematik für Lefort im Rahmen des *Antitotalitarian Moment of the 1970s* (Christofferson 2004) relevant. Insbesondere die Veröffentlichung von Solschenizyns *Archipel Gulag* war Anlass einer Debatte über den repressiven Charakter des orthodoxen Marxismus, die schließlich die Hinwendung von vielen linken französischen Intellektuellen zur rechtsstaatlichen Demokratie zur Folge hatte. Obwohl die Schilderungen der stalinistischen Unterdrükkung damals nicht mehr tatsächlich eine Enthüllung bedeuteten, avancierte das Buch innerhalb von wenigen Jahren zur wenigstens vordergründigen Ursache umfangreicher Verschiebungen des politischen und intellektuellen Diskurses. Diesen »Gulag-Effekt« führt Christofferson (ebd.: 100 ff.) auch auf Lefort selbst zurück, der Solschenizyn mit seinem Essay *Un Homme en trop* eine Analyse des Totalitarismus in den Mund legt, die er bereits in den Jahrzehnten zuvor entwickelt hatte (vgl. auch Ingram 2006). Ein anderer, im Rückblick deutlich einflussreicherer Strang des französischen totalitarismuskritischen Diskurses ausgehend von Solschenizyn führt zur Frage der

Zuschnitt der Debatte gilt es zunächst zu erklären. Denn wenn Lefort *die* Menschenrechte bespricht, ist nicht von einer bestimmten Gruppe subjektiver Rechte die Rede, die in nationalen Verfassungen und internationalen Deklarationen festgehalten sind. Vielmehr geht es Lefort um die Position der Rechte, um deren Rolle als der »letzte Bezugsrahmen« des Rechts. Entscheidend für Lefort ist, dass aufgrund der Rechte das Recht »stets [...] einer *rechtmäßigen Opposition* ausgesetzt [bleibt].« (Lefort 1990b: 262) Als ein Mittel der rechtmäßigen Opposition drückt die Semantik der Menschenrechte diese fundamentale Rolle der Rechte für das Recht aus. Die Menschenrechte sind der Name für die Fundamentalisierung der Rechte. Deren demokratische Funktion entfaltet Lefort in der Auseinandersetzung mit Marx. Das ist insofern konsequent, als Marx' wirkmächtige Kritik eben diesen Zusammenhang zwischen der Idee der Menschenrechte als ein oppositionelles (Rechts-)Mittel und einer spezifischen Form der Gesellschaft – nämlich der bürgerlichen Gesellschaft – adressiert. Denselben Zusammenhang greift auch Lefort heraus, wenn er die »politische Bedeutung« der Menschenrechte untersucht (ebd.: 240). Dass etwas *politisch* ist, heißt für Lefort ja gerade, dass es für die Form der Gesellschaft relevant ist.[55] Die Auseinandersetzung mit Marx ist deshalb wiederum Ausdruck einer kritischen Distanz zum sozialwissenschaftlichen Positivismus sowie zur pragmatischen Perspektive der »Nützlichkeitserwägungen«, die allein die Wirksamkeit der Menschenrechte im Hinblick auf ein bestimmtes Ziel, wie etwa den Schutz der »Menschlichkeit des Menschen«, in den Blick nimmt (ebd.: 241). Hingegen gilt es für Lefort wie für Marx, die formierenden Wirkungen – die Auswirkungen auf die Form der Gesellschaft – zu erfassen, die mit der fundamentalen Rolle der Rechte (unter dem Banner der Menschenrechte) verbunden sind.

Diese Diskussion führt Lefort auf zwei Ebenen, die mit den *ideologiekritischen* und *systematischen Einwänden* korrespondieren, die Marx gegen die Menschenrechte erhebt. Unter ideologiekritischen Gesichtspunkten adressiert Marx den privativen Inhalt der Menschenrechte. Die Fundamentalisierung der Rechte ist für Marx der praktische Ausdruck einer falschen Auffassung des Sozialen, die spezifischen (bürgerlichen) Interessen Vorschub leistet. Unter systematischen Aspekten führt die Fundamentalposition der Rechte zur Naturalisierung gesellschaftlicher Tatsachen. Hinsichtlich dieser beiden Kritikebenen betont Lefort, dass Marx und der Marxismus »zu Recht die Fiktion des ›abstrakten

Menschenrechte zurück: In öffentlichkeitswirksamen Interventionen votierten die sog. nouveaux philosophes, allen voran Glucksmann und Lévy, für eine durchweg moralische Politik der Menschenrechte (vgl. Christofferson 2004: 184 ff.; Bourg 2007: 289 ff.; Moyn 2010: 161 ff.).

55 Siehe dazu *Kapitel 2.1.1*

Menschen‹ angeprangert und dessen Rolle im Rahmen der bürgerlichen Gesellschaft enthüllt [haben].« (ebd.: 246) Das Ziel von Lefort ist es also nicht, Marx zu widerlegen, sondern die Auslassungen dieser Kritik herauszuarbeiten. Die Entgegnung auf Marx' ideologiekritischen Einwand ist dabei *historisch*. Die Identifikation subjektiv-rechtlich gebundener Herrschaft mit den Interessen und Bedürfnissen der bürgerlichen Gesellschaft lässt Lefort zufolge außen vor, dass sich der Rechtsstaat und die Vereinzelung des sozialen Zusammenhanges in Rechtspersonen schon zuvor herausgebildet hatte. Die Entgegnung auf den systematischen Einwand ist *rechtsstrukturell*, denn Marx »löscht«, so Lefort, »die Dimension des Gesetzes als solche aus.« (ebd.: 256) Diese Ignoranz verkennt jedoch, dass die Rechtsform selbst einen Anteil an der Repräsentation und also der konkreten Form der Gesellschaft hat. Zum einen ist also die demokratische Gesellschaftsform für Lefort nur dann angemessen zu verstehen, wenn deren Vorgeschichte einer rechtsstaatlichen Konfiguration der Macht einbezogen wird. Die »Wiederherstellung einer Genealogie der demokratischen Repräsentationen« (Lefort 1999: 94), die Lefort unternimmt, schließt die Geschichte und Institutionen des Rechtsstaates ein. Zum anderen besteht Lefort zufolge durchaus ein Zusammenhang von Berechtigung und demokratischer Befähigung. Die Menschenrechte sind selbst ein »generatives Prinzip« der demokratischen Form (Lefort 1990b: 264).[56] Sie haben also Anteil an der Öffentlichkeit der Gleichheit.

Die Deklarationen der Menschenrechte im Zuge der demokratischen (bürgerlichen) Revolutionen sind Marx zufolge »rätselhaft« (Marx 1981: 366). Das Rätsel besteht darin, dass die Errichtung der Demokratie mit der Erklärung der Rechte des vereinzelten Menschen einhergeht. »Noch rätselhafter« ist, so Marx weiter, das Verhältnis zwischen beiden Entwicklungen, dass nämlich »das *politische Gemeinwesen* [...] sogar zum bloßen *Mittel* für die Erhaltung dieser sogenannten Menschenrechte herabgesetzt [wird]« (ebd.). Marx' Lektüre der verschiedenen revolutionären Verfassungen bringt zutage, dass die dort formulierten Menschenrechte allein die Rechte des »egoistischen Menschen« kodifizieren, eine Vorstellung des Menschen als ein »vom Gemeinwesen abgesondertes Individuum« aufzeichnen (ebd.). Die Deklarationen in Frankreich und den USA formulieren ein spezifisches Verständnis sozialer Beziehungen und kommunaler Organisation, das auf der Besonderung der Individuen beruht. Sie zeichnen dabei, so Marx, nicht nur ein falsches Bild des Menschen und verdecken dessen soziales Sein, sondern erzeugen auch aktiv eine um prä-politische Interessen zentrierte Subjektivität. Es wird aufgrund der Deklarationen zusehends opportun, sich auf

56 Übers. geändert von »[...] eines der generischen Prinzipien der Demokratie«. Es hat sich in der deutschsprachigen Lefort-Literatur mittlerweile etabliert, von »generativen Prinzipien der Demokratie« zu sprechen.

solche anti-sozialen Forderungen zu berufen und die Gesellschaft, also die sozialen Beziehungen und Verhältnisse, Rechte-förmig einzurichten. Die Beobachtung, dass das Mitglied der bürgerlichen Gesellschaft als »Mensch schlechthin« aufgefasst wird (ebd.: 364), erklärt Marx mit den Triebkräften und Zielen der bürgerlichen Revolutionen. Eben weil es um die Revolutionen einer distinkten Klasse geht, nehmen die verabschiedeten Verfassungen diesen Inhalt an. Sie postulieren die Figur subjektiver Berechtigung als Freiheit individueller Disposition, als Schranke gegenüber Eingriffen in das eigene Eigentum und die Verfolgung privater Interessen.

Wie gesagt, geht es Lefort nicht darum, Marx' Einsichten schlichtweg zurückzuweisen. Dessen Interpretation »steckt«, wie Lefort festhält, durchaus in diesen Rechtstexten. Zwar bemerkt Lefort, dass Marx beispielsweise über den Schutz der Meinungsfreiheit kein Wort verliert, und betont die assoziativen und kommunikativen Folgen dieser Gewährleistungen: Es ist richtig, so Lefort, dass »das Bild einer im Individuum verankerten Macht [...] in dem Artikel [der Deklaration der Menschenrechte von 1791] über die Freiheit steckt. Doch nicht weniger richtig ist, daß dieses Bild eine neue Zugangsweise zum öffentlichen Raum in sich verbirgt.« (Lefort 1990b: 251) Ein derartiger Hinweis auf andere Folgen der menschenrechtlichen Garantien kann aber Marx' Kritik an der hierarchischen Trennung zwischen Staat und bürgerlicher Gesellschaft in Form der Rechte nicht entkräften. Denn der Hinweis darauf, dass die fraglichen Rechte nicht nur zur Auflösung sozialer Beziehungen beitragen, würde bedeuten, die Analyse der formierenden Wirkungen der Rechte durch eine empirische Betrachtungsweise zu ersetzen. Dass Marx einer einseitigen Interpretation der Menschenrechte verhaftet bleibt, ist für Lefort vielmehr das Resultat einer verengten Perspektive auf die Geschichte des Rechtsstaates. Für Marx ist die Herausbildung des modernen Staates das Ergebnis der Anstrengungen der bürgerlichen Klasse. Entscheidend ist somit der Unterschied zwischen bürgerlicher und feudaler Gesellschaft, der erst durch die bürgerlichen Revolutionen hervorgebracht wird. In diesen Revolutionen konstituiert sich der Staat als eine separate Sphäre des Allgemeinen: »Die *Konstitution des politischen Staates* und die Auflösung der bürgerlichen Gesellschaft in die unabhängigen *Individuen* [...] vollzieht sich in *einem und demselben Akte*.« (Marx 1981: 369) Erst die bürgerlichen Revolutionen etablieren laut Marx die Trennung von Staat und Gesellschaft und richten die Gesellschaft als Sphäre der individuellen Besonderheiten ein, wie sie zugleich den Staat als Sphäre der allgemeinen Angelegenheiten im Dienst (als »Mittel«) des Besonderen institutionalisieren.

Der Identifikation der bürgerlichen Revolutionen mit der Genese des modernen Staates stellt Lefort eine breitere Perspektive entgegen. Er wendet ein, dass Marx den »Stammbaum des monarchischen Staates«

nicht in Betracht zieht, also nicht zur Kenntnis nimmt, dass die Herausbildung staatlicher Institutionen schon vor diesen Revolutionen »die Organisation und den Geist der Feudalität zerrüttet[]« hatte (Lefort 1990b: 258). Lefort spricht mit Blick auf Marx' Ausführungen von einer »imaginären Rekonstruktion der Ausbildung des modernen Staates.« (ebd.: 257f.) Die Geschichte der rechtsförmigen Vereinzelung beginnt in den Monarchien, die sich nach und nach als Verkörperungen souveräner Herrschaft über ein spezifisches Territorium verstehen und deshalb auch schrittweise die Funktion der Gesetzgebung für sich beanspruchen – also Gesetzesnormen erlassen, die so strukturiert sind, das sich Forderungen der Gleichbehandlung auf sie richten wie stützen können. Diese Bündelung der rechtserzeugenden Kompetenzen – sowie die Zerschlagung der »Stände, Korporationen, Innungen, Privilegien« (Marx 1981: 368) – kann in Europa bereits seit dem 14. Jahrhundert im Zuge der Entstehung des monarchischen Staates beobachtet werden. Das ist deshalb wichtig, weil sich entlang der Entwicklung des Staates und der Vereinheitlichung des Rechts bereits jene Trennung von Besonderem und Allgemeinen durchsetzt, die Marx ausschließlich als das Resultat der bürgerlichen Revolutionen betrachtet: »Weit davon entfernt, daß der Staat aus der Emanzipation der bürgerlichen Gesellschaft hervorgeht, die sich aus der feudalen Welt löst, werden umgekehrt die Bedingungen für den Aufstieg der Bourgeoisie durch die Errichtung von Territorialstaaten geschaffen« (Lefort 1990b: 258). Derart kann die Auflösung der sozialen Beziehungen, die Marx in den Erklärungen der Menschenrechte entdeckt, nicht allein als Kodifikation der normativen Vorstellungen und faktischen Interessen der bürgerlichen Klasse aufgefasst werden.

Die Vereinzelung der Individuen durch das Recht ist also mindestens auch (rechts-)staatlichen Ursprunges. Sie ist ebenso das Abbild der bürgerlichen Interessen wie das Resultat einer allmählichen Bündelung der rechtserzeugenden Kompetenzen. Die Freiheit und Gleichheit der Einzelnen, die Marx als Recht der »Absonderung« beschreibt (Marx 1981: 364), ist auch die Folge der Differenzierung von Recht und Macht. So können für Lefort die historischen Innovationen, die die Kämpfe um Demokratie und Menschenrechte darstellen, schließlich nur mit Blick auf den »einzigartigen Rahmen der Geschichte des Rechtsstaates« (Lefort 1990b: 258) angemessen verstanden werden. Das Wesen der revolutionären Emanzipation und der Deklarationen der Rechte als Mechanismus dieser Emanzipation ist, so Marx' Diagnose, die Zersetzung der Einzelnen in Staatsbürger:innen und in Menschen des Interesses, also die Trennung zwischen Staat einer- und bürgerlicher Gesellschaft andererseits. Dagegen wendet Lefort ein, dass die Genese des Staates der bürgerlichen Emanzipation vorausgeht, und nicht erst diese Emanzipation jene Trennung hervorbringt. Die Vereinheitlichung des Rechts im Zuge seiner Verstaatlichung, die den feudalen Pluralismus der Rechtsordnungen überwindet, sowie die Trennung von Recht und Macht, die bereits im monarchischen Staat zu beobachten ist, sind Vor-Formen der bürgerlichen Gesellschaft. Die Absonderung der Einzelnen mittels Rechten ist sodann nicht ein bloßer Ausdruck der dominanten gesellschaftlichen Kräfte des bürgerlichen Zeitalters, sondern auch das Resultat einer komplexeren historischen Entwicklung, in dessen Zuge sich das Recht als ein eigenständiges Medium sozialer Beziehungen herausbildet.

Marx' Kritik ist aber nicht auf den Inhalt der Menschenrechte beschränkt. Sie zeigt nicht nur auf, dass die Menschenrechte das Wesen des Menschen verfehlen.[57] In den einschlägigen Erklärungen erscheint der Mensch fälschlicherweise als ein souveränes, unabhängiges und sich selbst genügendes Individuum. Die Kritik von Marx gilt dieser »privat-privative[n] Menschlichkeit des Menschen der bürgerlichen Gesellschaft« (Löwith 1988: 182). Doch die Deklarationen der Menschenrechte sind mehr als ein Missverständnis des Menschen oder bloßer Ausdruck bürgerlicher Interessen im Gewand des Rechts. Wie Andrea Maihofer feststellt, handelt es sich bei diesen Ansprüchen durchaus um eine »Verallgemeinerung der bürgerlichen Vorstellungen vom Menschen und der Gesellschaft«. Zugleich und überdies ist aber für Marx die »Praktizierung der Menschenrechte« ein notwendiges Element der Entstehung und Reproduktion der bürgerlichen Gesellschaft (Maihofer 1992: 102f.).[58] Die Praxis der Menschenrechte hat jedoch weniger mit den Inhalten als mit der Position dieser Rechte zu tun. Noch rätselhafter als das Bild des Menschen, das die Menschenrechte zeichnen, ist für Marx das Verhältnis dieser privatisierenden Berechtigungen zur Idee der Souveränität des Volkes und also zur Sphäre des Staates. Denn durch die Menschenrechte wird der *citoyen* zum »Diener« des als *bourgeois* aufgefassten *homme*, wird also »die Sphäre, in welcher der Mensch sich als Gemeinwesen verhält, unter die Sphäre, in welcher er sich als Teilwesen verhält, degradiert« (Marx 1981: 366). Die Erklärung und Inanspruchnahme der Menschenrechte hat den Effekt, die gesellschaftlichen Verhältnisse vor einer grundsätzlichen Transformation abzuschirmen. Nicht nur gehen die (besonderen) Rechte des Menschen den (allgemeinen) Belangen der Demokratie vor. Letztere sind überhaupt nur so verstehen, dass sie diese Rechte gewähren und umsetzen. Die Menschenrechte bilden so den

57 Allein diese Kritik bildet dann den Ausgangspunkt einer Rehabilitierung der Menschenrechte mit Marx (wie z.B. bei Leopold 2007: 150 ff.). Marx' Kritik richtet sich aber eben nicht allein auf andere Verallgemeinerungen, sondern auf das Verhältnis von Allgemeinem und Besonderem.

58 Ich beschränke mich hier auf Marx' Text *Zur Judenfrage*, den Lefort seiner Diskussion zugrunde legt (vgl. Lefort 1990b: 246). Zur *Kritik der politischen Ökonomie*, in der dieser Zusammenhang von bürgerlicher Herrschaft und der modernen Rechtsform ausdrücklicher ausgearbeitet ist, vgl. Wellmer (1986: 226 ff.), Menke (2013).

unüberschreitbaren Rahmen der Demokratie, und die Herrschaft des Volkes verhält sich infolge dieser Rechte »zur bürgerlichen Gesellschaft, zur Welt der Bedürfnisse, der Arbeit, der Privatinteressen [...] als zu einer nicht weiter begründeten Voraussetzung«, als zu einer »*Naturbasis*«. So ist dann die »Vollendung des Idealismus des Staats [...] zugleich die Vollendung des Materialismus der bürgerlichen Gesellschaft.« (ebd.: 368f.) Die Unterscheidung von *citoyen* und *homme* bedeutet die Ausnahme der bürgerlichen Gesellschaft von den Interventionen der Demokratie. Die Konstitutionalisierung der Rechte *ist* damit die Naturalisierung der bürgerlichen Gesellschaftsform. Sie perpetuiert die Unterordnung des Staates (und also der Souveränität des Volkes) unter die Gesellschaft. Auf diese Weise finden sich die Forderungen der Gleichheit und Freiheit unter die Maßgaben der gesellschaftlichen Rationalität(en) gestellt. Gerade weil man sich auf jene Rechte als ein rechtmäßiges Mittel der Opposition berufen kann, erweisen sie sich als Grund der Demokratie – also als etwas, das, im verfassungstheoretischen Jargon, der konstituierenden Gewalt des Volkes entzogen ist.

Diesen systematischen Einwänden begegnet Lefort erneut durch den Verweis auf die »zersetzenden« Wirkungen gleicher Rechte, diesmal im Hinblick auf die rechtsstrukturellen Folgen der Herausbildung des Staates. Die Verstaatlichung des Rechts ist dessen sukzessive Vereinheitlichung, und die Vereinheitlichung des Rechts ist dessen Ausdifferenzierung. Es ist deshalb richtig, so Lefort, dass die Garantie der Menschenrechte die Naturalisierung der bürgerlichen Gesellschaft insofern zur Folge hat, als sie einen Verlust demokratischer Souveränität bedeutet. Diesen Verlust kann die Tatsache, dass modernes Recht als gesetztes Recht disponibel ist, nicht auffangen. Recht bedeutet den Entzug (vormals) souveräner Befugnisse, weil (bzw. wenn) sich Recht und Macht unterscheiden. Wie schon festgehalten wurde, legt Lefort viel Wert darauf, dass sich das Recht als eigenständiges Medium des Sozialen bereits vor den demokratischen (bürgerlichen) Revolutionen herausgebildet hatte. Indem die Marx'sche »Kritik der Politik«[59] die Eigenschaften des modernen Staates allein als Ergebnis der bürgerlichen Revolutionen und damit als »Komplement der bürgerlichen Gesellschaft« versteht (Lefort 1990b: 258), wird für ihn diese Differenzierung von Recht und Macht zum »einfachen Zeichen der Illusion.« (ebd.: 257) Hingegen muss für Lefort die Rekonstruktion des Zusammenhanges von Berechtigung und demokratischer Befähigung mit den Anfängen der Geschichte des Rechtsstaates beginnen.

Macht und Recht beginnen sich wiederum schon im Voraus der bürgerlichen Revolutionen, im Zuge der Ausbildung monarchischen Staates,

59 Vgl. zu dieser Formel Teeple (1984), Abensour (2012: 92 ff.), Demirović (2013).

voneinander zu unterscheiden. Weil Marx diese Vorgeschichte nicht zur Kenntnis nimmt, beschränkt er sich in seiner Kritik der Menschenrechte nicht »bloß auf die Zurückweisung einer bürgerlichen Interpretation des Gesetzes«, vielmehr »löscht er die Dimension des Gesetzes als solche aus.« (Lefort 1990b: 256) Zwischen Rechts- und bürgerlichem Staat besteht für Marx kein Unterschied. Lefort betont hingegen die Folgen für die Ausübung von Macht, die sich aus der Trennung von juristischem und politischem Diskurs ergeben und nicht mit den Zielen der bürgerlichen Emanzipation gleichzusetzen sind. Diese Trennung ist nämlich keineswegs eine absolute. Sie ermöglicht neue Verknüpfungen und darüber neue Bestimmungen. Das gilt auch und insbesondere für die Fundamentalisierung der Rechte. Weil Marx die Menschenrechte allein als Vollzugsform der Trennung des Staates von der Gesellschaft sowie als Unterordnung des Staates (der Sphäre des Allgemeinen) unter die Gesellschaft (der Sphäre des Besonderen) versteht, kann das Potential des Entzuges und der Negation souveräner Herrschaft, das mit dieser Position der Rechte verbunden ist, nur auf die Bestätigung dieser trennenden Hierarchisierung hinauslaufen. Die Fundamentalisierung der Rechte ist für Marx die Naturalisierung des Bestehenden, und Menschenrechte zu gewähren und in Anspruch zu nehmen bedeutet, erneut die Interessen der Einzelnen als »Naturbasis« zu adressieren und die Voraus-Setzungen des bürgerlichen Rechtsstaates zu bestätigen. Das Recht der Rechte ist hier ganz auf der Seite der (Vorherrschaft der) bürgerlichen Gesellschaft. Versteht man jedoch, wie Lefort, die Trennung von Recht und Macht bzw. Politik selbst als ein formbildendes Moment der Demokratie, können Rechte die geltenden Bestimmungen bürgerlicher Vorherrschaft egalitär transformieren. Rechte sind also nicht zuerst ein Mittel der Selbstentmachtung der bürgerlichen Gesellschaft. Als ein »generatives Prinzip« der Demokratie durchbrechen, so wird noch zu zeigen sein, fundamentale Rechte die Selbstsetzungen der Herrschaft (des Volkes ebenso wie des Marktes), indem sie diese Setzungen auf die Gleichberücksichtigung der Einzelnen zurückführen.[60]

Die Trennung von Recht und Macht im Zuge der Herausbildung des Staates bildet, so wendet also Lefort gegen Marx ein, die Vorgeschichte sowohl der Demokratie als auch der Menschenrechte. Der Horizont der Gleichheit ist in der »Dimension des Gesetzes« und den damit verbundenen Forderungen der Gleichbehandlung schon in Umrissen zu erkennen. Rechtsbeziehungen bilden Inseln der egalitären Repräsentation, die Gleichheit sowohl bestätigen als auch herstellen. Nur hinsichtlich dieser eigenständigen, formierenden Wirkungen des Rechts wird die Form der modernen Demokratie und die demokratische Funktion der Rechte vollends verständlich. Im Rahmen des Rechtsstaates wird bereits eine

60 Siehe dazu *Kapitel 2.3.3.*

Differenz der Gleichheit manifest, die der demokratischen Öffentlichkeit der Gleichheit vorausgeht.

2.3.2 *Rechtsstaat und Repräsentation: Noch einmal Hobbes*

Um den rechtsstaatlichen Vor-Formen der Demokratie auf die Spur zu kommen, bietet es sich an, noch einmal zu Hobbes zurückzukehren. Denn in Hobbes' Konzeption des Gesellschaftszustandes wird deutlich, wie das Rechtsmedium einen Horizont der Gleichbehandlung in ein Repräsentationsregime einträgt, das eigentlich die Möglichkeit eines egalitären Einspruches im Keim erstickt. Im *Leviathan* kondensiert somit die, mit Lefort gesprochen, politische Bedeutung des Rechtsstaates, gerade weil für Hobbes die umfassende Autorisierung der Herrschaft einen Standpunkt der Herrschaftskritik ausschließen sollte. Ich möchte im Folgenden zeigen, dass dieses kompakte Repräsentationsregime an einer durch das Recht eingesetzten Differenz der Gleichheit brüchig wird. Dazu gilt es zuerst, Hobbes' Verständnis von Repräsentation kurz zu rekapitulieren, bevor die Konsequenzen diskutiert werden, die der Wahl des Rechts als Mittel souveräner Herrschaft eingeschrieben sind.

Niemand vor und wohl auch niemand nach Hobbes begreift die formierenden Wirkungen von Verfahren der Repräsentation auf eine so radikale Weise. Politische Repräsentation bezeichnet für Hobbes die Herstellung einer imaginären Beziehung aufgrund der vollkommenen Identifikation mit den Handlungen und Urteilen einer anderen Person.[61] Sie installiert eine Beziehung der Nicht-Beziehung. Sein Verständnis des Repräsentationsverhältnisses geht, wie Hasso Hofmann in seiner großen Studie zur Wort- und Begriffsgeschichte bemerkt, »an die Wurzel der Dinge«, insofern mit Hobbes »absorptive Repräsentation in letzter Konsequenz denkbar und gedacht [wird].« (Hofmann 1974: 384, 391) Hobbes hat den modernen Begriff der Repräsentation nicht nur systematisch entfaltet.[62] Er hat ihn darüber hinaus als wesentliches Element von Vergesellschaftung aufgefasst. Für Hobbes, erklärt Leo Strauss, »ist ›Repräsentation‹ [...] eine essentielle Notwendigkeit.« (Strauss 2022: 187, Fn. 30) Das Verhältnis der Repräsentation beschreibt ein Gefüge aus Autorisierungen, das die Herrschaftsausübung dadurch vor Kritik immunisieren soll, dass ein wirkliches Verhältnis zwischen Souverän und Untertanen ausgeschlossen wird. Jede Aktion souveräner Herrschaft ist in

61 Siehe dazu *Kapitel 2.1.2.*

62 »[...] erste ausführliche und systematische Diskussion von Repräsentation im Englischen.« (Pitkin 1967: 14) Zur Kritik der einflussreichen These, dass die Ideengeschichte der Repräsentation erst mit Hobbes' *Leviathan* beginnen würde, vgl. hingegen Skinner (2018).

diesem Gefüge mitinbegriffen und wird von den Untertanen, also den gemeinschaftlichen Autor:innen, »auf sich genommen«.[63] Der Souverän vertritt die einzelnen Individuen und die Gesamtheit des Volkes vollständig und ohne Rest. Hobbes spricht deshalb auch von der Funktion als »öffentliche[r] Vertreter« (Hobbes 1966: 520). In seinen Handlungen und Urteilen begegnen die Untertanen sich somit immer nur selbst. Auf diese Weise etabliert das Verhältnis der Repräsentation Hobbes' »luftdichte« Systematik der Herrschaftsbegründung.[64]

Akte der Autorisierung[65] zum Zweck der Sicherung subjektiver Freiheiten schaffen die Instanz der souveränen Herrschaftsgewalt. Die Einrichtung dieser Instanz ist zugleich die Einrichtung der Gesellschaft bzw. des Volkes infolge des Repräsentationsverhältnisses. Zwischen »bürgerlicher« und »politischer« Gesellschaft ist also insofern zu unterscheiden,[66] als jede Gesellschaft eine politische, durch Verfahren der Repräsentation gestiftete Gesellschaft sein muss. Ohne Repräsentation könnte die Gesellschaft sich nicht auf sich selbst beziehen, gäbe es allein die »Menge«. Nur von der Warte der Souveränität aus gibt es die Gesellschaft als ein einheitliches Objekt, über das Aussagen und Beobachtungen möglich sind und auf das sich, als Volk, Entscheidungen und Normen zurückführen lassen. Der Gesellschaftszustand ist für Hobbes wesentlich ein Zustand der vollumfänglichen Repräsentation; *wesentlich*, weil die Einheit nur aufgrund des Repräsentationsverhältnisses bestehen kann, und *vollumfänglich*, weil dieses Verhältnis ausnahmslos alle souveränen Handlungen beinhaltet. Im Gesellschaftszustand, formuliert Hobbes kurz und bündig, ist der Souverän die »absolute Vertretung aller Untertanen« (Hobbes 1966: 174). Es bleibt nichts übrig, auf das sich die Einzelnen oder das Volk gegen die Stellvertretung berufen können. Sie gibt der Person des Staates eine Form, die wiederum (wie im berühmten Frontispiz bildlich wird) nur aus den anonymen Individuen besteht.[67] Vertraglich eingesetzt, ist die Stellvertretung zwar rechtsförmig eingerichtet, ohne dass aber ein

63 »[D]ie Zustimmung [...] zur souveränen Gewalt [ist] in den Worten enthalten: ›Ich autorisiere alle ihre Handlungen oder nehme sie auf mich.‹« (Hobbes 1966: 168)

64 Die Formulierung des »air-tight system« stammt von Bobbio (1993: 115).

65 Damit einher geht der Verzicht auf das Recht, sich selbst zu regieren. Während jedoch der Akt der Autorisierung und das Verhältnis der Repräsentation, das er etabliert, von fundamentaler Bedeutung ist, ist der Rechtsverzicht eine praktische Notwendigkeit eben dieses Repräsentationsverhältnisses (vgl. Martinich 2016: 322).

66 So versteht z.B. Locke diese Qualifizierungen als synonym (vgl. insbesondere Locke 1977: 248 ff., unter der Überschrift »Die politische oder bürgerliche Gesellschaft«).

67 Zu den visuellen Strategien des *Leviathan* vgl. Bredekamp (1999, zum »Kompositkörper« insb. 76 ff.)

direktes Rechtsverhältnis oder sonstige Beziehungen geknüpft werden können. Weil Hobbes »die Kluft zwischen privaten und öffentlichen Interessen als unüberbrückbar darstellt« (Auer 2014: 32), ist ausgeschlossen, dass die Ausübung der Herrschaft unrechtmäßig sein kann.

Herrschaft äußert sich im *Leviathan* in der Formulierung und Durchsetzung von Gesetzen. Das Recht ist zwar nicht die einzige, aber eindeutig die hervorgehobene Form, in der das Repräsentationsverhältnis manifest wird. Das liegt an den formalen Eigenschaften gesetzlicher Verpflichtungen. Die Herrschaft in Form von Gesetzen begünstigt die Aufrechterhaltung des Gesellschaftszustandes. So hat ein Gesetz nicht den Einzelfall, sondern einen generellen Sachverhalt zum Gegenstand und kann auf diese Weise einen einheitlichen Willen abbilden.[68] Zudem muss die gemeinsame Autor:innenschaft auch als solche ersichtlich sein, d.h. der Souverän muss im Namen des Volkes sprechen. Die Form des allgemeinen Gesetzes ist dafür, angesichts der Disparitäten des Naturzustandes, unverzichtbar. »Der Beginn des bürgerlichen Rechts beendet [...] die vielstimmige Verwirrung.« (Poole 2012: 75) Das Recht stellt eine Situation von »geordneten Worten« (Pettit 2008) sicher, durch die Hobbes zufolge erst die Gefahr des Bürgerkriegs effektiv überwunden und in den Zustand der Gesellschaft eingetreten werden kann. Der Souverän soll sich demnach der Rechtsform bedienen. Zwar können allein dessen Entscheidungen verbindlich sein. Zugleich bindet Hobbes die souveränen Entscheidungen an die formalen Bedingungen des rationalen Gesetzes. Hobbes' Konzeption der Souveränität »läßt sich« dementsprechend, wie wohl zuerst von Schmitt herausgestellt wurde, »mit den Begriffen und Idealen des bürgerlichen Rechtsstaates sehr gut vereinbaren.« (Schmitt 2018: 113f.)[69] Hobbes wird deshalb von Schmitt als »geistiger Ahne des bürgerlichen Rechts- und Verfassungsstaates« bezeichnet (ebd.: 103). Diese Interpretation findet weiter Rückhalt. So ordnet David Dyzenhaus ihn ebenfalls als »frühes Mitglied der *rule of law*-Tradition« ein (Dyzenhaus 2010: 456), und Habermas beschreibt Hobbes als »Theoretiker eines bürgerlichen Rechtsstaates ohne Demokratie« (Habermas 1994: 118). Hobbes' Gesellschaftszustand ist gesetzesförmig eingerichtet, das Recht ist das Medium der zwingenden Vergesellschaftung.

68 Für Hobbes gilt, wie Dyzenhaus (2010: 463) festhält: »Ein Gesetz, das *mir* befiehlt, meinen Vater hinzurichten, wenn *mein* Vater eines bestimmten Vergehens für schuldig befunden wird, würde nicht als Gesetz gelten.« Dabei ist das Erfordernis der Allgemeinheit natürlich ein graduelles (vgl. Hobbes 1966: 203).

69 Vgl. zur Frage »Leviathan und Rechtsstaat« auch die Rekonstruktion des Hobbes'schen Rechtsstaates als ein Gerechtigkeitsstaat durch Campagna (1998) in Auseinandersetzung mit Überlegungen von Kersting. Zur antipositivistischen Lektüre von Hobbes vgl. vor allem auch die Arbeiten von Dyzenhaus (2001; 2010).

Die gesellschaftlichen Beziehungen, also jene sozialen Verhältnisse, die im Zuge der Repräsentation Realität werden, sind deshalb Rechtsbeziehungen. Das trifft einmal auf den Verkehr der Privatpersonen untereinander zu, schließlich besteht eine Aufgabe der Herrschaftsgewalt darin, durch effektiven Rechtsschutz Vertragsbeziehungen sinnvoll werden zu lassen. Die legale Qualität dieser Beziehungen beschreibt Hobbes als »Gleichheit der Gerechtigkeit« (Hobbes 1966: 263), denn Vertragsbeziehungen sind Beziehungen zwischen Gleichgestellten, und Gerechtigkeit heißt die Achtung und Durchsetzung von gültigen Verträgen. Hier, im Gesellschaftszustand, wird die Normativität des Vertrages wirklich. Das schließt einen Rechtsweg ein. Mit den horizontalen Beziehungen der privatrechtlichen Berechtigungen und Verpflichtungen ist daher die Forderung der Gleichheit vor Gericht verknüpft. Es sollen, so Hobbes »alle Schichten des Volkes gleichermaßen gerecht behandelt werden, das heißt, daß sowohl die Reichen und Mächtigen als auch die Armen und Unbekannten ihr Recht bekommen« (ebd.: 262). Das Rechtsverhältnis abstrahiert, in der Form von allgemeinen Gesetzen und der unparteilichen Anwendung dieser Regelungen auf den konkreten Fall, von den sozialen Positionen der Beteiligten und schützt so die »Unbekannten« gegen die Reichen und Mächtigen.

Die Ausübung von Herrschaft passiert im *Leviathan* (in der Regel)[70] in der Form von Rechtshandlungen und entlang rechtsstaatlicher Prozeduren. So kann dann auch, wie Hobbes klar stellt, »ein Gesetz nur durch ein anderes Gesetz aufgehoben werden« (ebd.: 204). Dass Herrschaft gesetzesförmig verfasst ist, bedeutet, dass die Freiheit der Untertanen legalistisch konzipiert wird, nämlich so, dass »die Menschen in allen vom Gesetz nicht geregelten Gebieten die Freiheit besitzen, das zu tun, was sie auf Grund ihrer eigenen Vernunft für das Vorteilhafteste halten« (ebd.: 165). Hinsichtlich des vollumfänglichen Repräsentationsverhältnisses bedeutet dies, das eigene Urteil immer dann suspendieren zu müssen, wenn es um das Recht geht. Die Bündelung der rechtserzeugenden Kompetenzen soll ja gerade den »Krieg der Interpretationen« (Hamacher 2018: 150) überwinden. Unter den Umständen des Naturzustandes reicht eine Entscheidung hin, um alle Entscheidungen infrage zu stellen. Um sie zu überwinden, können die Untertanen nur in den Bereichen nach Belieben entscheiden und urteilen, für die das Gesetz nicht vorgesorgt hat. Zugleich sind Handlungen der Herrschaftsgewalt Handlungen in der Form oder auf der Basis von generellen Rechtsnormen. Entsprechend existieren nur noch legale Maßstäbe der Gerechtigkeit, denn »Gesetze [sind] die Regeln für gerecht und ungerecht« (ebd.: 204). Die Definitionsgewalt der Repräsentation wird im Rechtsmedium wirksam.

Die gesetzesförmigen Verpflichtungen der Untertanen können erdrückend sein und hängen allein vom Willen der Stellvertretung ab. Auch

70 Weiterhin möglich sind auch a-legale Handlungen (vgl. Hobbes 1966: 170).

wenn Herrschaft gewöhnlich in Rechtshandlungen ausgeübt wird, geht damit keineswegs eine Gesetzesbindung im Sinne der Selbstverpflichtung auf den Inhalt des jeweiligen Gesetzes oder, darüber hinaus, an den Zweck des Repräsentationsverhältnisses einher (vgl. Baumgold 1988: 11; Hüning 1998: 171). So ist demnach der Anspruch auf Gleichbehandlung für Hobbes »nur Reflex der objektiven Rechtsordnung« (Maus 1994: 81). Ein Potential demokratischer Befähigung entfällt, denn von Rechtsansprüchen gegen die Staatsgewalt kann bei Hobbes nicht die Rede sein.[71] Dennoch drücken die Verpflichtungen in Gesetzesform zugleich die Unabhängigkeit der Untertanen vom souveränen Willen aus. Insbesondere Michael Oakeshott hat betont, dass Vergesellschaftung auf den Pfaden der vertraglichen Autorisierung keinen tatsächlichen Gemeinwillen impliziert; der Wille der Stellvertretung und der Wille der einzelnen Untertanen sind (im Privaten) unterscheidbar. Das Repräsentationsverhältnis ist nur in dieser Hinsicht ein tatsächliches Verhältnis zwischen Personen, die sich auch uneins sein können. Ein Verbrecher, so deutet Oakeshott Hobbes' Konzeption des Gesellschaftszustandes, will also nicht die eigene Strafe, ist aber zugleich der Autor eben dieser Strafe (Oakeshott 1975: 64 ff.; vgl. auch Boucher 2015: 139 ff.). Es geht somit um ein Verhältnis der Unterwerfung aufgrund der externen Identifikation der souveränen Handlungen mit denen der Untertanen – aufgrund der Identifikation der beiden Handlungen vom Standpunkt des Gesetzes.[72] Denn, wie auch Reinhart Koselleck mit Blick auf die Folgen des rationalen Gesetzesbegriffes bemerkt, ist es für Hobbes nicht vorgesehen, dass die Untertanen sich mit den erlassenen Gesetzen »gesinnungsmäßig« identifizieren müssen (Koselleck 1973: 28). Die Differenz zwischen privatem und öffentlichem Urteil bleibt bestehen, kann aber nicht unmittelbar zum Ausdruck gelangen. Schließlich bedeutet das Verhältnis der Repräsentation bei Hobbes »*mehr* als Zustimmung oder Übereinstimmung« (Hobbes 1966: 134, Herv. J.H.). Es löscht ein Objekt der Herrschaftskritik aus, weil jede Möglichkeit der Distanznahme und also ein (äußerliches) Moment der Differenzierung zwischen souveränem und eigenem Willen ausgeschlossen ist (vgl. Martinez Mateo 2018: 49 ff.). Weil alle souveränen Handlungen die Handlungen sowohl der einzelnen

71 Zur entgegengesetzten Interpretation, die im *Leviathan* ein Recht auf Widerstand entdeckt, vgl. Hampton (1986: 197 ff.). Hier erweist sich erneut die Bedeutung die repräsentationstheoretischen Überlegungen für das Verständnis von Hobbes' Position, denn Hampton kann zu dieser Auffassung nur gelangen, weil der Begriff der Autorisierung als »Leihgabe« (ebd.: 239) verstanden wird. Sobald aber die Befugnisse souveräner Herrschaft nur »verliehen« sind, muss ein Recht auf Widerstand beinahe selbstverständlich erscheinen.

72 Wie Hobbes hinsichtlich des religiösen Bekenntnisses formuliert, »muß sich die private Vernunft der öffentlichen unterwerfen.« (Hobbes 1966: 340)

Untertanen als auch des gesamten Volkes sind, kann sich kein Unterschied manifestieren: »Es entsteht die Form des Volkes, doch auf Kosten dessen, dass der Inhalt beim Souverän bleibt.« (ebd.: 68) Die Möglichkeit, Unterscheidungen treffen und also Kritik üben zu können, ist aufgrund dieser Nicht-Beziehung der vollumfänglichen Repräsentation ausgeschlossen. Alle souveränen Handlungen sind Aktualisierungen des Repräsentationsverhältnisses und deshalb als Handlungen der Untertanen zu bewerten.

Doch die normativen Konfigurationen des Rechtsstaates, dies möchte ich im Folgenden herausarbeiten, widerstreiten zumindest mittelbar dem Hobbes'schen Repräsentationsregime. Sie tun das, weil der gesetzesförmigen Ausübung der Herrschaft eine Differenz der Gleichheit eingetragen ist. Das Recht setzt Souveränität nicht einfach um. Zwar bleibt diese Differenz für Hobbes' Begründung uneingeschränkter Herrschaftsbefugnisse ohne Folgen, weil der Unterschied zwischen privaten und öffentlichen Urteilen *objektiv-rechtlich* nicht zur Geltung gelangen kann. Dennoch erweist sich das Gefüge der Autorisierungen aufgrund der Rechtsform als unvollständig und brüchig. Das nahtlose Verhältnis der Repräsentation bricht infolge seiner rechtsstaatlichen Form auf: Der Rechtsstaat stellt, in Form des allgemeinen Gesetzes, ein Maß der Gleichheit bereit, das der vollkommenen Absorption der Handlungs- und Urteilsfähigkeit durch die Stellvertretung entgegen steht.

Diese egalitären Bruchstellen rechtsstaatlicher Herrschaft zeigen sich im *Leviathan* insbesondere am Klagerecht gegen den Souverän. Denn mit dieser durchaus »überraschenden«[73] Möglichkeit der Anklage souveräner Handlungen wird das (restlose) Repräsentationsverhältnis als ein Verhältnis sichtbar, als etwas, das aus verschiedenen, gegeneinander differenzierten Elementen besteht. Die Form des Gesetzes und die Verfahren des Rechtsstaates setzen somit die Möglichkeit ein, mit sich selbst einen Streit beginnen zu können. Einerseits schließt das Gefüge der Autorisierungen ein den souveränen Urteilen widerstreitendes, privates Rechtsurteil konstruktionslogisch aus. Doch andererseits erklärt Hobbes:

> Hat ein Untertan mit seinem Souverän einen Streit über Schulden, Besitzrechte an Land und Fahrnis, über Dienstleistungen, die von ihm verlangt werden, oder über eine Körper- oder Geldstrafe, *der sich auf ein vorher erlassenes Gesetz gründet*, so hat er dieselbe Freiheit, sein Recht einzuklagen, wie gegen einen Untertanen, und zwar vor Richtern, die vom Souverän ernannt worden sind. (ebd.: 170, Herv. J.H.)

Obwohl alle souveränen Handlungen die Handlungen der Gesamtheit der Untertanen sind und sich niemand selbst anklagen kann, »weil es unmöglich ist, sich selbst Unrecht zu tun« (ebd.: 139), geht Hobbes von

73 »Hobbes ist überraschend offen für die rechtlichen Anfechtungen der Ausübung souveräner Macht.« (Poole 2012: 82)

einer derartigen (Selbst-)Anklage in den häufigen Fällen aus, die durch ein im Voraus formuliertes Gesetz erfasst werden. Zwar kann das absorptive Repräsentationsregime die »gefährliche[n] judikative[n] Kompetenzanmaßungen seitens der Untertanen zuverlässig eliminieren« und fungieren Akte der Autorisierung zur Begründung einer »juristisch inappellablen Gewalt« (Loick 2012: 64, 80). Souveränität bedeutet im *Leviathan*, auch über die judikativen Befugnisse der Rechtsprechung exklusiv zu verfügen. Doch aufgrund der rechtsstaatlichen Form souveräner Herrschaft und insbesondere aufgrund der notwendigen Interpretation des Gesetzes ist es dennoch möglich, den souveränen Willen als einen Willen auszustellen, der nicht der eigene ist.

In der Möglichkeit der Anklage souveräner Handlungen findet eine Differenz der Gleichheit Ausdruck, die rechtlicher, genauer: gesetzesstaatlicher Art ist. Aufgrund der Form des Gesetzes erweist sich die absolute Herrschaft durchaus als »juristisch appellabel«. Die Frage, inwieweit die souveränen Entscheidungen öffentlich anfechtbar sind, spielt bereits für Kant eine zentrale Rolle. Wenn Kant die Ansicht von Hobbes,[74] dass der Souverän niemand Unrecht tun kann, ganz »erschrecklich« findet (Kant 1977: 161), geht dieses Erschrecken nicht darauf zurück, dass eine Beschwerde rechtlich aussichtslos ist. Hobbes ist eindeutig darin, dass es sich um einen »Irrtum« handeln würde, eine Rechtsgewalt einzurichten, die den Souverän für sein Verhalten belangen könnte und dadurch die Bündelung rechtserzeugender Kompetenzen aufsprengt (Hobbes 1966: 248). Aber auch Kant ist der Ansicht, dass nach Eintritt in den Gesellschaftszustand »das Volk kein zu Recht beständiges Urteil mehr hat« (Kant 1977: 156). Hobbes' Absolutismus wird von Kant damit nicht so infrage gestellt, dass aus der Befähigung zur Selbstbestimmung Rechtsmittel gegen den Souverän abgeleitet werden. Gegenstand der Kritik ist vielmehr, dass die Möglichkeit eines öffentlichen Einspruches, mithin die Möglichkeit, die Ausübung der Staatsgewalt auf irgendeine Weise zu beurteilen, in Hobbes' Begründung souveräner Herrschaft ausgeschlossen ist (vgl. Duso 2005: 101 ff.; Jaume 2007) – dass also jede Form der Herrschaftskritik unrechtmäßig ist.

Diese Kritik der (vermeintlich) unmöglichen Herrschaftskritik lässt allerdings die rechtsstaatlichen Vermittlungen der Herrschaft außen vor. So handelt es sich bei der Anklage souveräner Handlungen zwar einerseits um einen auf der Ebene der Rechtsfolgen aussichtslosen Rechtsstreit.

74 Kant bezieht sich auf Hobbes' *De Cive* (1642). Auf den *Leviathan* trifft dieser Punkt aber umso mehr zu, weil die Konstruktion des Gesellschafszustandes hier nicht, im Unterschied zu *De Cive* und auch den *Elements of Law* (1640), als Aufgabe natürlicher Freiheiten, sondern als Akt der Autorisierung beschrieben wird. Die Verpflichtung zum uneingeschränkten Gehorsam erfährt im *Leviathan* so eine weiterreichende Begründung (vgl. Hüning 1998: 213 ff.; Skinner 2008: 107 ff.).

Andererseits geht mit der rechtsstaatlichen Form die Möglichkeit des (öffentlichen)[75] Widerspruches einher: Sie erlaubt es, andere Beurteilungen zu äußern. Ein Rechtsstreit wird als Streit, als Rede und *Gegen*rede sichtbar, auch wenn Rechtsfolgen ausbleiben. Weil sie gesetzlich erfolgen, können die Handlungen der Stellvertretung als unrechtmäßig besprochen und aufgezeichnet werden. Die Gesetzlichkeit der souveränen Handlungen hat demnach zur Folge, dass es in der Macht der Untertanen steht, auf den Pfaden der Rechtsprechung ein (Rechts-)Verhältnis, ein Verhältnis zwischen öffentlichem und privatem Urteil, herzustellen. Dass das Repräsentationsverhältnis rechtsförmig eingerichtet ist, kann der eigentlich ausgeschlossenen Differenz von öffentlichem und privatem Urteil als Einfallstor dienen. Diese Befähigung aufseiten der Untertanen beschreibt, wie gesagt, kein rechtserzeugendes Potential. Dennoch erlaubt es der Gang vor Gericht, Unterscheidungen zu treffen und so Kritik zu üben.

Die *Möglichkeit* rechtsförmiger Herrschaftskritik ist insofern gleich verteilt, als sie aus den Verfahren und Institutionen gesetzlicher Herrschaft hervorgeht. Der Eintritt in den Gesellschaftszustand bringt bei Hobbes einen Zusammenhang von gleichgestellten Rechtspersonen hervor. Jedem »Unbekannten« steht es somit frei, die Ausübung gesetzesstaatlicher Herrschaft durch ein Gericht bewerten zu lassen, denn die Anklage souveräner Handlungen bedeutet »dieselbe Freiheit« wie die Klage »gegen einen Untertanen«. Die Möglichkeit *rechtsförmiger Herrschaftskritik* besteht in der Gleichbehandlung vor Gericht bzw. im Rahmen der Gesetzesauslegung. Entscheidend ist dabei der Spalt zwischen der Souveränität der Herrschaft und der notwendigen Interpretation des Gesetzes als der Form dieser Souveränität. Hobbes geht ganz ausdrücklich davon aus, dass der Erlass und die Veröffentlichung von Gesetzen nicht ausreichen, um Verpflichtungen zu definieren: »Denn das Wesen des Gesetzes liegt nicht im Buchstaben, sondern in der Absicht oder im Sinn des Gesetzes, das heißt, in seiner authentischen Interpretation.« (Hobbes 1966: 211) Nicht nur kann ein einmal erlassenes Gesetz sich nicht selbst anwenden. Hobbes betont, dass ein Gesetz nicht unabhängig von seiner Interpretation existieren kann. Dass die Interpretation des Gesetzes sein »Wesen« ist, bedeutet, dass es erst zur Beurteilung eines konkreten Falles kommen muss.[76] Damit eine Willensäußerung zum Gesetz wird, muss es angewendet und das wiederum heißt: es muss – juristisch – entschieden worden sein.

Die Rede von der Interpretation *des* Gesetzes ist deshalb eigentlich missverständlich, denn Hobbes zufolge kann ein Gesetz seiner Interpretation

75 Alle Gerichtsverfahren – also auch diejenigen gegen den Souverän – sind öffentlich, betont Hobbes.

76 Die (authentische) Interpretation kann aber theoretisch auch anderswo als vor Gericht passieren.

nicht vorausliegen. »Wenn dennoch von Interpretation die Rede ist«, hält Werner Hamacher fest, »dann muss dieser Titel auf ein Defizit in der Struktur des Gesetzes und im Akt der Gesetzgebung selbst verweisen.« (Hamacher 2018: 150) Erst im Rahmen der Interpretation wird eine Willensäußerung wirklich zum Gesetz, ist erst die Gesetzgebung als solche abgeschlossen. Das heißt nicht, dass die Entscheidung der Richterin ein vollkommen freier und ungebundener Vorgang ist. Als Reaktion auf ein »Defizit in der Struktur des Gesetzes« bleibt sie auf den Inhalt der gesetzlichen Regelung (den Normtext) bezogen. Zugleich bedeutet das strukturelle Defizit des Gesetzes aber auch, dass die Gesetzgeberin zwingend Richterin – also: Rechts*sprecherin* – sein muss. Sie muss Hobbes zufolge die »Verwendung« der Gesetzesnorm kontrollieren, weil die Auslegung das Gesetz erst hervorbringt. Zwar ergibt sich die Gesetzlichkeit unter Aspekten der Legitimation allein aus der Genese der fraglichen Norm. Hobbes verwendet das Bild der »künstlichen Ketten«, die die Lippen der Stellvertretung mit den Ohren der Untertanen verbinden (Hobbes 1966: 164). Die gesprochenen oder geschriebenen Worte der Herrschaft allein können aber die Gesetzesqualität nicht bewirken. Sie muss, ganz wörtlich, zum Ausdruck gebracht werden. Deshalb *muss* (und *kann* nicht bloß) die Interpretation selbst »souverän« und die Rechtsprechung ein Teil der souveränen Befugnisse sein. Was Gesetz ist, kann nur mittels Interpretation und mit Blick auf einen konkreten Fall festgelegt werden. Recht ist für Hobbes durch diesen grundsätzlichen Interpretationsbedarf »singuläres Recht« (Hamacher 2018: 157). Fragen der Interpretation sind damit nicht nur Macht-, sondern immer auch Rechtsfragen: Machtfragen als Rechtsfragen.

Zwischen der Intensivierung der Gesetzgebung und der Herausbildung des modernen Staates besteht aus historischer Perspektive ein weitreichender Zusammenhang. Die Interpretation stellt dabei ein konstantes »Machtproblem« dar, das Problem nämlich, dass das Monopol der Rechtserzeugung »auf dem Weg der Auslegung wieder verlorengehen [könnte].« (Stolleis 1990: 175) Analog dazu ist für Hobbes, damit die Authentizität der – notwendigen – Interpretation garantiert ist, die Bestellung der Richter:innen ausschließlich Sache der Souveränität. Das Recht muss von offizieller Stelle ausgesprochen werden. Diese offiziellen Interpret:innen haben die Aufgabe, »nach Anhörung des Streitfalles den Menschen zu sagen, *was Gesetz ist.*« (Hobbes 1966: 210, Herv. J.H.)[77] Hobbes bekämpft den Pluralismus möglicher Interpretationen. Nur der Souverän kann die Verpflichtungen der Untertanen sinnvoll werden lassen, denn ansonsten droht der Gesellschaftszustand prekär zu werden.

77 Dieses Zitat bezieht sich auf die Interpretation von natürlichen Gesetzen, schließt aber positive Rechtsnormen dem Sinn nach ein, wie die Diskussion im 26. Kapitel des *Leviathan* deutlich zeigt.

Entsprechend verwendet Hobbes viel Mühe darauf, ein öffentliches, authentisches Urteil – das durchaus auch ein »falsches Urteil« (ebd.: 212) sein kann – und ein privates Urteil sowie Urteil und Gesetz zu unterscheiden, um derart das Problem der Interpretation aus dem Repräsentationsverhältnis wieder zu verdrängen.

Doch der Spalt zwischen der rechtsförmigen Herrschaft und der notwendigen Interpretation des Gesetzes kann institutionell oder rechtsdogmatisch nicht gekittet werden. Das Gericht ist für Hobbes der Ort, an dem der Streit der Interpretationen ein Ende finden soll. Aber um ihn beizulegen, muss dieser Streit der Interpretation erst einmal entfaltet werden. Hier wird, aufgrund der rechtsstaatlichen Form, das Repräsentationsverhältnis als ein Verhältnis sichtbar. Es wird als ein Verhältnis unterschiedlicher und potentiell widerstreitender Willen, als ein dissensuelles Verhältnis manifest. Die Klage reißt das eigentlich nahtlose Verhältnis der Repräsentation, die vollständige Identifikation von Souverän und Volk auf.

> Die Devise des Gesetzgebers und seiner authentischen Interpretation lautet: Nicht Nichts – kein Anderer. Aber sie verdeckt, dass ihr Nicht noch *mit* dem Nichts, ihr Kein noch *mit* dem Anderen sprechen muss, um überhaupt zu sprechen. (Hamacher 2018: 153f.)

Die Klage stellt Situationen der Argumentation her, die entweder den Souverän selbst (im Fall einer Klage gegen den Souverän) oder dessen Rechtshandlungen in Gestalt der sie anwendenden Justiz (im Fall einer Klage gegen einen anderen Untertanen) dazu nötigen, am Prozess der juristischen Meinungsbildung – am juristischen Diskurs – teilzunehmen. In beiden Fällen und im doppelten Sinne des Wortes kann »ein Subjekt den Souverän vor Gericht zitier[en].« (Campagna 1998: 347) Der Souverän muss sich erklären. Diese Erklärung kann empörend sein, ohne dass das für die fraglichen Normen und Entscheidungen Konsequenzen hätte. Dennoch stehen sich so, im Zuge der notwendigen Interpretation dessen, was das Gesetz ist, die Untertanen und der Souverän gegenüber (und entgegen). Es wird ein egalitäres Rechtsverhältnis unterschiedlicher Interpretationen offenbar. Beide Seiten sind einander gleichgestellt, weil die eine Seite und die andere Seite über den Gegenstand und Sinn des Gesetzes zueinander sprechen. Die Verfahren des Rechtsstaates bedeuten derart ein Potential, das Repräsentationsregime, das eben jene Unterscheidung von privatem und öffentlichem Urteil ausschließen will, an dessen Grund – an die Gleichheit der Einzelnen – zurückzubinden.

Dieser Prozess der juristischen Meinungsbildung wird auch dann akut, wenn es um den strittigen Einfluss naturrechtlicher Normen geht. Norberto Bobbio erklärt diesen Zusammenhang folgendermaßen:

> [E]s ist allein Sache des Richters, d.h. des Souveräns, zu entscheiden, ob ein konkreter Fall, der nicht durch ein positives Gesetz geregelt ist,

> durch das Naturrecht geregelt ist. Und es ist allein Sache des Richters, zu entscheiden, welches natürliche Gesetz anzuwenden ist und was es vorschreibt. [...] Wir stellen also fest, dass der Richter, wenn er die Lücken einer positiven Rechtsordnung ausfüllt, dieselbe Macht hat, die natürlichen Gesetze zu manipulieren, die der Souverän ausübt, wenn er ihren Inhalt bestimmt. Man könnte sagen, dass der Souverän als Gesetzgeber den natürlichen Gesetzen jeglichen Sinn entzieht, wenn er positive Gesetze schafft. Und dass der Souverän als Richter ihnen jeglichen Sinn entzieht, wenn er mit Fragen konfrontiert wird, die der Gesetzgeber nicht geregelt hat. (Bobbio 1993: 135f.)

Der Souverän ist in jeder Hinsicht, auch mit Blick auf die (ungeschriebenen) naturrechtlichen Normen, das Gesetz. Er kann den natürlichen Gesetzen »jeglichen Sinn entziehen«. Er kann dies aber nicht tun, ohne auf eine Interpretation des positiven oder natürlichen Gesetzes zu verzichten – ohne die eigene Sicht der (juristischen) Dinge im Hinblick auf eine andere Sichtweise auszudrücken und also ohne (juristischen) Sinn erst zu stiften. Jede Norm als Gelegenheit der Manipulation, aber kein Gesetz ohne Interpretation. So ist im Rahmen von Hobbes' Verständnis der Repräsentation eindeutig, dass »der Unterschied zwischen Herrscher und Beherrschten unter Kategorien der Gleichheit beschrieben wird« und sich deshalb »nicht durch einen Rekurs auf Gleichheit dagegen vorgehen lässt.« (Martinez Mateo 2018: 77) Gleichheit kann nicht als ein wirksamer Einwand gegen die souveränen Handlungen fungieren, weil alle souveränen Handlungen diejenigen der Untertanen selbst sind. Doch die rechtsstaatlichen Vermittlungen des Repräsentationsverhältnisses können eine Differenz der Gleichheit gegen diese Absorptionen zum Vorschein zu bringen. Die Identifikation von souveränem und privatem Urteil entfällt zumindest für den Moment des rechtlichen Einspruches. Die formierenden Wirkungen der Repräsentation, das zeigt selbst der Extremfall des *Leviathan*, erweisen sich als rechtlich durchbrochen.

2.3.3 Rechte als »generatives Prinzip« der demokratischen Form

Ausgehend von diesen in-Form-setzenden Wirkungen *sowohl* von Verfahren der Repräsentation *als auch* von rechtstaatlichen Prozeduren gilt es nun mit Lefort die Rolle der Menschenrechte als ein »generatives Prinzip« der Demokratie zu erklären. Es ist also zu zeigen, dass und wie das Recht der Rechte an der Form der Demokratie und somit an der für sie wesentlichen Öffentlichkeit der Gleichheit Anteil hat. Ich möchte argumentieren, dass dieser Anteil entlang von Operationen der Fundamentalisierung der Rechte zu verstehen ist. Die demokratische Funktion der Rechte besteht in der egalitären Negation rechtsförmiger Herrschaft, als dessen Grund sie fungieren. Fundamentale Rechte dienen für Lefort nicht zuerst der Herrschaftsbegründung oder -begrenzung. Sie durchbrechen vielmehr die *Selbst*setzungen der Herrschaft im Rekurs auf ein formales Prinzip der Gleichberücksichtigung.

Ich habe den Zusammenhang von subjektiver Berechtigung und demokratischer Befähigung mit Lefort bislang vor allem vonseiten (der Repräsentation) der Macht adressiert. Für die Form der Demokratie maßgeblich sind Lefort zufolge zuerst jene Praktiken und Verfahren der Repräsentation, die die Gleichberücksichtigung der Einzelnen gegen die Herrschaft des Volkes etablieren.[78] Nun soll diese Relation eines egalitären Einwandes vonseiten des Rechts entfaltet werden. Es geht mir also darum, zu zeigen, dass auch die demokratische Funktion der Rechte besser im *Register öffentlicher Gleichheit* als im *Register der Unbestimmtheit* zu verstehen ist. Für Lefort ist die Position, nicht die Form oder Semantik der Menschenrechte von ausschlaggebender Bedeutung. Weil und insofern Rechte als Grund des positiven Rechts auftreten, bedeuten sie ein Medium demokratischer Repräsentation. Sie stellen dann jene basale Gleichheit her, die sie gegen die Souveränität des Volkes und andere Hypostasierungen der Allgemeinheit wenden.

Diese Interpretation steht im Kontrast zur vorherrschenden Interpretation, die im Anschluss an Lefort die Menschenrechte als Ausdruck der Unbestimmtheit und Umstrittenheit demokratischer Gesellschaften deutet (vgl. Flynn 2005: 164 ff.; Abensour 2012: 236 ff.; Cohen 2013; Lacroix 2013; Maier 2014: 360 ff.; Schulz 2015: 161 ff.; Oppelt 2017: 256 ff.). Beide Interpretationslinien stützen sich auf den historischen Prozess der Ausdifferenzierung des Rechts.[79] Die führende Interpretation operiert im *Register der Unbestimmtheit* und versteht die politische Bedeutung der Menschenrechte so, dass diese Rechte die Grundlosigkeit der Demokratie rechtsförmig befestigen. Die Neubestimmbarkeit der Menschenrechte kann dazu dienen, geltendes Recht in Bewegung zu versetzen und anders zu verfassen. Hingegen stellt die hier vertretene Interpretation im *Register öffentlicher Gleichheit* auf die Gleichberücksichtigung der Einzelnen ab, die mit der Garantie und Inanspruchnahme von grundlegenden Rechten gegen die Selbstbestimmungen der Herrschaft verbunden ist.

Die Interpretation im Register der Unbestimmtheit stützt sich auf Beobachtungen zum unerschöpflichen Sinngehalt der Rechte des Menschen. Wie Lefort festhält, wird mit den Erklärungen der Menschenrechte das »Recht […] kategorisch in der Natur des Menschen begründet« (Lefort 1990b: 260). Diese Begründung ist darin spezifisch, dass jene Natur des Menschen nicht auf definitive Weise formuliert werden kann. Unter die Rechte *des* Menschen kann deshalb eine Vielzahl von Rechtsansprüchen

78 Siehe dazu *Kapitel* 2.2.

79 Siehe dazu *Kapitel* 2.3.1.

subsumiert werden, und so ist der Gehalt der menschenrechtlichen Deklarationen und der an diese Deklarationen anschließenden Forderungen weitgehend unbestimmt. Zwar wird in den einschlägigen Rechtstexten eine Reihe von konkreten Ansprüchen festgehalten, doch kann der Inhalt dieser Rechte nicht eindeutig und final festgelegt werden: »Die Menschenrechte führen das Recht auf eine Grundlage zurück, die ungeachtet ihrer Benennung keine Gestalt annimmt. [...] Folglich gehen die Menschenrechte stets über jede einmal gegebene Formulierung hinaus«. Dadurch beinhaltet, so Lefort weiter, jede Formulierung dieser Rechte die »Forderung der Reformulierung [...] bzw. daß die einmal erworbenen Rechte notwendigerweise aufgerufen sind, die Forderung nach neuen Rechten zu unterstützen.« (ebd.: 262) Durch die Menschenrechte öffnet sich demnach das Recht den Einbrüchen außerrechtlicher Subjektivität, die in der Folge immer wieder neue Bestimmungen des Menschen und seiner Rechte einklagen können. Die Menschenrechte, so ähnlich Costas Douzinas, befestigen eine radikale Kontingenz »im Herzen« der Verfassung.[80]

Die Unabgeschlossenheit und Gestaltlosigkeit der Menschenrechte bringt demnach den umstrittenen wie zukunftsoffenen Charakter der Demokratie zum Ausdruck. Sie sind ohne eine letzte Substanz und manifestieren auf diese Weise das »Nichtsein von Bestimmungen« (Abensour 2012: 238), das für die Form der Demokratie vermeintlich wesentlich ist. Sie sind ein Zeugnis der Verfassung der Kontingenz und des Konfliktes, ein verfassungsrechtliches Zeugnis der Demokratie als der »*geschichtliche[n] Gesellschaft* schlechthin« (Lefort 1990a: 291). So verstanden, fungieren die Rechte des Menschen als ein Mittel der Demokratisierung. Infolge der Unbestimmtheit *des* Menschen etablieren sie »einen universellen Bezugsrahmen, durch den positives Recht [...] in Frage gestellt werden« kann und immer neue Personengruppen »Einschluss in die ›Kategorie Mensch‹ einfordern können.« (Oppelt 2017: 261) Die Menschenrechte berechtigen zur *Um*bestimmung dessen, was als rechtens gilt. Alle können nun (wenigstens potentiell) sich selbst und andere anders berechtigen. Aufgrund der »Idee eines unbestimmten Menschen« sind die Menschenrechte ein Mittel der Transformation. Sie »nötigen [...] das positive Recht, von seiner Variabilität Gebrauch zu machen, um eine Transformation der Ordnung einzuleiten und fortzusetzen.« (Heller 2018: 317) Weil sie über jede definitive Formulierung hinausweisen, weil sie immer wieder neu erklärt werden können, setzen die Menschenrechte das Recht unter Spannung. Das Verhältnis der Menschenrechte zum geltenden Recht ist demnach nicht konservativ, auf die Durchsetzung

80 »Die Menschenrechte verankern die radikale Kontingenz der sprachlichen Proklamation im Herzen der verfassungsrechtlichen Regelungen.« (Douzinas 2000: 95)

von bereits existierenden Ansprüchen beschränkt, vielmehr transformativ, also auf dessen Neukonfiguration ausgerichtet.

Der Zusammenhang von Berechtigung und demokratischer Befähigung wird im Register der Unbestimmtheit so verstanden, dass die Berechtigung des Menschen die Absage der Demokratie an den Essentialismus bekräftigt. Denn

> obwohl die [Menschenrechte] spezifischen Institutionen [...] Leben einhauchen, zeugen sie dennoch von der Lücke, die durch die Entkörperung des Sozialen entstanden ist. Ungeachtet ihrer Einbindung in konkrete Rechtsinstitutionen bleiben die Rechte wesentlich unbestimmt, d.h. ihre Bedeutung ist immer für Interpretationen offen, ohne dass die Möglichkeit einer endgültigen Deutung besteht. (Flynn 2005: 227)

Indem die Menschenrechte sich einer endgültigen Definition entziehen, überschreiten sie die normativen Feststellungen der bestehenden Rechts- und Gesellschaftsordnung und bedeuten das Potential, sie anders zu verfassen. Weil die Menschenrechte »wesentlich unbestimmt« sind, bezeugen sie die Lückenhaftigkeit der sozialen Bestimmungen insgesamt. Durch die Garantie der Menschenrechte, und damit durch das Bekenntnis des Rechts zur »Unbestimmtheit schlechthin«, hebt Miguel Abensour im Anschluß an Lefort hervor, »ist die Demokratie jene Gesellschaftsform, in der das Recht [...] immer eine Überschreitung des Bestehenden sein wird« (Abensour 2012: 238). Ebenso hält Daniel Gaus fest, dass mit den Deklarationen der Menschenrechte »die Singularität einen Platz in der demokratischen Gesellschaft [erhält]«, weil sie alle und jede zum Akteur der rechtmäßigen Opposition erhebt (Gaus 2004: 81).[81] Dass also die Menschenrechte für Lefort ein »generatives Prinzip« der demokratischen Form darstellen, deutet diese Interpretation so, dass die Menschenrechte das Wesen der Demokratie – die beständige Möglichkeit anderer Festlegungen und Entscheidungen – für und durch das Recht festschreiben. Sie deutet auf diese Weise den Zusammenhang von Berechtigung und demokratischer Befähigung als *unbedingten* oder *notwendigen Zusammenhang*. Das Potential demokratischer Befähigung ergibt sich aus den Formeigenschaften der Menschenrechte, neu bzw. anders bestimmt werden und darüber das Recht transformieren zu können. Einmal deklariert, etablieren die Menschenrechte ein Können der Einzelnen, auf die Rechtsverhältnisse Einfluss zu nehmen. Die Menschenrechte richten so ein andauerndes, von konkreten Verfahren der Rechtserzeugung unabhängiges Potential der Demokratie ein.

Diese Andersbestimmbarkeit der Menschenrechte ist jedoch nicht umstandslos mit der Form und Praxis der Demokratie zu identifizieren. Die

81 Es ist deshalb nicht verwunderlich, dass eine solche Interpretation der Demokratie im Register der Unbestimmtheit zum Anlass genommen wurde, die Überlegungen von Lefort mit einer normativen (universalen) Begründung der Menschenrechte in Verbindung zu bringen (vgl. Geenens 2008).

anders bestimmten Rechtspositionen können schließlich, das ist ja gerade die Pointe dieser Interpretation, beinahe jeden Inhalt annehmen. Gegen den Einwand der weitreichenden Beliebigkeit und die damit einhergehenden Gefahren der Kooptation[82] wird darauf verwiesen, dass nur durch solche Neubestimmungen ein Potential demokratischer Befähigung realisiert wird, die zur Ausweitung der Rechtsgleichheit beitragen. Die hier in Anschlag gebrachte Idee der Gleichheit ist aber entweder, wie bereits diskutiert wurde, das Ergebnis einer strikt subjektiven Rekonstruktion des Gesetzes und kann deswegen nicht als normativer Maßstab fungieren.[83] Oder die Gleichheit kann zwar, wie es liberale Positionen unterstellen, diese Rolle als Maßstab wahrnehmen. Dann findet sich die radikale Kontingenz aber (entlang von Wesensbestimmungen des Menschen) auf eine Weise beschränkt, die wiederum aus der Unbestimmtheit der Rechte selbst nicht abgeleitet werden kann. Gegen die Interpretation der Menschenrechte im *Register der Unbestimmtheit* ist also erneut einzuwenden, dass Gleichheit nicht die Konsequenz von Unbestimmtheit sein muss. Sie setzt – wieder – den entscheidenden Schritt zu spät ein. Demgegenüber versteht die Interpretation im *Register öffentlicher Gleichheit* den fraglichen Zusammenhang von Berechtigung und demokratischer Befähigung auf andere Weise. Ich schlage vor, die demokratische Funktion der Menschenrechte mit Lefort als den rechtsinternen Prozess der Fundamentalisierung von Rechten zu verstehen. Dass die Menschenrechte *grundlegend* unbestimmt sind, ist dann nicht allein eine Frage der Form oder Semantik. Jene Diagnose ist vielmehr so zu verstehen, dass die Gleichberücksichtigung der Einzelnen, die mit der Unbestimmtheit des Menschen in Verbindung gebracht wird, von der Position der Rechte als Grund des Rechts nicht getrennt werden kann. Diese Position ist aber nicht einfach gegeben, sondern muss immer wieder eingesetzt werden. Die Be*gründung* der Rechte ist von Operationen der Fundamentalisierung abhängig.

Die Menschenrechte bilden für Lefort ein »generatives Prinzip« der Demokratie. Wesentlich für die politische Form der Demokratie ist die Revision der Herrschaft des Volkes durch den zugrunde gelegten Anspruch der Gleichberücksichtigung. So betrachtet kann auch die demokratische Funktion der Menschenrechte nicht allein und nicht zuerst das Resultat der Unbestimmtheit dieser Rechte sein (vgl. Gündoğdu 2014: 373). Dass die Menschenrechte, wie Lefort betont, ohne eigene

82 Vgl. zu den Kooptationen des menschenrechtlichen Diskurses durch den Neoliberalismus z.B. Whyte (2019), durch den Humanitarismus z.B. Fassin (2011). Sie bilden auch einen zentralen Aspekt der Kritik der Menschenrechte durch die postkoloniale Rechts- und Verfassungstheorie, vgl. dazu u.a. Mutua (2001), Mignolo (2009), Dhawan (2014).

83 Siehe dazu *Kapitel 1.2.1.*

»Realität« sind (Lefort 1990b: 264), bedeutet, dass eine Unterscheidung zwischen fundamentalen Rechten und anderen Ansprüchen nur auf Basis der rechtlichen Operationen getroffen werden kann, die diesen grundlegenden Status erzeugen. Schon im Rahmen der rechtsstaatlichen Vorgeschichte der Demokratie ereignet sich entlang der Vereinheitlichung des Rechts die Zersetzung der Gesellschaft in einen formalen Zusammenhang gleicher Rechtspersonen. In rechtsstaatlichen Verfahren und Institutionen wird bereits die Gleichbehandlung der Einzelnen als Maß sozialer Beziehungen und gesellschaftlicher Verhältnisse manifest. Die historische Innovation der Revolutionen des 18. Jahrhunderts betrifft die Fundamentalisierung der Rechte in der konstitutionellen Form der Grund- bzw. Menschenrechte, also die Positionierung der Rechte als Grund der geltenden Rechtsordnung (vgl. Heller 2018: 24). Die spezifischen Abstraktionen der bürgerlichen Gesellschaft und die egalitären Abstraktionen des Rechts sind also nicht gleichzusetzen. Dass Marx (aufgrund eben dieser Identifikation) die »Dimension des Gesetzes als solche« auslöscht,[84] bedeutet Lefort zufolge, den »Status« zu verkennen, den das Verfassungsgesetz, das die Fundamentalisierung der Rechte bewerkstelligt, durch »die Scheidung von der Sphäre der Macht erlangt.« (Lefort 1990b: 256) Die Erklärung der Menschenrechte vertieft den Prozess der Entflechtung – nicht der »Abspaltung«[85] – von Recht und Macht dadurch, dass diese Rechte von nun an einen Einwand der Gleichberücksichtigung gegen die Manifestationen der Volkssouveränität artikulieren können: einen Einwand, der die rechtsförmigen Setzungen der Herrschaft an deren Grund zurückbindet.

Für Lefort ist der Zusammenhang von Berechtigung und Befähigung somit ein *kontingenter*, kein notwendiger Zusammenhang. »Sobald die Menschenrechte als letzter Bezugsrahmen gesetzt sind, sieht sich das positive Recht der Infragestellung ausgesetzt.« (ebd.: 262) Dieser Status der Rechte als der »letzte Bezugsrahmen« des Rechts ist aber nicht, wie die emphatische Interpretation im Register der Unbestimmtheit argumentiert, ein singulärer Akt der Deklaration. Die demokratische Gesellschaft ist nicht das Ergebnis eines einmaligen Bruches.[86] Die Form der Demokratie ist, wie Lefort in seinen Überlegungen zur Rolle der Repräsentation unterstreicht, vielmehr ein Prozess der Formierungen, der erneuten Behauptungen, der wiederkehrenden Vergegenwärtigungen. Die Form der Demokratie ist ein spezifisches *In-Form-Setzen* der

84 Siehe dazu *Kapitel 2.3.1.*

85 »Entflechtung meint nicht Abspaltung; dieser Begriff wäre nur unter der Bedingung zu verwenden, daß er nicht die Form der wechselseitigen Beziehungen auslöscht, die durch diesen Bruch begründet wird.« (Lefort 1990b: 259)

86 Auch wenn Lefort selbst dies mit seiner Rede von einer »demokratischen Revolution« nahelegt (vgl. z.B. Lefort 1986b: 303).

Gesellschaft. Lefort betont dementsprechend, dass die Menschenrechte »nicht einfach den Gegenstand einer Erklärung [bilden]« (ebd.: 261). Als ein Mittel, um die »Versteinerungen« der Demokratie (Lefort 1990a: 291) aufzubrechen und neu zu verfassen, muss diese Fundamentalposition der Rechte immer wieder hervorgebracht werden. Sie muss in rechtserzeugenden Verfahren, in konkreten Operationen des Rechts, abermals zur Existenz kommen. Denn nur so kann sie zur Revision der bestehenden Bestimmungen beitragen und den vermeintlich einheitlichen Willen des Volkes in die Gleichberücksichtigung der Einzelnen auflösen. Die Behauptung von fundamentalen Rechten (oder: die Abschaffung der Privilegien) passiert also nicht nur einmal. Die Menschenrechte sind für Lefort gerade kein grundlegendes Prinzip, sondern müssen stets erneut als Grund des Rechts etabliert werden, um die rechtsförmigen Manifestationen der Souveränität des Volkes durchbrechen zu können.

Durch die Deklarationen der Menschenrechte allein ist weder das Recht noch die Gesellschaft schon anders geworden. Als ein generatives Prinzip der demokratischen Gesellschaftsform operieren diese Berechtigungen nur dann und nur so, wenn sie immer wieder als der »letzte Bezugsrahmen« des Rechts (ein-)gesetzt werden. Der Zusammenhang von subjektiver Berechtigung und demokratischer Befähigung besteht somit nicht aufgrund der Unbestimmtheit der Menschenrechte. Die egalitären Wirkungen der dezentralen Erprobung von neuen und der Verteidigung von bestehenden Rechten sind von der erneuten, effektiven Behauptung als Grund oder Basis der Rechtsordnung, damit von der Bekräftigung des Status einer »unauslöschbare[n] Exterritorialität« (Lefort 1990b: 259) nicht zu trennen. Die »undefinierbaren Wesenheite[n]«, die der Staat, das Volk oder die Nation, aber auch die Interessen »der« Gesellschaft darstellen, sind, so Lefort,

> von einer Idee des Menschen geprägt, die ihre Bekräftigung unterminiert. […] So bleiben diese Wesenheiten b*eständig von der Äußerung von Rechten abhängig*, die gegen die Staatsräson und das geheiligte Interesse der Gesellschaft, des Volkes und der Nation rebellieren. (ebd.: 287f., Herv. J.H.)

Nur in diesem Sinne einer *Grund-legenden* Unbestimmtheit bedeuten subjektive Rechte ein Potential demokratischer Befähigung, das die Verallgemeinerungen der Herrschaft egalitär durchbrechen kann. Die Menschenrechte sind somit für Lefort nicht als ein »Grundprinzip« im Sinne von normativen Ansprüchen aufzufassen, die den demokratischen Verfahren als Richtlinie und Grenze dienen (vgl. Lacroix 2023). Zugleich sind sie aber auch kein bloßes Moment der Grundlosigkeit. Die Dimension der Unbestimmtheit oder Polyvalenz ist von der Dimension einer fundamentalen Gleichberücksichtigung zu unterscheiden. Denn jene bezeichnet Eigenschaften von semantischen Artefakten, diese aber

Eigenschaften einer Rechtsposition im Prozess der Rechtserzeugung. Ähnlich wie das Verfahren der Wahl bringt auch die Position der Rechte am Grund des Rechts allein ein formales Prinzip der Gleichheit hervor. Alle können sich zu gleichen Teilen auf diese Rechte stützen. Fundamentale Rechte können den Festlegungen, in denen sich die Herrschaft des Volkes – nicht zuletzt entlang von »Vorstellungen über den Menschen«[87] und den rechtlichen Kodifikationen dieser Vorstellungen[88] – äußert, die Substanz entziehen. Sie haben Anteil an der Öffentlichkeit der Gleichheit, weil sie dazu eignen, die Selbstsetzungen der Herrschaft egalitär aufzubrechen. Die Menschenrechte werden also von Lefort nicht als liberale Individualfreiheiten konzipiert, die sodann die Demokratie rahmen. Zugleich geht die Ausübung demokratischer Herrschaft den Ansprüchen der Rechte nicht voraus. Der Anspruch der Gleichberücksichtigung ergibt sich nicht aus der Zugehörigkeit zur Gemeinschaft der Rechtsautor:innen, wie es die Idee der Volkssouveränität annimmt. Schließlich formieren die Revision oder der Entzug der Souveränität des Volkes (sei es durch Verfahren der Repräsentation oder durch die Garantie der Rechte) ja selbst die Demokratie. Als fundamentale Rechte wenden die Menschenrechte die Gleichberücksichtigung der Einzelnen gegen die Institutionen der Volkssouveränität und können so die Herrschaft des Volkes in sich zurücklaufen lassen, sie an deren Grund zurückbinden. Diese Gleichheit wiederum ist nicht der Ausdruck von bestimmten (moralischen) Gehalten. Sie ist das Resultat einer grundlegenden Rolle der Rechte der Einzelnen für das Recht, die mittels rechtlicher Operationen hervorgebracht wird und so Anteil daran hat, die Demokratie in Form zu setzen.

Genauso wie die Macht des Volkes eigentlich die Macht von niemand ist, kann Lefort zufolge niemand die Rechte des Menschen endgültig verleihen oder bestätigen. Deshalb lassen sich die Menschenrechte »unmöglich vom Akt der Verkündigung trennen« (ebd.: 260). Aber auch diese vorläufigen Selbstberechtigungen (oder rechtlichen Selbstermächtigungen) sind autoritäre Setzungen. Denn nicht nur erscheinen, wie Lefort festhält, die Rechtsträger:innen als »lauter kleine Mikroeinheiten, die aus der gesellschaftlichen Gesamtheit herausgelöst sind.« Sie erscheinen auch als »lauter kleine selbstständige Souveräne«, die über den Gehalt dieser Berechtigungen selbst entscheiden. »Doch zerstört« eben diese Figur selbstreferentieller Setzungen, so Lefort weiter, auch Vorstellungen

87 »Zu oft haben Vorstellungen über den Menschen dazu gedient, Rollenasymmetrien über externe Referenzen zu verhärten und der sozialen Disposition zu entziehen.« (Luhmann 1995: 168)

88 Zum Essentialismus der Menschenrechte und der darauf beruhenden »Dialektik von Befähigungen und Ausschließungen« vgl. Balibar (2012: 171 ff., hier: 189).

einer »transzendierenden Totalität« (ebd.: 261). Gerade die unbegrenzte Vielheit der Rechtsträger:innen (bzw. der Rechtsverkünder:innen) widerstreitet Vorstellungen einer übergreifenden, substantiellen Einheit und einer manifesten Souveränität der einzelnen Rechtsgemeinschaft. Solche Einheitskonzeptionen werden durchbrochen von einer »horizontale[n] Dimension der gesellschaftlichen Beziehungen« (ebd.: 261), also der Berücksichtigung von gleichgestellten Einzelnen. Wiederum tritt also, hier nun vonseiten des Rechts der Rechte, die Zahl an die Stelle der Substanz. So beobachtet Lefort in den Protesten und außerparlamentarischen Forderungen nach neuen Rechten, dass, analog zur »Leerstelle« der Macht, diese vielgestaltigen Forderungen »aus einem Zentrum hervor[gehen], das die Macht nicht besetzen kann.« (ebd.: 269) Aufgrund dieser pluralen Bewegung des Entzuges von Legitimation fügen sich jene Forderungen und Bewegungen nicht »dem Bild des einen, einheitlichen Volkes« (ebd.: 272). Fundamentale Rechte stehen auf diese Weise mit Behauptungen der Souveränität in einem ambivalenten Verhältnis. Einerseits wird eine »Beziehung zwischen der Meinung und dem Gesetz und eine zwischen dem Subjekt und dem Gesetz etabliert, die nicht gelöst werden kann.« (Lefort, zit. Wagner 2010: 146) Andererseits dementieren diese Behauptungen die eigene Souveränität, insofern sie durch ihre Praxis anerkennen, dass das Legitimationssubjekt (der Mensch der Menschenrechte genauso wie das Volk der Volkssouveränität) aus der reinen Vielfalt von gleichen Einzelnen besteht.

Die Fundamentalisierung der Rechte geht mit einer Bewegung der Negation und des Entzuges einher. Die Menschenrechte »entziehen« sich, so Lefort, »jeder, sei es religiösen oder mythischen, monarchischen oder Volksmacht.« (Lefort 1990b: 262) Fundamentale Rechte sind kein Begründungsprinzip, sondern sie »leeren« die substantiellen Bestimmungen der Herrschaft. Denn sobald und solange Rechte die Position des Grundes einnehmen, kann der »Kampf der Interpretationen« (Hamacher) immerzu neu geführt werden. Schließlich sind auch demokratische Gesellschaften für Lefort nicht »ohne Identität«.[89] Jede Manifestation der Souveränität und jede Aktion der Selbstbestimmung ist notwendigerweise konkretistisch. Diese konkrete Identität betrifft die Komposition der Gesellschaft, also Fragen der Inklusion und Exklusion, der Marginalisierung und des Ausschlusses von Perspektiven, Bedürfnissen und Ansprüchen. Sie betrifft aber auch Fragen der inhaltlichen Gewichtung, also wie Umweltschutz und kapitalistische Märkte, Gefahrenabwehr und Schutz der Privatsphäre etc. ins Verhältnis zu setzen sind. Wie Verfahren demokratischer Repräsentation hat auch das Recht der Menschenrechte an diesen Konflikten der besonderen Allgemeinheiten und scheinbar objektiven Interessen Anteil. Der Wille des Volkes ist stets ein

89 Siehe dazu *Kapitel 2.1.1.*

partikularer Wille, und ebenso sind die formulierten Rechte niemals wirklich universal. Dass niemand die Souveränität des Volkes verkörpert und niemand über die Natur des Menschen und dessen Rechte bestimmen kann, hat ja gerade zur Konsequenz, dass dieser Wille und jene Rechte immer nur vorläufig Allgemeinheit für sich beanspruchen können. In diesen Konflikten verschiedener Allgemeingültigkeiten etablieren aber sowohl Verfahren demokratischer Repräsentation als auch fundamentale Rechte »negative«, numerische Beziehungen der Gleichheit. Fundamentale Rechte entziehen, in einer Vielfalt von rechtserzeugenden Verfahren, der Definitionsgewalt des Allgemeinen die Legitimation, indem sie die Selbstsetzungen der Herrschaft egalitär durchbrechen. Sie bewirken, dass sich die Souveränität des Volkes niemals vollends realisiert. Nicht als festgelegter Rahmen des Rechts, sondern als bislang uneingelöster Einspruch der Gleichberücksichtigung bedeuten fundamentale Rechte ein generatives Prinzip der Demokratie. Sie wirken als ein Medium demokratischer Repräsentation, das die Herrschaft des Volkes an seinen Grund – die Gleichheit der Einzelnen – zurückbindet und auf diese Weise neu entfaltet.

II. Entgrenzungsformen

Zwischen Berechtigung und demokratischer Befähigung muss unterschieden werden. Dieser Unterschied wird im Rahmen des demokratischen Rechtsstaates auf ganz verschiedene Weise verstanden. Entweder werden, so bei Habermas, Rechte entlang von öffentlichen Begründungsdiskursen mit der Idee der Volkssouveränität verknüpft. Entsprechend gilt es dann, politische und andere subjektive Rechte zu differenzieren. Oder subjektive Rechte schlechthin werden, wie bei Ladeur und Colliot-Thélène, mit den funktionalen Erfordernissen gesellschaftlicher Selbstorganisation bzw. mit den normativen Forderungen der Rechtsgleichheit kurzgeschlossen. Hier ist die Form der Rechte, dort das Verfahren der Gesetzgebung von entscheidender Bedeutung. Hier sind nur politische, dort alle Rechte politische Rechte. Doch überzeugender, als die Souveränität des Volkes entweder vorauszusetzen oder schlichtweg aufzugeben, ist es, mit Lefort, jene demokratische Funktion der Rechte so zu rekonstruieren, dass die Herrschaft des Volkes durch deren Inanspruchnahme egalitär durchbrochen wird. Fundamentale Rechte konfrontieren die Selbstsetzungen der Herrschaft mit dem uneingelösten Anspruch der Gleichberücksichtigung und wirken insofern als ein Medium demokratischer Repräsentation.[1]

Demokratische Befähigung bezeichnet jedenfalls die gleichen Teilhabemöglichkeiten am Prozess der Rechtserzeugung. Damit stehen die skizzierten Positionen allesamt vor dem Problem, dass der Unterschied von Berechtigung und Befähigung, den es zu fassen gilt, von den Eigenschaften eben dieses Prozesses abhängig ist. Dass und wie also ein subjektives Recht in den Operationen des Rechts relevant wird, entscheidet darüber, ob es auf egalitäre Weise dazu befähigt, Recht zu erzeugen – oder nicht. Dieses Problem bleibt aber in den Bahnen des demokratischen Rechtsstaates meistens ein nachgeordnetes. Das ist insbesondere der Fall, solange davon ausgegangen werden kann, dass das Recht ein hierarchisches Normensystem darstellt, das die Rede von fundamentalen Rechten bzw. Grundrechten erst sinnvoll macht. Hier geht es dann vielfach um Rechte als ein Verteilungsproblem (vgl. Lessenich 2019), nicht aber um die Rolle der Rechte als der »letzte Bezugsrahmen« des Rechts. Kämpfe um die Ausweitung der Rechte wurden und werden ja gerade deshalb geführt, weil Rechte eine solche, im Wortsinn basale Funktion der rechtmäßigen Opposition wahrnehmen können. Ganz anders stellt sich die Situation dar, sobald dieses Normensystem sich als porös erweist. Denn sobald die einzelnen Operationen des Rechts, wie es in der transnationalen Konstellation der Fall ist, keinen formalen Erzeugungszusammenhang mehr

1 Siehe dazu insgesamt *Teil I.*

bilden, wird der Status der Rechte als Grund der (verfassungs-)rechtlichen Ordnung prekär. Schließlich haben wir es in der transnationalen Konstellation nicht nur mit der bloßen Vervielfältigung von rechtserzeugenden Instanzen zu tun, die eine vermeintlich geordnete Rechtswelt des Staates durcheinander bringt. Die Vielfalt rechtlicher Ordnungen und Regime allein, etwa infolge der Auswanderung von Herrschaftsfunktionen aus der Enge des Staates in die Weite der globalisierten Welt, ist kein exklusives Merkmal der transnationalen Konstellation[2] – auch wenn dieser »Polyzentrismus der Rechtserzeugung« (Kadelbach/Günther 2011: 33) sicherlich ein Kennzeichen dieser Konstellation darstellt. Das Rechtserzeugungsmonopol des Staates wird seit längerer Zeit faktisch aufgebrochen (oder hat es sogar nie gegeben), wie in akteurszentrierten Untersuchungen des Rechts der transnationalen Konstellation deutlich wird. Wesentlich für den *Prozess* transnationaler Rechtserzeugung sind aber die normativen Interaktionen zwischen diesen unterschiedlichen Zentren der Rechtsproduktion. Anders formuliert: für das Recht als Mittel der Herrschaftslegitimation ist die Vervielfältigung von Recht und Verfassung (nur) dann und deshalb bedeutsam, wenn jene Vielfalt mit der Ausbildung von Verhältnissen, mit Verflechtungen und Verstrickungen unterschiedlicher Rechtsordnungen, einhergeht.

Das Faktum des Rechtspluralismus ist erst einmal ein rechtssoziologischer Befund. Es wird aber mehr als das, sobald die verschiedenen Ordnungen füreinander wirksam werden, sobald sich also dichte oder auch nur punktuelle Verknüpfungen zwischen diesen Ordnungen und »ihren« Normen herausbilden. Jene Verstrickungen und Verschränkungen werden hier als *Prozess der Entgrenzung* gefasst. Der Ausdruck beschreibt in der Folge ein rechtsnormatives Phänomen: eine Veränderung in der Art und Weise, wie die Normativität des Rechts (re-)produziert wird. Weil das Recht Normativität ist, handelt es sich dabei um eine Veränderung der Rechtsform. Dieser Formwandel des Rechts geht über einen »Vorrang ohne Hierarchie« hinaus.[3] Die verschiedenen Rechtsordnungen werden in der transnationalen Konstellation nicht wieder in eine Anordnung gebracht. Zu beobachten ist vielmehr, dass Rechtsordnungen zusammenwirken und derart, durch und aufgrund dieser Verflechtungen, Recht erzeugen. Im klassischen, staatlich begründeten Bild ist die Geltung (und das bedeutet: die Existenz)[4] einer Norm als Folge der Zugehörigkeit und die Zugehörigkeit einer Norm als Konsequenz der Geltung

2 Vgl. zur langen Geschichte des Rechtspluralismus u.a. Tamanaha (2008), Meder (2009), Jansen (2010).

3 Mit diesem Ausdruck beschreibt Sauer (2013) jene Derogationsnormen oder Kollisionsregeln, die eine Wiederherstellung eindeutiger Geltungschancen bewirken.

4 Denn »Geltung« bezeichnet »die spezifische Existenz einer Norm.« (Kelsen 1960: 9)

bestimmt: Eine Norm gilt, weil die Norm zur jeweiligen Ordnung gehört, und sofern die Norm zur jeweiligen Ordnung gehört, gilt die Norm. Der Vorgang der Rechtserzeugung stellt sich entsprechend als ein einheitlicher, exklusiver Zusammenhang der Normgenese dar. Transnationales Recht entsteht hingegen durch die Überschreitung der vormals festgesteckten Grenzen einzelner Rechtsordnungen, als Vollzug oder Prozess der Entgrenzung. Das kann man auch so formulieren, dass die Geltungschance sowie der Inhalt einzelner Normen erst im Rahmen dieser normativen Interaktionen bestimmt wird.[5] (Und das schließt Rechte als eine Gruppe von Rechtsnormen natürlich ein.) Das Recht der transnationalen Konstellation ist poröses oder eben: *entgrenztes* Recht.

Transnationales Recht so verstanden ist mit der Zerfaserung der Herrschaft und dem Faktum des Rechtspluralismus zwar verknüpft, es bildet diese beiden Entwicklungen jedoch nicht einfach ab. Ich argumentiere deshalb auf den folgenden Seiten, dass ein tragfähiger Begriff der transnationalen Konstellation die Unterscheidung von staatlichen (»öffentlichen«) und nicht-staatlichen (»privaten« oder »gesellschaftlichen«) Instanzen der Rechtserzeugung als zentrales Bestimmungsmerkmal relativieren und vielmehr auf die Veränderung der Selbstbeschreibung des Rechts fokussieren sollte. Transnationales Recht – das Recht (in) der transnationalen Konstellation – bezeichnet zuerst eine andere Vollzugsform des Rechts. Es ist eine andere Form des rechtserzeugenden Prozesses: nicht ein Prozess der Konkretisierung genereller Normen, sondern ein Prozess der Interdependenz verschiedener Rechtsordnungen. Diese Interpretation grenzt sich von einer akteurszentrierten Perspektive ab, die bei der Multiplikation der rechtsetzenden Verfahren und Institutionen verharrt. Der neue »Polyzentrismus« des Rechts beschreibt in dieser Perspektive »die Tatsache, dass neue Teilnehmer Zugang zum juristischen Diskurs erhalten haben, in dem der sich ständig verändernde Inhalt der Rechtsordnung festgelegt wird.« (Tuori 2014: 24) In der akteurszentrierten Hinsicht bezeichnet transnationales Recht die Vervielfältigung der Quellen des Rechts, die weitgehend unabhängig von und tendenziell in Konkurrenz zur Souveränität des Staates sprudeln. Dass dessen Monopol der Rechtserzeugung erodiert, ist in diesen Ansätzen ein Beleg des Bedeutungsverlustes des Staates aufgrund der Umstände der Globalisierung. Eben dieser Bedeutungsschwund führt insofern zur Multiplikation rechtlicher Ordnungen, als eine Vielzahl von Assoziationen,

5 Der technische Begriff der Rechtsordnung bleibt dabei auch abseits der institutionellen und epistemischen Bedingungen des Staates (und der staatsorientierten Rechtswissenschaft) relevant, denn »Entgrenzung« bezeichnet kein normatives Chaos, sondern eine Weise der Rechtsproduktion, die jene hierarchischen Ableitungsbeziehungen des *Rechts der Rechtsordnung* unterläuft.

Verbänden und Institutionen geradezu zwangsläufig[6] in das neue Vakuum vorstoßen und »jenseits des Staates« Recht erzeugen. Das Recht der transnationalen Konstellation beschreibt jedoch nicht, so möchte ich zeigen, eine neue Ära, in der ein plurales *Weltrecht* an die Stelle von oder neben die staatlichen und zwischenstaatlichen Rechtsordnungen getreten ist.[7] Vielmehr handelt es sich bei der transnationalen Konstellation um eine Entgrenzung rechtlicher Ordnung(en), und damit um ein Recht, dessen Normativität nicht entlang hierarchischer Ableitungsbeziehungen und eindeutiger Vorrangrelationen konzipiert werden kann. Der technische (logische) Begriff der Rechtsordnung kann solche Verstrickungen, wie sie für den Prozess transnationaler Rechtserzeugung charakteristisch sind, kaum denken. Aber sie passieren trotzdem. Das Adjektiv »transnational« verweist damit auf einen Umbruch in der Art und Weise, wie Recht erzeugt wird: transnationales Recht ist die Vollzugsform normativer Interdependenz.

Dieser Umbruch ist mit gravierenden Konsequenzen für den Zusammenhang von Berechtigung und Befähigung verbunden. Denn unter den Bedingungen transnationaler Rechtserzeugung kann die demokratische Funktion der Rechte nicht mehr ausgehend von einer einzelnen Rechtsordnung beschrieben und bewertet werden, die diese Rechte garantiert. Die Frage, ob der Zusammenhang von Berechtigung und demokratischer Befähigung in der transnationalen Konstellation noch einmal etabliert werden kann, muss deshalb als Frage nach der Qualität der normativen Interaktionen – als Frage, *wie* diese Verstrickungen und Verschränkungen des transnationalen Rechtserzeugungsprozesses sich vollziehen – gestellt werden. Das ehemals hintergründige Problem, wie Rechte rechtlich relevant werden, rückt nun ins Zentrum. Dieses Problem muss dabei zugleich präziser gefasst werden: Weil transnationales Recht ein Phänomen der Interdependenz ist, gilt es, die Techniken zu identifizieren und kritisch zu beleuchten, die jene Verstrickungen ermöglichen und prägen, also als *Entgrenzungsformen* wirksam werden. Verfassungs- und demokratietheoretische Untersuchungen müssen diese Techniken der Vermittlung unterschiedlicher (und potentiell konfligierender) Rechtsordnungen miteinbeziehen, denn nur deren Analyse kann den Zusammenhang von Berechtigung und Befähigung in der transnationalen Konstellation aufklären.

Der Formwandel des Rechts und die zur Debatte gestellte Analyseperspektive der Entgrenzungsformen sollen nun eingangs genauer erläutert

6 »Wenn Staat und internationale Organisationen ausfallen, muss zwangsläufig die Gesellschaft selbst die Regelbildung übernehmen.« (Viellechner 2013: 223)

7 Vgl. dazu Berman (1995). Zum Weltrecht als »dritte Rechtsordnung«, erzeugt und durchgesetzt von nicht-staatlichen Akteuren, vgl. auch Voigt (2008).

werden. Diese Ausführungen bereiten die anschließenden Diskussionen im dritten und vierten Kapitel vor, die zuerst den Umgang mit der Entgrenzung des Rechts in ausgewählten Konzeptionen des globalen Rechtspluralismus aufgreifen und danach mit der Technik der Verhältnismäßigkeit eine konkrete Entgrenzungsform detaillierter beleuchten. Es wird sich zeigen, dass jene Konzeptionen die Verstrickungen transnationaler Rechtserzeugung registrieren wie forcieren und dazu durchaus auch den Techniken Beachtung schenken, die diese Verstrickungen befördern. Doch weil diese Konzeptionen von dem Ziel geleitet sind, die neue Vielfalt des Rechts zu erhalten, geraten die normativen Folgen aus dem Blick, die jene Techniken für die Verfassung der Vermittlung haben.

Ein entgrenztes Recht

Transnationales Recht wird vielfach über den Kontrast zur Rechtsproduktion des Staates bestimmt. Es bezeichnet sodann das Recht der Globalisierung, das von nicht-staatlichen Instanzen »spontan«[8] gesetzt und teilweise auch durchgesetzt wird. Beobachtet wird eine, verursacht durch den Prozess weltweiter Vernetzung, Multiplikation von alternativen Verfahren und Institutionen der Rechtserzeugung, die diese verdichteten (ökonomischen, kulturellen etc.) Beziehungen in der Form von weitgehend selbstständigen Rechtsordnungen kodifizieren. Transnationales Recht ist demnach zuerst und vorrangig ein von der nationalstaatlichen Gesetzgebung separiertes – und diese potentiell unterminierendes – Recht. Es ist aber zumindest begriffsgeschichtlich zu bedenken, dass die Debatte um transnationales Recht zu Beginn eher konzeptuelle als definitorische Unsicherheiten adressiert hatte. Es ging weniger um die adäquate Bezeichnung einer distinkten Gruppe von Rechtsregeln oder -ordnungen als eher um die treffende Beschreibung einer Rechtswelt, die sich von der Idee ablöst, dass zugehörige und »fremde« Rechtsnormen eindeutig unterschieden werden können. In seinen *Storrs Lectures* (1956), die »transnationales Recht« erstmals auf umfangreiche Weise besprechen, führt Philip Jessup in diese doppelte Problematik der Definition und der Konzeption dessen, was und wie transnationales Recht ist, folgendermaßen ein:

> Ein Teil der Schwierigkeit bei der Analyse der Probleme der Weltgemeinschaft und des Rechts, das sie regelt, ist das Fehlen eines geeigneten Wortes [...] für die Regeln, über die wir sprechen. So wie das Wort »international« nicht adäquat ist, um das Problem zu beschreiben, wird auch der Ausdruck »internationales Recht« nicht ausreichen. [...] Ich werde statt

8 Zur Unterscheidung zwischen spontanem und (staatlich) initiiertem »privaten« Recht vgl. Bumke/Röthel (2012).

> »internationales Recht« den Ausdruck »transnationales Recht« verwenden, um alles Recht zu erfassen, das Handlungen oder Ereignisse regelt, die die nationalen Grenzen überschreiten. Dazu gehören sowohl öffentliches Recht als auch internationales Privatrecht sowie andere Regeln, die sich nicht vollständig in solche etablierten Kategorien einordnen lassen. (Jessup 1956: 1f.)

Die transnationalen Szenarien, die Jessup beschreiben möchte, aber mit den herkömmlichen Kategorien nicht beschreiben kann, betreffen die Interaktionen zwischen Staaten ebenso wie die Aktivitäten einzelner Individuen, internationaler Organisationen oder wirtschaftlicher Unternehmen, die die nationalen Grenzen überschreiten. Entscheidender sind für Jessup aber konzeptuelle Innovationen, die mit diesen Vorgängen verknüpft sind. Denn jene »Handlungen und Ereignisse« machen es hinsichtlich der Bestimmung geltenden Rechts erforderlich, dass rechtspraktische Fragen der Anwendbarkeit über rechtstheoretische Fragen der Klassifikation privilegiert werden. Transnationales Recht beschreibt damit eine Form der Rechtspraxis, die Bezugspunkte[9] nahelegt, die nicht den Binnendifferenzierungen der staatlichen Rechtswelt folgen und so die verfügbare Regelmenge erweitern: »Die Verwendung transnationalen Rechts würde einen größeren Vorrat an Regeln bieten, auf die man zurückgreifen könnte« (ebd.: 15). Dabei muss die Auswahl der Regeln keinerlei im Voraus festgelegten Kriterien, wie z.B. der Territorialität oder der Nationalität, folgen (vgl. ebd.: 106). Transnationales Recht ist somit, obwohl oder gerade weil Jessup das Problem des Umganges mit konkreten Konflikten in den Fokus rückt, auf eine Verwendungsweise von Recht, auf einen spezifischen Rechtsvollzug ausgerichtet. Transnationales Recht ist eine Art und Weise, die Vielfalt des Rechts zu gebrauchen. Dass es Jessup unterlässt, zwischen internationalem und transnationalem Recht klar zu unterscheiden, wie in der Rezeption bis heute bemängelt wird (vgl. Noortmann 2015), verfehlt also insofern den Punkt, als transnationales Recht kein distinktes Rechtsgebiet, sondern die Praxis der übergreifenden Berücksichtigung von vormals separierten Legalitäten bezeichnet.

In der neueren rechts- und verfassungstheoretischen Diskussion wird hingegen transnationales Recht, manchmal auch im selektiven Anschluss an Jessup, auf die Frage der Produktion enggeführt. Diese Diskussionsbeiträge wenden sich gegen die Vorstellung, dass Recht nur staatliches Recht (sowie zwischen souveränen Staaten vereinbartes Völkerrecht) sein

9 Ich spreche von »Bezugspunkten« in Abgrenzung von den verschiedenen »Bezugssystemen«, die staatliches Recht und Völkerrecht in der Kelsen'schen Perspektive darstellen (vgl. Kelsen 1960: 345). Dies soll betonen, dass die normativen Interaktionen transnationaler Rechtserzeugung sich gerade über die Grenzen von derartigen Bezugssystemen erstrecken.

kann. Unter der Überschrift »transnationales Recht« wird dann eine neue Vielfalt von Instanzen aufgezeichnet, die Recht in »faktische[r] Unabhängigkeit von den Staaten« erzeugen (Viellechner 2013: 207). In diesen akteurszentrierten Ansätzen wird transnationales Recht teilweise als eine neue Art von »Rechtssystem« zusätzlich zum nationalen und internationalen Recht eingeführt, das von den »Rechtsschöpfungskräfte[n] einer globalen Zivilgesellschaft geschaffen und entwickelt« wird (Callies 2004: 254f.). Beobachtet wird jedenfalls die Produktion von Regeln und Institutionen durch einen »unmittelbaren Durchgriff auf das Recht« (Teubner 2000: 438), die von der Inkorporation dieser Regeln in nationales oder internationales Recht unabhängig ist. Das Resultat ist die »Privatisierung« von Rechtsetzung und Verfassunggebung (vgl. Teubner 1996; 2003). Transnationales Recht ist demnach »weitgehend ein Produkt nichtstaatlicher, funktional definierter Entitäten.« (Avbelj 2016: 19) Im Zuge dieser Entgegensetzung von staatlichen und nicht-staatlichen (gesellschaftlichen) Instanzen der Rechtsproduktion beschreibt transnationales Recht den Rechtseffekt der Globalisierung und wird von der Erosion staatlicher Souveränität getragen oder wenigstens begünstigt: Der Staat ist nur noch ein Rechtsakteur unter vielen und sieht sich mit »rasch anwachsenden Rechtsmassen« in der Gestalt von »normative[n] Ordnungen jenseits des Nationalstaates« konfrontiert (Meder 2015: 252). Das Recht der transnationalen Konstellation befindet sich in dieser Hinsicht immer seltener noch allein in der Hand des Staates, mit dem Ergebnis einer Konjunktur von »quasi«-Phänomenen: Die Zerfaserung von ehemals staatlichen Herrschaftsbefugnissen führt zur Herausbildung von quasi-legislativen und quasi-gerichtlichen Institutionen, die selbst wiederum quasi-legale Normen hervorbringen. Kurz: eine neue Vielfalt an Rechtsakteuren ist hier das Bestimmungsmerkmal transnationaler Rechtserzeugung.

Eine solche Perspektive reicht aber nicht hin, um transnationales Recht als ein spezifisches normatives Phänomen zu erschließen. So findet sich die eben skizzierte Debatte in der Regel auf die Frage beschränkt, ob es sich tatsächlich um Formen der selbstständigen Rechtsproduktion handelt oder ob diese nicht doch nur im »Schatten der Hierarchie« des Staates auftreten (Wolf 2014: 284). Perspektivbildend ist also die Frage, ob wirklich Recht jenseits des Staates erzeugt wird, wobei unter »Recht« weiterhin ein geschlossenes Normensystem verstanden wird. Doch Diagnosen, die allein auf die Vervielfältigung von Rechtsquellen, -schichten oder -systemen infolge der Globalisierung fokussieren, sind rechtshistorisch kaum plausibel und weiterhin auf den Staat als Kontrastfolie fixiert. Derart lassen sich die Veränderungen an der »konkreten Verfassungslage der Gegenwart« nicht abbilden.[10] Verfahren

10 Unter dieser Überschrift beobachtet Schmitt (2016: 67) – in polemischer Absicht – schon vor knapp 100 Jahren eine folgenreiche Dezentralisierung des

privater Rechtsetzung hat es schließlich auch bereits zur Hochzeit staatlicher Vorherrschaft gegeben. Es ist darüber hinaus wenigstens zu fragen, ob nicht der Zusammenhang zwischen staatlicher und rechtlicher Ordnung – auch und insbesondere in der negativen Variante *nicht*-staatlicher Rechtsordnungen – die Sicht verstellt, denn: »Ein Recht ohne Staat ist bloß das Gegenstück von einem Recht innerhalb des Staates«, so dass der Staat zum »Hauptkriterium für die Unterscheidung zwischen verschiedenen Arten von Recht [wird].« (Michaels 2007: 468) Die akteurszentrierte Perspektive reproduziert daher oftmals ein herkömmliches Bild des Rechtserzeugungsprozesses.[11] Der Befund des Pluralismus allein steht der Idee und Praxis exklusiver Rechtsordnungen nicht entgegen und ist somit, für sich genommen, noch kein Ausweis einer sich im Entstehen befindlichen »post-souveränen Welt« (Somek 2014: 19). Es ist also nicht viel gewonnen, wenn man das Recht auch an die Gesellschaft statt nur an den Staat bindet, denn durch den Fokus auf die Dezentralisierung des Rechts geraten die Umwälzungen der transnationalen Konstellation noch nicht hinreichend in den Blick.[12] Konzentriert man sich statt dessen auf die (internen) Rechtsbezüge selbst und damit auf den relationalen Charakter des Rechts, beschreibt transnationales Recht einen Wandel der Art und Weise, *wie* Recht ist.

Einen Anhaltspunkt für diesen Formwandel des Rechts bilden Untersuchungen, die eine Reihe von Erosionserscheinungen festhalten. Sie weisen insofern über akteurszentrierte Konzeptionen hinaus, als sie, statt sich auf die Unterscheidung von staatlichen und nicht-staatlichen Instanzen der Rechtserzeugung zu konzentrieren, strukturelle Veränderungen des Rechtserzeugungsprozesses aufzeichnen. Die Diagnose, dass transnationales Recht ein Recht *jenseits des Staates* ist, kann schließlich auf zweierlei Weise verstanden werden. Sie kann sich, wie gesehen, auf die

Rechts: Dabei »machen jetzt die verschiedenen, an der staatlichen Willensbildung beteiligten Instanzen die Auslegung der Verfassung [...] zum Gegenstand von Abmachungen und von Prozessen, die nach Analogie von Zivilprozessen geführt werden«.

11 Vgl. die skeptischen Bemerkungen bei Duval (2020) hinsichtlich einer »Reinen Theorie des transnationalen Rechts«, die Recht nun funktional begründet, ohne aber den (nationalstaatlichen) Begriff der Rechtsordnung aufzugeben.

12 Hier besteht ein Zusammenhang mit den Arbeiten von Zumbansen, die transnationales Recht vorrangig als ein methodisches Programm verstehen. Dementsprechend ist es nicht als »distinkter Raum der Global Governance, der nichts mit der Welt der Staaten und den damit verbundenen Rechtsbestimmungen zu tun hat« (Zumbansen 2012: 23) zu fassen. Transnationales Recht beschreibt vielmehr »einen Reflexionsrahmen für die Untersuchung von verschiedenen, nebeneinander bestehenden und sich überschneidenden Modellen normativer Ordnung.« (Zumbansen 2016: 192)

»Quelle« des Rechts und Verfahren der Durchsetzung beziehen. Oder sie weist auf Konstellationen hin, die sich im Rahmen eines staatszentrierten Verständnisses nicht angemessen abbilden lassen, weil das Recht sich nicht länger als ein geschlossenes Normensystem, als ein einheitliches, durch Ableitungsbeziehungen gestiftetes Ganzes zeigt. Anders formuliert, kann *das* Recht *des* Staates sich sowohl auf dessen Genese als auch auf dessen Form beziehen. Die Charakterisierungen als *hybrides*, *ungleichmäßiges* und *intransparentes Recht* deuten dabei auf eine Erosion der Legitimitäts-, der Legalitäts- und der Formalitätskriterien hin, die dieses Recht des Staates definieren.

Die Bezeichnung als *hybrides Recht* baut auf Unsicherheiten der Klassifikation auf. Schon bei Jessup erstreckt sich »transnationales Recht« auf solche Normen, die sich den konventionellen Kategorien staatlicher Rechtsordnung nicht eindeutig zuordnen lassen. Auch in neueren Beiträgen wird transnationales Recht stellenweise als »Inbegriff der rechtlichen Hybridisierung« bezeichnet (Tuori 2014: 17), weil es die etablierten Systematisierungen sprengt und sich durch die Vermischung von vormals getrennten Rechtsbereichen und -systemen auszeichnet. Diese Uneindeutigkeiten der Klassifikation erschweren zugleich die Identifikation der geltenden Normen. Die Einheit des Rechts steht infrage, sobald nicht mehr im Voraus festgelegt ist, wie einzelne Elemente (Normen) erzeugt oder außer Kraft gesetzt werden. Denn Hybridität beschreibt die »generische Mischung von Ursprüngen« (Müller-Mall 2013: 17), und hybrides Recht damit ein Recht, das sich nicht in das Bild eines formalen Zusammenhanges einpassen lässt: ein geteilter, den Zusammenhang der jeweiligen Elemente stiftender »Geltungsgrund« (Kelsen) ist nicht mehr auffindbar. So spricht Nico Krisch mit Blick auf das Recht jenseits des Staates von der »abgestuften«, der »zerstreuten« und schließlich der »flüssigen« Autorität des Rechts (Krisch 2010: 12; 2016: 667; 2017: 252). *Hybrides* Recht weist somit auf eine Erosion der etablierten Legitimitätskriterien hin, auf eine Erosion der (Möglichkeit der) souveränen Entscheidung darüber, welche Normen zur jeweiligen Rechtsordnung zählen – und welche nicht.

Transnationales Recht bezeichnet häufig das Ergebnis von nicht-staatlichen, funktional abgesteckten Vorhaben der Selbstregulierung. An die Stelle einer »zeitlich, sachlich und sozial generalisierenden Gesetzgebung« tritt die »Selbstregulierung durch Normen unterschiedlicher Reichweite und Generalität« (Günther 2001: 541). Solche Teilbereichsordnungen können, wie bereits skizziert, der Verselbstständigung von internationalen Sachgebieten und Organisationen ebenso wie privaten Normierungen (nicht nur, aber vor allem der Wirtschaft) entspringen. In beiden Fällen handelt es sich um ein thematisch differenziertes Recht – um »Regime«.[13] Diese

13 Ein derartiger Regimebegriff ist in der politikwissenschaftlichen und der rechtswissenschaftlichen Forschung einschlägig, vgl. z.B. Alter/Raustiala

inhaltlichen Beschränkungen bedeuten für den Anspruch der Universalität, den das Recht des Staates erhebt, eine Herausforderung. Denn hier verbindet sich ein umfassender (globaler) Geltungs- mit einem begrenzten Regelungsanspruch. Eine solche enge Verknüpfung mit den jeweiligen politischen und sozialen Logiken ist Gegenstand einer Reihe von Kritiken, die das Recht der Regime als ein bloßes Abbild von anonymen, selbstgesetzlichen Prozessen funktionaler Differenzierung zurückweisen (vgl. Koskenniemi 2009; Maus 2015; Goldmann 2015: 229 ff.). An dieser Stelle ist aber erst einmal zu bemerken, dass jene Spezialisierungen mit der (potentiell) uneingeschränkten Zuständigkeit des Rechts in einem Spannungsverhältnis stehen. Das Recht des Staates ist schließlich ein allein prozedural determiniertes, und das bedeutet: ein inhaltlich ungebundenes Recht. Diese *Ungleichmäßigkeiten* der Rechtserzeugung betreffen auch die institutionellen Verdichtungen der funktional differenzierten Ordnungen, insbesondere deren Grad der Judizialisierung (vgl. Kingsbury 2012; Cutler 2018). Die inhaltlichen und die institutionellen Ungleichmäßigkeiten verstärken einander, mit der Folge, dass zusehends ein identischer Sachverhalt aufgrund konkurrierender institutioneller Zuständigkeiten oder infolge widerstreitender inhaltlicher Bestimmungen unterschiedlich bewertet werden kann. Die Gefahr von Normenkonflikten (Welche Rechtsordnung regelt einen konkreten Fall?) und Jurisdiktionskonflikten (Welches Gericht soll den konkreten Fall beurteilen?) steigt, weil das »letzte Wort« ganz unterschiedlich ausfallen kann.[14] Ein derart *ungleichmäßiges* Recht deutet auf die Erosion der etablierten Legalitätskriterien hin, denn das Recht des Staates impliziert letztgültige Maßgaben zur »rechtssicheren« Relevanz der geltenden Normen und zur Frage der zuständigen Institutionen.

Der Prozess transnationaler Rechtserzeugung wird zudem mit technokratischen, gouvernementalen oder ökonomischen Machtpositionen und einem informellen Zuschnitt der Rechtsproduktion in Zusammenhang gebracht. Dazu zählen die »transnationalen Verwaltungsnetzwerke« (vgl. Oeter 2014) ebenso wie Verfahren der Rechtserzeugung *bottom-up* (vgl. Levit 2008) oder die Formulierung und Konkretisierung von *soft law* (vgl. Merry 2015). Recht wird hier jeweils hinter verschlossenen Türen und relativ ad hoc erzeugt, in Distanz von prozeduralen Vorgaben und autorisierten Kompetenzen. Das Resultat ist ein *intransparentes Recht*, das wiederum als Ausdruck der hybriden und ungleichmäßigen Struktur transnationaler Rechtserzeugung aufgefasst werden kann. Denn hybrid ist transnationales Recht ja auch insofern, als ein formaler und insofern »geregelter« Erzeugungszusammenhang aufgebrochen wird. Zugleich

(2018) (für die Politikwissenschaft) und Fischer-Lescano/Teubner (2006) (für die Rechtswissenschaft).

14 Zur Diagnose der Ermangelung eines »letzten Wortes« vgl. Bogdandy (2008), Somek (2014), Stone Sweet/Mathews (2019).

erschweren es die thematisch differenzierten und institutionell zersplitterten Rechtsregime, das Recht an ein inklusives Verfahren der Rechtserzeugung zurückzubinden. *Intransparentes* Recht betrifft somit die Erosion der etablierten Formalitätskriterien des Rechts als ein von weiteren sozialen Interaktionskontexten und den korrespondierenden Machtpositionen unterschiedenes normatives Universum, dessen Bestandteile einer rationalen Überprüfung ausgesetzt werden können.

Diese Erosionserscheinungen weisen allesamt darauf hin, dass transnationales Recht einen Umbruch in der Art und Weise bedeutet, wie das Recht ist. Es als ein eigenständiges normatives Phänomen in den Blick zu nehmen, macht es darüber hinaus nötig, die externen Aufzeichnungen des Rechtspluralismus um die Ebene der Selbstbeschreibung des Rechts zu ergänzen. Auf diese Weise können die skizzierten Erosionserscheinungen aufgegriffen werden, ohne den Rechtsbegriff selbst infrage stellen zu müssen, wie es »radikalere« Varianten des Rechtspluralismus manchmal tun.[15] Ich gehe dabei davon aus, dass das Recht, wie Niklas Luhmann herausgearbeitet hat, ein sich selbst produzierendes *und* ein sich selbst beschreibendes soziales System ist. Dass das Recht sich selbst produziert, bedeutet erst einmal nur, dass Recht das ist, was durch das Recht als Recht bestimmt wird.[16] Selbstbeschreibungen sind Reflexionsleistungen des Rechts, die, als Vorgaben oder »Bedingungen« (Luhmann 1988: 13), Einfluss auf diesen Prozess der Selbstbestimmung haben. Denn dass sich das Recht selbst bestimmt, dass es die eigene Erzeugung regelt, trifft noch keine Aussage darüber, wie es das tut. Luhmann betont die »Mehrheit möglicher Selbstbeschreibungen«, die abhängig vom »Interaktionskontext« wechseln können (Luhmann 1991: 277). Transnationales Recht bezeichnet eine Veränderung dieser Vorgaben, und zwar eben derart, dass sich der Prozess der Rechtserzeugung nicht länger entlang von normativen Ableitungsbeziehungen vollziehen muss, die ein geschlossenes Normensystem zugleich voraussetzen und wiederherstellen. Das Recht in der transnationalen Konstellation zeigt sich,[17] im Unterschied dazu, als ein offenes Interaktionsgeschehen, das sich über die Grenzen unterschiedlicher Rechtsordnungen erstreckt. Wesentlich für transnationales Recht ist also nicht, dass diese Verstrickungen als solche (faktisch) bestehen, sondern von entscheidender Bedeutung sind Operationen, die jene Verstrickungen und Verflechtungen reflektieren und dadurch normativ wenden. Im klassischen Bild des Rechtserzeugungsprozesses, das hier als *Recht der Rechtsordnung* bezeichnet werden soll, ist die Existenz einer konkreten

15 Siehe dazu *Kapitel 3.1.1*

16 Das unterstreicht natürlich ebenso Kelsen (1960: 73): »[E]s ist eine höchst bedeutsame Eigentümlichkeit des Rechts, daß es seine eigene Erzeugung und Anwendung regelt.«

17 Zur Unterscheidung herausbilden/sich zeigen vgl. Müller-Mall (2023: 38).

Norm zwingend von der Existenz einer weiteren, übergeordneten Norm abgeleitet, das Recht bewegt sich also allein innerhalb bzw. entlang der festgesteckten Grenzen eines formalen Zusammenhanges. In der transnationalen Konstellation ist das Recht hingegen insofern entgrenzt, als diese hierarchischen Ableitungsbeziehungen ineinander mit normativen Adaptions- und Interaktionsbeziehungen bestehen. Die rechtserzeugenden Wirkungen einer spezifischen Norm sind damit nicht auf die stufenbauförmigen Relationen der Über- und Unterordnung beschränkt. Sie kann sich auch jenseits der eigenen Ordnung als normativ bedeutsam erweisen.

Der Prozess der Entgrenzung bringt dadurch ein kompositives Recht aus einer Mehrzahl von relevanten Normativitäten hervor. Im Kontrast dazu ist das *Recht der Rechtsordnung*, wie Hans Kelsen festhält, eine »spezifische Selbstbewegung« (Kelsen 1925: 248), nämlich der Vollzug einer Einheit aus erzeugten und erzeugenden Normen. Eine Rechtsnorm gilt demnach als solche,[18] sofern die Norm gemäß den vorgeschriebenen Bestimmungen erzeugt wurde und so den Zusammenhang (re-)produziert, durch den das Recht als ein einheitliches System besteht: Mit jedem Rechtsakt »wird eine Norm höherer Stufe vollzogen und eine Norm tieferer Stufe erzeugt.« (Kelsen 1934: 83) Die Anwendung einer Norm ist zugleich die Erzeugung einer anderen Norm, genauso wie Erzeugung einer Norm zugleich die Anwendung einer anderen Norm ist. Dabei sind aber beide Normen, darin liegt die Spezifik dieser Bewegung, durch hierarchisch strukturierte Ableitungsbeziehungen miteinander verbunden, die sowohl die Geltung der einzelnen Norm als auch die Einheit der Ordnung erklären. Dieser technische Begriff der Rechtsordnung stellt die Rechtsproduktion bekanntermaßen als Stufenbau dar.[19] Das Bild des Stufenbaus, so hält Kelsen fest, »erfaßt das Recht in seiner Bewegung, in dem ständig sich erneuernden Prozeß seiner Selbsterzeugung.« (Kelsen 1960: 283) Denn die Selbsterzeugung des Rechts kann – »bildlich gesprochen« (Merkl 1931: 276) – als Relation von höheren und niedrigeren Normen aufgezeichnet werden. Die Frage der Geltung kann somit als Frage der Rangordnung gestellt werden.[20] In dieser Darstellung ist die Norm, die die Bedingungen der Erzeugung einer weiteren Norm festlegt, dieser Norm übergeordnet.[21] Weil und insofern es sich um

18 Ich klammere die Dimension der faktischen Wirksamkeit hier aus.

19 Maßgeblich entwickelt von Merkl (u.a. 1931) und dann von Kelsen übernommen.

20 Ebenso Kelsen (1960: 228), dem zufolge der Erzeugungszusammenhang »in dem räumlichen Bild der Über- und Unterordnung dargestellt werden [kann].«

21 Das *Recht der Rechtsordnung* bestimmt auch die Aufhebung von Rechtsnormen, die wiederum als Stufenordnung abgebildet werden kann. Die beiden Rangordnungen, nach Kriterien der Erzeugung oder der Derogation, müssen einander nicht entsprechen (vgl. Merkl 1931: 276 ff.).

eine »Ordnung« handelt,[22] hält das *Recht der Rechtsordnung* auch Bestimmungen für den Fall der Kollision gleichrangiger Normen bereit.[23] Es kann hier insofern keinen »echten Normenkonflikt« (Kelsen 1958: 161) geben, als jede Kollision widersprechender Sollensforderungen unter Rekurs auf die Interpretation des formalen Erzeugungszusammenhanges auflösbar ist.

Um Recht zu sein, muss das Recht souverän sein. Diese Eigenschaft der Souveränität kann aber auf zwei Weisen verstanden werden, die dazu eignen, den Unterschied zwischen der Selbsterzeugung und der Selbstbeschreibung des Rechts zu illustrieren. Souveränität kann einerseits Unabhängigkeit bedeuten. Dass das Recht souverän sein muss, bedeutet dann (nur), dass es sich um ein distinktes soziales System handelt, das diese Differenz selbst zum Ausdruck bringt und so als eine bestimmte Form der gesellschaftlichen Verhältnisse manifest wird: Nur das Recht kann darüber entscheiden, was rechtens ist. Das Recht, so könnte man auch sagen, erzeugt sich selbst und ist darin souverän. Die Eigenschaft der Souveränität kann aber auch so verstanden werden, dass das Recht diese Operationen auf eine bestimmte Art und Weise erledigt. Dass das Recht souverän sein muss, bedeutet dann (auch), dass es als ein geschlossenes Normensystem operiert – dass es sich also als Prozess der Anwendung von höherrangigen (oder: zugrunde liegenden) Normen darstellt. Etwas ist demnach dann und nur dann rechtlich, wenn es sich als ein Element dieser Ketten aus hierarchischen Ableitungsbeziehungen ausweisen kann. Auf diese Weise erläutert der technische Begriff der Rechtsordnung die Eigenschaft der Souveränität des Rechts: als ein normatives Erfordernis, die eigene Unabhängigkeit in Relationen der Über- und Unterordnung auszudrücken. Und so ist hier – aber nur hier – auch zu verstehen, dass das Recht souverän sein *muss*.

Für Luhmann ist der Stufenbau des Rechts ein für die Praxis folgenreiches Modell dessen, wie das Recht sich selbst erzeugt. Das Stufenbaumodell beschreibt oder »erfaßt« nicht nur, sondern es orientiert auch die Rechtspraxis. Es stellt »eine Form konzentrierter Selbstreferenz« bereit (Luhmann 1999b: 423). Solche Selbstbeschreibungen sind *informativ*. Sie dokumentieren ein Wissen über die Selektionen der Vergangenheit.

22 Denn eine »›Ordnung‹ ist ein System von Normen, deren Einheit dadurch konstituiert wird, daß sie alle denselben Geltungsgrund haben.« (Kelsen 1960: 32)

23 Kelsen revidiert in der posthum erschienenen *Allgemeinen Theorie der Normen* die eigene Auffassung dahingehend, dass solche Kollisionsregeln nun positiv-rechtlich statuiert sein müssen und nicht in der Ermächtigung zur Rechtserzeugung inbegriffen sind, somit also letztlich nicht alle Normenkonflikte im Sinne logischer Widerspruchsfreiheit durch Interpretation aufgelöst werden können müssen (vgl. Baldus 1995: 152 ff.; Fischer-Lescano 2007).

Darüber hinaus wirken Selbstbeschreibungen aber auch *normativ*, insofern Aussagen über die Produktion von Recht formuliert werden, die ein internes Sollen ausdrücken. Sie sind nicht nur Beobachtung, sondern Teil der Rechtskommunikation.[24] Kurz gesagt, weist Luhmann darauf hin, dass das »Bild«, das sich das Recht von sich selbst macht, mit der Entscheidung darüber, was Recht bzw. rechtens ist, verbunden und für diese Entscheidung verbindlich ist. Damit ist natürlich nicht gesagt, dass das Recht dieser Darstellung folgen muss. Es handelt sich um ein Bild, nicht um geltendes Recht (und Theorie und Praxis können sich in den Haaren liegen).[25] Dass es sich bei der Darstellung des Rechts als ein normhierarchisches Gefüge um eine erfolgreiche rechtstheoretische Innovation handelt (vgl. Koller 2005; Wiederin 2011), erweist sich aber jedenfalls auch an der Rolle, die jene »juristische Begründungsmetaphorik« des Stufenbaus (Krawietz 1984: 265) in der tatsächlichen Rechtspraxis spielt. Manchmal explizit, in der Regel implizit, stellt sie Antworten auf die Frage bereit, wie Recht zu erzeugen oder zu vernichten ist und erklärt, dass die Lösung von Rechtskonflikten als die Aktualisierung normativer Rangverhältnisse zu rechtfertigen ist. Eine Rechtsentscheidung, die nicht in stufenbauförmigen Relationen dargestellt werden kann, bewegt sich wie selbstverständlich in der Grauzone juristischer Argumentation. Das zeigt etwa die Figur des »Vorranges der Verfassung«.[26] Auch kann auf ein hierarchisches Rechtsmodell, das Anforderungen wie die Gesetzesbindung der Justiz fundiert, in rechtsstaatlichen Kontexten kaum verzichtet werden.[27] Das Recht ist hier in Form des rechts*intern* stabilisierten Erfordernisses der Hierarchie reflexiv geschlossen. Man kann insofern mit Luhmann auch von einer »*Selbsthierarchisierung des Rechtssystems*« sprechen (Krawietz 1984: 268).

Transnationales Recht ist der Bruch der Rechtspraxis mit dem Bild der Normenhierarchie, eine andere Vollzugsform des Rechts. Das Recht zeigt sich hier als ein Interaktionsgeschehen, das aus den Bahnen des

24 Die Rechtswissenschaft gehört daher zum Rechtssystem.

25 »Die Theorie [der Rechtsordnung] trifft keine Entscheidungen, sondern stellt einen konzeptionellen Rahmen zur Rechtfertigung der getroffenen Entscheidungen dar.« (Itzcovich 2012: 367; vgl. auch Schultz 2014: 93 ff.; Gragl 2018)

26 Dass der Vorrang der Verfassung den Stufenbau der Rechtsordnung zur rechtstheoretischen Voraussetzung hat, vgl. dazu Wahl (1981, hier: 487).

27 Von vorrangiger Bedeutung ist daher nicht, wie Luhmann bezweifelt, dass das Recht jemals wirklich mit dem »klassische[n] Modell der Hierarchie« (Luhmann 1990a: 469) übereingestimmt hat. Zentral für diese Studie ist vielmehr, die Relevanz eben dieser Selbstbeschreibungen für die konkrete Rechtspraxis zu markieren. Das Bild des Stufenbaus kann das Recht, wie es eigentlich ist, verfehlen. Das schließt aber nicht aus, dass dieses Bild für die Rechtsproduktion einflussreich ist.

formalen Erzeugungszusammenhanges ausbricht, die für das *Recht der Rechtsordnung* von elementarer Bedeutung sind. Die »Enthierarchisierung der globalen Rechtsordnung« (Brunkhorst 2012: 192) ist nicht nur ein faktisches, sondern auch ein normatives Phänomen. Dabei wird die (Möglichkeit der) Unterscheidung in »fremde« und »eigene« Normen durch einen *konstitutiven Fremdbezug* rechtlicher Ordnung abgelöst. Transnationales Recht ist somit zuerst eine andere Selbstbeschreibung des Rechts: ein »Theoriefortschritt«, um dadurch »möglicherweise einer gegebenen historischen Lage besser entsprechen [zu können.]« (Luhmann 1999b: 424) Denn es handelt sich um einen Modus von Rechtskommunikation, der den permeablen Aspekt der Interaktion über den hermetischen Aspekt der Zugehörigkeit privilegiert. Charakteristisch für das Recht der transnationalen Konstellation ist somit, »dass es Cluster entstehender, andauernder, variierender und abnehmender Legalität gibt, *sowie ihre Interaktion miteinander«* (Culver/Giudice 2010: 105, Herv. J.H.). Die Einheit des Rechts, wie sie der technische Begriff der Rechtsordnung versteht, wird fraglich. Transnationales Recht ist poröses Recht oder, in einer einflussreichen Formulierung, »interlegal«.[28]

Maßgeblich für den *konstitutiven* Fremdbezug des Rechts ist, dass diese Verstrickungen in den Rechtsoperationen selbst, also auch in der internen Perspektive der Rechtspraxis,[29] Ausdruck finden.[30] Die Verflechtungen treten nicht allein den wissenschaftlichen Beobachter:innen vor Augen, sondern sie werden (rechts-)normativ wirksam. In einer hilfreichen Unterscheidung kann zwischen faktischen und normativen Interaktionen differenziert werden (Burchhardt 2017). Dabei liegt eine »faktische Interaktion [...] beispielsweise vor, wenn die externen Rechtsnormen als reine Inspirationsquelle für die Schaffung oder Anwendung interner Normen genutzt werden.« (ebd.: 306) Von normativen, »jurisgenerativen« Interaktionen (Dunoff 2016: 58) kann hingegen gesprochen werden, wenn diese Bezugnahme auf fremde Normen den normativen Charakter der fraglichen Regelung oder Ordnung betrifft, die Bezugnahme also mit rechtserzeugenden Wirkungen einhergeht. Hier

28 »Wir leben in einer Zeit poröser Legalität oder legaler Durchlässigkeit, der multiplen Netzwerke von Rechtsordnungen, die uns zu ständigen Übergängen und Überschreitungen zwingen. Unser Rechtsleben besteht aus einer Überschneidung verschiedener Rechtsordnungen, d.h. aus *Interlegalität.«* (Sousa Santos 1987: 298) Vgl. zum Begriff der Interlegalität Wai (2008), Taekema (2019).

29 Zur Unterscheidung von interner und externer Perspektive vgl. Tamanaha (1997: 178 ff.).

30 »Verknüpfungen und Verflechtungen werden *innerhalb der Rechtspraxis* durch unterschiedliche Arten von Normen und Praktiken, die verschiedene Normenkörper verbinden und überspannen, verarbeitet und hergestellt.« (Krisch 2022: 30, Herv. J.H.)

wird deutlich, dass »die Tatsache, dass eine Norm zu einer bestimmten Rechtsordnung gehört, ihre externen Wirkungen nicht einschränkt oder gar ausschließt.« (Burchhardt 2017: 323) Solche normativen Interaktionen lassen sich als »Prozess dynamischer Adaption« fassen (Urueña 2016: 150), der sich hierarchischen Konzeptualisierungen der Normgenese entzieht. Dass die Einheit des Rechts und der technische Begriff der Rechtsordnung fraglich geworden sind, impliziert die Möglichkeit »echter« Rechtskonflikte (die auszuschließen das *Recht der Rechtsordnung* für sich in Anspruch nehmen konnte). So ist transnationales Recht durchzogen von und bildet sich fort anhand von normativen Widersprüchen. Allerdings müssen die rechtserzeugenden Interaktionen nicht als Rechtskonflikte auftreten und sind nicht auf die Rechtsprechung beschränkt. Zudem lassen sich – diese Einschränkung ist explizit zu machen – solche normativen Interaktionen von faktischen Interaktionen nicht immer eindeutig unterscheiden.[31] Die Signifikanz »externer« Normen kann jedenfalls, und darin liegt gerade das Bestimmungsmerkmal transnationaler Rechtserzeugung, nicht im Voraus der jeweiligen Interaktionen bestimmt werden.

Techniken der Vermittlung: Ethisch oder politisch?

Transnationales Recht bedeutet weder zwangsläufig noch regelmäßig eine neue Unabhängigkeit von Recht und Staat und kann nicht allein anhand der Vielfalt des Rechts auf den Begriff gebracht werden. Akteurszentrierte Konzeptionen fassen transnationales Recht vorrangig als die Vervielfältigung von wenigstens relativ eigenständigen Rechtsordnungen auf, die durch den Bedeutungsverlust des Staates infolge der Globalisierung begünstigt wird. Doch es handelt sich, darüber hinaus, um ein spezifisches Phänomen der rechtsnormativen Interdependenz. Aber auch die Aufmerksamkeit für diese Verstrickungen und Verknüpfungen reicht noch nicht hin, um das Recht der transnationalen Konstellation voll und ganz zu erfassen. Dazu müssen die Techniken, die jene Verstrickungen bedingen, ins Zentrum rücken.

In den rechts- und verfassungstheoretischen Ansätzen, die den Formwandel des Rechts aufgreifen, werden jedoch die normativen Folgen dieser Techniken kaum thematisch. Das liegt vor allem daran, dass die Vermittlung unterschiedlicher Rechtsordnungen, wenn sie denn in den Blick gerät, allein als ein ethisches Problem behandelt wird. Mittels Praktiken »relationaler Imagination« (Del Mar 2017) und im Rahmen einer »Ethik der Responsivität« (Michaels 2019) soll sodann ein angemessener Umgang mit den Verstrickungen und Verknüpfungen des Rechts, mit

31 Das liegt schon daran, dass das Recht sprachlich verfasst ist.

der Tatsache der Interlegalität, sichergestellt werden. Es gilt, die neue Rechtsvielfalt und das »komplexe« Phänomen der vielgestaltigen Überschneidungen verschiedener Ordnungen auf adäquate Weise abzubilden: »Der interlegale Sinn der Komplexität verlangt vom juristischen Entscheidungsträger, so viele Normativitäten zu berücksichtigen, wie an dem Fall beteiligt sind, und die ›gerechte‹ Lösung aus einer kompositiven, nicht nur einseitigen Perspektive zu erarbeiten.« (Klabbers/Palombella 2019: 3) Vermieden werden soll die Dominanz einzelner Ordnungen, die den Rechtspluralismus beeinträchtigen oder unterdrücken würde. Von zentraler Bedeutung sind dafür insbesondere judizielle Verfahren und Praktiken der Normproduktion, die eine Haltung der Toleranz ausdrücken. Als wichtig erachtet für den Umgang mit Interdependenz wird »eine weit verbreitete Hingabe zum Lernen (und eine damit einhergehende Bereitschaft, Identität auf der Grundlage von Alterität [...] neu zu gestalten).« (Neves 2017: 386) Der irreduzible Rechtspluralismus soll durch solche alteritätsorientierten Interaktionen erhalten und vorangetrieben werden. Es geht also vielfach nicht um die Allokation von Kompetenzen[32] und eine Lösung für die konfligierenden Zuständigkeitsbehauptungen und widersprüchlichen Entscheidungen, die den »jurisdiktionellen Pluralismus« (Berman 2019a) notwendigerweise begleiten. Maßgeblich ist Harmonisierung statt Hierarchisierung, umsichtige Offenheit statt positivistische Verhärtung. Hinter der pluralismussensiblen Ausrichtung verschwinden aber die Techniken der Vermittlung, die diese Interdependenzen formieren. Sie geraten nur so in den Blick: als Mechanismen oder Prinzipien, die dazu beitragen, die Diversität des Rechts aufrechtzuerhalten, nicht jedoch als Techniken, die jene normativen Interaktionen ermöglichen und prägen.

In den Ansätzen eines globalen Konstitutionalismus wird ein solcher ethischer Zugriff überaus deutlich. Hier soll ein substantieller Verfassungsbegriff dazu dienen, das Ineinandergreifen von internationalen und nationalen Rechtsordnungen zu harmonisieren. Strikt an den vermittelnden Leistungen der Rechtsprechung orientiert, wird Konstitutionalisierung durch die Verwendung von »konstitutionellen Prinzipien und Verfahren« vorangetrieben (Peters 2016a: 1014), um auf diese Weise das Potential des (völker-)rechtlichen Pluralismus zu entfalten und die Gefahren der Fragmentierung zu bändigen. Auszuschließen ist diesen Ansätzen zufolge zum einen, dass sich die Verfassung der transnationalen Konstellation schlichtweg entlang von Machtgefällen entwickelt.[33] Zum

32 Vgl. auch die Unterscheidung von »normativer Integration« und der »Integration von Autorität« durch Komori (2012: 134).

33 Unter den Stichworten *after* oder *beyond fragmentation* rücken vielmehr Verfahren der kooperativen Konfliktbewältigung in den Fokus (vgl. Andenas/Bjorge 2015; Megiddo 2019; Kreuder-Sonnen/Zürn 2020), die Hoffnungen

anderen gilt es aber auch zu vermeiden, eine Normenhierarchie zu etablieren, die jene interlegalen Szenarien für einen formalen Erzeugungszusammenhang eintauscht. Das Potential des Pluralismus kann dabei jedoch in einer zirkulären Argumentation nur so entfaltet werden, dass Prinzipien, Verfahren und Techniken zum Einsatz gelangen, die bereits als »konstitutionell« ausgezeichnet sind (vgl. Peters 2010; 2017). Auf welche Weise dann Verfassungsstrukturen etabliert werden können, sobald die (hierarchische) Einheit des Rechts einmal aufgebrochen ist, gerät so vollkommen aus dem Blick. In systemtheoretischen Konzeptionen wird ebenso »Responsivität« (Viellechner 2015), »Konnektivität« (Kjaer 2018) oder »Networking« (Perez/Stegmann 2018) betont. In diesen Ansätzen ist der Verfassungsbegriff auf die Herstellung normativer Kompatibilität zwischen je funktional spezifizierten Rechtsordnungen ausgerichtet. Zugleich steht – im Kontrast zur Idee eines globalen Konstitutionalismus – ein einheitlicher, substantieller Standpunkt der Verfassung nicht zur Verfügung. Deshalb wird »die Verantwortung für den Ausgleich der konfligierenden Rechtsordnungen [...] in die konfligierenden Einheiten hineinverlagert« (Teubner 2012: 237). Auch hier geht es darum, den Pluralismus angemessen zu bewältigen, und das bedeutet auch hier: ihn zu bewahren. Wie diese Vermittlung divergierender Rechtsordnungen passiert, und welche Folgen sie für den Zusammenhang von Berechtigung und Befähigung hat, bleibt hingegen im Dunkeln.

Diese Leerstelle ist besonders eklatant, insofern fundamentale Rechte in beiden Konzeptionen transnationaler Konstitutionalisierung eine wichtige Rolle einnehmen. Schließlich plädieren die Vertreter:innen des globalen Konstitutionalismus für eine Ausweitung von zentralen Prinzipien des demokratischen Verfassungsstaates und ist die Achtung der Menschenrechte ein Kennzeichen[34] des transnationalen Konstitutionalisierungsprozesses (vgl. Gardbaum 2008; Peters 2009b; Kleinlein 2011; Kumm 2013; Besson 2017; Stone Sweet/Ryan 2018). Eine »Legitimation durch Menschenrechte« (Habermas 1998) wird dort zur einfachen Checkliste und der Zusammenhang von Berechtigung und demokratischer Befähigung so verstanden, dass die Herrschaftsbefugnisse von staatlichen und zusehends auch von nicht-staatlichen Instanzen unter Rekurs auf begründete Interessen effektiv begrenzt werden (vgl. Dobner 2010; Volk 2012; Krivenko 2017). Aber auch in den systemtheoretischen Konzeptionen sollen Grund- bzw. Menschenrechte die Konstruktion

der Konstitutionalisierung gerade auf den Pfaden des Rechtspluralismus wecken.

34 In der Regel zusätzlich zu Demokratie und *rule of law*. Auf diese Weise konzeptualisiert z.B. Kumm (2016: 710) die sog. »Dreifaltigkeitsformel des Konstitutionalismus«. Vgl. auch Wiener et al. (2012).

geeigneter Regimeverfassungen anleiten. Sie haben zur Aufgabe, in den rechtlich abgestützten Sozialsystemen eine »Alteritätsorientierung« (Fischer-Lescano 2017: 493; Horst 2019: 157) und also die Berücksichtigung der jeweiligen Systemumwelten zu forcieren.

Verfassungsstrukturen und insbesondere fundamentale Rechte werden somit in einflussreichen Beiträgen der Rechts- und Verfassungstheorie als Ausdruck entweder von geteilten Verfassungsprinzipien (globaler Konstitutionalismus) oder von gesellschaftlichen Rationalitäten (systemtheoretischer Konstitutionalismus) konzipiert. Sie sind jeweils inhaltlich gesättigt und bilden sich in einer charakteristischen Distanz von legislativen Verfahren heraus, die den Anspruch erheben können, die Rechtsträger:innen selbst an der Ausgestaltung dieser Rechte zu beteiligen. Weil transnationales Recht ein Phänomen der normativen Interdependenz darstellt, kann eine solche Verselbstständigung der Rechte nicht in einen allgemeinen Gesetzgebungsprozess zurückgenommen werden. Nicht nur sind es vor allem Gerichtsentscheidungen, die die Verfassung der transnationalen Konstellation herausbilden (sollen), so dass sich beide Strömungen durchaus affirmativ auf die Beobachtung beziehen, dass solche Entscheidungen zusehends »in die leere Stelle eines transnationalen pouvoir constituant einzutreten [scheinen].« (Teubner 2015: 70) Bedeutender ist, dass über den Gehalt und die Reichweite der Rechte nicht mehr allein im Rahmen einer einzelnen Ordnung entschieden werden kann, sobald das Recht aus einer Mehrzahl von miteinander verstrickten Legalitäten besteht und also nicht mehr auf eine umfassende Weise normiert werden kann. Die Idee der Selbstgesetzgebung ist rechtlich haltlos geworden und kann deshalb einer Kritik der Rechtsentwicklung nicht mehr als Ausgangspunkt dienen.

Umso wichtiger ist es, den vorherrschenden, ethischen Zugriff auf den Prozess transnationaler Rechtserzeugung zu problematisieren. Er stellt zum einen ein analytisches Problem dar. Schließlich richtet sich die Aufmerksamkeit jeweils nur auf die Selbstbegrenzung der einzelnen Ordnung, die sich tolerant zeigen und die eigene Umwelt beachten soll. Auf diese Weise kann aber der Vorgang der Entgrenzung nicht vollständig erfasst werden, da die normativen Interaktionen nur als ein einseitiges Wirkungsgeschehen in den Blick geraten. Sie sind aber, eben als Interaktionen, für alle beteiligten »Seiten« relevant. Dass sich, um ein Beispiel aufzugreifen, das Regime des internationalen Investitionsschutzes durch die Berücksichtigung von menschenrechtlichen Ansprüchen selbst begrenzt,[35] dieser Vorgang ist sowohl für den Investitions- als auch für den Menschenrechtsschutz relevant (beide Ordnungen sind »danach«, infolge der Interaktionen, nicht mehr dieselben). Zum anderen handelt es sich um ein normatives Problem, wenn die formierenden Wirkungen

35 Siehe dazu *Kapitel 4.3*.

transnationaler Rechtserzeugung einer pluralismusaffinen »Ethik der Responsivität« nachgeordnet werden. Denn wie die Techniken wirksam werden, die den Prozess der Entgrenzung prägen, tritt in der Diskussion hinter die Forderungen der Selbstverpflichtung und Alteritätsorientierung zurück. Dass sich die verschiedenen Ordnungen und Regime füreinander öffnen und derart selbst beschränken ist hier von vorrangiger Bedeutung, ohne dass die Folgen, die mit der Wahl bestimmter Techniken der Vermittlung verbunden sind, hervortreten und Gegenstand der Kritik werden können. Sowohl ein globaler als auch ein systemtheoretischer Konstitutionalismus sind von dem Ziel geleitet, Vielfalt (durch Rechte) zu bewahren. Um das Potential demokratischer Befähigung in der transnationalen Konstellation auszuloten, greift eine empathische Ethik der Selbstverpflichtung aber zu kurz. Vielmehr müssen die *Politiken der Vermittlung* untersucht werden, um den Zusammenhang von Berechtigung und Befähigung evaluieren zu können. Der Begriff der Entgrenzungsformen rückt die formierenden Wirkungen der Techniken ins Zentrum, die für die und in den Interaktionen unterschiedlichen Rechtsordnungen zum Einsatz gelangen. Entgrenzungsformen übertragen und erzeugen. Sie bedingen also die normativen Interaktionen, die Gegenstand der Vermittlung sind. Dabei weisen diese Entgrenzungsformen als Techniken strukturelle Eigenschaften auf, die über das Potential demokratischer Befähigung in der transnationalen Konstellation entscheiden.

Dass das Recht der transnationalen Konstellation nur anhand der Verstrickungen des Rechts angemessenen beschrieben werden kann, diese Einsicht verbindet die unterschiedlichen Konzeptionen des globalen Rechtspluralismus. Sie werden im folgenden, dritten Kapitel diskutiert. Dabei wird sich zeigen, dass jene Konzeptionen die normativen Herausforderungen einer »entgrenzten« Rechtsordnung anerkennen und auch die Frage nach den geeigneten Techniken aufwerfen, die den Prozess transnationaler Rechtserzeugung rahmen. Sie bleibt jedoch letztendlich unterbelichtet, weil die relevanten Techniken allein aus einer ethischen Perspektive in den Blick genommen werden, die auf das Management von Vielfalt und Verpflichtungen zur Selbstbegrenzung eingestellt ist. Die Entgrenzungsformen werden so nicht als ein eigenständiges, grundlegendes Moment transnationaler Rechtserzeugung sichtbar. Der Zusammenhang von subjektiver Berechtigung und demokratischer Befähigung kann dadurch weder adäquat verstanden noch bewertet werden. Ich illustriere im vierten Kapitel eine solche Politik der Vermittlung anhand der Technik der Verhältnismäßigkeit im Rahmen des Investitionsschutzes. Sie erlaubt eine Ausweitung von Rechtsansprüchen über die Grenzen dieser partiellen Ordnung und tritt derart als eine wirkmächtige Entgrenzungsform in Erscheinung. Mittels der Verhältnismäßigkeitsprüfung erstrecken sich unter anderem die Normen des Menschenrechtsschutzes in das Regime zum internationalen Investitionsschutz und stellen derart dessen alleinige Ausrichtung an der Rationalität des Marktes infrage. Die normativen Interaktionen, die für das Recht der transnationalen Konstellation charakteristisch sind, bedeuten somit einerseits einen Zuwachs von Einflusschancen. Andererseits verläuft diese Berücksichtigung externer Normen in den spezifischen Bahnen der Verhältnismäßigkeitsprüfung. Sie formiert jene Interaktionen als ein konstantes Abwägungsgeschehen, das unfähig ist, die Position der Rechte am Grund des Rechts abzubilden und einen Zusammenhang von Berechtigung und demokratischer Befähigung zu etablieren.

3. Die Verfassung der Vermittlung

»Das Hinzufügen von ›transnational‹ zu ›Recht‹ ist wie das Hinzufügen eines Fragezeichens: Es stellt das staatszentrierte Rechtsverständnis der modernen westlichen Rechtswissenschaft infrage.«[1]

Transnationales Recht ist nicht einfach auf den Begriff zu bringen. Die »Identitätskrise« (Zumbansen 2013: 118), die mit diesem Ausdruck aufgerufen wird, legt nahe, dass das Recht in der transnationalen Konstellation sowohl den Anlass als auch den Gegenstand konzeptueller Innovationen bedeutet. Es ist Anlass, insofern transnationales Recht ein staatszentriertes Verständnis des Rechts und der modernen Rechtswissenschaft infrage stellt, und es ist Gegenstand, weil transnationales Recht einen Umbruch in der Art und Weise markiert, wie das Recht ist. Gleichzeitig haben sich, typisch für eine Identitätskrise, die hergebrachten Formen der (Selbst-)Beschreibung nicht umstandslos erledigt. Doch der Formwandel des Rechts geht über den Bedeutungszuwachs von nichtstaatlichen Institutionen und Verfahren der Rechtsproduktion hinaus. Es handelt sich um ein spezifisches, eigenständiges Phänomen rechtlicher Normativität – nämlich um ein wesentlich entgrenztes Recht.

Um dieses Phänomen auszuleuchten, greife ich auf den nächsten Seiten auf neuere Diskussionen des globalen Rechtspluralismus zurück. Sie bilden einen geeigneten Ausgangspunkt, weil dort die analytischen sowie die normativen Herausforderungen thematisch werden, die mit diesen Entgrenzungsbewegungen verbunden sind. Gemeinsam ist den diskutierten Ansätzen, dass sie den Prozess transnationaler Rechtserzeugung als einen »nicht-hierarchischen« Prozess verstehen.[2] Der gewählte Diskussionszusammenhang verhält sich dabei zunächst neutral zur Frage, wie dieser Pluralismus eingerichtet ist und ausgestaltet werden sollte. Er erlaubt so einen geeigneten Zugriff auf die Debatte um das Recht der Gegenwart, innerhalb derer sich, wie Neil Walker bemerkt, »divergenzgewährende« und »konvergenzbefördernde Konzeptionen des globalen Rechts« unterscheiden lassen (Walker 2014: 55 ff.). Erstere beobachten umfassende Relativierungen der (normativen) Einheit des Rechts. Zweitere gehen davon aus, dass jene Entwicklungen wieder so justiert werden können, dass sich Koordinations- und Integrationstendenzen einstellen.

1 Cotterrell (2012: 502).

2 »Zwei Elemente sind für das Verständnis des globalen Rechtspluralismus von zentraler Relevanz. Erstens dessen nicht-hierarchisches Wesen und zweitens die Bedeutung von nicht-staatlichen Akteuren« (O'Donoghue 2014: 91).

In diesen verzweigten Diskussionen des globalen Rechtspluralismus wird sich dreierlei erweisen. *Erstens* wird Recht als ein normatives Interaktionsgeschehen konzeptualisiert. Die Debatte, so vielfältig sie auch ist, begreift das Recht der transnationalen Konstellation als Produkt vereinzelter oder kontinuierlicher Interaktionen zwischen unterschiedlichen Rechtsordnungen. Sie greift also, zumindest implizit, auf Beobachtungen und das Motiv der Entgrenzung zurück. *Zweitens*, und davon ausgehend, fokussieren die verschiedenen Konzeptionen durchaus auf die Mechanismen und Verfahren, auf die Einstellungen und Dispositionen, auf die Strukturen und Institutionen, die diese Interaktionen eröffnen und rahmen. Geteilt wird also die Prämisse, dass solche Verknüpfungen und Verstrickungen auf die eine oder andere Weise ermöglicht werden (müssen). *Drittens* bleiben die formierenden Wirkungen dieser Verfahren, Mechanismen und Techniken aber unterbelichtet. Das ist die Folge einer ethischen Perspektive, die sowohl Positionen, die Fragmentierungstendenzen unterstreichen, als auch Positionen, die Einheitsstiftung forcieren, einnehmen. Sie zeichnet sich dadurch aus, dass ein spezifischer Zustand – der horizontalen Verknüpfung oder der integrativen Harmonisierung – als erstrebenswert ausgezeichnet wird und die zur Vermittlung eingesetzten Verfahren und Techniken daraufhin befragt werden, ob sie diesen Zustand herbeiführen oder nicht. Die Frage, wie sie das tun, und damit die Konsequenzen der Vermittlung selbst, treten hingegen in den Hintergrund.

Ich möchte jene Leerstelle in der Folge anhand von zwei konkreten Ansätzen aufzeigen, die, im Kontrast zur Position des globalen Konstitutionalismus,[3] von der unhintergehbaren Vielfalt des Rechts ausgehen. Es handelt sich also um Beiträge, die, in der Terminologie von Walker, als »divergenzgewährende Konzeptionen des globalen Rechts« zu charakterisieren sind. Im Rahmen dieses Debattenstranges lassen sich wiederum zwei Lesarten unterscheiden. Der Ansatz des *globalisierten Rechtspluralismus* versteht die Entgrenzung des Rechts als den Zuwachs von potentiellen Kollisionen zwischen unterschiedlichen Rechtsgemeinschaften und betont die Rolle prozeduraler Mechanismen zur Bewältigung der Gemeinschaftskonflikte. Die formierenden Wirkungen dieser Mechanismen werden jedoch ausgeklammert (3.1). Der *systemtheoretische Ansatz* behandelt solche Verstrickungen des Rechts in Gestalt der Konstitutionalisierung sozialer Teilbereiche. Dabei rücken insbesondere Grundrechte zur Bewältigung der Rationalitätskonflikte der Weltgesellschaft in den Blickpunkt. Die Auseinandersetzung mit den Entgrenzungsformen transnationaler Rechtserzeugung entfällt letztendlich aber auch hier (3.2). Diese Leerstelle ist kein Zufall, sondern das Resultat einer Rekonstruktion der transnationalen

3 Siehe dazu Einleitung zu *Teil II*.

Konstellation als ein zuvorderst *ethisches Problem*. Ein globaler Rechtspluralismus soll in beiden diskutierten Konzeptionen auf die Berücksichtigung von konkurrierenden normativen Ansprüchen, also auf die Herstellung von Responsivität ausgerichtet werden. Entscheidend ist deshalb jeweils nur *ob*, nicht *wie* Responsivität hergestellt wird, mit der Folge, dass die spezifischen Politiken der Vermittlung außen vor bleiben.

3.1 Gemeinschaftskonflikte

3.1.1 Klassischer Rechtspluralismus

Die soziologischen Untersuchungen des Rechtspluralismus zeichnen seit langem ein strittiges Verhältnis zwischen staatlicher und nichtstaatlicher Rechtsproduktion auf. Der Vorrang staatlicher Rechtsnormen lässt sich diesen Untersuchungen zufolge in keinem Untersuchungsgebiet, weder in (post-)kolonialen Kontexten noch im Globalen Norden, ausweisen.[4] Die Behauptung des Rechtsstaates, in den Grenzen seines Territoriums mittels Verfahren der Gesetzgebung den gesamten Rechtsbestand zu erzeugen, erweist sich als ein weitgehend uneingelöster Anspruch – als ein Anspruch, der von der Realität einer Vielfalt rechtserzeugender Instanzen dementiert wird.[5] Die verschiedenen Analysen dokumentieren diese Alternativ- bzw. Konkurrenzstrukturen rechtlicher Ordnung als das Produkt der Selbstorganisation ethnischer (vgl. Weyrauch/Bell 1993), religiöser (vgl. Weisbrod 1988) oder ökonomischer Gemeinschaften (vgl. Bernstein 1992), die eigenständig Recht setzen und anwenden.[6]

Jene alternativen Rechtsstrukturen stellen einen starken oder radikalen Rechtspluralismus dar. Das bedeutet, dass ein Primat staatlicher Rechtsordnung aufzugeben ist, dem zufolge »das Recht das Recht des Staates ist und sein sollte, das für alle Personen einheitlich ist, alles andere Recht ausschließt und von einer einzigen Reihe staatlicher Institutionen

4 *Klassischer Rechtspluralismus* beinhaltet hier die ersten beiden Phasen (»klassischer« und »neuer Rechtspluralismus«) der einflussreichen Unterscheidung von Merry (1988: 872 ff.).

5 Zur Rekonstruktion dieses »Pluralismus der Pluralismen« vgl. aus dem deutschen Sprachraum Seinecke (2015: 27 ff., 291 ff.), Gailhofer (2016: 57 ff.).

6 Sie sind auch Beleg dafür, dass ein »reiches Anschauungsmaterial für Recht, das neben, ohne oder jenseits des Staates operiert«, ausdrücklich nicht »vor allem jenseits der OECD-Staatenwelt« aufzufinden ist, wie aber Calliess/Maurer (2014: 1) meinen.

verwaltet wird.« (Griffiths 1986: 2)[7] Hingegen steht in den Dokumentationen eines schwachen Pluralismus das Rechtserzeugungsmonopol des Staates zwar stellenweise infrage, am Koordinationsmonopol staatlicher Rechtsordnungen und dadurch an einer Konzeption normativer Einheit mittels der Delegation von Zuständigkeiten oder der expliziten Integration »externer« Normen kann hier aber festgehalten werden (vgl. ebd.: 5 ff.). Eine unmittelbare Folge des starken Pluralismus besteht darin, das Recht des Staates auf den Status einer möglichen (wenngleich oftmals dominanten) Erscheinungsform rechtlicher Normativität zurückzustufen und ein einheitliches Recht als allein ideelles Konstrukt kritisch zu befragen, denn: »Das Recht hat viele Existenzen.« (Benda-Beckmann 2002: 65) Dabei verbinden Aufzeichnungen des starken Rechtspluralismus ein grundsätzliches Moment – die Variabilisierung von staatlicher und rechtlicher Ordnung – mit graduellen Befunden hinsichtlich der Frage, inwieweit Funktionen der Rechtserzeugung tatsächlich von nicht-staatlichen Gemeinschaften ausgeübt werden.

Die begrifflichen Irritationen des klassischen (starken) Rechtspluralismus sind dabei auch das Ergebnis einer prekären, immer nur vorläufigen Unterscheidung von rechtlichem und normativem Pluralismus. Diese Unschärfe wird, im Anschluss an die Arbeiten des Ethnologen Bronisław Malinowski, als »Malinowski-Problem« diskutiert (vgl. Gailhofer 2016: 100 ff.). Es besagt, dass die Identifikation geltender Rechtsnormen nicht allein anhand von formalisierten Kriterien der Rechtsgeltung erfolgen kann, wenn das Vorhaben darin besteht, Alternativstrukturen rechtlicher Ordnung in Distanz zum staatszentrierten Rechtsverständnis aufzuzeichnen. Diese Aufzeichnungen müssen jedoch ein anderes, wiederum spezifisches Verständnis von Recht voraussetzen. Es geht deshalb in den Untersuchungen des klassischen Rechtspluralismus vielfach um den Aspekt der effektiven Relevanz der fraglichen Normen, d.h. um Funktionen der Selbstregulierung und um die »paradoxe« Relation zwischen sozialer Praxis und Rechtsnormativität.

> Die Phänomene des Rechtspluralismus sind soziale Normen *und* Rechtsnormen, Recht *und* Gesellschaft, formell *und* informell, regelorientiert *und* spontan. Dabei ist die Beziehung zwischen Recht und Gesellschaft im Rechtspluralismus höchst mehrdeutig, ja geradezu paradox: getrennt und doch ineinander verschlungen, autonom und doch wechselseitig abhängig, geschlossen und gleichzeitig offen. (Teubner 1995: 192)

7 Bemerkenswerterweise hat sich Griffiths (2006: 64) in der Folge vom Ausdruck »Rechtspluralismus« distanziert und plädiert für eine Beschreibung als »normativer Pluralismus« oder als »Pluralismus der sozialen Kontrolle«. Zum Verhältnis von Rechtspluralismus und normativem Pluralismus vgl. auch Twining (2010).

Ein funktionales Rechtsverständnis weicht dabei stellenweise durch und durch nominalistischen Ansätzen. In einer derartigen Auffassung ist Recht »das, was die Menschen durch ihre sozialen Praktiken als Recht anerkennen und behandeln.« (Tamanaha 2000: 319) Ob allerdings dieser Zugriff noch dazu in der Lage ist, den eigenen Untersuchungsgegenstand sinnvoll zu identifizieren und wenigstens in Grundzügen zu konturieren, erscheint fraglich.[8] Denn es steht auf diese Weise kein Kriterium mehr bereit, um zwischen rechtlichen und anderen sozialen Normen noch unterscheiden (und, in der Folge, einen möglichen Anspruch auf Gleichbehandlung der verschiedenen Rechtsordnungen umsetzen)[9] zu können.

In den Situationen des Rechtspluralismus lassen sich die verfügbaren Rechtsnormen[10] nicht in einen formalen Erzeugungszusammenhang einordnen. Die Koexistenz verschiedener Rechtsordnungen kann deshalb als ein Verhältnis des normativen Widerspruches inszeniert werden. Diese Konflikte sind nicht als eine Konfrontation des Rechts mit faktischen Gegebenheiten zu fassen, die sich den rechtlichen Bestimmungen entgegen als widerständig erweisen. Der Aspekt der Durchsetzung allein ist nicht entscheidend. Es handelt sich vielmehr um die Möglichkeit genuiner Rechtskonflikte, also um Konflikte, die sich zwar auf die eine oder andere Weise bewältigen, aber nicht unter Rekurs auf gemeinsame Normen oder geteilte Verfahren auflösen lassen. Das Recht der Rechtsordnung wird also rechtlich infrage gestellt, so dass die Grenzen der einen Ordnung von der Anerkennung dieser Grenzen durch eine andere Ordnung abhängig sind. Keine Ordnung steht für sich allein. Diese »Anerkennung« ist natürlich durch empirische Machtverhältnisse geprägt. Dennoch rückt bereits im klassischen Rechtspluralismus nicht bloß die Vielfalt des Rechts in den Fokus. Als bedeutsam erscheinen vielmehr die normativen Interaktionen zwischen den verschiedenen, teils staatlichen, teils »indigenen«[11] Rechtsordnungen. »Die Existenz des Rechtspluralismus an und für sich ist weniger relevant als die Dynamiken des Wandels und der Transformation.« (Merry 1988: 879) Ein diffuser Rechtsbegriff ist demnach nicht per se das Kennzeichen des starken Rechtspluralismus. Er ist es nur und insoweit, um jene Interaktionen unterschiedlicher Rechtsordnungen erforschen zu können.

8 Vgl. dazu Cotterrell (2015), im Anschluss an die Kritik der Arbeiten von Tamanaha durch Twining (2003). Vgl. zum Ganzen auch Halpin (2014).

9 Siehe dazu gleich *Kapitel 3.1.2.*

10 »Verfügbar« bezeichnet hier mindestens die Perspektive der Teilnehmerin:innen der Rechtspraxis.

11 »Mit indigenem Recht bezeichne ich nicht ein diffuses volkstümliches Bewusstsein, sondern konkrete Ordnungsmuster in einer Vielzahl von Institutionen – in Universitäten, Sportvereinen, Wohnsiedlungen, Krankenhäusern usw.« (Galanter 1981: 17f.)

In den Untersuchungen des klassischen Rechtspluralismus werden bereits die Verknüpfungen und Verstrickungen, nicht allein die Koexistenzen rechtlicher Ordnungen aufgezeigt und für rechtstheoretische Einsichten fruchtbar gemacht. Das Recht erweist sich hier als ein Prozess normativer Interdependenz. Dabei steht typischerweise die Relativierung der alleinigen Rechtsproduktion des Staates im Mittelpunkt, und wird das Interaktionsgeschehen meistens im Rahmen des Nationalstaates – »innerhalb eines einzigen Landes« – entfaltet.[12] Ein globalisierter Rechtspluralismus weitet dieses Geschehen insofern aus, als auch dieser letzte (territoriale) Bezugsrahmen des Rechts entfällt.

3.1.2 Globalisierter Rechtspluralismus

Die Untersuchungen des neuen (Berman 2009), internationalen (Nollkaemper 2013) oder globalen Rechtspluralismus (Merry 2008) widmen sich den Folgen der Globalisierung für das Recht und beschreiben diese Folgen, im Anschluss an die Untersuchungen des klassischen Rechtspluralismus, als die nochmalige Multiplikation rechtserzeugender Instanzen wie Interaktionen. Die Vielfalt des Rechts wird in diesen Aufzeichnungen eines globalisierten Rechtspluralismus auch über die Grenzen des Staates hinweg virulent. Zum deskriptiven Anspruch, das zeitgenössische Recht angemessen zu beschreiben, tritt hier ein normativer Anspruch hinzu. Die Vielfalt des Rechts ist demnach nicht nur unhintergehbar, sondern wird auch den Geboten des *Rechts der Rechtsordnung* vorgezogen – unter der Prämisse allerdings, dass das Faktum des Pluralismus nicht einfach akzeptiert,[13] sondern durch ein Management der Vielfalt sowohl dynamisch als auch responsiv gestaltet wird. Alle sollen Recht erzeugen dürfen und können: derart soll ein progressiver Pluralismus auf den Pfaden des Pluralismus selbst eingerichtet werden.[14] Dabei verstellt jedoch ein solcher ethischer Zugriff den Blick auf die formierenden Wirkungen der mit dem Ziel der Vermittlung eingesetzten Verfahren und Techniken. Doch geht es den jüngeren Konzeptionen des Rechtspluralismus eigentlich darum, ein plurales Recht in Form zu bringen. Dadurch, dass

12 »Fast alle Mainstream-Studien [zum sozio-rechtlichen Pluralismus] haben sich mit substaatlichen oder subnationalen Phänomenen innerhalb eines einzigen Landes beschäftigt« (Twining 2010: 510).

13 Das betrifft natürlich zuerst die (oftmals ökonomischen) Machtverhältnisse, die in diesem Pluralismus Ausdruck finden. Vgl. z.B. Pistor (2018) für den Übergang vom »Rechtspluralismus« zum »kommerziellen Rechtspartikularismus«.

14 Ich interessiere mich hier vor allem für die analytischen Weichenstellungen dieser Konzeptionen. Zur Kritik der normativen Begründung des (Rechts-) Pluralismus vgl. z.B. Sharafi (2008), Isiksel (2013).

sie den Blick auf die Politiken der Vermittlung verstellen, verstehen sie sich also selbst falsch.

Ein zentraler Einwand gegen diese jüngeren Konzeptionen betrifft die Kontinuität der Diagnose und also die Frage, ob und wie ein distinkter Untersuchungsgegenstand des *globalen* Rechtspluralismus bestimmt werden kann (vgl. Michaels 2009). Nicht nur sind die Situationen des Rechtspluralismus ein historischer Normalfall, sie werden in den soziologischen und ethnologischen Analysen des klassischen Rechtspluralismus darüber hinaus sogar als ein »universelles Merkmal sozialer Organisation« aufgefasst (Griffiths 1986: 38). Rechtspluralismus ist somit schlichtweg überall. Wenn aber das Recht »immer schon plural verfasst« ist (Seinecke 2015: 1), wird der Beschreibungsgewinn unklar. Zwar übertreten die verschiedenen Rechtsordnungen nun die territorialen Grenzen des einzelnen Staates und beleuchten die jüngeren Untersuchungen die daraus resultierenden Interaktionen entsprechend aus einer Perspektive »jenseits des Staates« (und können sich dabei unter empirischen Gesichtspunkten gewichtige Differenzen ergeben). Unter konzeptuellen Aspekten geht es aber erneut darum, den staatlichen *bias* der modernen Rechtswissenschaft infrage zu stellen. Zugleich wird aber gerade durch die Kontinuität der Diagnose deutlich, dass die Rede von Recht (und Verfassung) »jenseits des Staates« in zweifacher Hinsicht kaum nützlich ist, um die normativen Verstrickungen des Rechts und darüber den Prozess transnationaler Rechtserzeugung zu erfassen. Sie ist deshalb als ein analytisches Werkzeug aufzugeben. Einerseits geht es bereits den klassischen Untersuchungen um den Zusammenhang und das Ineinandergreifen unterschiedlicher normativer Ordnungen, darunter zuerst und insbesondere um die Interaktionen zwischen staatlichem und nicht-staatlichem Recht. Auf diese Weise, entlang dieser Interaktionen, ist aber kein Recht jemals wirklich »jenseits« des Staates. Andererseits sind sich klassischer und globalisierter Rechtspluralismus gerade darin einig, dass der Staat rechtlich nie ganz bei sich selbst ist. Das Recht ist in dieser Hinsicht immer schon »jenseits« des Staates. Deshalb spricht Paul Schiff Berman, einer der wichtigsten Vertreter:innen des globalisierten Rechtspluralismus, treffenderweise von einer »Anwendung« der Annahmen des klassischen Rechtspluralismus.

> Rechtspluralisten haben seit langem beobachtet, dass Menschen in einem bestimmten sozialen Kontext durch eine Vielzahl unterschiedlicher rechtlicher und quasi-rechtlicher Regime reguliert werden und dass diese Regelungen manchmal mit dem formalen staatlichen Recht verbunden sind, manchmal aber auch nicht. Der Ansatz des globalen Rechtspluralismus griff diese Erkenntnis auf und wandte sie genau zum richtigen Zeitpunkt auf die Arena des Internationalen und Transnationalen nach dem Kalten Krieg an. Um 1998 vermehrten sich die internationalen und transnationalen Institutionen, die Normierungsgremien

> der Industrie und die Verhaltenskodizes der Unternehmen gewannen an Bedeutung, und der Aufstieg der Online-Kommunikation führte zur zunehmenden Deterritorialisierung des sozialen Lebens [...]. (Berman 2019b: 381)

Es geht in diesen Ansätzen also, wie Berman betont, um die nochmalige Vervielfältigung der rechtserzeugenden Instanzen infolge verstärkter zwischenstaatlicher Kooperation, sozialer Vernetzung und ökonomischer Selbstregulierung. Diese pluralen Schübe einer erneuten Verrechtlichung sind deshalb bemerkenswert, weil sie nicht als Vertiefung oder Ausweitung einer bestehenden (in der Regel: staatlichen) Rechtsordnung, sondern in weitgehend eigenständigen normativen und organisatorischen Zusammenhängen Gestalt annehmen. Situationen, für die nur eine einzelne Rechtsordnung Zuständigkeit beanspruchen kann, werden weniger und dementsprechend Vorstellungen der normativen Einheit und der exklusiven Autorität des Rechts im Vergleich mit den Untersuchungen des klassischen Rechtspluralismus noch einmal brüchiger.

Ein globalisierter Rechtspluralismus spiegelt demnach die Steuerungsdefizite des Staates wider, wie sie im Rahmen der mittlerweile kanonischen Globalisierungsdebatte adressiert werden. Das Ergebnis ist »eine genuin *legale* Form der Heterarchie« (Krisch 2010: 226), die von widerstreitenden Verpflichtungen und der Konkurrenz von Zuständigkeitsbehauptungen ebenso gekennzeichnet ist wie von Integrations- und Adaptionsbemühungen (vgl. ebd.: 69). Anders gesagt, resultiert die neue Vielfalt des Rechts in dessen erweiterte Entgrenzung. Das Recht religiöser Gemeinschaften etwa kann nicht mehr nur mit den Bestimmungen der nationalen Verfassung, sondern nun auch mit den Normen des internationalen Menschenrechtsschutzes in Konflikt geraten, die Regelungen ökonomischer Gemeinschaften nicht mehr nur mit staatlichen Vorschriften, sondern nun auch mit der Rechtsprechung der WTO kollidieren. Rechtserzeugung wird erneut, infolge technologischer Innovationen, wirtschaftlicher Verflechtungen und kultureller Streuungen, aus dem Griff des Staates herausgelöst. Unter den Bedingungen des globalen Rechtspluralismus kann somit ein räumlich-territorialer Zugriff – als Referenzrahmen des klassischen Rechtspluralismus ja noch weitgehend unstrittig[15] – den Szenarien überlappender und sich verstrickender Legalitäten immer seltener gerecht werden. Der sozialen und normativen Realität des Rechtspluralismus ist kaum noch zu entkommen: »Letztendlich kann es keinen Rückzug aus der Hybridität geben.« (Berman 2012: 57)

Die Entwicklungen der Globalisierung führen zur Entstehung normativer Gemeinschaften, die zu den bereits bestehenden religiösen, ethnischen oder wirtschaftlichen hinzu kommen, aber auch die Institutionenwelt

15 Siehe dazu *Kapitel 3.1.1*.

des Staates bereichern. In den Fokus rücken die staatlichen Gemeinschaften in Form von internationalen Institutionen und Netzwerken ebenso wie die »nicht-staatlichen normerzeugenden Gemeinschaften« (ebd.: 41) und die themenspezifischen Regelungen, die durch diese Gemeinschaften produziert werden. Analog zum klassischen Rechtspluralismus geht es nicht um den quantitativen Zuwachs bloß ko-existierender Rechtsordnungen, sondern um die Verstrickungen von ehemals »souveränen«[16] Operationen der Rechtserzeugung. Berman stellt diese kreative Dimension ausdrücklich heraus: »Das Recht wird ständig durch den Wettstreit dieser verschiedenen normerzeugenden Gemeinschaften gebildet.« (ebd.: 12) Recht im Singular beschreibt die – manchmal harmonische, oftmals konfliktive – Synthese unterschiedlicher normativer Ordnungen. Wiederum analog zum klassischen Rechtspluralismus wird zwischen Rechts- und weiteren Sozialnormen nicht strikt unterschieden. Zum Universum des Rechts zählen auch die »normativen Bindungen« (ebd.: 54) und »jurisdiktionellen Behauptungen« (Berman 2016: 180) abseits der Gesetzgebung und Justiz des Staates: also auch solche Organisationsformen gesellschaftlicher Beziehungen, die sich weder in die Normenhierarchie des Rechtsstaates einfügen lassen noch mit dieser im engeren Sinne vergleichbar sind. Unscharf ist somit nicht nur die Unterscheidung zwischen Rechts- und Sozialnormen, sondern auch diejenige (im Anschluss an H.L.A. Hart) zwischen primären und sekundären Normen.

Für solche normativen Gemeinschaften ist vielmehr die Qualität der sozialen Beziehungen charakteristisch. Sie weisen einen gewissen Grad an Stabilität und Dauer auf (vgl. Cotterrell 2008; 2013) und können sich entlang von Werten oder Ideologien, aber auch auf der Basis von Interessen (z.B. im Rahmen ökonomischer Gemeinschaften) herausbilden. Relevant ist demnach einerseits, dass die jeweiligen Gemeinschaften einzelne, aber dabei mindestens in Ansätzen homogene Einheiten darstellen, denn Pluralismus bedeutet eine Mehrzahl von unterschiedlichen und voneinander unterscheidbaren Elementen (vgl. Twining 2010: 482 ff.; O'Donoghue 2014: 61 ff.). Andererseits »ist es nicht nötig, in Begriffen starr abgegrenzter Gemeinschaften zu denken, die einander gegenüberstehen. Das passende Bild ist vielmehr das von sich überschneidenden, aber fließenden und sich häufig verändernden Netzwerken sozialer Gemeinschaftsbeziehungen.« (Cotterrell 2012: 521) Diese Überschneidungen bilden sich auch rechtsförmig ab. Registriert wird ein »rechtserzeugendes Potenzial von komplexen, sich gegenseitig durchdringenden Netzwerken« (ebd.: 515). Ein Beharren auf Hierarchiemodellen des Rechts würde hingegen bedeuten, solche inter-kommunitären Verbindungen zu kappen sowie die Möglichkeiten multipler Mitgliedschaften und der Entwicklung neuer Rechtsgemeinschaften einzuschränken.

16 Siehe dazu Einleitung zu *Teil II*.

Deshalb gilt es, mittels geeigneter Normen und Verfahren, die Vielfalt des Rechts und der Rechtsgemeinschaften zu bewahren. Der Prozess der Rechtserzeugung sollte, Nico Krisch zufolge, als ein »dezentrales Management der Vielfalt« aufgefasst und eingerichtet werden (Krisch 2012: 226). Im Hinblick auf die Figur des *margin of appreciation* oder Prinzipien der Subsidiarität geht es auch Berman darum,

> den Rechtspluralismus, den wir um uns herum sehen, zu bewältigen, ohne ihn zu eliminieren. Solche Mechanismen, Institutionen und Praktiken können bei der Vermittlung der Konflikte helfen, indem sie anerkennen, dass mehrere Gemeinschaften legitimerweise ihre Normen [...] geltend machen wollen, indem sie nach Wegen suchen, um konkurrierende Normen miteinander in Einklang zu bringen, und indem sie sich, wenn möglich, alternativen Herangehensweisen beugen. (Berman 2013: 669)

Ziel ist es also, die unterschiedlichen Rechtsordnungen füreinander zu öffnen und die Rechtspraxis insgesamt auf die Berücksichtigung konkurrierender Normen und Interessen einzustellen: »Die Idee besteht darin, die sorgsame und mehrmalige *Berücksichtigung* von anderen potentiellen rechtserzeugenden Gemeinschaften zu begünstigen.« (ebd.: 170) Diese responsive Rechtspraxis tritt an die Stelle der übergeordneten Rechtsnormen oder -prinzipien, auf die Vertreter:innen des *konstitutionellen Pluralismus* rekurrieren; also an die Stelle einer »übergreifenden normativen Struktur« (Stone Sweet 2013: 493) oder einer »gemeinsamen Grammatik der Legitimation« (Halberstam 2012: 175).[17] Dabei betrifft der Gegensatz zwischen diesen Positionen, das ist im Auge zu behalten, nicht den Umgang mit einzelnen Konfliktlagen.[18] Konzeptionen des globalisierten Rechtspluralismus unterstellen jedoch keinen übergreifenden Bezugsrahmen, um Vorrangverhältnisse zu etablieren, während die Verfechter:innen des konstitutionellen Pluralismus mit Voraussetzungen normativer Einheit – in der Form von gemeinsamen Prinzipien oder geteilten Werten – operieren:

> In einer pluralen Ordnung wird Konstitutionalismus *notwendig* nicht nur als ein Merkmal politischer Gemeinschaften und Prozesse aufgefasst, sondern als ein Medium, durch das sie miteinander verbunden sind – als eine strukturelle Eigenschaft der Beziehung zwischen bestimmten [...] Autoritätsansprüchen, die an verschiedenen Orten oder in verschiedenen Prozessen angesiedelt sind (Walker 2002: 340).

Die Notwendigkeit derartiger Vermittlungen und die Funktion von konkreten Prinzipien oder Mechanismen als »Medium« eben dieser

17 Zur Kritik am *konstitutionellen Pluralismus* als ein »widersprüchliches Konzept« vgl. Loughlin (2014).

18 »In der Praxis kann der Unterschied zwischen Rechtspluralismus und konstitutionellem Pluralismus allein ein terminologischer Unterschied sein.« (Shaffer 2012: 574)

Vermittlungen unterstreichen auch die Konzeptionen des globalisierten Rechtspluralismus. Sie schließen jedoch aus, jene Verbindungen auf einen einheitsstiftenden Standpunkt der Verfassung zurückführen zu können (vgl. Krisch 2010: 296). Die Bewältigung der Diversität des Rechts ist somit ein einseitiges, partikulares Unterfangen, das eine bestimmte Haltung oder Einstellung erforderlich macht (vgl. Günther 2016). Krisch spricht in diesem Zusammenhang ganz ausdrücklich von »moralischen Forderungen« (Krisch 2010: 296), die dann auf juristisches Gehör nur hoffen können. Nötig für ein gelingendes Management der Vielfalt ist die Bereitschaft, andere Rechtsordnungen oder -gemeinschaften anzuerkennen. Statt sich um sich selbst zu zentrieren, sind Rechtsentscheidungen so zu treffen, dass sie die existierenden Verstrickungen berücksichtigen sowie neue Verknüpfungen herbeiführen. Die Haltung der Toleranz und des Respekts soll dabei vor allem in Institutionen und Verfahren der Rechtsprechung zum Ausdruck gelangen. Sie sind der hervorgehobene Ort, um Toleranz zu üben, also um die Vielfalt des Rechts zur Entfaltung kommen zu lassen.

Diese Ethik der Selbstbegrenzung steht dabei stets vor dem Problem, auch solche Gemeinschaften in das Management der Vielfalt miteinbeziehen zu müssen, die nicht bereits als Bezugspunkte des Rechtspluralismus in Erscheinung getreten sind. »Die entscheidende Frage ist, welche normativen Ordnungen sich als Rechtsordnungen qualifizieren und damit den Anspruch erheben können, legitimerweise Zugang zur globalen Arena zu erhalten.« (Croce/Goldoni 2015: 12) Anders gesagt, ist der Erhalt der interdependenten Vielfalt des Rechts von einseitigen Operationen der Berücksichtigung *und* der Identifikation abhängig. Die Entscheidung, welche andere Norm oder Ordnung auch Berücksichtigung verdient, kann nur von den jeweiligen Gemeinschaften selbst getroffen werden. Denn ausgeschlossen ist gerade die Entscheidungsgewalt einer einzelnen Stelle (in der Regel: die Entscheidungsgewalt des Staates) über das, was Recht und für das Recht relevant ist. Diversität gilt es somit nicht nur zu berücksichtigen, sondern auch und erst einmal zu erkennen. Weil aber die Anzahl der Gemeinschaften und Ordnungen, auf die sich die Haltung der Toleranz erstrecken müsste, notwendigerweise unbegrenzt ist, kann diese Selbstbegrenzung niemals wirklich gelingen. Um sie wenigstens vorläufig umzusetzen, adressieren die Konzeptionen des globalisierten Rechtspluralismus, wie bereits angedeutet, die Mechanismen und Verfahren der Vermittlung unterschiedlicher Rechtsordnungen. Sie sollen, wie auf den folgenden Seiten ausführlicher diskutiert wird, das Potential des Pluralismus insofern ausschöpfen, als sie einen *dynamisch*, *innovativ*, *kontestatorisch* und *partizipativ* strukturierten Prozess der Rechtserzeugung einrichten und abstützen. Diese Eigenschaften sind zugleich die Folge des (globalen) Rechtspluralismus. Sie, und somit den Pluralismus selbst, gilt es zu erhalten und zu forcieren.

Dynamik

Globaler Rechtspluralismus ist das Resultat einer zweifachen Dynamisierung der Rechtswelt. Die Dynamik des Pluralismus ist einerseits der Effekt externer Entwicklungen (vor allem der Globalisierung), die sich in der Vervielfältigung des Rechts abbilden. Sie ist aber, andererseits, auch die Konsequenz der Rechtsvielfalt selbst, denn die Überlappungen und Verstrickungen des Rechts evozieren Interaktionen, die Anlass weiterer normativer Interaktionen sind. Die Pluralisierung und die Dynamisierung rechtlicher Ordnung bilden somit in den Ansätzen des globalisierten Rechtspluralismus insofern einen Zusammenhang, als die Dynamik der Rechtsnormproduktion gleichermaßen die Ursache und der Effekt der Rechtsvielfalt ist. Diesen Elan des Pluralismus zeichnet Harold Koh in seinen Beiträgen zum »transnationalen Rechtsprozess« auf (vgl. Koh 1996; 1997: 2645 ff.; 2006). Er beschreibt die Interaktionsfolgen zwischen nationalen Rechtsregeln und völkerrechtlichen Normen folgendermaßen: »Transnationales Recht wandelt sich, es mutiert und fließt von oben nach unten und von unten nach oben, von der öffentlichen zur privaten, von der nationalen zur internationalen Ebene und wieder zurück.« (Koh 1996: 184) Die Entgrenzungsbewegungen des Rechts generieren beständig neue Rechtsnormen, die dann den interdependenten Prozess der Rechtserzeugung erneut vorantreiben. Während Koh sich vor allem auf die Inkorporation von Völkerrechtsnormen durch nationales Recht und die Interaktionen zwischen nationalen Rechtssystemen stützt, lokalisieren die Konzeptionen des globalisierten Rechtspluralismus jene Dynamik auch in den Interaktionen mit und zwischen den nicht-staatlichen normativen Gemeinschaften. Der Vorgang transnationaler Rechtserzeugung wird demnach als ein offener, multidimensionaler Prozess von miteinander verschränkten Rechtsbewegungen beschrieben. Das Management der Vielfalt muss diesen Zusammenhang von Pluralisierung und Dynamisierung unterstützen. Es geht deshalb nicht darum, Rechtsordnungen oder -ebenen hierarchisch abzustufen. Ziel ist es vielmehr, Überlappungen sichtbar zu machen, denn etwaige Konflikte sind das Antriebsmoment der normativen Interaktionen. Das bedeutet, dass die zum Zweck der Vermittlung eingesetzten Verfahren und Prinzipien die Kontaktzonen zwischen den verschiedenen Rechtsordnungen möglichst auf Dauer stellen müssen. Die »jurisgenerativen Möglichkeiten, die sich aus der Existenz mehrerer rechtserzeugender Gemeinschaften und mehrerer Normen ergeben« (Berman 2012: 150f.), können schließlich nur dann realisiert werden, wenn die Pluralisierung mit der tatsächlichen Dynamisierung des Rechtserzeugungsprozesses einhergeht. Das Recht soll also porös sein, denn die Dynamik der Interaktionen bringt kreative Adaptionen oder, in der Terminologie von Koh, »Internalisierungen« hervor (Koh 1996: 204).

Innovation

Um diese kreative oder innovative Dimension des Rechtspluralismus zu akzentuieren, greift Berman auf föderale Theorien der Rechtsprechung zurück. Im Anschluss an Überlegungen von Robert Cover zur *jurisdiktionellen Redundanz* ist demnach eine (heterarchische) Vielzahl rechtsprechender Instanzen nicht der Ausdruck einer bedauernswerten Fragmentierung des Rechtsschutzes. Ein »zerbrochenes Mosaik der Jurisdiktionen« (Cover 1981: 640) ist vielmehr dazu geeignet, einseitige, »ideologische« Formen der Rechtsprechung offenzulegen. Die Mehrzahl der Rechtswege kann die Bindungskraft der fraglichen Norm stärken und den Normgehalt präzisieren. Sie trägt darüber hinaus zum Informationstransfer über die epistemischen Grenzen der jeweiligen Ordnung bei und fördert auf diese Weise die Qualität der Rechtsentwicklung.[19] Dieser kreative Wandel des Rechts aufgrund einer Vielfalt der Jurisdiktionen soll auch für den globalen Rechtspluralismus produktiv gemacht werden.[20] Es geht also darum, jene Möglichkeiten der Rechtsentwicklung auszuschöpfen, die mit »sich überschneidenden Zuständigkeitsbehauptungen von sowohl staatlichen als auch nicht-staatlichen Entitäten« verbunden sind (Berman 2012: 237). Die Mechanismen und Verfahren zur Bewältigung der Diversität des Rechts sollen Deliberation, zumindest aber innovative Adaption im Sinne einer Berücksichtigung von konfligierenden Verpflichtungen bewirken und dazu das kreative Potential der Rechtsproduktion ausschöpfen, das mit den Alternativstrukturen des Rechts verknüpft ist: »So wie die Länder in einem föderalen System als ›Laboratorien‹ der Innovation fungieren, so ermöglicht auch der Erhalt von vielfältigen Rechtsräumen Innovation.« (ebd.: 134) Sogar die Inkonsistenz geltender Normen ist deshalb ein explizites Anliegen der normativen Konzeptionen des globalisierten Rechtspluralismus – solange sichergestellt ist, dass sich Interaktionen zwischen diesen verschiedenen Rechtsnormen und -räumen ereignen und also Pluralisierung wiederum in Innovation mündet.

Kontestation

Ein globaler Rechtspluralismus impliziert in diesen Ansätzen nicht nur Ressourcen der Innovation, sondern auch des Widerstandes gegen die Exklusionen einzelner Ordnungen. Die Vielfalt des Rechts etabliert, so

19 Mit Blick auf diese inhärenten Möglichkeiten des Rechtspluralismus ist es nicht trivial, daran zu erinnern, dass dieser Pluralismus bei Cover selbst allerdings im Singular steht: »[...] *ein Regime* der polyzentrischen Normartikulation« (Cover 1981: 673, Herv. J.H.).

20 Zu den Topoi des Rechtspluralismus im Werk von Cover vgl. Seinecke (2015: 260 ff.), Vischer (2021: 318 ff.).

Krisch, eine »Dynamik der Ermächtigung« (Krisch 2010: 257), denn sie erlaubt es, sich anderswo Gehör zu verschaffen sowie die jeweiligen Bestimmungen und Sanktionen durch den Rekurs auf andere Legalitäten infrage zu stellen. Nicht nur kann hier etwas erlaubt sein, das dort verboten ist. Durch den Verweis auf rivalisierende Normen können auch den geltenden Bestimmungen andere Regelungen effektiv entgegengewendet werden (vgl. Kuyper 2014). Die Dezentralisierung des Rechts soll auf diese Weise Möglichkeiten der Kontestation und der (rechtmäßigen) Ermächtigung bereithalten: »Ein Argument, das in einem Forum ungehört bleibt, kann in einem anderen aufgegriffen werden. Eine an einem Ort artikulierte Norm kann anderswo überzeugen. Die Ohnmächtigen in einem System können sich in einem anderen Macht verschaffen.« (Berman 2014: 259) Die unterschiedlichen Techniken der Vermittlung sollen dabei einerseits solche Optionen des Dissenses verfügbar halten, das Ausmaß der Rechtskonflikte andererseits aber einhegen und integrativ wirken. Es gilt also auch in dieser Hinsicht, die dynamischen Entgrenzungsbewegungen »produktiv« (Berman 2012: 10) zu wenden. Jeweils müssen die Verschränkungen und Verstrickungen des Rechts aber für möglichst viele Mitglieder der einzelnen normativen Gemeinschaften praktische Relevanz entfalten können. Das führt, letztens, zur Frage der Partizipation.

Partizipation

Die kreativen oder kontestativen Interaktionen müssen forciert werden können. Deshalb plädieren die Konzeptionen des globalisierten Rechtspluralismus für solche prozeduralen Mechanismen, die eine Berücksichtigung unterschiedlicher Interessen, Perspektiven und Normen motivieren (vgl. Berman 2013: 669). Aufgrund der Dezentralisierung des Rechts, aufgrund der Tatsache also, dass Entscheidungen über »das« Recht nirgendwo mehr getroffen werden können, gilt es insbesondere die Entscheidungsträger:innen, also zumeist die Richter:innen, für den normativen Anspruch des Rechtspluralismus zu sensibilisieren (vgl. Berman 2015: 36). Eine Orientierung nach außen sowie eine Haltung der Toleranz soll sich vor allem in den Präferenzen und Gepflogenheiten der unparteilichen Rechtsexpert:innen niederschlagen. Dazu gehört für Berman, »illiberale« Normen kritisch zu prüfen und gegebenenfalls auszuschließen (Berman 2016: 155). Ähnlich bleibt auch für Krisch der Grad der Berücksichtigung externer Normen von der Verfassung der jeweiligen Ordnung und den konkreten Partizipationschancen abhängig (vgl. Krisch 2010: 101). Die verschiedenen Rechtsordnungen sollen sich umso bereitwilliger füreinander öffnen und miteinander verschränken, je mehr Mitsprache die Rechtsadressat:innen im Rahmen der einzelnen Ordnungen üben können.

Die Konzeptionen des *globalisierten Rechtspluralismus* beobachten, dass sich unter den Umständen der Globalisierung die normativen Gemeinschaften und rechtserzeugenden Instanzen vervielfachen, die Anspruch darauf erheben, denselben Sachverhalt zu normieren und zu beurteilen. Dieser radikale Pluralismus ist diesen Konzeptionen zufolge sowohl unausweichlich als auch begrüßenswert. Die Verstrickungen des Rechts sollen nicht durch ein territoriales Modell staatlicher Souveränität oder durch ein konstitutionelles Modell normativer Einheit überwunden werden. Vielmehr werden Verfahren und Techniken der einseitigen Koordination und Adaption relevant, die den konstitutiven Fremdbezug des Rechts zur Geltung bringen und so Möglichkeiten der Innovation wie Kontestation bereithalten. Dabei geraten jedoch diese Entgrenzungsformen transnationaler Rechtserzeugung nicht als solche in den Blick. Sie spielen nur als ein ermöglichendes, nicht aber als ein prägendes oder gar determinierendes Element eine Rolle, und so bleiben die formierenden Wirkungen der »prozeduralen Mechanismen« (Berman 2013: 669) und »*interface*-Normen« (Krisch 2010: 285) seltsam unterbelichtet. Der Grund für diese Leerstelle ist auf der Ebene der Konzeptionen selbst und in der ethischen Perspektive, die sie einnehmen, zu suchen. Sie zielen auf eine Bereitschaft zur Selbstbegrenzung ab, um auf diese Weise die intrinsischen Eigenschaften des Rechtspluralismus zu entfalten. Den Rechtspluralismus zu formieren, bedeutet hier, diesen Rechtspluralismus – irgendwie – zu erhalten. Das Ziel besteht darin, den Pluralismus »zu bewältigen, ohne ihn zu eliminieren« (Berman). Solange nur Interdependenz sichergestellt wird, ist demnach das Management der Vielfalt gelungen. So sind die Konzeptionen des globalisierten Rechtspluralismus aber (analytisch) nicht dazu in der Lage, ein Potential demokratischer Befähigung in der transnationalen Konstellation zu differenzieren.

3.2 Rationalitätskonflikte

Die Konzeptionen des globalisierten Rechtspluralismus zeichnen Recht als Prozess der Entgrenzung auf, als ein sich intensivierendes Interaktionsgeschehen zwischen verschiedenen normativen Ordnungen und Gemeinschaften. Auf diese Weise rückt das Problem der Vermittlung und damit die Frage der *Entgrenzungsformen* in den Fokus. Mehr noch als für den klassischen Rechtspluralismus ist dieses Problem ausdrücklich ein normatives Problem. Die Techniken und Verfahren des angemessenen Umganges mit der Vielfalt des Rechts tragen die Last der Rechtfertigung, denn sie sollen den Pluralismus nicht nur hinnehmen, sondern auf eine bestimmte Weise einrichten. Trotz dieser zentralen Rolle bleiben jene Techniken aber unterbelichtet. Diese Leerstelle ist das Resultat einer ethischen Perspektive, die sich auf die intrinsischen Eigenschaften des Rechtspluralismus (auf dessen *Dynamik* etc.) stützt und für die es gilt, die Vermittlungsleistungen allein darauf hin zu befragen, ob sie die Rechtsvielfalt letztendlich bewahren oder nicht. In der Terminologie normativer Gemeinschaften formuliert, sollen die einzelnen Gemeinschaften zugleich authentisch und tolerant operieren, sie sollen das eigene Selbst erhalten und andere dennoch zur Entfaltung kommen lassen. Der irreduzible Pluralismus des Rechts steht somit am Anfang und Ende der jeweiligen Konzeptionen, ohne dass der Blick auf das Binnengeschehen der rechtserzeugenden Interaktionen gerichtet wird: solange der Pluralismus aufrechterhalten wird, ist es gelungen, den Pluralismus zu bewahren. Unter analytischen Gesichtspunkten klafft hier jedoch eine Lücke. Es gerät nicht in den Blick, dass jene »prozeduralen Mechanismen« die Verstrickungen des Rechts nicht nur forcieren, sondern zugleich formieren. Sie fungieren nicht als bloßes Instrument, sondern als Techniken mit distinkten (rechts-)normativen Wirkungen. Vermittlung ist kein unschuldiger Begriff. Um den Prozess transnationaler Rechtserzeugung umfänglich beschreiben und schließlich auch rechtfertigen bzw. kritisieren zu können, ist somit ein Ansatz nötig, der diese prägenden Wirkungen der eingesetzten Vermittlungstechniken grundsätzlicher in Betracht ziehen kann.

Die *systemtheoretischen Konzeptionen* des globalen Rechtspluralismus sind dafür der geeignetste Kandidat. Denn erstens operieren sie mit einem konturierten Rechtsbegriff und geben so auf die Frage nach der Identifikation der relevanten Einheiten eine Antwort. Rechtspluralismus beschreibt hier die Sekundärcodierung von funktional differenzierten Sozialsystemen, die sich aus den territorialen Begrenzungen des Staates herausgelöst und als Rechtsregime verdichtet haben. Dadurch wird erst klar, inwiefern es sich um ein *rechtliches* Interaktionsgeschehen und um die Möglichkeit genuiner Rechtskonflikte handelt. Es ist zudem ein Kriterium gewonnen, das die Gleichrangigkeit der jeweiligen Ordnungen und deren jeweiligen *prima facie*-Anspruch auf Vorrang im Kollisionsfall erläutert. Diese Frage, welche Einheiten berücksichtigt werden sollen, stellt ja, wie in der vorherigen Diskussion gezeigt wurde, die Ausgangsfrage einer normativen Beschäftigung mit dem Phänomen des Rechtspluralismus dar. Sie verdienen Berücksichtigung eben deshalb, weil, so die Antwort, sie sich der Rechtsform bedienen. Ein systemtheoretischer Zugriff kann dadurch Entgrenzung als Strukturprinzip der transnationalen Konstellation plausibilisieren sowie als Prozess rechtlicher Binnendifferenzierung fassen und bewerten.

Zweitens wird das Management des Pluralismus in diesen Konzeptionen an einen evolutionären Vorgang der regimespezifischen Konstitutionalisierung zurückgebunden. Die verschiedenen Rechtsregime bilden, wie insbesondere Gunther Teubner herausgearbeitet hat, höherrangige Normierungen aus, die als ein funktionales Äquivalent der konstitutionellen Aufgaben der Herrschaftsbegründung und -begrenzung operieren. Auf diese Weise tritt sodann einerseits der Perspektivismus (der Bewältigung) des Rechtspluralismus deutlicher hervor. Systemtheoretische Konzeptionen zielen ebenso darauf ab, Vielfalt zu vermitteln. Dabei nehmen aber, im Kontrast zu den Konzeptionen des globalisierten Rechtspluralismus, die damit verbundenen normativen Herausforderungen die Gestalt von »Eigenstrukturen« transnationaler Verfassungen an (Teubner 2011a: 199). Die Haltung der beteiligten Rechtsexpert:innen fällt also als Legitimationsmoment schon deshalb aus, weil kein evaluativer Standpunkt zugrunde gelegt wird, von dem aus, wie von außen, auf das Interaktionsgeschehen geblickt werden kann (um z.B. »liberale« und »illiberale« Normen zu unterscheiden). Die Ordnung des Pluralismus ist hier immer schon eine systemrelative Anordnung. Somit fällt auch der Bruch mit den Ansätzen des *konstitutionellen Pluralismus* – gerade durch die Beobachtung der Vervielfältigung nicht nur von Recht, sondern von Verfassung – prägnanter aus. Andererseits rücken systemtheoretische Konzeptionen (Grund-)Rechte und deren »transsubjektives« Potential in den Fokus.[21] Es sind vor allem Grundrechtspositionen, die die normativen Interaktionen transnationaler Rechtserzeugung rahmen. Durch die Hinwendung zum Rechte-basierten »globale[n] Kollisionsverfassungsrecht« (Teubner 2012: 30) bildet der Zusammenhang von Berechtigung und demokratischer Befähigung das Zentrum der Auseinandersetzung.

Schlussendlich treten aber die formierenden Wirkungen der im Zuge der Vermittlung eingesetzten Techniken auch in diesen Konzeptionen hinter eine Ethik der Responsivität zurück. Auch die systemtheoretischen Positionen vernachlässigen die normativen Folgen, die jene Techniken für die Verfassung der transnationalen Konstellation haben. Der Umgang mit der zerstreuten Dynamik gesellschaftlicher Selbstorganisation wird der Bereitschaft zur adäquaten Berücksichtigung der »fremden« Ordnungen und Normen übertragen. Zwar wird betont, dass solche Alteritätsorientierungen durch externen Druck hergestellt werden müssen. Zudem und darüber hinaus wird die Verpflichtung zur Selbstbegrenzung nicht in den Einstellungen der Rechtsexpert:innen, sondern in den verfassungsrechtlichen Modifikationen der teilbereichsspezifischen Rationalitäten verortet (3.2.1). Das Problem der Verfassung wird also explizit aufgeworfen, denn es wird die Form der normativen Interaktionen und dadurch ein grundlegendes Merkmal transnationaler Rechtserzeugung thematisch. Dennoch werden die Politiken der Vermittlung und

21 Zur »transsubjektiven Dimension« subjektiver Berechtigung vgl. Teubner (2018b).

so die Bedingungen des Zusammenhanges von Berechtigung und Befähigung weitgehend ausgeblendet (3.2.2).

3.2.1 Systemrelative Rationalität

Systemtheoretische Konzeptionen des globalen Rechtspluralismus verknüpfen rechtstheoretische Überlegungen zur operativen Einheit der Rechtskommunikation mit soziologischen Einsichten zur weltweiten funktionalen Differenzierung. Auf diese Weise können dann »Tendenzen in Richtung rechtlicher Globalisierung in relativer Abgeschlossenheit von staatlichen Institutionen« beschrieben werden (Teubner 1996: 256). Im Rahmen der Weltgesellschaft als »evolutionär völlig neuartiges Phänomen« (Luhmann 2005: 71) löst sich der Prozess der sozialen Differenzierung von den sektoralen Rahmenbedingungen des Staates. Zugleich gerät dessen »Inklusionsfunktion«, also die »Leistung der *nationalen Exklusion von Ungleichheit*« (Brunkhorst 2012: 185), angesichts der Globalisierung von Sozialsystemen in die Krise. Am Anfang des globalen Rechtspluralismus steht also, analog zum Ansatz des globalisierten Rechtspluralismus, der relative Bedeutungsverlust staatlicher Ordnung. Die Emanzipation der funktional differenzierten Gesellschaft von den Voraussetzungen des Staates hat zur Folge, dass ein einzelnes Funktionssystem – in unterschiedlichen Graden – die eigene Kommunikation mit einer am Rechtscode ausgerichteten Kommunikation verflechten kann und so die eigene Reproduktion abstützt. Das Ergebnis ist ein spontanes wie spezifisches Recht. Es ist spezifisch, weil es mit den Funktionen und Inhalten des gesellschaftlichen Teilbereichs verbunden ist, und es ist spontan, weil die fraglichen Normen ohne Rekurs auf einen formalen Erzeugungszusammenhang zustande kommen. Um Recht handelt es sich, sobald die Systemkommunikation mit einer Kommunikation, die Anspruch auf Rechtsgeltung erhebt, effektiv verknüpft ist.

Die Rechtsqualität wird damit insofern von den Institutionen des Rechtsstaates unabhängig, als sich in den Funktionssystemen eigene Zuständigkeiten und Verfahren der Produktion und teilweise auch der Durchsetzung von Recht herausbilden. Rechtspluralismus bezeichnet somit die Form der »systeminterne[n] Wiederholung der Differenz von Rechtssystem und seinen gesellschaftlichen Umwelten« (Fischer-Lescano/Teubner 2006: 40). Obwohl die relevanten Rechtsnormen mit den Sozialnormen des jeweiligen Teilbereichs verknüpft sind, kann zwischen beiden unterschieden werden. Für die Klassifikation als rechtsförmig reicht jedoch die binäre Unterscheidung legal/illegal nicht aus. Zwar bedeutet Rechtspluralismus eine »Vielfalt kommunikativer Prozesse, die gesellschaftliches Handeln über den Code Recht/Unrecht beobachten« (Teubner 1995: 201). Diese Beobachtungen und Unterscheidungen müssen aber von sekundären Normen eingefasst sein, die über die systemrelative Geltung der Primärnormen entscheiden, um von Recht und schließlich von eigenständigen Rechtsstrukturen bzw. -ordnungen sprechen zu können. Auf diese Weise beruht das Recht als *ein* System auf dem »Verknüpfungsmodus der Rechtsoperationen, über den auch ganz heterogene Rechtsordnungen [...] Rechtsgeltung transferieren.« (Teubner/Korth 2009: 142) Obwohl sich die einzelnen Rechtsregime mittels sekundärer Normierungen selbst erzeugen können, bleibt also die Kommunikation zwischen diesen unterschiedlichen Ordnungen möglich. Die Fragmentierung des Rechts ist demnach keineswegs eine absolute, weil, wie Luhmann betont, das Recht nicht auf ein hierarchisches Modell der Normgenese verpflichtet ist und also »die *Einheit* des Rechtssystems *keine operative Prämisse*« darstellt (Luhmann 1993: 73).[22] Das Rechtssystem kann Verfahren und Institutionen der regimespezifischen Normproduktion gerade deshalb beinhalten, weil sich dessen selbstreferentielle Konstitution auf alle »Mikrovariationen der Rechtsstruktur« (Teubner 1996: 271) erstreckt. Es umfasst jede Operation, mit der Recht erzeugt wurde, und kann somit auch eine Reihe von funktional differenzierten Systemen rechtsförmig bearbeiten, ohne sich infolge dieser Verknüpfung mit einer »a-zentrisch« gewordenen Gesellschaft (Ladeur)[23] selbst aufzulösen.

Die »Globalität« des Rechtspluralismus bezeichnet demnach eine Binnendifferenzierung der operativen Einheit des Rechts, die sich zusehends vom Bezugsrahmen des Staates ablöst. Wie schon in den Konzeptionen des globalisierten Rechtspluralismus fungiert die Entstehung einer interdependenten Weltgesellschaft – kurz: die Globalisierung[24] – als rechts*externer* Grund der rechts*internen* Fragmentierung. Anders als jene Konzeptionen deutet ein systemtheoretischer Zugriff diesen Zusammenhang aber nicht allein als die Ausweitung der vormals innerstaatlichen Konfliktlagen. Die neue Rechtsvielfalt ist nicht das Resultat der erneuten Multiplikation normativer Gemeinschaften, sondern das Ergebnis der Reproduktion von »weltweiten Dauerkonflikte[n] zwischen unterschiedlichen gesellschaftlichen Rationalitäten« im Inneren des Rechts (Fischer-Lescano/Teubner 2006: 7f.). Natürlich wirken diese Kräfte der funktionalen Differenzierung auch bereits unter den Vorzeichen staatlicher Ordnung auf das und im Rechtssystem. Während sich aber im Rahmen des Staates das politische und das Rechtssystem miteinander verzahnen und die gesellschaftlichen Teilbereichsordnungen derart tragen, »findet die trianguläre Konstellation Politik-Recht-Teilsystem [...] im globalen

22 Siehe dazu auch Einleitung zu *Teil II*.

23 Siehe dazu *Kapitel 1.2.2*.

24 »Globalisierung bedeutet [...] die weltweite Realisierung funktionaler Differenzierung.« (Teubner 2003: 12)

Kontext kein Gegenstück.« (Teubner 2012: 75) Attestiert wird somit ein echter Kontrast zum klassischen, territorial determinierten Rechtspluralismus. Das hat zur Folge, dass kein objektiver normativer Standpunkt mehr die Vermittlung der unterschiedlichen Rechtsregime anleiten kann. Ein solcher Standpunkt ist bereits deshalb unmöglich, weil das Recht selbst als eine Form der Reproduktion divergierender Rationalitäten und Deutungsschemata auftritt.

Die in gesellschaftlichen Tiefenstrukturen begründete Vielfalt des Rechts bedeutet nicht, dass Interaktionen zwischen den verschiedenen internen Umwelten ausgeschlossen sind. Es ist vielmehr die Aufgabe des Rechts, eine Vermittlung der sozialen Rationalitäten, die in ihm Ausdruck finden, zu forcieren.

> [Die] vorrangige Aufgabe des Rechts besteht darin, reflexiv die Vermittlung von und zwischen möglicherweise sehr unterschiedlichen und komplexen gesellschaftlichen Rationalitäten zu unterstützen, ohne sich dabei [...] auf bereits etablierte, hierarchisch strukturierte Ordnungsmuster stützen zu können. (Zumbansen 2015: 103)

Das Recht ist operativ geschlossen, so dass sich dessen Operationen ausschließlich auf sich selbst, genauer: auf eine Differenz von Umwelt und Rechtssystem beziehen, die mit diesen Operationen erneut hervorgebracht wird. Dabei ist das Rechtssystem, infolge der funktionalen Differenzierung im Weltmaßstab, einerseits von fundamentalen Konflikten durchsetzt. Es spiegelt, wenn man so möchte, die radikale Vielfalt der Gesellschaft wider. Andererseits kann das Recht diese radikale Vielfalt eigenständig – eben rechtsförmig – aufnehmen und Interaktionen forcieren, also die Berücksichtigung der divergierenden Rationalitäten anstoßen. Das Recht ermöglicht derart eine »lose[] Koppelung der kollidierenden Einheiten«, die wiederum »zu je punktuellen und je vorläufigen Konfliktlösungen« führen kann (Fischer-Lescano/Teubner 2006: 24). Weil und insofern der Zusammenstoß der »sehr unterschiedlichen« Rationalitäten im Rechtsmedium ausgetragen wird, kann ein Regime auf die widerstreitenden Anforderungen reagieren, die andere Regime erheben und sich auf diese Anforderungen hin ausrichten; es kann sich also infolge dieser Interaktionen (anders) verrechtlichen. Diese rechtsförmig eingerichteten Interdependenzen werfen, wie noch zu zeigen sein wird, die Frage der Verfassung auf. Jedenfalls kann aber die »Kommunikation über Differenzen hinweg« (Berman 2012: 131) in den systemtheoretischen Konzeptionen eine gemeinsame Sprache unterstellen und ist somit nicht darauf verpflichtet, alle normativen Äußerungen und jurisdiktionellen Behauptungen in Betracht zu ziehen. Aufgrund der funktionalen Binnendifferenzierung können dabei jene Vermittlungen zugleich niemals den Perspektivismus der einzelnen Regime überwinden. Das Problem, den Pluralismus zu bewältigen, reicht tiefer, als es die Rede einer

»Kommunikation über Differenzen hinweg« erfassen kann. Von entscheidender Bedeutung sind deshalb die formierenden Wirkungen dieser Vermittlungen (oder, um im Bild zu bleiben: der Übersetzungen). Sie sollen das *Recht der Regime* rational fortbilden, das heißt: es konstitutionalisieren.

Um die Funktion dieser konstitutionellen Normen, die Vielfalt des Rechts (und der Gesellschaft) zu entfalten wie zu befestigen, besser verstehen zu können, ist es zunächst nötig, näher auf den Begriff der Rationalität einzugehen. Er ist für die systemtheoretischen Beschreibungen der (Verfassung der) transnationalen Konstellation elementar. Die gemeinsame Annahme der unter diesem Dach versammelten Konzeptionen besteht darin, dass sich das Kommunikationsgeschehen, aus dem Gesellschaften bestehen, in eine Vielzahl von global operierenden Funktionssystemen – die Wirtschaft, Kunst, Wissenschaft, Religion usw. – differenzieren konnte, die distinkten Logiken und Prinzipien folgen. Dabei befestigen sich diese systemspezifischen Rationalitätsformen zusehends mittels Operationen des Rechts, und ist der »neue Rechtspluralismus« zugleich dazu aufgerufen, »sich der vielfältigen gesellschaftlichen Diskurse und ihrer verschiedenen Rationalitäten anzunehmen.« (Teubner 1995: 208) Die Herausforderungen und Hoffnungen, die mit dieser gesellschaftlichen Vermittlungsaufgabe des Rechts verknüpft sind, werden deutlicher, wenn man den Begriff der sozialen Rationalität(en) und, daran anschließend, den Begriff der Verfassung als ein Projekt der Rationalisierung genauer ausleuchtet.

Der systemtheoretische Rationalitätsbegriff beschreibt eine bestimmte Weise, wie sich Systemoperationen auf die Unterscheidung von System und Umwelt beziehen.[25] Er bezeichnet die Möglichkeit von Funktionssystemen, die »Differenz von System und Umwelt als Einheit zu reflektieren« (Luhmann 1984: 599). Rationalität bildet den »Schlußpunkt« der funktionalen Differenzierung (ebd.: 645), weil hier die eigene Systemreproduktion durch das System selbst zum Problem wird. Dabei gelangen die selbstreferentiellen Operationen an den äußersten Punkt, den Luhmann auch als Modus der »Distanzgewinnung« beschreibt (ebd.: 599). *Rationalität* ist somit Luhmann zufolge von *Reflexivität* und *Reflexion* zu unterscheiden. Während Reflexivität in selektiven Prozessen der Selbststeuerung besteht, ist Reflexion die »Einführung der Differenz von Umwelt und System in das System« (ebd.: 617) – in systemtheoretischer Sprache: ein *re-entry* dieser Differenz –, die eine Präzisierung der Selbstidentifikation bewirkt. Dadurch, dass die Differenz von

25 Ich stütze mich in der folgenden Rekonstruktion an zentralen Stellen auf die Interpretation durch Menke (2004: 206 ff.). Zur Kontinuität des Rationalitätsbegriffs über die unterschiedlichen Phasen der Luhmann'schen Überlegungen hinweg vgl. Schneider (2011).

System und Umwelt durch das System expliziert wird, wird Selbstreferenz zur Systemreferenz. Die Repräsentation der System/Umwelt-Differenz im System (also: der Vorgang der Reflexion) ist die Voraussetzung dafür, jene Differenz als Einheit zu verstehen und aus dieser Einsicht dann Schlussfolgerungen für den Prozess der Selbstreproduktion zu ziehen – also dafür, Rationalität zu erlangen. Es gilt somit: »Rationalität kann mithin nur über Reflexion erreicht werden, aber nicht jede Reflexion ist rational.« (ebd.: 617) Rational sind nur solche Systemoperationen, die sich nicht nur auf sich selbst, sondern auf sich selbst als Teil der Systemumwelt beziehen.

Für das Kriterium der Rationalität ist demnach eine Form der Selbstreferenz wesentlich, die sich dadurch auszeichnet, die Folgen der Systemoperationen für die eigene Umwelt zu reflektieren. In »kausaltheoretischer Sprache« bedeutet das, »dass das System seine Einwirkungen auf die Umwelt an den Rückwirkungen auf es selbst kontrollieren muß, wenn es sich rational verhalten will.« (ebd.: 642) Systemrationalität besteht also darin, eigene Externalitäten zu berücksichtigen. Der Bedarf, sich an den Folgen für die (eigene) Umwelt auszurichten, erklärt sich daraus, dass die Differenz von Umwelt und System und damit die Fortexistenz der Umwelt für den Selbsterhalt notwendig ist. Systemaktivitäten bewirken die eigene Umwelt und wirken auf diese Umwelt ein. Sie können entsprechend dann als rational bezeichnet werden, wenn sie jene Auswirkungen in zukünftigen Operationen registrieren. Das Kriterium oder der Begriff der Rationalität bezeichnen daher die »anspruchsvollste Perspektive der Selbstreflexion« bzw. den »Gesichtspunkt der Kritik *aller* Selektionen« (ebd.: 645f., Herv. J.H.). Er beschreibt die weitgehenden Möglichkeiten von Systemen, sich mit Blick auf das Verhältnis zur jeweiligen Systemumwelt zu transformieren. Eine solche Bezugnahme auf das, was man selbst mit-hervorgebracht hat, ist für Luhmann der Schlüssel zum modernen Begriff der Rationalität. Sie ist »keine Idee, die den realen Systemen gegenübertritt« (ebd.: 645), sondern drückt das Vermögen der Selbstrevision aus. Rationalität betrifft mithin die Form der Vergesellschaftung, die Art und Weise, wie die Gesellschaft als ein Zusammenhang der Differenzierungen eingerichtet ist.

Radikale Veränderung ist demnach möglich, denn schließlich können alle Systemoperationen der Kritik ausgesetzt werden. Der Prozess der gesellschaftlichen Differenzierung ist auch deshalb dynamisch, weil er (selbst-)kritisch ist. Zugleich stellt aber die Vielfalt von operativ geschlossenen Funktionssystemen ein Komplexitätsniveau dar, das dieses Vermögen der Rationalität notwendigerweise beschränkt. So entfaltet sich mit der »Ausdifferenzierung von Systemen [...] die Welt der Rationalität in eine Fülle von (füreinander wechselseitig unverständlichen) Erscheinungen« (Luhmann 2008: 221). Ein gesamtgesellschaftliches

Verständnis davon, was es heißt, sich rational zu verhalten, wird utopisch, weil und insofern die Möglichkeit einer zentralen Stelle zur Koordination der Umweltbelastungen entfällt (vgl. Luhmann 1997: 186). Unter den Bedingungen funktionaler Differenzierung wirken die durch ein System erzeugten Problemlagen regelmäßig nicht auf dessen eigene Umweltrepräsentation zurück,[26] sondern sie belasten ein weiteres System (vgl. Luhmann 1984: 645). Das heißt, Umwelteinwirkungen werden insofern unerreichbar, als sie sich anderswo abbilden und also nicht auf das fokale System zurückwirken. Sie können derart aber keinen Anlass der systemischen Veränderung bilden. Darüber hinaus ist die moderne Gesellschaft insgesamt, als ein »System der Interdependenzen von System/Umwelt-Beziehungen« (Luhmann 2008: 204), nur der perspektivischen Beobachtung von Einzelsystemen zugänglich. Die Systemreferenz – ohne die es Rationalität nicht gibt – schränkt die Möglichkeiten, Umweltauswirkungen zu registrieren, unausweichlich ein. Die Umweltfolgen entgehen auf diese Weise immer schon dem Lichtkegel des rationalen Selbstbezugs und können deshalb im System nicht adressiert werden. Reflexion ermöglicht und verhindert Rationalität. Die für die Systemrationalität erforderlichen »Möglichkeiten der Rückrechnung« (ebd.: 210) erweisen sich als begrenzt: »Das Differenzierungsprinzip der modernen Gesellschaft macht die Rationalitätsfrage dringlicher – und zugleich unlösbarer.« (Luhmann 1984: 645) Weil es sich dabei um ein Dilemma der sozialen Differenzierung handelt, bleibt allein die Option, »in den gesellschaftlichen Funktionssystemen eine stärkere Berücksichtigung der gesamtgesellschaftlichen Umwelt zu initiieren.« (Luhmann 1997: 186) Dass das passiert, davon legen die Verfassungsstrukturen jenseits des Staates Zeugnis ab. Doch wie das passiert, auf welche Weise also die teilbereichsspezifischen Verfassungsnormen auf die »Rationalitätsfrage« antworten, bleibt in den systemtheoretischen Konzeptionen des globalen Rechtspluralismus unterbelichtet.

Der Begriff der Rationalität, wie Luhmann ihn auffasst, kann die kritische Diagnose dieser Konzeptionen erhellen, dass der neue Rechtspluralismus ein Resultat der »Eigenrationalitätsmaximierung« von unterschiedlichen Sozialsystemen darstellt (Fischer-Lescano/Teubner 2006: 29). Dieses maximierende Moment, das von Teubner als »pathologische Wachstumsspirale« gedeutet wird (Teubner 2011b: 56), erweist sich mit Luhmann als ein Normalmoment sozialer Rationalität. Die konstatierten Expansions- und Kolonialisierungstendenzen, das Problem der Rücksichtslosigkeit also, ist nicht nur als eine Fehlentwicklung der funktionalen Differenzierung zu verstehen. Sie ist dieser Differenzierung

26 »[...] so wenn Mediziner die durch sie selbst verursachten Krankheiten wieder zu Gesicht bekommen.« (Luhmann 1984: 645)

vielmehr derart eingeschrieben, dass die zugrunde liegende Systemreferenz das Vermögen der Rationalität zugleich hervorbringt und begrenzt. Die Reproduktion bzw. das »Wachstum« von Systemen, darin besteht das Dilemma der Differenzierung, kann gar nicht ausgewogen vonstatten gehen. Nicht nur kann die Koordination der Umweltfolgen nicht mehr gesamtgesellschaftlich erfolgen. Die Möglichkeiten der Rationalisierung lassen sich nicht realisieren, weil der Prozess der funktionalen Differenzierung die systemrelative Wahrnehmung der Umweltauswirkungen notwendigerweise verzerrt. Unter diesen Bedingungen können Verfassungsnormen und -strukturen zur gesellschaftlichen Rationalisierung beitragen, indem sie die Umweltorientierungen in den einzelnen Systemen forcieren. Konstitutionalisierung kann und soll, so argumentieren die systemtheoretischen Positionen, komplexere Umweltrepräsentationen anstoßen und Rationalisierung vorantreiben. Der Prozess der Konstitutionalisierung reagiert also darauf, dass infolge der funktionalen Differenzierung den Sozialsystemen das »innere Maß« unwiderruflich verloren gegangen ist (Luhmann 2005: 74) und es deshalb nun darum geht, eine stärkere Berücksichtigung der Umweltfolgen zu erwirken. Der Legitimationsaspekt, der für die Idee der Verfassung maßgeblich ist, wird somit dem Zusammenwirken aus systemspezifischer und juristischer Rationalität übertragen. Aufgrund der Einseitigkeiten der Systemreferenz steht dabei nicht zur Frage, ob Rationalität erreicht wird. Von entscheidender Bedeutung ist vielmehr, ob die Verfassungsstrukturen die Möglichkeiten, eigene Umweltfolgen zu registrieren, verbessern – ob sie also, in den Worten von Luhmann, Rationalisierung »initiieren«. Jedoch fallen auch die systemtheoretischen Konzeptionen schließlich in das Postulat einer responsiven Berücksichtigung externer Rechts- bzw. Sozialnormen zurück, durch die dann die »Gesamtrationalität der Weltgesellschaft« sichergestellt werden soll (Teubner 2012: 129). Sie basieren, darin den Konzeptionen des globalisierten Rechtspluralismus ganz ähnlich, auf einer Ethik der Responsivität, die auf den Erhalt des Pluralismus ausgerichtet ist. Auf diese Weise geraten aber die Politiken der Vermittlung erneut aus dem Blick: Wie ein pluralistischer Prozess der transnationalen Konstitutionalisierung beschaffen ist und wie in den normativen Interaktionen des Rechts (Grund-)Rechte wirksam werden, scheidet aus der genaueren Betrachtung aus. Systemtheoretische Konzeptionen des globalen Rechtspluralismus können den Prozess der Entgrenzung als Vermittlung konkurrierender Rationalitäten fassen. Die Entgrenzungs*formen*, die diesen Prozess prägen, werden aber kaum thematisch.

3.2.2 *Systemrelative Berechtigung*

Allein Rationalisierung kann den normativen Anspruch des globalen Rechtspluralismus einlösen. Die Vielfalt der Rechtsregime ist so einzurichten, dass sie den Gang funktionaler Differenzierung abstützt und dazu die jeweiligen gesellschaftlichen Teilbereiche für deren Umweltauswirkungen sensibilisiert. Die Funktion, Rationalität voranzutreiben und zu vertiefen, ist der Schlüssel zu einem »normativ gehaltvollen Begriff der Responsivität transnationaler Rechtserzeugung« (Horst 2019: 167). Hinsichtlich dieser Problematik der Rationalität – also der gelingenden Vermittlung divergierender Rechts- bzw. Sozialordnungen – besteht die Pointe der systemtheoretischen Positionen darin, die dazu notwendigen Verfahren und Mechanismen der Herausbildung von teilbereichsspezifischen Verfassungen zu überantworten. Der Zusammenhang zwischen Rationalisierung und Konstitutionalisierung ist dabei so eng, dass Teubner den Begriff der Verfassung »als Regulativ für die System/Umwelt-Beziehungen des Sozialsystems« bezeichnet (Teubner 2011b: 73). Zu verfassen bedeutet zu rationalisieren, und zu rationalisieren bedeutet, eigene Umweltfolgen zu registrieren. Der Prozess transnationaler Rechtserzeugung ist demnach, den systemtheoretischen Konzeptionen des globalen Rechtspluralismus zufolge, insofern strikt nicht-hierarchisch verfasst, als sich in den jeweiligen Funktionssystemen eigene Verfassungsstrukturen herausbilden, die nicht nur die systeminternen Verfahren der Normproduktion bestimmen, sondern auch die Koordination mit den und die Adaption an die konfligierenden Rechtsordnungen anleiten. Konstitutionalisierung beschreibt dabei die strukturelle Koppelung sekundärer Rechtsnormen mit reflexiven Sozialordnungen, so dass das einzelne Funktionssystem zugleich Träger und Objekt der entstehenden Verfassungsstrukturen ist. Es bilden hier also die einzelnen Rechtsregime, mit »deutlichen Intensitätsunterschieden« (Teubner 2015: 71), jeweils Verfassungsnormen aus, die dann die normativen Interaktionen mit weiteren Systemen und deren Eigenlogiken formieren.

Wie das Recht, sind auch die Verfassungen der Regime spezifisch oder partikular. Sie sind ein Produkt der funktional gegliederten Gesellschaft: »Teilverfassungen bilden sich nur aus den Potenzialen spezialisierter Kommunikationsmedien.« (Teubner 2012: 105) In einer »evolutionären« Interpretation des Verfassungsbegriffs[27] besteht zwischen Recht und Verfassung kein wesentlicher Unterschied. So betont Teubner, dass »jeder Prozeß der Verrechtlichung zugleich latente konstitutionelle Normierungen [enthält].« (Teubner 2003: 13) Quantität – die Vermehrung und Verdichtung rechtlicher Normen – bringt Qualität – nämlich Verfassungsnormen – hervor. Recht und Verfassung sind somit nicht eindeutig

27 Dieser Ausdruck im Anschluss an Luhmann (1990b).

voneinander zu differenzieren in dem Sinne, dass ein Akt der Verfassunggebung, mit dem die Verfassung in Kraft tritt, der Produktion einfacher Rechtsnormen zeitlich vorausgeht und sie inhaltlich wie prozedural bindet. Verfassung ist hier allein Prozess: ein Vorgang der Konstitutionalisierung. Während Habermas einen prozessualen Verfassungsbegriff aus den Legitimitätsansprüchen (bzw. Funktionserfordernissen) des Rechts ableitet,[28] vertieft sich im Fall der Regimeverfassungen die Abhängigkeit des Rechts von den spezialisierten Sozialsystemen. Evolution tritt an die Stelle der gleichen Teilhabe an Verfahren der Gesetzgebung. Die Verfassungsnormen werden zumeist nicht in legislativen Prozeduren erlassen, sondern auf den Pfaden der Rechtsprechung hervorgebracht. Entscheidender als die Verfahren der Verfassunggebung und -änderung ist aber, dass der Aspekt der Legitimation auf die funktional differenzierten Rationalitätskriterien übertragen wird. Denn Konstitutionalisierung bedeutet, dass das Recht einerseits enger an die grundlegenden inhaltlichen Prinzipien und Verfahrensmodi der jeweiligen Teilbereiche gebunden wird, die sich andererseits infolge der Teilbereichsverfassungen erst vollumfänglich ausbilden: »Verfassung ist [...] ein lebendiger Prozess der Selbstidentifikation« (Teubner 2012: 116). Die Regimeverfassungen stellen damit sowohl ein »symbolisches Zeichen des kollektiven Selbstverständnisses« als auch eine »Sozialtechnologie« der Selbstregierung dar (Walker 2014: 99). Sie rahmen das System und wirken dadurch identitätsstiftend. Und sie stellen Normen und Verfahren bereit, durch die das System auf sich selbst einwirken kann. Mit der Verfassung findet das Funktionssystem zu sich selbst.

Weil diese Verfassungsstrukturen den territorialen Rahmen des Staates übertreten, bedeutet die neue Vielfalt von Recht und Verfassung eine (permanente) Kollisionsgefahr und ist ein globaler Rechtspluralismus von *»genuine[n] Verfassungskonflikte[n]«* gekennzeichnet (Fischer-Lescano/Teubner 2006: 56). Doch gleichzeitig soll der Vorgang der systemspezifischen Konstitutionalisierung einen angemessenen – rationalisierenden – Umgang mit diesen Konflikten erlauben. Aus den Verfassungskonflikten selbst ergeben sich dabei, der modernen Vergesellschaftung entsprechend, die »netzwerkartige[n] Verknüpfungen der Verfassungen« (Teubner 2003: 27). In den Entscheidungen und Normierungen der einzelnen Regimeverfassungen entwickelt sich ein Verfassungskollisionsrecht, das sicherstellt, »dass sich die jeweiligen sozialen Prozesse reflexiv auf ihre gesellschaftlichen Umwelten einstellen und so ein *altera pars* in ihre Systemkomponenten aufnehmen.« (Fischer-Lescano/Teubner 2006: 164) Diese partikularen Kollisionsnormen, insbesondere die regimespezifischen Grundrechte, strukturieren die Interaktionen und Verknüpfungen unterschiedlicher Rechtsordnungen. Die

28 Siehe dazu *Kapitel 1.1.1.*

Regimeverfassungen sollen demnach Leistungen erbringen, die sich mit den prozeduralen Mechanismen des globalisierten Rechtspluralismus insofern vergleichen lassen, als es darum geht, die intrinsischen Eigenschaften des gesellschaftlichen bzw. rechtlichen Pluralismus zur Geltung zu bringen. Diese pluralismussensiblen Vermittlungsleistungen werden als *Verfassungsfunktionen, -prozesse, -bereiche* und *-strukturen* konzeptualisiert (vgl. Teubner 2012: 118 ff.). Das Ziel ist der Erhalt von Diversität mittels Konstitutionalisierung. Der Prozess transnationaler Rechtserzeugung hat deshalb zur Aufgabe, »Kapazitäten der *Responsivität* und des *Respekts*« zu etablieren, die einer funktional differenzierten Gesellschaftsordnung zuträglich sind.[29] Oder, kürzer gesagt: das Ziel ist ein rationalisierendes Recht. Denn in den Regimeverfassungen geht es sowohl um die »Festlegung der Eigenrationalität und Eigennormativität des betroffenen Gesellschaftssektors« als auch um die »Kompatibilisierung mit gesellschaftsinternen und -externen Umwelten« (Teubner 2011b: 73). Es gilt nicht nur zu sich selbst zu finden, sondern auch die Integrität der weiteren gesellschaftlichen Teilbereiche zu achten. Im Kontrast zu den Konzeptionen des globalisierten Rechtspluralismus wird diese Selbstbeschränkung als ein eigensinniger, weil rechtsförmiger Vorgang konzipiert. Doch auch hier treten die formierenden Wirkungen der zum Zweck der Vermittlung eingesetzten Techniken aufgrund einer ethischen Perspektive in den Hintergrund. Beides, der Fokus auf den konstitutionellen Vorgang der Vermittlung und das Außer-achtlassen der spezifischen Techniken, die diesen Vorgang prägen, soll nun ausführlicher erläutert werden.

Verfassungsfunktionen

Systemtheoretische Konzeptionen des globalen Rechtspluralismus zeigen, dass die jeweiligen Regimeverfassungen *konstitutive* und *limitative* Verfassungsfunktionen wahrnehmen können (vgl. Teubner 2012: 124 ff.). Analog zur Verfassung des Staates richten sie einen thematisch definierten Ausschnitt gesellschaftlicher Selbstorganisation ein und beschränken dessen möglicherweise destruktive Folgen für die Umwelt (in der Form von anderen sozialen und biologischen Systemen). Es gilt also nicht nur der rücksichtslosen Verselbstständigung politischer, sondern ebenso der ungezügelten Ausweitung ökonomischer oder

29 So die Beobachtung von Prandini (2019: 236), dem zufolge die Überlegungen von Teubner »darauf ab[zielen], einerseits die Bedingungen der gesellschaftlichen Ausdifferenzierung zu *verstärken* [...] und andererseits die Ausdifferenzierung zur Entwicklung *autonomer* systemischer Kapazitäten der *Responsivität* und des *Respekts* gegenüber dem Anderssein der Umwelt zu *drängen.*«

wissenschaftlicher Imperative Einhalt zu gebieten. Zugleich soll sichergestellt sein, dass sich so etwas wie ein System der Ökonomie, der Religion oder der Wissenschaft jenseits des Staates erst herausbilden und seine Funktionen und Leistungen erbringen kann.[30]

Die konstitutionellen Normen des Rechts der Regime institutionalisieren einerseits einen Binnenraum regimespezifischer Kommunikation. »Verfassungen formalisieren Kommunikationsmedien ganz unterschiedlicher Art in der Medialität des Rechts« (Teubner 2016: 10). Der Verfassungsbegriff soll auf diese Weise Anschluss an die Idee des nationalen *pouvoir constituant* halten (vgl. Teubner 2014). Höherrangiges Recht stellt hier die Reproduktion des jeweiligen gesellschaftlichen Teilbereichs sicher. Es setzt dessen eigene Entwicklungsdynamik gerade dadurch frei, dass festgelegt wird, wie Systemoperationen aufeinander anzuwenden sind. Für das politische System halten die staatlichen Verfassungen etwa fest, dass »Machtakte als die operativen Elemente des politischen Prozesses [...] in der Form von Rechten, den strukturellen Komponenten der Macht, ausgeübt [werden].« (Teubner 2012: 202) Das Recht stützt die politische Kommunikation ab, indem es diese Kommunikation an die Figur der Rechte bindet. Man ist nun zur Politik berechtigt. Andererseits und darüber hinaus beschränkt der Prozess der Konstitutionalisierung auch die Expansionstendenzen funktionaler Differenzierung. Hier üben die verfassungsrechtlichen Normen eine limitative Funktion aus angesichts »horizontale[r] Integritätsgefährdungen« (ebd.: 125) der systemspezifischen Kommunikation. Man ist zwar zur Politik berechtigt, aber nicht so, dass man in die Wirtschaft (Vertragsfreiheit) oder Forschung (Wissenschaftsfreiheit) einfach »hineinregieren« könnte. Die Verfassungsfunktionen bestehen somit in der Begründung und Begrenzung der Einseitigkeiten funktionaler Spezialisierung. Die Regimeverfassungen vertiefen damit das Problem, das sie lösen sollen, denn ihre Aufgabe besteht darin, »ganz heterogene [...] Rationalitäten nebeneinander zu institutionalisieren, und zugleich ihre totalisierenden Tendenzen, mit denen sie sich wechselseitig gefährden, zu beschränken.« (Teubner 2016: 14) Verfassung ermöglicht hier Vielfalt, indem ein Pluralismus gesellschaftlicher Selbstorganisation auf Dauer gestellt wird, mit dem jedoch stets die Gefahr verknüpft ist, dass sich ein System auf Kosten von weiteren Systemen reproduziert. Es geht deshalb darum, die »zentrifugale[n] Dynamiken« (Teubner 2012: 16) einer funktionalen Differenzierung im globalen Maßstab in Dynamiken der gegenseitigen Berücksichtigung zu überführen.

30 Statt den »Wachstumszwang« der Wirtschaft per se zu problematisieren, ist demnach also, z.B. mit Blick auf die Verhinderung von zukünftigen Finanzkrisen, zu unterscheiden »*zwischen notwendigem Wachstum und selbstdestruktiven Wachstumsexzessen*, die Fehlentwicklungen auslösen.« (Teubner 2011b: 53)

Verfassungsprozesse

Die Regimeverfassungen sind der Differenzierung der Gesellschaft nachträglich. So muss sich, wie Teubner betont, ein »anspruchsvoller Verfassungsbegriff für einen weltgesellschaftlichen Konstitutionalismus [...] dessen bewusst bleiben, dass Verfassungen primär Sozialprozesse und erst sekundär Rechtsprozesse sind.« (ebd.: 160) Die systemische Selbstkonstitution geht dem Vorgang der Selbstkonstitutionalisierung voraus und bildet den Boden der verfassungsrechtlichen Normierungen. Die Verknüpfung mit sekundären Rechtsnormen bewirkt sodann die »Verdoppelung sozialer Reflexivität« (Teubner 2011b: 78). Sie bringt einen Verfassungscode hervor, der die Rechtsprozesse ebenso wie die Sozialprozesse überspannt. Die Verfassung ist den einfachen Systemoperationen und den systemspezifischen Rechtsoperationen übergeordnet. Es bildet sich somit ein neuer Beobachtungs- und Beurteilungsstandpunkt heraus, von dem aus die einzelnen Systemoperationen (rechtlich) bewertet werden können. Es müssen sich deshalb, um von Konstitutionalisierung sprechen zu können, Normen mit Anspruch auf Vorrang herausbilden; Normen, die einen verbindlichen Rahmen bilden, innerhalb dessen das Regime dann operiert.[31] Die Regimeverfassungen setzen dabei sich nicht zum Recht per se, sondern zu den spezifischen Prinzipien, Verfahren und Normen des Teilbereichs in Relation – zu den Prinzipen und Normen, die selbst formulieren und konkretisieren.

Der Vorgang der Konstitutionalisierung erhöht somit zum einen das Potential der Rechtsform, sich in den Prozessen der gesellschaftlichen Selbstorganisation bemerkbar zu machen und Orientierungen auf die Systemumwelt hin zu forcieren. Verfassung ist ein Mittel der Rationalisierung.[32] Zum anderen wird aber auf diese Weise der Zusammenhang zwischen Rechts- und Sozialsystem noch einmal verdichtet. Denn die emergenten Verfassungsnormen sind inhaltlich an das fokale System gebunden, dessen Prinzipien in diesen verfassungsrechtlichen Normen Ausdruck finden. In diesem Sinne spricht Teubner von der ausgeprägten Materialisierung sowie einer möglichen »substantielle[n] Überdeterminierung« der Regimeverfassungen (Teubner 2018a: 189). Die Gefahr besteht darin, dass sich ein »soziologisches Naturrecht« herausbildet (Teubner 2015: 78). Zwar wird infolge der Konstitutionalisierung geltendes Recht »in den Zustand der Fragwürdigkeit, der Kontingenz versetzt« (Luhmann 1990b: 183). Dies impliziert allerdings nicht ein Moment der *tabula rasa*, sondern passiert in den Bahnen der bereits konstituierten Sozialordnungen. Im Zuge der regimespezifischen

31 Es wird sich noch zeigen, dass nicht alle Vermittlungstechniken das tun können. Siehe dazu *Kapitel 4*.

32 Siehe dazu *Kapitel 3.2.1*

Konstitutionalisierung sollen dabei die Verfassungsnormen die Prämissen und Prinzipien des einzelnen Sozialbereichs im Rahmen einer »institutionalisierte[n] Ko-Evolution« transformieren (Teubner 2012: 163). Sie sollen also das symbiotische Verhältnis zwischen Rechts- und Sozialnormen stören, mit dem Ziel einer »kreative[n] Entfaltung der Sozialbereichsdynamiken« (Hensel/Teubner 2014: 168), die sich dann wiederum in der Verfassung niederschlagen.

Die Regimeverfassung bedeutet damit einen Rationalisierungsschub, denn sie betrifft die jeweiligen System/Umwelt-Beziehungen und damit die Aufgabe der Vermittlung unterschiedlicher Teilbereichsordnungen. Insbesondere Grundrechte sollen, wie gleich gezeigt wird, dazu beitragen, systemfremde Logiken oder Forderungen zu registrieren und bewirken, dass das Regime sich mit Blick auf die eigene Umwelt adjustiert. Dabei ist im Hinterkopf zu behalten, dass eine solche Berücksichtigung von Umweltbelangen – die im Wege des Rechtspluralismus als Berücksichtigung von konkurrierenden rechtsnormativen Forderungen relevant wird – immer nur im Rahmen der regimespezifischen Operationen gelingen kann. Zwar können sich politische Interventionen ebenso wie andere Formen der externen Einflussnahme als notwendig und effektiv erweisen. Mit Blick auf gezielte Akte der Verfassunggebung gibt es jedoch Bedarf »nur nach solchen [Interventionen], die auf Übersetzung in Selbststeuerung angelegt sind«, wobei darauf zu achten ist, dass diese Übersetzung »auch tatsächlich gelingt« (Teubner 2011b: 62). Ihre Wünschbarkeit kann nur *ex post* und nur im Hinblick auf den Gang der sozialen Evolution evaluiert werden.[33] Der Erhalt gesellschaftlicher Vielfalt – ein tolerantes Nebeneinander von Sozialsystemen – bildet den normativen Horizont der transnationalen Verfassungspolitik.

Verfassungsbereiche

Ganz ähnlich den normativen Konzeptionen des globalisierten Rechtspluralismus erhebt auch der systemtheoretische Zugang die »Existenz vielfältiger Reflexionsinstanzen [...] zum Kriterium einer demokratischen Gesellschaft.« (Teubner 2012: 48) Die Vielfalt der Regime soll den in der transnationalen Konstellation zerrissenen Zusammenhang zwischen inklusiver Willensbildung und rechtserzeugenden Verfahren flicken. Zentral ist dafür wiederum ein Prozess der gelingenden Adaption an die Herausforderungen einer funktional differenzierten Gesellschaft, also die Frage der Rationalität. Um die richtige »Balance« zwischen den Systemaktivitäten und den Umweltfolgen eben dieser Aktivitäten herzustellen (ebd.: 116), müssen Einsprüche, die auf solche bislang nicht

33 Siehe dazu auch *Kapitel* 1.2.2.

oder nicht ausreichend berücksichtigten Umweltfolgen hinweisen, verfassungsrechtlich geschützt werden. Es gilt deswegen, die Einflusschancen der jeweiligen Teilöffentlichkeiten auf die Entscheidungen, die in den organisatorischen Zentren der Regime gefällt werden, mit der Hilfe von Grundrechtsansprüchen und Verfahrensnormen zu institutionalisieren. Durch die Regimeverfassungen soll dieser Einfluss im Organisations- und im Spontanbereich der Systemkommunikation ermöglicht werden.

Während der Organisationsbereich für Beratung und Entscheidung zuständig ist, kann der Spontanbereich jene Entscheidungen infrage stellen und so auf den Rechtserzeugungsprozess einwirken. Um diesen »demokratischen Selbst-Widerspruch« zu forcieren, müssen Teubner zufolge die einzelnen Regime ihre »Irritationssensibilität gegenüber externen Anforderungen steigern und gleichzeitig internen Dissens institutionalisieren.« (Teubner 2018a: 181) Es handelt sich hierbei insofern um eine klassische demokratische Begründung der Öffentlichkeit, als jede Entscheidung und jede Norm noch einmal zum Gegenstand der Auseinandersetzung gemacht werden können soll. Die verfassungsrechtlich garantierten Einflusschancen und Möglichkeiten der Kontestation (sowie die kritische Haltung, die sie unterstützen), sind jedoch bereichsspezifischer Art: Wie das politische System in der Rolle der Wähler:in, so wird das System der Wirtschaft als Verbraucher:in und das System der Gesundheitsfürsorge als Patient:in adressiert. Auch hier geht es, im Anschluss an die limitative Funktion der Verfassung, um die Gewährleistung »permanenter Gegenstrukturen« (Teubner 2012: 139), also darum, das Recht zum Zweck der Rationalisierung zu nutzen. Interner und externer Einspruch können miteinander verknüpft sein. Die Patientin kann (intern) auf eine Behandlung pochen, die in medizinischer Hinsicht sinnvoll ist, und dazu (extern) gegen das Wirtschaftssystem die Expansion ökonomischer Prinzipien in das System der Gesundheitsfürsorge problematisieren, die eben diese Behandlung einer Kosten-Nutzen-Analyse unterwirft.

Verfassungsstrukturen

Eine elementare Rolle für die skizzierten Funktionen und Prozesse spielt die Garantie von Grundrechten. Sie operationalisieren die jeweiligen Regimeverfassungen. Rechte etablieren die Kommunikationsmedien, erlauben die Kontestation der regimeinternen Entscheidungen, rahmen die Berücksichtigung von regimeexternen Ansprüchen und rationalisieren so insgesamt den Vorgang der Konstitutionalisierung. Um diese Aufgaben erfüllen zu können, müssen die Grundrechtsnormen, wie die Regimeverfassungen als solche, auf einen konkreten Kontext eingestellt werden. Denn Rationalität verstärken können sie schließlich nur, wenn sie an das Funktionssystem angebunden sind. Rechte werden daher in den systemtheoretischen Ansätzen konsequent als eine »Eigenleistung« der Regime (Teubner 2012: 193) konzipiert: »Statt gemeinsame, Staat und Gesellschaft übergreifende Grundrechtsstandards zu definieren, müsste das Recht stets kontextsensibel auf die ›sozialen Normativitätsverdichtungen‹ reagieren.« (Hensel/Teubner 2014: 168) So sollen Grundrechte zum einen der Teilhabe an verschiedenen Sozialsystemen dienen und zum anderen vor Eingriffen durch andere Kommunikationsmedien schützen. Sie entfalten demnach Wirkung nicht nur gegen bzw. in Bezug auf den Staat und das politische System. Vielmehr handelt es sich um »Gegeninstitutionen zu Expansionstendenzen von Sozialsystemen« (Teubner 2012: 216). Als Teilhabegarantien formalisieren sie den Anspruch, gehört zu werden und tragen auf diese Weise zur systeminternen Dynamik des Dissenses bei. In der abwehrrechtlichen Hinsicht bieten sie vor den Überwältigungen durch andere Medien – also vor Entwicklungen der Ökonomisierung, Politisierung etc. – Schutz und erweisen sich durch diese Begrenzung von systemischen Herrschaftspotentialen auch für die Sicherung individueller Freiheit als funktional.

Als das hervorgehobene Medium der Konstitutionalisierung sollen Grundrechtsnormen die Rationalisierung der Systemoperationen unterstützen und vorantreiben. Sie helfen, »das demokratische Potenzial in den gesellschaftlichen Teilbereichen selbst zu verstärken« (ebd.: 210f.). Aber nicht nur innerhalb der einzelnen Regime, vor allem in den Interaktionen zwischen den separierten Rechtsordnungen sollen Rechte wirksam werden. Sie stellen in der systemtheoretischen Perspektive den zentralen Mechanismus zur Berücksichtigung von konkurrierenden normativen Anforderungen dar und werden dementsprechend selbst als Kollisionsnormen relevant, mit denen Konflikte zwischen widerstreitenden gesellschaftlichen Rationalitäten strukturiert und in Form gebracht werden. Die grundrechtlichen Bestimmungen sind gleichzeitig Ergebnis und Katalysator dieser Vermittlungen, also Resultat und Mittel der binnenperspektivischen Verflechtung divergierender Interessen, Impulse und Logiken. In der Rolle als Kollisionsnormen handelt es sich bei den regimespezifischen Grundrechten um einen Fall der Rekonstruktion von »externe[n] Rationalitäten als Rahmenbedingungen der eigenen Logik« durch die jeweiligen Regime selbst (Fischer-Lescano/Teubner 2006: 87). Entsprechend übernehmen sie zwar den Beobachtungs- und Beurteilungsstandpunkt der Sozialordnungen. Die Grundrechte haben aber zugleich zur Aufgabe, die etablierten Rationalitätskriterien der selbstreferentiellen Regime aktiv zu durchkreuzen – also z.B. Kunst gegen Politik, Wissenschaft gegen Wirtschaft, Religion gegen Sport zu wenden. Sie können das tun, weil und insofern sie den Konflikten unterschiedlicher Rationalitäten, den Konflikten »einer Vielzahl von kommunikativen Eigenwelten« (Teubner 2006: 173), die Form rechtlicher Kommunikation und den Status höherrangiger Normen geben.

Dabei sollen nicht die Rechte des Verfassungsstaates in den transnationalen Raum ausgreifen. Die Horizontalwirkung der Grundrechte wird vielmehr vollständig dezentralisiert. Ebenso wie das politische System bilden auch die weiteren Regimeverfassungen Normen aus, die den Umgang mit gegenläufigen sozialen Logiken regeln, und bedienen sich dafür der Figur der Rechte. Teubner spricht dabei von den »als Umweltanforderungen intern reformulierten ›Eigenrechten‹« der jeweiligen Systemumwelten (Teubner 2006: 170). Genauso, wie das politische System die Freiheit der Wissenschaft Rechte-förmig garantiert, kann es auch das System der Wirtschaft und dessen Verfassung tun. Im Kontrast zum vorherrschenden Verständnis der Horizontalwirkung geht es bei diesen »Eigenrechten« der Systemumwelten nicht um Erweiterungsbewegungen, die ein Zentrum (klassischerweise: die Verfassung des Staates) voraussetzen, sondern um die autonome Konstruktion dieser Berechtigungen in den einzelnen Teilbereichen (vgl. Teubner 2012: 199 ff.). Wissenschaftsfreiheit kann somit für das politische System etwas anderes als für das Wirtschaftssystem bedeuten. Aber in beiden Fällen verpflichtet sich das einzelne Sozialsystem (der Wirtschaft oder der Politik) auf die Berücksichtigung der Wissenschaft als Teil der für es relevanten Umwelt. Ob Konflikte zwischen konkurrierenden Rationalitäten zur Garantie und Konkretisierung von derartigen Grundrechtsnormen führen, auch diese Entscheidung kann nur das Regime selbst fällen.

Die Existenz, der Inhalt und die Reichweite der fraglichen Rechte wird allein durch das Regime bestimmt. Es handelt sich durch und durch um systemrelative Grundrechtspositionen. Systemtheoretische Konzeptionen des globalen Rechtspluralismus hinterfragen auf diese Weise den Zusammenhang zwischen der »leeren« Form der Rechte und der Befähigung der Rechtsträger:innen. Die Unbestimmtheit der Rechte, die für Colliot-Thélène ebenso wie für Ladeur ein funktionales Äquivalent demokratischer Legitimation darstellt,[34] wird hier gegenstandslos, weil der Grad der Allgemeinheit, den das Recht der Regime erreichen kann, gesellschaftsstrukturell begrenzt ist. Jede Prozeduralisierung genereller Normen ist auf das Funktionssystem begrenzt, für das sie gelten, und aus dessen Binnenperspektive diese Normen substantiellen Gehalt annehmen. Die Abhängigkeit von den Besonderheiten des Sozialkontexts betrifft zum einen den inhaltlichen Zuschnitt der Anspruchspositionen. Die Berechtigungen sind stets Ausfluss eines funktional spezialisierten und insofern partikularen Prozesses der Rechtserzeugung. Zum anderen ist die Träger:innenschaft der Rechte auf distinkte Inklusionsrollen beschränkt. Die Möglichkeiten, Rechte zu Anspruch zu nehmen, bestehen nur in Abhängigkeit von konkreten Subjektivitätskonstruktionen. Auch für Rechte als eine Gruppe der regimespezifischen Verfassungsnormen

34 Siehe dazu *Kapitel 1.2.*

gilt: die Konstitution des Sozialen geht der Konstitutionalisierung voraus. Weder sind also »alle« an der Formulierung der Berechtigungen beteiligt, noch erstrecken diese Rechte sich auf »alle«. Diese Einschränkungen sind, wie gesagt, gesellschaftsstrukturell bedingt und demnach partizipativen Reformbemühungen im Kern unzugänglich. Rechte in Anspruch zu nehmen, bedeutet daher notwendigerweise ein doppeltes Unterwerfungsszenario: die Unterwerfung sowohl unter partikulare Verfassungsnormen als auch unter partikulare Rollenerwartungen, die, zusammen genommen, die Rechtserzeugungsbefugnisse der Berechtigten weitgehend einschränken.

Statt jedoch in kritischer Absicht (und, mit Blick auf die Geschichte des Verfassungsstaates, wohl etwas vorschnell) *partikulare* Interessen, die in Regimeverfassungen zum Ausdruck gelangen, und *allgemeine* Interessen, die demokratische Staatsverfassungen anleiten, einander entgegen zu stellen, kann man erst einmal mit Luhmann darauf hinweisen, dass jene Partikularitäten zwar jeweils ausschlaggebend sind, aber im zeitlichen Verlauf durchaus überschritten werden können.[35] Die Entfaltung sozialer Rationalität kann sich schließlich auch auf die grundlegenden Prinzipien und sogar auf den Code der Systemoperationen erstrecken. Die sozialen Formationen sind selbstbestimmt und deshalb zutiefst kontingent. Der Vorgang transnationaler Konstitutionalisierung, in dessen Zuge sich Sozial- und Rechtsprozesse miteinander verflechten, beeinträchtigt und begünstigt nun dieses Vermögen der Selbstkritik zu gleichen Teilen. Zum einen wird, wie bereits gezeigt, das Band zwischen Recht und Sozialsystem nochmals enger geknüpft.[36] Die Verfassung wirkt somit *naturalisierend*, denn sie entzieht die systembildenden Strukturen und Prinzipien der Kritik und damit der Veränderung. Zum anderen können aber, insofern das Recht dem Sozialsystem entgegen gewendet wird, diese Strukturen und Prinzipien einer unterscheidenden (kritischen) Beobachtung ausgesetzt werden. Die Verfassung wirkt somit *politisierend*. Insbesondere Grundrechtsnormen werden als Mittel der Kompatibilisierung von konkurrierenden gesellschaftlichen Rationalitäten positioniert, mit deren Hilfe sich die einzelnen Regime füreinander öffnen und dadurch transformieren. Sie sollen die Berücksichtigung der Systemumwelten forcieren und das fokale System derart effektiv selbst begrenzen. Grundrechtsnormen sind aber nicht nur Mittel,

35 Siehe dazu *Kapitel 3.2.1*

36 Teubner (2011b: 83) selbst betont ja die Gefahr, dass sich ein neues »Naturrecht« herausbildet – also ein Recht, das bestimmte Prinzipien und Normen der Entscheidung entzieht. Er stellt jedoch ebenso heraus, dass die »Bindung des Verfassungsrechts an die Werte des Sozialsystems [...] gewiss nicht naturrechtlich vorgegeben, sondern [...] das historisch variable Ergebnis von Reflexionsprozessen im verfassten Sozialsystemen [ist], das im Recht als Ensemble von inhaltlichen Verfassungsprinzipien rekonstruiert wird.«

sondern zugleich das Resultat dieser Vermittlung unterschiedlicher gesellschaftlicher Rationalitäten. Der Vorgang der Konstitutionalisierung selbst entscheidet demnach über das Potential der Rationalisierung, darüber, inwieweit die Regimeverfassungen das Versprechen der Responsivität einlösen können – oder nicht. Alles kommt dann darauf an, *wie* die »konfligierenden Wertorientierungen in die Verfassungen der konfligierenden Regime internalisiert [werden]« (Teubner 2018a: 190), oder, kürzer gesagt, *welche Form* die »Entscheidung zur Selbstbeschränkung« (Teubner 2011b: 59) annimmt.

Systemtheoretische Konzeptionen können diese entscheidende Frage stellen, denn sie verstehen unter Vermittlung nicht allein das Management einer vorausliegenden Diversität. Sie nehmen vielmehr, im Kontrast zu den Konzeptionen des globalisierten Rechtspluralismus, ernst, dass der Prozess transnationaler Rechtserzeugung die Frage nach der *Verfassung der Vermittlung* auf eine ganz andere Weise formuliert. Von wesentlicher Bedeutung sind hier die formierenden Wirkungen des entgrenzten Rechtsprozesses. Die normativen Interaktionen – die Verstrickungen und Verschränkungen unterschiedlicher Rechtsordnungen – bringen die fraglichen Verfassungsnormen erst hervor, die zugleich diese pluralen Interaktionen rahmen. Sie sind Ergebnis der »Internalisierung« von externen Normen und Ansprüchen. Dennoch bleibt die Auseinandersetzung mit den *Entgrenzungsformen* auch hier oberflächlich, weil sie von einer ethischen Perspektive der Selbstbegrenzung bestimmt ist. Der Vorgang der Konstitutionalisierung wird daran gemessen, ob Responsivität hergestellt wird und die Regime auf diese Weise »gesellschaftsverträglich« eingerichtet sind (Teubner 2011a: 198). Doch welche normativen Folgen die konkreten Vermittlungen zeitigen, wie sie die Verfassung(en) prägen, die sie herstellen, gerät nicht in den Blick. Das betrifft vor allem die Herausbildung und Konkretisierung der selbstgeschaffenen Grundrechtspositionen, durch die ja jene Selbstbegrenzung erreicht werden soll. Zwar wird auf die Rolle der Techniken hingewiesen, die dazu dienen, »fremde« Normen und Rationalitäten zu berücksichtigen und dadurch zur Konstitutionalisierung der Weltgesellschaft beitragen. So bemerkt Teubner über Operationen der Abwägung:

> Bei der Abwägung von Rechten bestimmt man die Werte, die auf beiden Seiten beteiligt sind und gewichtet sie in Relation zueinander, bevor man dem einen oder dem anderen Wert Priorität einräumt. Beim Schutz von Autonomieräumen vor Matrixeingriffen geht es hingegen darum, *ex ante*-Schätzungen und *ex post*-Beurteilungen über die schädlichen Auswirkungen auf die Integrität der Autonomie zu treffen. Beides sind natürlich normative Urteile, die auf faktischen Aussagen beruhen, aber die Abwägung bewertet Präferenzregeln, während Matrixüberlegungen auf Vorhersagen und Beobachtungen beruhen und diese normativ bewerten. (Teubner 2011c: 285)

Es muss also Teubner zufolge differenziert werden zwischen der Abwägung von individuellen Grundrechtsansprüchen in der Konstellation des Verfassungsstaates und einer Abwägung, die den Schutz sozialer Logiken und Impulse (den Schutz von »Autonomieräumen«) bewirken will. Relevant wird im Rahmen dieser Diskussion aber nur, *ob* der Schutz vor expansiven Kommunikationsmedien gelungen ist, nicht jedoch, *wie* die Abwägung die Regimeverfassungen formiert, die sie hervorbringt. Doch die Form der Vermittlung ist ein eigenständiges wie eigensinniges Moment der Erzeugung und Konkretisierung der regimespezifischen Verfassungsnormen. Die Frage, ob die Regimeverfassungen das Sozialsystem naturalisieren *oder* politisieren, diese entscheidende Frage kann nicht unabhängig von der Form der normativen Interaktionen beantwortet werden, die jene Verfassungen erst ausbilden. Denn schließlich fällt dem »Verfassungspluralismus« die Aufgabe zu, »die extremen Tunnel-Visionen [der Regime] zu korrigieren« und ihnen »andere Weltkonstruktionen aufzunötigen.« (Teubner 2018a: 189) Das Interaktionsgeschehen selbst bestimmt darüber, ob es gelingen kann, das Regime zu rationalisieren, also auf dessen Umweltfolgen hin anders auszurichten. Es bestimmt darüber, ob sich, wie Teubner selbst befürchtet, »›korrupte‹ Verfassungsnormen herausbilden, die aus einer zu engen Koppelung der Teilverfassungen an partielle Interessenkonstellationen resultieren« (Teubner 2012: 89). Es muss deswegen gerade im Hinblick auf die Art und Weise, und das bedeutet: es muss im Hinblick auf die konkreten Techniken der Vermittlung der widerstreitenden Teilverfassungen unterschieden werden.

Im Wege der Konstitutionalisierung soll ein funktional ausgerichtetes und derart einseitiges, partikulares Sozialsystem sich selbst transzendieren können. Es geht bei der Frage der Verfassung und der verfassungsmäßigen Ordnung des Pluralismus um eine »besondere Art der Selbsttranszendenz durch die Entfaltung eines universalistischen Anspruchs.« (Kjaer 2014: 147) Ähnlich formuliert auch Teubner die Entwicklungsrichtung einer »einheitlichen Weltverfassung«, die sich »heterarchisch in den Entscheidungen der Teilverfassungen selbst [konstituiert].« (Teubner 2016: 18f.) Zwar gibt es keinen übergeordneten Standpunkt, von dem aus dieser heterarchische Vorgang der Konstitutionalisierung zu koordinieren und bewerten wäre. Doch bilden Teubner zufolge die einzelnen Regime jeweils

> eigene Normierungen für das globale ius non dispositivum heraus, die den Eigenheiten ihres Sozialkontexts gerecht werden und das Ganze aus ihrer Einzelperspektive in den Blick nehmen, indem sie ihre Einzelperspektive transzendieren. (Teubner 2012: 241)

Eine solche umfangreiche (weil auf »das Ganze« gerichtete) Transformation der Systemaktivitäten durch das System selbst ist jedoch anspruchsvoll. Sie muss sich potentiell auf jede Operation der Systemreproduktion erstrecken können, um die eigene Perspektive tatsächlich in Richtung einer »einheitlichen Weltverfassung« zu überschreiten. Weil die regimespezifischen Verfassungsnormen dieses Vermögen der Rationalisierung ausschöpfen sollen, muss eine kritische Auseinandersetzung sich auf den Vorgang der Konstitutionalisierung insgesamt erstrecken. Sie muss die Form der normativen Interaktionen beobachten und evaluieren, die jene Verfassungsnormen erzeugen.

Eine tragfähige Unterscheidung von rationalen und korrupten, von limitativen und expansiven, von universalistischen und partikularistischen Verfassungsnormen hat somit die Techniken miteinzubeziehen, die diese Interdependenzen prägen und formieren. Ohne sie ist ein globaler Verfassungspluralismus, wie systemtheoretische Konzeptionen ihn verstehen, nicht zu denken, und der Anspruch, den sie an ihn richten, nicht einzulösen. Die Auseinandersetzung mit diesen Techniken entfällt aber weitgehend, weil sie allein daran gemessen werden, Vielfalt zu erhalten, also zu vermeiden, dass sich ein System auf Kosten von weiteren Systemen reproduziert. Das Anliegen, durch systemrelative Rechte die »spezifischen Gefährdungen, die von den jeweiligen gesellschaftlichen Eigendynamiken geschaffen werden, neu zu kalibrieren« (Teubner 2011a: 195), ist auf den Aufbau responsiver Umweltbeziehungen per se ausgerichtet, um so die Vereinseitigungen des Rechts der Regime zu beheben. In dieser Hinsicht bestehen wichtige Parallelen zur Ethik der Selbstbegrenzung, die die Konzeptionen des globalisierten Rechtspluralismus anleitet: Solange die konfligierenden Rechts- bzw. Sozialordnungen irgendwie berücksichtigt werden, kann der Pluralismus als angemessen bewahrt gelten. Dabei geht es nicht um die Einstellungen und Motive der juristischen Expert:innen, die sich von ihren jeweiligen normativen Gemeinschaften distanzieren müssen, um sodann pluralismusaffine Rechtsentscheidungen zu treffen. Aber obwohl diese Distanzierung hier den regimespezifischen Verfassungen und insbesondere der Gewährleistung von Grundrechtsnormen übertragen ist, sind auch die systemtheoretischen Konzeptionen einer Ethik der Alteritätsorientierung verhaftet. Der entgrenzte Prozess transnationaler Rechtserzeugung ist demnach so zu verfassen, dass der Fortgang funktionaler Differenzierung nicht bedroht ist. Diese ethische Perspektive hat aber ein analytisches Defizit, denn die Politiken rechtlicher Vermittlung werden auf diese Weise von der Betrachtung ausgenommen. Doch das Problem der (Verfassung der) transnationalen Konstellation besteht gerade darin, dass sich im Zuge der normativen Interaktionen verschiedener Rechtsordnungen, im Zuge der Vermittlung selbst, geeignete Verfassungsstrukturen erst *herausbilden* müssen. Es geht um den Vorgang der Konstitutionalisierung unter Bedingungen der Entgrenzung des Rechts – und es geht um die Form dieser Entgrenzung. Deshalb, um jene Leerstelle zu füllen, rücken die nächsten Seiten die formierenden Wirkungen der eingesetzten Vermittlungstechniken in den Fokus. Die Auseinandersetzung mit der Entgrenzungsform der Verhältnismäßigkeit wird dabei zeigen, dass diese unfähig dazu ist, fundamentale Rechte zu operationalisieren und also den Zusammenhang von Berechtigung und Befähigung zu etablieren. Sie kann so über die Grenzen (und dadurch, mittelbar, auch über das Potential) demokratischer Befähigung in der transnationalen Konstellation Auskunft geben.

4. Die Technik der Verhältnismäßigkeit

»Neue Situationen bringen neue Interessen und andere Gewichtungen der alten Interessen mit sich.«[1]

In Verfahren transnationaler Rechtserzeugung wird die Position des Grundes und infolgedessen der Status von grundlegenden Rechten fraglich. Denn sobald sich das Recht nicht länger als ein formaler Erzeugungszusammenhang darstellt, gerät ein herkömmlicher, staatszentrierter Verfassungsbegriff und mit ihm die Vorstellung von fundamentalen Rechtsansprüchen in Schwierigkeiten. Weil das Recht in der transnationalen Konstellation porös geworden ist, wird der Begriff der Verfassung auf die Vermittlung einer Vielfalt divergierender Rechtsregime ausgerichtet.[2] Die Verfassung kann nicht mehr in der Form von hierarchischen Ableitungsbeziehungen konzipiert werden, die den (einheitlichen) Prozess der Rechtserzeugung normieren. Sie soll vielmehr die Berücksichtigung konkurrierender Rechtsordnungen forcieren und dadurch die Responsivität der Regime vertiefen. Die Aufgabe, Konflikte zwischen den einzelnen Ordnungen aufzulösen, wird, so Teubner, »in die konfligierenden Einheiten hineinverlagert.« Konstitutionalisieren bedeutet hier: das Recht dazu zu nutzen, das jeweilige Regime für dessen Umweltfolgen zu sensibilisieren. Konstitutionalisierung *ist* Rationalisierung. Von besonderer Bedeutung sind dafür die regimespezifischen Grundrechte, die zur Aufgabe haben, jene Responsivität zu institutionalisieren. Die Herausbildung von Verfassungsnormen – und insbesondere von Grundrechtsnormen – entlang der normativen Interaktionen, die für transnationales Recht charakteristisch sind, soll den globalen Rechtspluralismus befestigen.

Doch obwohl der »entgrenzte« Prozess transnationaler Rechtserzeugung auf diese Weise in den Fokus rückt, bleiben die jeweiligen Entgrenzungsformen unterbelichtet. Die Techniken rechtlicher Vermittlung, die diese normativen Interaktionen formieren, gelangen in den einschlägigen Entwürfen des globalen Rechtspluralismus nicht in den Blick. Jene konzeptuelle Leerstelle ist insofern bedenklich, als diese Vermittlungen den Standpunkt der Verfassung selbst und die mit ihm verbundenen Grundrechtspositionen erst einrichten. Die Leerstelle betrifft somit den normativen Anspruch der Konzeptionen selbst, mittels Verfassungsstrukturen die (neue) Vielfalt rechtlicher und gesellschaftlicher Ordnungsmuster zu erhalten. Hingegen lautet eine zentrale These dieser Studie, dass die Frage, wie sich solche Verfassungsstrukturen etablieren

1 Aleinikoff (1987: 980).
2 Siehe dazu *Kapitel 3.2.2.*

lassen, nur ausgehend von den formierenden Wirkungen der dazu eingesetzten Techniken angemessen beantwortet werden kann. Diese Techniken prägen die konkrete Verfassung der Vermittlung. Das betrifft vor allem die Rolle und Funktion der Grundrechte. Sie sollen als Katalysator der transnationalen Verfassungen dienen. Welche Form sie im Zuge der normativen Interaktionen annehmen und wie sie wirksam werden, ist deshalb entscheidend für den Vorgang der transnationalen Konstitutionalisierung und schließlich für den Zusammenhang von subjektiver Berechtigung und demokratischer Befähigung.

Ich habe diesen Zusammenhang im Rahmen eines prozeduralen Demokratieverständnisses so entfaltet, dass fundamentale Rechte als ein Medium demokratischer Repräsentation fungieren.[3] Sie durchbrechen die Selbstsetzungen der Herrschaft zugunsten der Gleichberücksichtigung der Einzelnen, d.h. sie konfrontieren die Definitionsgewalt(en) des Allgemeinen mit bislang uneingelösten Einsprüchen der Gleichberechtigung. In der Konstellation des demokratischen Rechtsstaates beansprucht Herrschaft als die Herrschaft des Volkes Legitimation. Doch fundamentale Rechte können ebenso gegen andere Formen der herrschaftlichen Selbstbegründung – gegen die Herrschaft der ökonomischen Kalkulation, der religiösen Wahrheit oder der technologischen Imperative – gewendet werden. Die demokratische Funktion der Rechte ruht nicht auf der Souveränität des Volkes auf, sondern durchbricht sie, um sie neu zu instituieren. Als ein »generatives Prinzip« der Demokratie (Lefort) können basale Rechte jedoch nur fungieren, wenn sie immer wieder als der letzte Bezugsrahmen gesetzt werden – wenn sie also immer wieder als Grund oder Fundament des Rechts operationalisiert werden. Dieser Zusammenhang steht jedoch unter den Bedingungen transnationaler Rechtserzeugung vor dem Problem, dass die Position des Grundes keinen Rückhalt mehr in hierarchischen Rechtsmodellen findet. Es ist deshalb den Entgrenzungsformen der transnationalen Konstellation aufgetragen, diese Position des Grundes (wieder-)herzustellen.

Um das Potential demokratischer Befähigung und dessen Grenzen zu vermessen, wird nun eine bestimmte Entgrenzungsform – nämlich die Technik der Verhältnismäßigkeit – ausführlicher betrachtet. Dass es sich bei Entgrenzungsformen um *Techniken* der Vermittlung handelt, soll den konstruktiven Charakter von vermeintlich selbstverständlichen Operationen der Rechtserzeugung anzeigen. Dazu zählen auch und insbesondere[4] Methoden der Rechtsprechung. Wie David Schneiderman betont,

3 Siehe dazu *Kapitel 2.3*.

4 *Insbesondere*, weil die normativen Interaktionen transnationaler Rechtserzeugung, die Thornhill (2016: 384) als »Überlappungen« bezeichnet, derzeit und wohl auch in näherer Zukunft vor allem im Rahmen der

gilt es, »die Aufmerksamkeit darauf zu lenken, wie judizielle Techniken, insbesondere solche, die sich weltweit durchgesetzt haben, sowohl bestimmte Fragestellungen einklammern als auch distinkten Interessen dienen.« (Schneiderman 2018: 266) Dass Methodenfragen immer zugleich Verfassungsfragen sind (vgl. Rüthers 2009), ist von ganz besonderer Relevanz für eine demokratietheoretische Perspektive auf das Recht der transnationalen Konstellation, wenn dort die Verfassung aus der Adaption widerstreitender normativer Forderungen erst hervorgeht; wenn also die fundamentale Position der Rechte und damit der Zusammenhang von Berechtigung und Befähigung nur entlang der Verflechtungen unterschiedlicher Rechtsordnungen erfasst werden kann. Verfassungsfragen sind politische Fragen. Deshalb muss es darum gehen, den Prozess transnationaler Rechtserzeugung auf solche Politiken der Vermittlung hin in den Blick zu nehmen.

Die Auseinandersetzung mit der Technik der Verhältnismäßigkeit führt eine solche Politik der Vermittlung vor Augen und demonstriert dadurch den Vorzug der hier zur Diskussion gestellten Analyseperspektive, die eine Kritik transnationaler Konstitutionalisierung anhand der Formen entwickelt, durch die sie Gestalt annimmt. Die Verhältnismäßigkeitsprüfung hat sich in der Rechtspraxis als ein Instrument bewiesen, um die Verstrickungen und Verschränkungen unterschiedlicher Ordnungen flexibel aneinander auszurichten. Nicht nur versteht die Verhältnismäßigkeitsprüfung sich als Relation der Zwecke und Mittel beinahe wie von selbst. Sie bringt zudem – als »Sozialjurisprudenz«[5] – Rechte entlang der Berücksichtigung von widerstreitenden Ansprüchen hervor, ohne sich von den formalen Erfordernissen eines stufenbauförmigen Rechts einschränken zu lassen. Die Technik der Verhältnismäßigkeit weist somit Eigenschaften auf, die sie als tauglich erscheinen lassen, die Verfassung der Vermittlung zu erzeugen und zu vertiefen. Sie wirkt als ein geeignetes Mittel, jene Berücksichtigung »externer« Forderungen zu forcieren, die den normativen Anspruch der verschiedenen Konzeptionen des globalen Rechtspluralismus bildet.

Ich möchte jedoch zeigen, dass die Verhältnismäßigkeitsprüfung gerade aufgrund der strukturellen, intrinsischen Eigenschaften, die sie auszeichnen, nicht in der Lage ist, den Zusammenhang von

Rechtsprechung zu lokalisieren sind: »[D]ie Überlappungen internationaler und nationaler Jurisdiktionen haben dazu geführt, dass viele der grundlegenden Gesetzesnormen nicht von politischen Akteuren oder Entscheidungen, sondern von inner-juristischen Kommunikationen hervorgebracht werden [...]. Gerichte handeln daher oft als konstituierende und konstituierte Gewalt zugleich.«

5 Der Ausdruck der Sozialjurisprudenz im Zusammenhang mit der juristischen Methode der »Interessenabwägung« stammt von Ernst Stampe [1905], hier zit. nach Rückert (2011: 915).

Berechtigung und demokratischer Befähigung in der transnationalen Konstellation wiederherzustellen. Zwar kann die pluralismusaffine Technik zur punktuellen Alteritätsorientierung der konfligierenden Rechtsregime beitragen. Sie kann aber die Position von fundamentalen Rechten nicht operationalisieren und dadurch Gleichberechtigung weder abbilden noch generieren. Der Unfähigkeit, Verfassungsstrukturen zu etablieren, entspricht das Unvermögen, die regimespezifischen Rationalitätskriterien wirksam infrage zu stellen und so echten Wandel herbeizuführen.

Ich stelle hierzu zuerst die Verhältnismäßigkeitsprüfung als ein potentielles Werkzeug der Konstitutionalisierung dar (4.1). Es geht mir darum, zu zeigen, inwiefern die Eigenschaften dieser Technik zu den Herausforderungen der transnationalen Konstellation »passen«, wenn man jene Herausforderungen – wie es üblich ist – als ein ethisches Problem der Responsivität und der Selbstbegrenzung versteht. Ich greife hierzu auf die umfangreiche Literatur zurück, die sich mit der seit längerer Zeit beobachteten Expansion der Verhältnismäßigkeit befasst. Hier wird nicht nur der Status der Verhältnismäßigkeitsprüfung als ein globales Verfassungsprinzip thematisch. Zudem wird der Technik ein produktiver Umgang mit horizontalen und pluralistischen Konfliktlagen attestiert, die sie unter Aspekten der Integration und Einheitsbildung adressiert. Ich greife dabei, um die verzweigten Diskussionen zu konkretisieren und zu pointieren, stellenweise auf die einschlägigen Überlegungen von Robert Alexy zurück. Dies soll nicht implizieren, dass die Eigenschaften und Komplikationen des Verhältnismäßigkeitsgrundsatzes durch die Linse des »diskursiven Konstitutionalismus« (vgl. Alexy 2005) verstanden werden müssen oder auch nur am besten verstanden werden können. Es geht hier allein um einen Rückhalt der Darstellung, der aufgrund der maßgeblichen Rolle dieser Überlegungen in der Debatte um das Verhältnismäßigkeitsprinzip sinnvoll erscheint.[6] Unter dogmatischen Aspekten erhebt Alexy zudem den Anspruch, eine »Strukturtheorie der Grundrechte« (Alexy 1994: 32) im Kontext der westdeutschen Verfassungsrechtsprechung formuliert zu haben,[7] die selbst wiederum die Entwicklung dieser Technik merklich beeinflusst hat.

6 »Jede Studie über die Verhältnismäßigkeit muss den Einfluss von Alexy anerkennen.« (Barak 2012: 5) »[Alexy] hat die einflussreichste und ausgefeilteste Theorie der Verhältnismäßigkeit und des damit verbundenen Verständnisses der Rechte vorgelegt.« (Urbina 2017: 21) »[Sein] theoretisches Instrumentarium erlaubt es, jedenfalls einen ganz erheblichen Teil der globalen Grundrechtsrechtsprechung analytisch zutreffend zu beschreiben.« (Hong 2019: 25) Vgl. insbesondere zur anglo-amerikanischen Rezeption auch Rivers (2019).

7 Vgl. jedoch Petersen (2020) zur Frage, ob es sich dabei um eine akkurate Rekonstruktion handelt.

Danach greife ich zwei Hinsichten der kritischen Auseinandersetzung mit der Verhältnismäßigkeitsprüfung auf, um sie für die Verfassungsfragen der transnationalen Konstellation zu spezifizieren. In normtheoretischer Hinsicht führt, so eine wichtige Kritik, der Einsatz der Technik dazu, die Priorität der Rechte zu relativieren (4.2.1). In methodischer Hinsicht steht zudem die juristische Rationalität der Verhältnismäßigkeitsprüfung zur Diskussion (4.2.2). Klassischerweise greifen beide Hinsichten der Kritik auf ein Argument der Gewaltengliederung zurück. Dieses Argument, das auf die Usurpation der gesetzgeberischen Befugnisse durch die Justiz ausgerichtet ist, kann nicht umstandslos auf Verfahren transnationaler Rechtserzeugung übertragen werden. Denn die kompetenzielle Perspektive der Gewaltengliederung operiert mit einem Modell der Konkretisierung von Rechtsnormen auf verschiedenen Stufen oder Ebenen, das dem *Recht der Rechtsordnung* verpflichtet ist.[8] Doch jenseits dieser Perspektive erweisen sich die formierenden Wirkungen der Technik auch an den Auswirkungen auf die Rechtsstruktur selbst. Sie ist nicht dazu in der Lage, Rechtspositionen normativ zu etablieren, sobald ein einheitlicher, übergreifender Standpunkt der Verfassung nicht länger vorausgesetzt werden kann. Jene Unfähigkeit stellt den tieferen Sinn des kritisierten Bedeutungsverlusts der Rechte im Rahmen der Verhältnismäßigkeitsprüfung dar (normtheoretische Kritik). Außerdem wird sich zeigen, dass die Technik, insbesondere auf der entscheidenden Stufe der Abwägung, unfähig ist, einen Eigensinn juristischer Rationalität zu behaupten (methodische Kritik).

Ich illustriere schließlich die formierenden Wirkungen der Verhältnismäßigkeit anhand von ausgewählter Rechtsprechung des internationalen Investitionsschutzes (4.3). Dort tritt die *Variabilisierung der Verfassung*, die mit der Verhältnismäßigkeitsprüfung zwangsläufig verbunden ist, deutlich vor Augen. Diese Variabilisierung der Verfassung bezeichnet die Transformation von Verfassungsbestimmungen in einen situativen Verbund von Abwägungsaspekten. Zwar kann die Technik der Verhältnismäßigkeit insofern zur Konstitutionalisierung des Investitionsschutzes beitragen, als der unbedingte Vorrang ökonomischer Interessen im Einzelfall effektiv infrage gestellt wird. Die Gleichberechtigung der widerstreitenden Forderungen kann jedoch nicht abgebildet werden und der Zusammenhang von Berechtigung und Befähigung derart, auf den Pfaden der Verhältnismäßigkeitsprüfung, keinen Halt finden.

8 Siehe dazu Einleitung zu *Teil II*.

4.1 Anknüpfungspunkte

Globales Verfassungsprinzip

Der Grundsatz der Verhältnismäßigkeit wird mit dem Begriff der Verfassung in einen immer engeren Zusammenhang gebracht. Die verbreitete Bezeichnung als »Grundsatz« deutet bereits darauf hin, dass die Technik oftmals ein zentrales oder eben ein grundsätzliches Moment von Recht und Verfassung markiert. Sie wird entsprechend als ein »universelles« oder »globales Verfassungsprinzip« bezeichnet (Klatt/Meister 2012b; Peters 2016b). Denn wo von Verfassung und von den durch eine Verfassung garantierten Rechten die Rede ist, gelangt (fast)[9] überall auch das Verhältnismäßigkeitsprinzip zur Sprache. Das gilt zum einen für die zahlreichen nationalen Verfassungen weltweit, die das Prinzip für das eigene Rechtssystem übernommen haben. Zum anderen findet sich die Verhältnismäßigkeitsprüfung auch im Recht der Europäischen Union (vgl. Harbo 2010) und im Rahmen der Europäischen Menschenrechtskonvention (vgl. Christoffersen 2009: 31 ff.) sowie weiteren regionalen Ordnungen zum Schutz der Menschenrechte (vgl. Stone Sweet/Mathews 2019: 162 ff.).[10] Dabei diente internationales Recht vielfach als ein Vehikel der Ausbreitung von einer staatlichen Verfassungsordnung in eine andere (vgl. Saurer 2012). Das Prinzip der Verhältnismäßigkeit findet sich zudem auch in Kontexten abseits des Staates, etwa in den Entscheidungen des Facebook Oversight Board (vgl. Pollicino/de Gregorio/Bassini 2021).

Diese »Expansion«[11] der Verhältnismäßigkeitsprüfung wird oftmals als Folge der Ausbreitung eines spezifischen Typus von Verfassungen beschrieben, die alle rechtserzeugenden Instanzen, vor allem auch die Gesetzgebung, auf den Schutz von gewissen Rechten verpflichtet. Der Grundsatz ist demnach die passgenaue Reaktion auf die normativen Komplikationen, die mit dem Aufstieg des »globalen, Rechte-basierten

9 Zu den USA als prominentester Sonderfall vgl. z.B. Cohen-Eliya/Porat (2013), Jackson (2015).

10 Das Verhältnismäßigkeitsprinzip wird auch in weiteren völkerrechtlichen Teilgebieten wie dem Sanktionsrecht und dem Welthandelsrecht (vgl. m.w.N. Cottier et al. 2017) sowie dem humanitären Völkerrecht (vgl. Cohen/Zlotogorski 2021) angewendet.

11 Inwieweit es sich dabei um eine »Expansion« bzw. einen »Exportschlager« der deutschen Rechtsprechung und -wissenschaft handelt (vgl. Saurer 2012; Barak 2012: 178 ff.; Klatt/Meister 2014), kann hier offen bleiben. Zur Konstruktion des Grundsatzes in der frühen Rechtsprechung des Bundesverfassungsgerichts vgl. Staubach (2019), zum historischen Ursprung im 19. Jahrhundert vgl. Stern (1993).

Konstitutionalismus« (Stone Sweet/Mathews 2019: 125) verbunden sind.[12] Denn sobald geltendes Recht auf die Berücksichtigung von – oftmals relativ unbestimmten – Grundrechten verpflichtet wird, erweitert sich der Einsatzbereich der zuständigen Gerichtsbarkeiten auf »radikale« Weise (Kumm 2004: 583). Zwar erzeugt in der Sache jedes Verfassungsgericht mit seinen Urteilen Verfassungsrecht. Wie aber bereits bemerkt wurde, ist die Determinationskraft von grundrechtlichen Normen besonders gering und der Entscheidungsspielraum, den diese Normen bedeuten, somit besonders groß. Die Interpretation der Grundrechte im Rahmen der Rechtsprechung birgt daher dezidierte Gefahren der Usurpation legislativer Kompetenzen durch die Justiz.

Der Verhältnismäßigkeitsgrundsatz ist somit ein tragendes Verfassungsprinzip auch insofern, als dessen Einsatzmöglichkeiten durch den Bedeutungszuwachs der Grundrechte potentiell unbegrenzt sind. Seine Rolle als ein globales Verfassungsprinzip, das die Bedingungen der rechtmäßigen Beschränkung von Grundrechten formuliert, ist deshalb in den historischen Zusammenhang des juristischen Umganges mit der »normhierarchische[n] Irritation« (Saurer 2012: 9) zu rücken, dass die Gesetzgebung an den Schutz von bestimmten Rechten gebunden und ein Gericht mit der Aufgabe betraut wird, diese Grundrechtsbindungen zu überwachen.[13] Dabei wird die Verfassungsrechtsprechung einer Reihe von spezifischen und differenzierten Prüfungsschritten unterworfen, die eine Grundrechtsbeschränkung zum damit verfolgten Zweck[14] ins Verhältnis setzen und so den Zuwachs an Kompetenzen durch die Systematisierung und Rationalisierung der Entscheidungsfindung legitimieren. Vielfach werden diese disziplinierenden Wirkungen als Vorzug der Verhältnismäßigkeitsprüfung betont (vgl. z.B. Grimm 2007: 393 ff.; Lepsius 2015: 19 ff.). In Form einer »Rationalitätskontrolle« der legislativen Entscheidungen (Petersen 2015: 269 ff.) soll die Prüfung zur institutionellen Legitimation der Rechtsprechung ebenso wie zum effektiven Grundrechtsschutz beitragen. Gerade aufgrund der formalen Struktur empfiehlt sich die Technik als ein »wesentliches Strukturelement« des Konstitutionalismus (Klatt/Meister 2014: 194). Sie stellt

12 Es handelt sich bei dieser Proliferation der Verhältnismäßigkeit regelmäßig um eine inkrementelle, von der Rechtsprechung forcierte Entwicklung, also um ein »vom Normtext weitgehend gelöstes Postulat.« (Reimer 2015: 62)

13 Die Verhältnismäßigkeitsprüfung wird aber auch als Antwort auf ein Universalproblem der Verfassung aufgefasst, die Ausübung von Herrschaft zu begrenzen, ohne diese Grenzen im Voraus spezifizieren zu können (vgl. Schlink 2012: 296).

14 Die Prüfung, ob es sich um legitime Zwecke handelt, ist entbehrlich, insofern legitime Zwecke schlichtweg legale Zwecke sind (vgl. Alexy 2007: 341).

in dieser Hinsicht ein »kritisches Werkzeug«[15] in den Händen der Öffentlichkeit dar, das nun die tatsächlichen Argumentationslinien und die konkreten Entscheidungen der Richter:innen »rekonstruieren« kann. Ein verfassungsmäßiger Grundrechtseingriff ist sodann ein verhältnismäßiger Eingriff. Indem es Geltungskriterien formuliert, ist das Verhältnismäßigkeitsprinzip nicht nur die Folge eines legalistischen, um Grundrechtsnormen zentrierten Verfassungsverständnisses. Es hat zudem selbst an der Vertiefung oder Erweiterung der Verfassungsnormen Anteil. Der Zusammenhang zwischen Verfassung und Verhältnismäßigkeit besteht somit auch in die umgekehrte Richtung, denn der Verhältnismäßigkeitsgrundsatz hat an der inhaltlichen Ausgestaltung der jeweiligen Verfassungsordnungen Anteil und wird auf diese Weise als Technik der Konstitutionalisierung wirksam. Einmal als ein Verfassungsprinzip etabliert, ist die »Autorität« der Verhältnismäßigkeit »nicht geringer wie die der Verfassung« (Stone Sweet/Mathews 2019: 4).

Dieser wechselseitige Zusammenhang wird ausdrücklich von Alexy festgehalten, dessen Überlegungen von einer »notwendigen Verbindung« zwischen Verfassungsbegriff und Verhältnismäßigkeitsprüfung ausgehen (Alexy 2015a: 203). Jene Nähe ist bei Alexy wiederum Ausdruck einer fundamentalen Unterscheidung zwischen Regeln und Prinzipien.[16] Ihr zufolge zeichnen sich Regeln durch eine binäre Struktur aus, während Prinzipien mehr oder weniger verwirklicht werden können (vgl. u.a. Alexy 1994: 71 ff.). Ausgehend von dieser, auch in Auseinandersetzung mit Ronald Dworkin entwickelten,[17] Unterscheidung und der Definition der Grundrechte als Prinzipien, verläuft für Alexy ein notwendiger Zusammenhang zwischen den normativen Vorgaben der prinzipienförmigen Verfassung und der Verhältnismäßigkeitsprüfung. »Grundrechtseingriffe sind [...] nur dann gerechtfertigt, wenn sie verhältnismäßig sind.« (Alexy 2003a: 436) Die hervorgehobene Rolle der Grundrechte mündet in den Status der Verhältnismäßigkeitsprüfung als ein universelles Verfassungsprinzip, das darüber befindet, ob ein Grundrechtsanspruch im jeweiligen Fall so weitgehend wie nur möglich realisiert wurde. Weil Grundrechte als Prinzipien zu verstehen und

15 »[...] ein kritisches Werkzeug, mit dem sich die tatsächlichen Schritte der Rechtsprechung rekonstruieren lassen, um so die spezifischen *Entscheidungen* der Richter explizit zu machen« (Menéndez 2019: 141).

16 Der Unterschied zwischen einer Regelkonstruktion und einer Prinzipienkonstruktion der (Grund-)Rechte ist »grundsätzlich« (Alexy 2009: 9). Zur Kritik an der strikten Unterscheidung zwischen Prinzipien und Regeln insgesamt vgl. Günther (1988: 268 ff.), Jestaedt (1999: 212 ff.), Poscher (2010).

17 Alexy (re-)formuliert die Dworkin'sche Unterscheidung von Regeln und Prinzipien anhand der Entgegensetzung von »realem« und »idealem Sollen« (vgl. Alexy 1995: 202-205).

Prinzipien auf den Gedanken der Optimierung verpflichtet sind, impliziert ein grundrechtsbasierter Verfassungsbegriff das Verhältnismäßigkeitsprinzip – dessen Kriterien bzw. Stufen, wie Alexy betont, »selbst Ausdruck der Idee der Optimierung« sind (Alexy 2015a: 203). Auf den beiden ersten Stufen fragt die Verhältnismäßigkeitsprüfung danach, ob das gewählte Mittel *geeignet* sowie *erforderlich* ist. Ein Mittel ist dann geeignet, wenn es ein Prinzip optimieren kann. Die praktische Bedeutung dieser Prüfungsstufe ist aber Alexy zufolge gering (vgl. Alexy 2017a: 15). Ein Mittel ist zudem erforderlich, wenn es dazu eignet, ein Prinzip zu optimieren und dabei, im Vergleich mit alternativen Strategien, ein konkurrierendes Prinzip weniger beeinträchtigt. Auf der dritten Stufe wird schließlich danach gefragt, ob ein Mittel *angemessen* bzw. *verhältnismäßig im engeren Sinne* ist. Dabei gilt: Je stärker das Mittel ein anderes Prinzip beeinträchtigt, umso gewichtiger muss das Prinzip sein, für dessen Realisierung das Mittel eingesetzt wird. Die kollidierenden Prinzipien sind also, mit Blick auf ein konkretes Mittel, gegeneinander abzuwiegen. Die dritte Prüfungsstufe bestimmt somit, ob das Prinzip erfüllt werden kann bzw. ob, wie es das Bundesverfassungsgericht im *Lüth*-Urteil formuliert hatte, ein anderes Prinzip »zurücktreten« muss.[18] Die Beeinträchtigung darf demnach nicht außer Verhältnis zum »Wichtigkeitsgrad« stehen (Alexy 1994: 146). Kurz gesagt, muss der Vor- den Nachteil, muss der Nutzen die Kosten überwiegen.[19]

Der enge Zusammenhang von Verhältnismäßigkeitsprüfung und Verfassungsbegriff ergibt sich bei Alexy daraus, dass die normtheoretische Unterscheidung mit einer methodischen Differenzierung zwischen Abwägung und Subsumtion verknüpft wird.[20] Denn wenn die Abwägung die Anwendungsform von Prinzipien im Unterschied zur Subsumtion von Regeln darstellt, dann impliziert die Verhältnismäßigkeitsprüfung, sobald Rechte involviert sind, die Existenz von Verfassungsnormen. Rechte, die »wesentlich den Charakter von Prinzipien« haben, sind Alexy zufolge als Grundrechte zu verstehen (Alexy 2015a: 202), und es ist die Verhältnismäßigkeitsprüfung im engeren Sinne, die Rechtsnormen als Prinzipien operationalisiert. Zudem resultiert die Anwendungsform der Abwägung, in der Darstellung durch Alexy, in »zugeordnete Grundrechtsnormen«, also in Normen mit Verfassungsrang (vgl. Alexy 1994:

18 »Es wird […] eine ›Güterabwägung‹ erforderlich: Das Recht zur Meinungsäußerung muß zurücktreten, wenn schutzwürdige Interessen eines anderen von höherem Rang durch die Betätigung der Meinungsfreiheit verletzt würden. Ob solche überwiegenden Interessen anderer vorliegen, ist auf Grund aller Umstände des Falles zu ermitteln.« BVerfG 1 BvR 400/51 (1958), Rn. 37 (*Lüth*).

19 Anders formuliert, stellt die Abwägung die Frage nach dem »Nettovorteil« (Klatt/Meister 2012a: 8).

20 Vgl. dazu im Detail Poscher (2010).

57 ff., 84 ff.).[21] Die Verhältnismäßigkeitsprüfung bringt also auf dem Weg der Präzisierung oder Konkretisierung der Grundrechte-als-Prinzipien selbst Verfassungsrecht hervor. Auch derart ergibt sich der wechselseitige Zusammenhang zwischen Verhältnismäßigkeit und Verfassung, wenn und solange der Verhältnismäßigkeitsgrundsatz »gilt« (Alexy 2009: 12). Die Verfassung verweist auf das Verhältnismäßigkeitsprinzip, weil sie es mit Prinzipien zu tun hat. Und weil das Verhältnismäßigkeitsprinzip es mit Prinzipien zu tun hat, verweist es auf die Verfassung.

Horizontalstruktur

Klassischerweise wird der Verhältnismäßigkeitsgrundsatz eingesetzt, um einen staatlichen Grundrechtseingriff zu überprüfen. Die verfassungstheoretische Diskussion konzentriert sich dabei in der Regel auf die Dimension der Gesetzgebung, obwohl sich die Forderungen der Verhältnismäßigkeit genauso auf die Entscheidungen der exekutiven und der judikativen Institutionen beziehen. Die Konzentration auf die Verhältnismäßigkeit der gesetzgeberischen Aktivitäten ist bemerkenswert, weil »der Verhältnismäßigkeitsgrundsatz sein genuines, also sowohl sein ursprüngliches als auch sein eigentliches Anwendungsfeld im Einzelfall findet« (Jestaedt 2015: 294). Die Prüfung ist dabei insofern vertikal ausgerichtet, als sich ein partikularer (den einzelnen Fall betreffender und in dieser Hinsicht: individueller) Rechtsanspruch mit einer allgemeinen Norm konfrontiert findet, die eben diesen Anspruch beeinträchtigt. In der Rechtsprechung des EGMR wird die Aufgabe so formuliert: »[to] determine whether a fair balance was struck between the demands of the general interest of the community and the requirements of the protection of the individual's fundamental rights.«[22] Im Rahmen der sog. Drittwirkung besteht diese Entgegensetzung von Individual- und Gemeinwohlinteressen im Rahmen der Verhältnismäßigkeitsprüfung fort. Letztere werden hier nicht direkt mit staatlichen Eingriffen in Verbindung gebracht, sondern mit den Handlungen von Grundrechtsträger:innen, die mit anderen individualrechtlichen Ansprüchen in Konflikt geraten sind.

Über das klassische Anwendungsfeld der Evaluation von mittelbaren oder unmittelbaren Grundrechtseingriffen hinaus, wird das Verhältnismäßigkeitsprinzip aber zusehends auch in strikt horizontalen Rechtskonflikten relevant, auf die jene Unterscheidung zwischen Individual- und Gemeinwohlinteressen nicht umstandslos abgebildet werden kann. Die Technik findet sich nicht auf die Rechtfertigung von

21 Zum Zusammenhang zwischen Verhältnismäßigkeitsprüfung und der sog. *rights inflation* vgl. Möller (2014), Kumm (2017: 52 ff.).

22 EGMR, *Sporrong und Lönnroth vs. Schweden* (1982), Rn. 69.

Grundrechtseingriffen beschränkt, sondern wird regelmäßig weiter gefasst als »gemeinsamer Nenner öffentlich-rechtlicher Rechtsverhältnisse« (Michael 2015: 57) bzw. als »weltweit vorherrschende Form der Beilegung öffentlich-rechtlicher Streitigkeiten.« (Schneiderman 2015: 769) Das zeigt sich insbesondere im Organisationsrecht der EU. Hier spielt der Verhältnismäßigkeitsgrundsatz als ein »Mittel der Feinabstimmung im Mehrebenensystem« (Goldhammer 2016: 126) eine wichtige Rolle und erstreckt sich auf die Evaluation von Herrschaftsausübung *in toto* (vgl. Saurer 2014). Zudem ist die Verhältnismäßigkeitsprüfung »immer schon Grenzgängerin zwischen Öffentlichem Recht und Privatrecht« gewesen (Tischbirek 2017: 6) und so auch in dieser Hinsicht nicht auf das Gebiet der Grundrechtsnormen beschränkt (vgl. auch Kennedy 2011). Das Privatrecht bezieht sich dabei gängigerweise auf jene Rechtsverhältnisse, die auf der formalen Gleichheit der Parteien basieren. Hier kommt der Grundsatz eigenständig zum Einsatz, um konfligierende Interessen im Einzelfall aufeinander abzustimmen. Die Verhältnismäßigkeitsprüfung fungiert in diesen Zusammenhängen als »bloße Technik der Rechtskonkretisierung« (Tischbirek 2017: 209), die eine Maßnahme zum damit verfolgten Zweck in Relation setzt. Dabei kommt es durchaus zur den konkreten Fall übergreifenden Hierarchisierung von bestimmten Ansprüchen. Es bilden sich also Regeln im Sinne von allgemeinen Normen heraus. Die Technik selbst kann aber auch ohne solche (vorläufigen) Differenzierungen zwischen Gemeinwohl- und Partikularinteressen operieren, gerade weil sie auf den einzelnen Fall ausgerichtet ist.

Auch die prinzipientheoretische Begründung der Verhältnismäßigkeit impliziert eine solche Horizontalität. Wie bereits skizziert, versteht Alexy unter Prinzipien jene Gruppe von Normen, die »gebieten, daß etwas in einem relativ auf die rechtlichen und tatsächlichen Möglichkeiten möglichst hohen Maß realisiert wird.« (Alexy 1994: 75) Diese rechtlichen Möglichkeiten werden allein von weiteren, potentiell konkurrierenden Prinzipien bestimmt.[23] Dabei erstreckt sich die Verhältnismäßigkeitsprüfung nicht nur auf die materiellen, sondern auch auf die formellen Verfassungsprinzipien (wie etwa die Gesetzesbindung). Prinzipien können nicht mit Regeln in Konflikt geraten, weil Regeln »*Festsetzungen*« darstellen (ebd.: 76), die entweder gültig oder ungültig sind, also nicht Teil der Abwägung sein können. Die Realisierung von Prinzipiennormen ist damit von einer normativen Umwelt abhängig, die allein durch andere Prinzipien gebildet wird. Dies hat zur Folge, dass alle Normenkonflikte in Prinzipienkonflikte münden, sobald eine Prinzipiennorm involviert ist. Entsprechend sind diese grundrechtstheoretischen Überlegungen, die

23 Die Realisierung von Prinzipien ist »sowohl von den tatsächlichen als auch von den durch andere Prinzipien definierten rechtlichen Möglichkeiten abhängig.« (Alexy 1995: 204)

auf der Unterscheidung von Regeln und Prinzipien aufbauen, »auf das Kollisionsverhalten fixiert[]« (Jestaedt 2007: 260). Jene Engführung der Normenkonflikte als Prinzipienkonflikte bzw. als Grundrechtskollisionen verbindet die Verhältnismäßigkeitsprüfung mit einer horizontalen Konzeption vollends gleichberechtigter Ansprüche. Prinzipienkonflikte etablieren andere Prinzipien (z.B. in der Form der bereits erwähnten »zugeordneten« Grundrechtsnormen), die wiederum der Forderung einer weitestgehenden Realisierung mit Blick auf alle weiteren Prinzipien Genüge tun müssen. Regeln bedeuten eine »Festlegung für die Entscheidung von Fällen« (Alexy 1995: 201). Hingegen haben Prinzipien, gemäß der kategorialen Unterscheidung von Regeln und Prinzipien, »keine historische Existenz [...]. In dem Festlegungsgehalt in bezug auf Fälle sind insofern alle [Prinzipien] grundsätzlich gleich.« (ebd.) Zwischen Prinzipien (die das Material der Abwägung bilden) kann nicht differenziert bzw. diskriminiert werden. Dieselbe Gleichordnungsstruktur zeigt sich auch an der von Alexy betonten Nähe zwischen Werten und Prinzipien, die jeweils kein objektives Rangverhältnis bilden können. Eine solche Gleichstellung schließt zwar »prima facie-Präferenzen zugunsten bestimmter Werte oder Prinzipien« keineswegs aus (Alexy 1994: 142). Es ist möglich, gewissen Prinzipien (z.B. der Menschenwürde) im Voraus einen Wichtigkeitsgrad zuzusprechen, den sie unabhängig von konkreten Anwendungsszenarien besitzen. Diese Ungleichgewichtung kann aber das Abwägungsergebnis nicht vorwegnehmen. Die Gleichstellung bleibt insofern erhalten, als auch die abstrakte Gewichtung nur ein Faktor ist, der in die Abwägung einbezogen wird.

Pluralismusaffinität

Das Verhältnismäßigkeitsprinzip verspricht, insbesondere dazu geeignet zu sein, Konfliktlagen zwischen konkurrierenden Interessen oder Werten zu bearbeiten. Sobald eine Mehrzahl von Prinzipien für den konkreten Fall relevant ist, muss mit den daraus resultierenden Konflikten umgegangen werden. In dieser Hinsicht wird die Technik der Verhältnismäßigkeit stellenweise sogar als ein logisches Erfordernis von Verfassung und Verfassungsrechtsprechung aufgefasst (vgl. Beatty 2004: 164). Jedenfalls bildet der Ausgleich von pluralen, widerstreitenden Interessen den Kern der Verhältnismäßigkeitsprüfung. In diesem Zuge werden die fraglichen Ansprüche als »konkretisierungsoffene und konkretisierungsbedürftige Verfassungspositionen« aufgefasst, die sich dergestalt in »einer permanenten multipolaren Relation zu anderen Verfassungsgütern befinden.« (Schladebach 2014: 269) Das bedeutet, dass die Konkretisierung von Verfassungsnormen nicht durch Interpretation, sondern – wesentlich – durch Vermittlung (mit entgegenstehenden Normen und

Interessen) passiert. Die Attraktivität der Verhältnismäßigkeitsprüfung besteht sodann in einer Kompromissorientierung, die es ermöglicht, »das ganze Spektrum von Zwischenlösungen zwischen einem scharfen Ja oder einem scharfen Nein aus[zu]schöpfen« (Wahl 2013: 830). Verhältnismäßigkeitsdenken ist »Ausgleichsdenken« (Leisner 1997: 47), das darauf ausgerichtet ist, alle relevanten Interessen in der Entscheidungsfindung zu berücksichtigen.

Die Verhältnismäßigkeitsprüfung forciert derart ein Verständnis der Verfassung als die Summe von andauernden normativen Spannungsverhältnissen. Sie wird deshalb auch als Korrelat einer »Kultur der Rechtfertigung« beschrieben (Cohen-Eliya/Porat 2011; Dyzenhaus 2014; Möller 2021). Die fallbezogene Konkretisierung von Ansprüchen durch den Ausgleich mit weiteren, entgegenstehenden Ansprüchen hat zur Folge, die Reichweite und den Gehalt von abstrakten Entscheidungsbefugnissen zu relativieren. Praktische Autorität ist für das Verhältnismäßigkeitsdenken allein das Ergebnis der Übereinstimmung mit Prinzipien rationaler Rechtfertigung, also eine Frage der substantiellen Evaluation (vgl. Somek 2014: 113). Legitime Handlungen und Entscheidungen sind rechtfertigungsfähige, illegitime Handlungen solche, die nicht gerechtfertigt werden können. Der Inhalt, nicht die Genese der diskutierten Normen ist maßgeblich (vgl. Kumm 2010; Alexy 2012). Die Technik institutionalisiert auf diese Weise ein grundlegendes »Recht auf Verhältnismäßigkeit« (Klatt 2019), das die Berücksichtigung und richtige Gewichtung von relevanten Argumenten sicherstellt. An die Stelle formaler Entscheidungskompetenzen tritt ein universalistisch ausgerichtetes Recht, das den normativen Verflechtungen der transnationalen Konstellation auf den ersten Blick eher entspricht als die Emanationen einer mit der Souveränität des Staates assoziierten »Kultur der Autorität« (vgl. Cohen-Eliya/Porat 2011).

Heterogene Interessen und Prinzipien werden aufgrund inhaltlicher Relevanz einbezogen, nicht aufgrund formaler Irrelevanz ausgeblendet. Das Verhältnismäßigkeitsprinzip bietet sich deshalb insofern an, die Adaption divergierender Rechtsordnungen anzuleiten, als diese Methode der juristischen Argumentation sinnbildlich dafür steht, Situationen des normativen Pluralismus angemessen Rechnung zu tragen. Das betrifft auch die kreative Seite der Verhältnismäßigkeit, die dazu

> fähig und geeignet ist, aus dem Zusammentreffen zweier Prinzipien eine neue Norm zu generieren. Wenn eine bestimmte Regel als grundrechtswidrig stigmatisiert wird [...], ist das Ergebnis nicht [...] der Sieg oder die Vorherrschaft des einen oder des anderen Prinzips, sondern eine Form des Ausgleichs, die eine (manchmal starke) Abflachung von einigen Eigenschaften der stigmatisierten Regel erforderlich machen kann. (Watt 2017: 144)

Anstatt sich für die eine oder die andere Seite entscheiden zu müssen, wird eine »neue Norm« hervorgebracht. Die Technik der Verhältnismäßigkeit kennzeichnet demnach eine »offene«[24] Form. Sie ist einerseits kontext*gebunden*, weil es immer um den konkreten Konflikt zwischen widerstreitenden Rechtspositionen geht: Gegenstand ist nur der Konflikt in diesem Fall. Das Verhältnismäßigkeitsprinzip ist zugleich und andererseits kontext*ungebunden*. Denn die Konzentration auf den Einzelfall erlaubt es, von den Rahmenbedingungen zu abstrahieren und also so zu entscheiden »als ob der Konflikt zum ersten Mal auftritt« (Menéndez 2019: 126).

Dieses Potential der flexiblen wie kreativen Bewältigung von andauernden Normenkonflikten durch die Konzentration auf den Einzelfall betont auch Alexy. Mit der Verhältnismäßigkeitsprüfung lassen sich heterogene Prinzipien graduell realisieren. Deshalb tangieren Alexy zufolge die konkreten Vorrangrelationen zwischen verschiedenen Prinzipien, gerade im Unterschied zur Gruppe der Regeln, die Frage der Rechtsgeltung nicht. Auf der Prüfungsstufe der Abwägung werden die kollidierenden Prinzipien zueinander ins Verhältnis gesetzt, mit dem Ergebnis, das eine Norm über die andere Norm in Abhängigkeit von den spezifischen Umständen des Falles privilegiert wird. In neueren Publikationen hat Alexy mit der mathematischen »Gewichtsformel« ein Modell formuliert (vgl. Alexy 2003b), das die Herstellung der einzelfallspezifischen Vorrangrelationen formalisiert. Dabei repräsentieren Zahlen begründete Behauptungen über Eingriffsintensitäten und das abstrakte Gewicht der beteiligten Prinzipien sowie die Verlässlichkeit der empirischen Annahmen. Wichtiger, als das Modell im Detail zu rekonstruieren, ist es an dieser Stelle, die pluralismusaffine Ausrichtung der Verhältnismäßigkeit noch einmal anhand der Unterscheidung von Regeln und Prinzipien darzulegen. Sowohl ein Konflikt zwischen Regeln als auch ein Konflikt zwischen Prinzipien besteht darin, dass »zwei Normen [...] zu miteinander unvereinbaren Ergebnissen, nämlich zu zwei sich widersprechenden konkreten rechtlichen Sollensurteilen führen.« (Alexy 1994: 77) Während jedoch ein Konflikt zwischen einschlägigen Regeln auf der Ebene der Rechtsgeltung bearbeitet und gelöst wird – durch eine Ausnahmeregelung oder dadurch, dass eine Regel für ungültig erklärt wird –, operiert ein Konflikt zwischen Prinzipien nicht auf dieser Ebene. Zwar bleibt in beiden Fällen eine Rechtsnorm unberücksichtigt. Doch die »in einer Abwägung zurückgedrängte Norm« bleibt, im Kontrast zum Regelkonflikt, »vollständig in Geltung« (Alexy 2000: 37). Es wird somit möglich, im Anschluss an Alexy zu formulieren, dass die verhältnismäßigen Beschränkungen ein spezifisches (Grund-)Recht nicht verletzen, »selbst wenn in

24 Alexy (2017b: 41) spricht mit Blick auf die Prüfungsstufe der Abwägung von einem »offenen Spiel von Argument und Gegenargument«.

dem konkreten Fall von dem Recht nichts übrig bleibt.« (Klatt/Meister 2012b: 168) Das Abwägungsergebnis ist allein das auf den Einzelfall bezogene, optimale Vorrangverhältnis zwischen widerstreitenden Prinzipien – ohne Folgen für die einzelnen Prinzipien über den Fall hinaus.

Hinsichtlich des Umganges mit derartigen Prinzipienkonflikten geht Alexy von der Verfassung als einheitlicher Standpunkt aus. Sie fungiert als »Grundlage«, um davon ausgehend die konkreten Vorrangrelationen herzustellen: Die Verhältnismäßigkeitsprüfung formalisiert »immer eine Auseinandersetzung darüber, was auf der Grundlage der Verfassung richtig ist.« (Alexy 2003a: 442) Eben dieser Standpunkt ist aber zugleich stets in Bewegung. Denn was die Verfassung und vor allem der Text der Verfassung gebieten, wird für jeden Fall neu entschieden. Schließlich betrifft die Abwägung auch solche »Fälle, in denen die Richtigkeit der grundrechtlichen Entscheidung von einem Verfassungsgericht fordern kann, dass es über den Wortlaut der Verfassung hinaus geht oder sogar gegen ihn entscheidet.« (Alexy 2014: 22) Der Rechtstext ist für die »Kultur der Rechtfertigung« nur ein weiteres, aber kein ausschlaggebendes Argument (schon deshalb, weil kein Argument *für sich genommen* den Ausschlag gibt). Diese Flexibilität, die sowohl die Berücksichtigung von relevanten Argumenten als auch die Vermittlung von widerstreitenden Positionen ermöglicht, erlaubt nicht nur einen produktiven Umgang mit *intra*konstitutionellen Spannungsverhältnissen, sondern bietet sich auch dazu an, die *inter*konstitutionellen Konfliktlagen der transnationalen Konstellation zu moderieren, ohne die Frage der Geltung tangieren oder den Normtexten allzu viel Aufmerksamkeit schenken zu müssen.

Einheitsbildung

Der enge Zusammenhang von Verfassung und Verhältnismäßigkeit erstreckt sich auch auf die Konvergenz verschiedener Rechtsordnungen.[25] So spricht Chris Thornhill mit Blick auf das Verhältnis von nationalen und »transnationalen« Verfassungsnormen (die Menschenrechte) von einer »auto-konstituierenden Kraft der Verhältnismäßigkeit«, die anderswo auch als Kraft der Einheitsbildung oder der Harmonisierung bezeichnet wird.

> Wenn ein Nationalstaat die Verhältnismäßigkeit als Prinzip zur Entscheidung über die Rechtmäßigkeit öffentlicher Handlungen integriert, unterliegt das politische System einer besonders intensiven konstitutionellen Organisation. Dort, wo die Verhältnismäßigkeit angewendet

25 Zur »holistischen Semantik« der Verhältnismäßigkeit vgl. auch Christensen/Fischer-Lescano (2007: 148 ff.).

wird, wird jeder Regierungsakt verfassungsrechtlich von transnationalen Normen kontrolliert, und die Justizakteure konstituieren aktiv nationales Recht als Teil einer transnationalen Verfassung. (Thornhill 2016: 398)

Jene integrative Funktion wird auch im Rahmen des Völkerrechts virulent. Wie schon gezeigt, ergibt sich der wechselseitige Zusammenhang zwischen Verhältnismäßigkeit und Verfassung aus der Ausrichtung auf einen rationalen (»richtigen«) Ausgleich zwischen widerstreitenden Normen. Diese Funktion, konfligierende Forderungen oder heterogene Interessen miteinander möglichst kompatibel zu machen, ist aber nicht auf die Binnenkonstitutionalisierung einzelner Ordnungen beschränkt. Sie erstreckt sich auch auf die Interaktionen spezialisierter Völkerrechtsregime. Die Verhältnismäßigkeitsprüfung wird dabei im Rahmen der andauernden Diskussionen über die Fragmentierung des Völkerrechts als das »wohl wichtigste Instrument zur Harmonisierung« beschrieben (Schill 2012a: 89). Sie kann als ein »übergreifendes Strukturprinzip« dienen, das die »konstitutionelle Funktion der Einheitsbildung« ermöglicht (Peters 2016b: 13). Diese Integrationsfunktion wird nicht allein über den Status als globales Verfassungsprinzip erklärt. Einheitsbildend könnte ja jede Technik wirken, wenn darunter nur eine gemeinsame Methode der Entscheidungsfindung verstanden wird. Einheitsbildung beschreibt jedoch einen spezifischen Umgang mit der thematischen Zersplitterung des Völkerrechts (vgl. Rauber 2015). Dabei besteht das Potential der Integration auch hier in der Berücksichtigung *und* Vermittlung von entgegenstehenden Regelungen und Kompetenzen. Die »Technik der Abwägung [...] wird angewendet, um die konkurrierenden Autonomiesphären von relevanten Akteuren (z.B. Staaten und internationalen Organisationen) in Einklang zu bringen.« (Peters 2016a: 1023) Die dynamischen Vorrangrelationen, die das Verhältnismäßigkeitsprinzip kennzeichnen, sind dabei von Vorteil, denn es kann so »veränderlichen Interessenkonstellationen und veränderlichen Wertungen Rechnung tragen« (Peters 2016b: 13) und derart, durch den Ausgleich widerstreitender Forderungen, die Einheit des Völkerrechts über die Zeit immer wieder neu erzeugen.

Um diese Funktion der Einheitsbildung zu erhellen, kann noch einmal der Rekurs auf Überlegungen von Alexy sinnvoll sein. In dessen Ansatz werden Konfliktlagen durch Abwägung so bewältigt, dass die konkreten Vorrangverhältnisse die Form von Regeln annehmen. Diese durch Abwägung hervorgebrachten Regeln beschreiben »bedingte Vorrangrelationen« (vgl. Alexy 1994: 81). Sie lassen sich genau dann erzeugen, »[w]enn alle relevanten Prinzipien in die Abwägung eingestellt werden und wenn alle relevanten Umstände der Kollision berücksichtigt werden« (Borowski 2018: 202). Auf diese Weise »versöhnt« die Technik der

Verhältnismäßigkeit die beiden Anforderungen der Einzelfallgerechtigkeit und der allgemeinen Gleichbehandlung (Clérico 2001: 152).[26] Infolge der Abwägung erreicht das »Spiel von Grund und Gegengrund«, in dem »die Essenz der Verhältnismäßigkeit« besteht, sein vorläufiges Ende (Alexy 2015b: 500). Mittels Abwägung werden also Normen erzeugt, die die binäre Struktur von Regeln besitzen und dementsprechend im Wege der Subsumtion angewendet werden können. Die Gleichbehandlung von gleichen Fällen, die sich im Tatbestand/Rechtsfolge-Schema der Subsumtion ausdrückt, bedeutet ein einheitsbildendes Moment angesichts der endlosen Vielzahl an möglichen Prinzipienkonflikten: Es muss nicht immer neu entschieden werden.

Die Lösung von Prinzipienkonflikten in der Form von Regeln schließt aber gerade nicht aus, veränderlichen Wertungen weiterhin Rechnung tragen zu können. Denn mit diesen Festsetzungen ist Alexy zufolge der Bedarf nach erneuter Abwägung keineswegs erschöpft. Vielmehr kann sich ein »Rückgriff auf die Prinzipienebene mit allen damit verbundenen Unsicherheiten« stets als nötig erweisen (Alexy 1994: 121). Das liegt im Fall der »Grundrechtsnormierungen« daran, dass »die Regelebene der Prinzipienebene vorgeht, es sei denn, die Gründe für andere Festsetzungen sind so stark, daß sie auch das Prinzip der Bindung an den Wortlaut der Verfassung zurückdrängen.« (ebd.: 122) Anders formuliert, ist die Regel, sich an die Regeln zu halten, selbst keine Regel. Ein bestimmter Prinzipienkonflikt ist durch eine Regel nur vorläufig und niemals über den konkreten Fall hinaus endgültig entschieden. Dass angesichts eindeutiger Regeln dennoch ein anderes Urteil gefällt wird, kann niemals ausgeschlossen werden. Somit können Grundrechtsbestimmungen, auch in der Form von Regeln, den nächsten Fall nicht vor der Möglichkeit einer erneuten Abwägung abschirmen. Die Verbindung von Grundrechtsnormen und Erwägungen der Verhältnismäßigkeit hat deshalb einen »potentiellen Charakter« (Alexy 2011: 14). Alle Regeln (der Verfassung) können das definitive Sollen wieder einbüßen, das sie als Regeln ausdrücken. Auf diese Weise können und sollen entgegen den abstrakten Prämissen der Gleichbehandlung neue Konstellationen Berücksichtigung finden. Es muss nicht, aber es kann immer neu entschieden werden.

26 Statt von Versöhnung zu sprechen, ist es schlüssiger, das Verhältnismäßigkeitsdenken als Umgang mit dem »liberale[n] Grunddilemma« zu fassen, Individualität (d.h. Einzelfallgerechtigkeit) mit Vergesellschaftung (d.h. Regelorientierung) zu verbinden (Möllers 2020: 33).

4.2 Dimensionen der Kritik

Konzipiert man die Verfassung der transnationalen Konstellation aus einer ethischen Perspektive, die von Überlegungen der Selbstverpflichtung und der Responsivität bestimmt ist,[27] stellt die Technik der Verhältnismäßigkeit ein vielversprechendes Instrument der Konstitutionalisierung dar. Als globales Verfassungsprinzip leitet es die Ausbildung und Konkretisierung von Verfassungs-, insbesondere von Grundrechtsnormen an. Es wirkt auch deshalb geeignet dafür, den skizzierten Anforderungen an einen responsiven Prozess transnationaler Konstitutionalisierung zu entsprechen, weil es nicht auf ein vertikales Rechtsverhältnis und die Unterscheidung von Gemeinwohl- und Partikularinteressen beschränkt ist. Die Verhältnismäßigkeitsprüfung ist in der Lage, sich über den Normtext hinaus für eine Vielzahl von Argumenten und Ansprüchen zu öffnen und darüber dann auch die Harmonisierung unterschiedlicher Rechtsregime zu forcieren.

Ich möchte hingegen auf den folgenden Seiten die formierenden Wirkungen der Verhältnismäßigkeit herausarbeiten und auf den Zusammenhang von Berechtigung und demokratischer Befähigung hin befragen.[28] Denn es sind eben jene Wirkungen, damit die Politiken der Vermittlung, die in der bisherigen Auseinandersetzung mit der Verfassung der transnationalen Konstellation weitgehend außen vor bleiben. Anstatt also zu fragen, ob die Technik der Verhältnismäßigkeit für das Management der Vielfalt des Rechts geeignet ist, wird untersucht, ob sie Rechte als ein fundamentales Moment transnationaler Rechtserzeugung operationalisieren kann. Ich schließe dazu an eine umfangreiche Debatte an, die den Verhältnismäßigkeitsgrundsatz unter normtheoretischen und methodologischen Hinsichten diskutiert. Während sich die normtheoretische Kritik auf die Frage bezieht, ob die Verhältnismäßigkeitsprüfung der Rolle und Funktion von Rechten gerecht wird, thematisiert die methodische Kritik den juristischen Charakter der Verhältnismäßigkeitsprüfung. Beide Hinsichten werden gewöhnlich für die Konstellation des demokratischen Rechtsstaates entfaltet und sind deshalb kompetenziell ausgerichtet: Die Kritiker:innen beobachten eine Usurpation der gesetzgeberischen Befugnisse durch die Gerichte aufgrund der Verhältnismäßigkeitsprüfung, die Befürworter:innen weisen solche Sorgen zurück. Diese Perspektive der Gewaltengliederung kann hier nicht einfach übernommen

27 Siehe dazu *Kapitel 3*.

28 Dieser Fokus auf die Form der normativen Interaktionen geht über die Beobachtungen der kontingenten (vgl. Calamita 2014; Arcuri/Violi 2021) oder de-politisierenden Implikationen der Verhältnismäßigkeit (vgl. Hauck 2016; Kuo 2018) hinaus. Sie werden hier auf das Problem der Verfassung hin entfaltet.

werden, denn sie impliziert einen einheitlichen Prozess der Rechtserzeugung und kann deshalb für das »entgrenzte« Recht der transnationalen Konstellation nicht als Ausgangspunkt der Analyse und Kritik dienen. Die normtheoretische und die methodische Kritik sind dennoch relevant. Denn über Fragen der Gewaltengliederung hinaus wird deutlich, dass die strukturellen Eigenschaften der Verhältnismäßigkeitsprüfung es nicht erlauben, die Position der Rechte zu fixieren. Die Prüfung führt zwangsläufig zur Variabilisierung der Verfassung und kann deshalb den Zusammenhang von Berechtigung und Befähigung nicht befestigen.

4.2.1 *Normtheorie*

Die normtheoretische Kritik adressiert die Art und Weise, wie (Grund-) Rechte zu verstehen sind. Sie betont, dass der Verhältnismäßigkeitsgrundsatz ein unzulängliches Verständnis davon etabliert, was es bedeutet, Rechte zu besitzen und sie in Anspruch nehmen zu können – was also die Funktionen sind, die Rechte als Gruppe normativer Erwartungen erfüllen. Der Verhältnismäßigkeitsgrundsatz stellt, anders gesagt, einen »Angriff« auf die Idee der Grund- und Menschenrechte dar (Tsakyrakis 2009), vor dem sie »gerettet« werden muss (Verdirame 2015). Diese Kritik ist vielfältig. Der gemeinsame Nenner besteht darin, dass die Praxis der Verhältnismäßigkeit sich als unfähig erweist, die *Priorität der Rechte* gegenüber weiteren normativen Bestimmungen und Erwägungen auszudrücken. Das Verhältnismäßigkeitsprinzip kann, in einer Unterscheidung von Joel Feinberg, nicht zwischen Rechten und bloßen Ansprüchen (»claims *simpliciter*«) differenzieren (vgl. Feinberg 1970). Ein Recht zu haben, bedeutet einen verbindlichen Anspruch wahrnehmen zu können, einen festen oder stabilen Anspruch, der unabhängig von den konkreten Umständen des Falles gilt. Im Kontrast dazu beschränkt sich die Bedeutung der Rechte im Rahmen der Verhältnismäßigkeit darauf, die Frage auszulösen, ob die Beeinträchtigung von gewissen Ansprüchen notwendig, geeignet und angemessen ist. Anders formuliert, behandelt das Verhältnismäßigkeitsprinzip alle Rechte nur als bloßen Anspruch. Rechte werden also nicht irrelevant, aber sie zählen weniger, als es der Fall sein sollte. Das Ergebnis ist, so die normtheoretische Kritik, eine »Ent-Rechtung« der Rechte.[29]

Ich möchte nun zunächst drei Versionen dieser Kritik darstellen. Sie überschneiden sich zwar stellenweise. Dennoch ist es sinnvoll, eine *rechtsförmige*, eine *liberale* und eine *klassische Kritik* zu unterscheiden. Die Differenzierung kann dabei helfen, im nächsten Schritt jene Relativierungen

29 So die Formulierung von Reimer (2013: 51) in Auseinandersetzung mit der Aktualisierung der Alexy'schen Überlegungen durch Klatt/Meister (2012b).

der Kritik zu erhellen, die in der Verhältnismäßigkeitsprüfung keinen wirklichen »Angriff« auf die Idee der Rechte erkennen können.

Die *rechtsförmige Kritik* der Verhältnismäßigkeit geht von den Eigenschaften des Rechts als ein distinktes Medium der Vergesellschaftung aus. Sie operiert also rechtsimmanent. Dass Verfahren der Entscheidungsfindung, aber auch die informellen Foren der Willensbildung subjektivrechtlich eingerichtet bzw. abgestützt werden, ergibt sich für Habermas, wie schon gezeigt wurde,[30] aus der Vorrangstellung der Rechte im modernen Recht, das seinerseits unter funktionalen Gesichtspunkten der Gesellschaftsorganisation alternativlos ist. Selbstbestimmung *kann* sich demnach nicht nur, sie *muss* sich der Rechtsform bedienen. Weil die Demokratie sich notwendigerweise auf die Form der Rechte stützt (die Demokratie ist Habermas zufolge ja selbst ein »System der Rechte«), muss die Priorität der Rechte auch im Rahmen der Rechtsprechung gewahrt sein. Das gilt insbesondere für die Verfassungsrechtsprechung. Die Diagnose, dass sich das Bundesverfassungsgericht mit Hilfe der Verhältnismäßigkeitsprüfung in eine »autoritäre Instanz« verwandelt, erklärt Habermas als das Resultat einer »begriffliche[n] Transformation«, durch die Rechte nun in Form von Werten angewendet werden (Habermas 1994: 315, 313). Diese Transformation wiederum ist das Produkt einer Rechtsprechung, die sich der Abwägung konkurrierender Rechtspositionen verpflichtet. Die formierenden Wirkungen der Verhältnismäßigkeit werden auf diese Weise anhand Unterscheidung von relativ geltenden, teleologisch strukturierten Werten einerseits und unbedingt geltenden, deontologisch strukturierten Rechten andererseits entwickelt. Eine Rechtsprechung, die sich an Abwägungsoperationen ausrichtet, ersetzt den Vorrang der Rechte durch die Vorzugswürdigkeit von Werten im Einzelfall. Das Verhältnismäßigkeitsprinzip de-formiert auf diese Weise das Rechtsmedium, das sich gerade durch die Form der Rechte auszeichnet, und versetzt so die »Verfassungsrechtsprechung in den Stand einer konkurrierenden Gesetzgebung.« (ebd.: 315) Die Befugnis, das Recht bzw. die Rechte zu erzeugen, wird den legislativen Instanzen entzogen, sobald der Charakter und damit die Priorität der Rechte infrage gestellt wird.

Die *liberale* Kritik stellt sicherlich den einflussreichsten Strang der Kritik dar. Ein Primat individueller Freiheiten und ein Verständnis dieser Freiheiten als Rechte bildet den Kern, um den sich liberale Positionen gruppieren. Rawls' *Theorie der Gerechtigkeit* ist eine solche Position. Die lexikalische Ordnung der Gerechtigkeit, die Rawls entwirft, geht davon aus, dass »die Forderungen der Freiheit zuerst zu erfüllen [sind]« und somit »die Freiheit nur um der Freiheit selbst willen eingeschränkt werden kann.« (Rawls 1975: 275f.) Die Abwägung individueller Freiheit

30 Siehe dazu *Kapitel 1.1.1.*

mit zusätzlichen Aspekten der Gerechtigkeit ist unzulässig.[31] Rawls' Theorie ist somit geeignet, ein Moment zu illustrieren, das in der kritischen Auseinandersetzung mit dem Verhältnismäßigkeitsprinzip durchweg betont wird: das Verhältnis von Rechten und weiteren relevanten Interessen. Die liberale Kritik versteht dieses Verhältnis als Resultat einer hierarchischen Unterscheidung, die Rawls als Vorrang der Freiheit konzeptualisiert. Die Funktion der Rechte besteht dabei darin, besonders wichtige Interessen zu schützen. Der Schutz dieser höherrangigen Interessen begründet dann die Priorität der Rechte. Dementsprechend erläutert Rawls den Vorrang der Freiheit – in Form einer Liste von konkreten Rechten[32] – damit, dass eine gerechte Gesellschaftsordnung von einer »bestimmten Hierarchie von Interessen geleitet« ist (ebd.: 589). Dabei ist die »höchste[] Stufe« der Freiheit diejenige, neue Interessen formulieren und verfolgen zu können (ebd.: 588). An der Spitze der »bestimmten Hierarchie« befindet sich also die Unbestimmtheit der Freiheit als eigentlicher Inhalt der Grundfreiheiten. Die Definition und Hierarchisierung von spezifischen Interessen zum Zweck der Identifikation elementarer Rechte ist auch für liberale Begründungen der Menschenrechte zentral.[33] Die (liberale) Debatte dreht sich dann in der Folge um die Frage, wie diese grundlegenden Interessen konzipiert werden.[34]

Die *klassische* Kritik richtet sich gegen die liberale Auffassung der Rechte als Auszeichnung fundamentaler Interessen. Sie versteht Rechte vielmehr als ein relationales Gefüge, als Anteil und Ausdruck einer den einzelnen Rechtsansprüchen vorausliegenden normativen Ordnung (vgl. Webber 2009; 2014; 2017). Diese Relationalität der Rechte widerspricht der subjektivistischen Orientierung auf den Schutz der Rechte der Einzelnen, die liberale Positionen als den Schutz letztgültiger Interessen verstehen. Die klassische und die liberale Kritik verteidigen die Priorität der Rechte und beharren auf ihrem *zwingenden*, nicht allein *entscheidungsrelevanten* Charakter. Der Unterschied liegt darin, dass der Inhalt der Berechtigungen hier nicht entlang der Figur der individuellen Selbstbestimmung, sondern als Ausdruck einer objektiven Ordnung (der Gerechtigkeit oder des Guten) aufgefasst wird. Die klassische Kritik richtet

31 Zum »Vorrang der Freiheit« im Anschluss an Kant und Rawls' Kritik der einfachen Abwägung von Interessen vgl. Taylor (2003).

32 »Wichtig unter ihnen [den festgelegten Grundfreiheiten] sind die politische Freiheit [...] und die Rede- und Versammlungsfreiheit; die Gewissens- und Gedankenfreiheit; die persönliche Freiheit [...]; das Recht auf persönliches Eigentum und der Schutz vor willkürlicher Festnahme und Haft [...]. Diese Freiheiten sollen [...] für jeden gleich sein.« (Rawls 1975: 82)

33 Hier jedoch *contra* Rawls (2002). Zur Debatte um die Rolle und Funktion der Menschenrechte vgl. Mosabeyi (2018), Etinson (2018).

34 Vgl. z.B. die Auseinandersetzung von Sangiovanni (2017: 182 ff.) mit den Überlegungen von Tasioulas.

sich dementsprechend vor allem gegen den schieren Umfang an Interessen, die im Verhältnismäßigkeitsdenken *prima facie*,[35] also als ein bloßer Anspruch, Berücksichtigung finden können. Es ist ja gerade darauf ausgerichtet, dass alle möglicherweise relevanten Interessen in die Entscheidung integriert werden.[36] Weil es allein um korrekte Gewichtungen geht und effektiver Rechtsschutz ein zentrales Anliegen ist, kann – und soll sogar – die Menge der Interessen, die in die Entscheidungsfindung einbezogen werden, potentiell unbeschränkt sein.[37] Nicht nur werden Rechte als Interessen konzipiert. Für sich genommen, also im Voraus der Entscheidung, können alle Interessen als Rechte konzipiert werden.

Die *rechtsförmige*, die *liberale* und die *klassische Kritik* beharren mit unterschiedlichen Begründungen auf der Priorität der Rechte. Der Verhältnismäßigkeitsgrundsatz und vor allem die Prüfungsstufe der Abwägung können hingegen, so die geteilte Kritik, die Vorrangstellung gegenüber weiteren normativen Bestimmungen und damit das Wesen der Rechte nicht abbilden. Die Kritiker:innen können sich dabei in den Grundzügen auf einen frühen Satz von Peter Häberle stützen, dass nämlich im Rahmen der Abwägung (Grund-)Rechte als eine »Größe« verstanden werden, »die in der jeweiligen Konfliktsituation gleichsam ›neu‹ entsteht und jeweils von Fall zu Fall aktualisiert und konkretisiert wird, unbeschadet der Tatsache, daß sie von der Verfassung von vornherein fixiert ist.« (Häberle 1962: 35) Die »Größe« der Rechte ist eine relative, gemessen an den Umständen, die sich »von Fall zu Fall« unterscheiden. Auch die Befürworter:innen der Verhältnismäßigkeit gestehen ausdrücklich zu, dass Rechte an Relevanz einbüßen. So beschreibt Mattias Kumm Rechte als »Auslöser einer Prüfung«, ob deren Beeinträchtigung gerechtfertigt werden kann (Kumm 2017: 64). Und für David Beatty sind Rechte »eigentlich nur rhetorische Schnörkel.« (Beatty 2004: 171) Zugleich ist die normtheoretische Kritik jedoch überspitzt, so die Kritik der Kritik, weil das Verhältnismäßigkeitsprinzip durchaus den Effekt und also den Sinn des Vorranges aufrechterhalten kann. Obwohl die Vorrangstellung nicht im Voraus, also auf der Ebene der relevanten Normen selbst, begründet werden kann, ist es möglich, Rechte effektiv zu priorisieren. Rechte als der Schutz von elementaren Interessen oder als Ausdruck einer objektiven Ordnung der Gerechtigkeit können demnach eine konstitutive Rolle spielen. Die Kritik der Kritik will somit zeigen, dass die Verhältnismäßigkeit dazu in der Lage ist, unbedingte Vorrangrelationen

35 Alexy spricht explizit von Prinzipien bzw. Grundrechtsnormen als »prima facie-Recht« (Alexy 1994: 92).

36 Siehe dazu *Kapitel 4.1* (»Pluralismusaffinität«).

37 Die Kritik von Webber richtet sich oftmals gegen die Arbeiten von Möller (u.a. 2012), dem zufolge auch ein »Recht auf Mord« *prima facie* zu diesen relevanten Interessen im Rahmen der Verhältnismäßigkeit zählen kann.

darzustellen, dass Rechte – wie es die *rechtsförmige Kritik* befürchtet – nicht nur in Form von Werten, sondern auch als Normen relevant werden können.

Eine erste Strategie dieser Kritik der Kritik besteht darin, zu betonen, dass nur legitime Zwecke Rechte beschränken können. Die verfolgten Zwecke müssen also, im Fall von Grundrechtseingriffen, verfassungsrechtlicher Natur sein: die eingesetzten Maßnahmen müssen Prinzipien realisieren, die »vom Standpunkt der Verfassung aus relevant [sind]« (Klatt/Meister 2012b: 177). Weil aber das Verhältnismäßigkeitsprinzip diesen Standpunkt wiederum in Bewegung versetzt, kann kaum eindeutig festgestellt werden, was es ist, das für die Verfassung relevant ist.[38] Dennoch kann auf diese Weise in einer größeren Anzahl von Fällen der Sorge begegnet werden, dass alle möglichen Interessen – wie insbesondere die *klassische Kritik* einwendet – zur Rechtfertigung von Grundrechtseingriffen herangezogen werden können. Angesichts von Interessen, die keinen (verfassungs-)rechtlichen Schutz genießen, gehen Rechte immer vor.

Eine zweite Strategie konzentriert sich insbesondere auf die Prüfungsstufe der Abwägung. Dabei geht es um den Nachweis, dass sehr gewichtige Interessen wahrscheinlich stets Vorrang erhalten werden. Alle Rechte sind der Abwägung zugänglich, aber konkrete Rechte müssen infolge dieser Prüfung kaum jemals zurücktreten und bilden also unbedingte Vorrangrelationen aus. Wirksam wird hier, dass auf der Stufe der Abwägung Vor- und Nachteil, Kosten und Nutzen miteinander ins Verhältnis gesetzt werden.[39] Ein schwerer Grundrechtseingriff kann nur mit der Beeinträchtigung von weiteren Prinzipien gerechtfertigt werden, die mindestens ebenso schwer wiegen. Somit gilt: »je weiter ein Prinzip zurückgedrängt wird, desto resistenter wird es.« (Alexy 1994: 271) Entsprechend begrenzt ein schwerer Eingriff die möglichen Erwägungen, die ihn begründen können. Diese beschränkten Erwägungen bilden dann den »Wesenskern« der fraglichen Rechte (Klatt/Meister 2012a: 68). Die Vorrangwirkung verstärkt sich außerdem, wenn die fraglichen Maßnahmen und die sie begründenden Prinzipien klar und bestimmt formuliert sind (vgl. Grimm 2021a: 198f.). Je stärker die Eingriffsintensität und je präziser die Eingriffszwecke, desto robuster die Vorrangstellung.

Mit dieser Argumentation verknüpft ist eine dritte und letzte Strategie, die sich auf das abstrakte Gewicht der relevanten Bestimmungen richtet. Das abstrakte Gewicht bezeichnet die Relevanz, die spezifischen Rechtsansprüchen unabhängig von den Umständen des konkreten Falles beigemessen wird, so dass sichergestellt ist, dass sie andere Rechte und Prinzipien »trumpfen« (vgl. z.B. Klatt 2014). Über einzelne Rechte hinaus kann zudem »Grundrechten auch generell ein höheres abstraktes

38 Siehe dazu *Kapitel 4.1* (»Einheitsbildung«).

39 Siehe dazu *Kapitel 4.1* (»Globales Verfassungsprinzip«).

Gewicht zugeordnet werden [...] als anderen verfassungsrechtlich begründbaren Rechtspositionen« (Klatt/Meister 2012b: 166). Der Status als Grundrecht und damit die Zugehörigkeit zu einer distinkten Gruppe von Normen würde somit ein »prima facie-Trumpfen« (Klatt/Meister 2012c: 690), d.h. eine effektive Vorrangstellung bedeuten. Zu dieser Strategie gehört die Berücksichtigung deontologischer Erwägungen (vgl. Kumm/Walen 2014), mit der Folge, dass zu den relevanten Umständen auch kategorische Normen zählen, die die jeweilige Abwägung entsprechend vor-entscheiden: Die Abwägung widerstreitender Interessen schließt die »Möglichkeit der Begründung von Norminhalten [...], die abwägungsfest gelten«, nicht aus (Hong 2019: 155).

Diese Überlegungen können zwar die (Möglichkeit der) Priorität der Rechte im Rahmen der Verhältnismäßigkeitsprüfung erklären. Sie tun dies aber, ohne auf die zugrundeliegende Kritik zu antworten. Die erste Strategie greift insofern extrem kurz, als allein darauf verwiesen wird, dass jede Beeinträchtigung der Rechte (verfassungs-)rechtlich verfahren muss. Aber weder die *rechtsförmige* noch die *liberale* oder die *klassische* Kritik basieren auf der Trennung von rechtlichen und nicht-rechtlichen Argumenten oder auf der Unterscheidung von Rechts- und Verfassungsnormen. Die normtheoretische Kritik adressiert, anders gesagt, immer eine konkrete *Rechts*praxis. Für die zweite und vor allem für die dritte Strategie ist hingegen fraglich, ob sie sich überhaupt noch sinnvoll auf die normtheoretische Kritik beziehen. »Kommen Zweifel auf, so ist eine Abwägung unausweichlich«, stellt Alexy klar (Alexy 1994: 111). Sowohl die zweite als auch die dritte Strategie weisen jedoch den Effekt des Vorranges nur in zweifelsfreien, vor-entschiedenen Situationen nach und umschiffen damit die Frage nach der Priorität der Rechte im Normalfall der Abwägung. Entweder ein Zweifelsfall tritt auf, dann ist die Abwägung »unausweichlich«. Oder es herrscht kein Bedenken, weil die Norm entweder sowieso »abwägungsfest« gilt oder das abstrakte Gewicht der Norm »unendlich erhöht« wurde (Klatt/Meister 2012b: 166), und das Problem des Vorranges stellt sich gar nicht erst. Die Abwägung ist hier bloß scheinbar entscheidungsrelevant. Die Priorität der Rechte kann demnach nur in Fällen abgebildet werden, in denen die Technik der Verhältnismäßigkeit nicht tatsächlich zum Einsatz gelangt.

Die normtheoretische Kritik ist also wesentlich. Sie betrifft die strukturellen Eigenschaften der Verhältnismäßigkeit. Weil diese Kritik wesentlich ist (oder: weil die Kritik der Kritik nicht überzeugen konnte), soll nun versucht werden, die gewonnenen Einsichten für den hier thematischen Zusammenhang von Berechtigung und Befähigung in der transnationalen Konstellation produktiv zu machen. Die Kritik muss dabei aber auf eine andere Konstellation übertragen werden, schließlich ist sie ursprünglich auf die Gewaltengliederung des demokratischen Rechtsstaates ausgerichtet. Das ist für die *rechtsförmige Kritik* augenscheinlich. Die

Unterscheidung von Normen und Werten (und die Transformation der Rechte in letztere) adressiert eine Usurpation gesetzgeberischer Befugnisse durch judikative Instanzen. Dieses Bezugssystem ist aber ebenso für die *liberale Kritik* informativ, die ja (insbesondere bei Rawls) gerade die subjektive Seite der elementaren Interessen betont, die durch Rechte geschützt werden sollen. Und auch die *klassische Kritik*, die sich auf ein relationales Moment der Rechte stützt, ist eher mit der Allgemeinheit des legislativen Prozesses verknüpft. Die Verhältnismäßigkeit erweist sich, so der gemeinsame Nenner der Kritik, als ein Mittel der Ermächtigung der Justiz, mit dessen Hilfe die Vorrangstellung der Rechte an Erfordernisse der situativen Angemessenheit gebunden und dadurch eingeebnet wird.

Auf diesen Pfaden kann aber die normtheoretische Kritik hier *nicht* fruchtbar gemacht werden. Die Unterscheidung rechtserzeugender Kompetenzen ist notwendig auf die (normative) Einheit des Rechts verpflichtet, die in der transnationalen Konstellation entfallen ist. Sie kann kritischen Sinn nur im Rahmen einer Trennung und Verknüpfung von Befugnissen entfalten, die sich wie ein Teil zum Ganzen (»dem« Recht) verhalten. Theorien der Gewaltgliederung setzen ein einheitliches Recht voraus, dessen Konkretisierung oder Neugestaltung dann unterschiedlichen Instanzen übertragen wird. Die Ausweitung oder Einschränkung von bestimmten Kompetenzen bedeutet demnach die Ausweitung oder Einschränkung von anderen (bestimmten) Kompetenzen, und kann als solche dann kritisiert werden. Diese Kritik impliziert einen festgelegten Bezugsrahmen. Doch sobald das Recht porös geworden ist, kann die Reichweite der Kompetenzen nicht derart bestimmt und können Verlagerungen von Kompetenzen nicht auf dieselbe Weise zum Gegenstand der Kritik werden.

Es lassen sich jedoch zwei Formen der kompetenziellen Kritik unterscheiden. In einer Form der Kritik, die sich auf das Gefüge der Gewalten konzentriert, wirkt die Ausweitung von Kompetenzen *usurpierend*. Die Zuständigkeit wechselt gewissermaßen die Seiten, so dass von einer Instanz Kompetenzen in Anspruch genommen werden, die deshalb von einer anderen Instanz nicht mehr oder nur noch eingeschränkt ausgeübt werden können. In einer weiteren Form der Kritik wirkt die Ausweitung von Kompetenzen *transformierend*. Diese Form der Kritik adressiert die Möglichkeiten der Gewalten selbst, also den Zusammenhang zwischen der Art und Weise, wie eine Zuständigkeit die Seiten wechselt, und der Bedeutung der fraglichen Kompetenzen infolge dieses Seitenwechsels.

Diese Unterscheidung kann dazu dienen, die normtheoretische Kritik der Verhältnismäßigkeitsprüfung auf den Fall der transnationalen Konstellation zu übertragen. Ich greife dazu auf die Beobachtung von Ingeborg Maus zurück, dass die Praxis der Verhältnismäßigkeit »die Rechtsstruktur insgesamt verwaltungsadäquat umpolt« (Maus 1986a: 288). Maus' Beobachtung verbindet die beiden Formen der kompetenziellen

Kritik. Denn zum einen *usurpiert* das Verhältnismäßigkeitsprinzip die Kompetenzen der Gesetzgebung. Zum anderen *transformiert* es aber auch die legislativen Kompetenzen als solche. In der Hinsicht der Usurpation wird, so hält Maus fest, der »Aktionsradius« der Gesetzgebung beschränkt. Ein verfassungsmäßiges Gesetz muss nun ein verhältnismäßiges Gesetz sein. Das führt dazu, die Gesetzgebung den durch das Verfassungsgericht »aus der Verfassung deduzierten Zwecksetzungen« zu unterstellen (Maus 1986b: 399). Der Entscheidungs- und Gestaltungsspielraum parlamentarischer Rechtserzeugung findet sich eingeschränkt, sobald die Gültigkeit allgemeiner Normen unter einem Abwägungsvorbehalt steht. Dies hat zur Folge, dass die Ergebnisse der Gesetz- und Verfassunggebung auf den Rang von Verwaltungsvorschriften herabgestuft werden. Umso mehr die Zuständigkeit, solche generellen Normen zu überprüfen und auszugestalten, durch das Verfassungsgericht wahrgenommen wird, desto weniger von dieser Zuständigkeit verbleibt bei der Gesetzgebung.

In der Hinsicht der Transformation wird infolge der Verhältnismäßigkeit die Rechtsstruktur »umgepolt«. Diese Kritik betrifft nicht allein die Gliederung der Gewalten. Über die praktische Neuverteilung von Kompetenzen hinaus ist in der Abwägung »eine Auflösung normativer Rechtspositionen enthalten, die der Situativität dynamischen Verwaltungshandelns entgegenkommt.« (Maus 1986a: 289) Die Verhältnismäßigkeitsprüfung verformt den Sinn und die Funktion genereller Normen, denn »Rechtspositionen« können nur mittels allgemeiner Regeln ausgedrückt werden. Sie begrenzt also nicht nur die Reichweite von Gesetzes- oder Verfassungsnormen im Einzelfall. Vielmehr erstrecken sich die Wirkungen der Verhältnismäßigkeit auf die Gesetzesform des Rechts, also auf die Idee und Praxis, dass das Recht – auch – in der Form von Gesetzen auftritt. Die Abwägung resultiert nicht nur in den Bedeutungszuwachs der Justiz, sondern bewirkt eine Flexibilisierung des Rechts aufgrund von immerzu möglichen Ausgleichs- und Koordinationsleistungen. Diese Transformation ist nicht auf das Spannungsverhältnis zwischen Rechtssicherheit und Einzelfallgerechtigkeit beschränkt. Die Wirkungen der Verhältnismäßigkeit weisen insofern über die »schlichte Anpassung an gesellschaftlichen Wandel weit hinaus«, als »jede einzelne Rechtsentscheidung selbst für den Zeitfaktor offen [gehalten]« wird (Maus 1986a: 289). Alle Formen der normativen Verallgemeinerung werden – ganz unabhängig von der zuständigen Gewalt – infolge der Vorherrschaft der Abwägung fraglich.

Die transformierenden Wirkungen der Verhältnismäßigkeit erweisen sich demnach als der Bedeutungsverlust gesetzesförmiger Normen. Infolge der Abwägung markiert, wie auch andere Kritiker:innen festhalten, das Gesetz ein »nur mehr determinierungs- und damit bedeutungsschwaches Transitorium bei der Konkretisierung und Individualisierung von

Verfassungswerten [...] im Einzelfall.« (Jestaedt 2007: 268) Endgültig bestimmt wird dessen Inhalt erst im Rahmen der Abwägung selbst, also durch den Ausgleich mit entgegenstehenden Interessen und Wertungen (vgl. de Oliveira 2013: 218). Sie ist »gesetzesstaatlich bedenklich[]« und kann eine »totale Bindungslosigkeit« bewirken (Hochhuth 2000: 146), denn die gesetzlichen Festlegungen erscheinen als die »Durchbrechung vorgesetzlicher Ausgewogenheiten«, und »vielleicht läßt sich sogar sagen, die Verhältnismäßigkeit sei etwas wie ein Gegenbegriff zur Norm.« (Leisner 1997: 132) Im Zuge der Verhältnismäßigkeitsprüfung erscheinen Grundrechtsnormen als »Bündel von Interessen« (Ladeur 2016b: 232) und tritt an die Stelle von Verfassung und Gesetz eine »lex situationis« (Ladeur 2004: 45).

Die Hinsicht der Usurpation ist die Frage nach der Zuständigkeit: Wer kann etwas Bestimmtes tun? Die Hinsicht der Transformation ist hingegen die Frage nach der Form: Wie kann etwas Bestimmtes getan werden? Sie verhalten sich aber nicht symmetrisch zueinander. Die beiden Hinsichten oder Formen der Kritik hängen zusammen, aber nur aus einer Perspektive: die Transformation *ist* die Usurpation. Die legislativen Instanzen erfahren einen (institutionellen) Bedeutungsverlust, *weil* die Form des Gesetzes aufgrund der Verhältnismäßigkeit einen (normativen) Bedeutungsverlust zu verzeichnen hat. Die Stärke der Gerichte resultiert – hier, in diesem Fall – aus der Schwäche der Norm.

Auf diese Weise kann die normtheoretische Kritik auch abseits der rechtsstaatlichen Gewaltengliederung Relevanz entfalten. Ich habe gezeigt, dass für diese Kritik schlussendlich wesentlich ist, dass der Verhältnismäßigkeitsgrundsatz den Status der Rechte – (rechts-)strukturell – auf die Rolle »bloßer«,[40] also weitgehend unbestimmter Rechtspositionen beschränkt. Dieser Befund ist unabhängig davon, durch wen diese Rechte formuliert werden. Die (normtheoretische) Kritik der Verhältnismäßigkeit ist keine Kritik der Justiz. Die Variabilisierung der Verfassung, die mit der Verhältnismäßigkeitsprüfung einhergeht, wird im Rahmen des Rechtsstaates als Bedeutungsverlust der legislativen Instanzen aufgezeichnet, weil diese Instanzen für die Formulierung von allgemeinen Normen zuständig sind. Sie betrifft aber nicht nur die Institutionen der Gesetz- und Verfassunggebung, sondern den Charakter rechtsnormativer Bestimmungen per se. Die Relativierung normativer Festlegungen geht damit über die Vorrangstellung der Rechte hinaus. Die (normtheoretische) Kritik der Verhältnismäßigkeit ist keine Kritik allein im Namen der Rechte. Die formierenden Wirkungen der Technik betreffen

40 Vgl. die Kritik von Huscroft (2014: 198) an den Überlegungen von Kumm: »Für Kumm sind Rechte nicht mehr als Auslöser für Rechtfertigungen; sie sind bloß ›Positionen‹, deren Stärke durch die Verhältnismäßigkeitsprüfung bestimmt wird«.

vielmehr die Möglichkeit genereller Normen und damit die Möglichkeit der Verfassung als solche. Denn es wurde deutlich, dass das Verhältnismäßigkeitsprinzip nicht in der Lage ist, fixe Rechtspositionen und *auf diese Weise* Verfassungsnormen herauszubilden; dass die Technik nicht wirklich konstitutionalisieren, also Normen mit Anspruch auf Vorrang erzeugen kann.

Dieser normtheoretische Aspekt wird in der Konstellation des demokratischen Rechtsstaates deshalb regelmäßig außen vor gelassen oder nur als ein kompetenzielles Argument relevant, weil es hier die Verfassungsnormen auf die eine oder andere Weise bereits »gibt«, die dann als Anlass der Abwägung im konkreten Fall fungieren. Die Verhältnismäßigkeitsprüfung ist zuständig für die Konkretisierung von normativen Ansprüchen. Die Verfassung unter rechtsstaatlichen Vorzeichen ist, anders gesagt, sowohl Bezugsrahmen als auch Prozess. Das Verhältnismäßigkeitsprinzip deutet diesen – etablierten – Standpunkt der Gleichberechtigung expansiv: die Gleichverteilung der Rechte ist Anlass, sie für jeden Fall neu zu entfalten. Eben dadurch bewirkt sie aber die »Auflösung normativer Rechtspositionen« (Maus). Mit Blick auf die Verfassung der transnationalen Konstellation ist dieser Effekt der Auflösung normativer Positionen als das Unvermögen zu verstehen, den Standpunkt der Gleichberechtigung zu etablieren. Gleichheit besteht nur durch oder in Bezug auf solche allgemeinen Normen. Gerade das, also Gleichheit in der Form gleicher Rechte ausdrücken, kann die Technik der Verhältnismäßigkeit als solche – unabhängig von den Instanzen, die sie verwenden – nicht tun. Sie kann zwar, indem der Ausgleich mit widerstreitenden Ansprüchen oder Interessen forciert wird, Responsivität bewirken. Sie eignet aber nicht dazu, entlang der normativen Interaktionen transnationaler Rechtserzeugung, Grundrechtsnormen herauszubilden. Sie ist in dieser Hinsicht *un*produktiv, denn die Verfassungsnormen, die sie formuliert, sind vollkommen situativ, auf den einzelnen Fall bezogen. Die Konstruktion rechtsförmiger Gleichheit – die Gleichheit der Rechte – kann durch den Verhältnismäßigkeitsgrundsatz nicht erbracht werden. Er ist nicht in der Lage, Rechtspositionen zu befestigen. Das Vorrangproblem mündet daher in ein Repräsentationsproblem: Die intrinsischen Eigenschaften dieser Technik machen es unmöglich, die gleichen Rechte der Einzelnen als Grund des Rechts anzuerkennen und zu bestätigen.

4.2.2 *Methodologie*

Die methodische Kritik zweifelt an der juristischen Rationalität der Verhältnismäßigkeit. Diese Dimension der Kritik konzentriert sich auf die letzte Prüfungsstufe der Abwägung, die oftmals als »Herzstück« oder als »Kern« der Verhältnismäßigkeitsprüfung bezeichnet wird (Klatt/Meister

2014: 196; Alexy 2009: 10). Die Prüfung, ob ein erforderliches Mittel angesichts weiterer relevanter Bestimmungen angemessen ist, versetzt die entscheidenden Instanzen in die Lage, den konfligierenden Normen ein unterschiedliches Gewicht im Einzelfall zuzusprechen. Die Entscheidung dafür, eine Norm als vorrangig auszuzeichnen, ist in der Konstellation des demokratischen Rechtsstaates gleichzeitig die Entscheidung gegen eine andere Norm, die ebenfalls und genauso als Ausdruck der Souveränität des Volkes Gültigkeit beanspruchen kann. (Wie schon die normtheoretische Kritik, ist auch diese Diskussion von kompetenziellen Erwägungen bestimmt, aber nicht auf sie beschränkt.) Die Entscheidung muss deshalb eine begründete sein, und diese Begründung wiederum muss sich auf die Entscheidungsfindung, also auf den Vorgang der Rechtserzeugung selbst beziehen. Kurz gesagt, hat die Entscheidung, um als legitime zu gelten, rational zu sein.

Angesichts dieses Begründungserfordernisses wird regelmäßig auf den Doppelcharakter der Abwägung verwiesen. Sie verknüpft, so die Befürworter:innen, die relative Priorität der Rechte mit einer strikt formalisierten Entscheidungsfindung: »Die Verhältnismäßigkeit stellt eine nicht-deontologische Konzeption der Rechte in das Innere einer kategorialen Struktur der formalen Analyse.« (Perju 2012: 340) Ein situiertes Verständnis der Rechte, das judikative Kompetenzen ausweitet, wird mit einer abstrakten und transparenten Methode der Entscheidungsfindung kombiniert, die jene Kompetenzen zugleich begrenzt. Die Technik soll den Vorgang der Rechtserzeugung auf eine Weise strukturieren, die Inhalt und Form,[41] den Standpunkt der Teilnehmerin und den Standpunkt der Beobachterin,[42] Allgemeines und Besonderes[43] miteinander verbindet. Die Rationalität der Verhältnismäßigkeitsprüfung wird dabei stellenweise als optimale oder maximale ausgezeichnet: Sie ermöglicht ein »Höchstmaß an Rationalität« (Klatt 2019: 159). Von Seiten der Kritiker:innen wird hingegen grundsätzlich infrage gestellt, dass es sich um ein Verfahren handelt, das Anspruch auf Rationalität erheben kann. Schließlich wird die Abwägung, so eine häufig zitierte Formel, als »große[r] Gleich- und Weichmacher der Verfassungsmaßstäbe« wirksam (Ossenbühl, zit. Hulst 1981: 189). Sie operiert als ein »trojanisches Pferd jeder juristischen Dogmatik« (Luhmann 1993: 268) und wird als dezisionistisch, intuitionistisch oder subjektivistisch zurückgewiesen.[44]

41 »Doppelcharakter als Substanz- und Formprinzip« (Saurer 2012: 29).

42 »Die Integration von Beobachter- und Teilnehmerperspektive entfaltet die volle Dynamik der Rechtfertigung, die der Verhältnismäßigkeitsprüfung eingeschrieben ist« (Klatt 2019: 185).

43 »Die Verhältnismäßigkeit vereint die Kräfte des Universalismus und des Partikularismus.« (Perju 2012: 341)

44 Vgl. dazu auch die Rekonstruktion des Abwägungsdiskurses der BRD in den 1950er und -60er Jahren bei Bomhoff (2013: 72 ff.).

Die Angemessenheitsprüfung ist eine *black box*: Sie könne nicht darüber Auskunft geben, wie die Bewertungsskalen beschaffen sind, mit deren Hilfe erst die verschiedenen normativen Forderungen zueinander ins Verhältnis gesetzt werden und sei demnach schlichtweg irrational.

Bemerkenswert an dieser verzweigten Debatte sind vor allem zwei Entgegensetzungen. Zum einen wird die Abwägung als entweder rational oder nicht eingestuft, d.h. es wird argumentiert, dass die Angemessenheitsprüfung die Bindung an geltendes Recht ausweisen kann (oder eben nicht) und von einer formalen Argumentationsstruktur geprägt ist (oder eben nicht). Zum anderen wird die Rationalität der Abwägung selbst als eine politische Rationalität dechiffriert. Die beiden Entgegensetzungen betreffen aber, das ist zu beachten, nicht denselben Sachverhalt. Die Bezugnahme auf geltendes Recht und ein regelgeleitetes Verfahren der Entscheidungsfindung kann ausgewiesen werden und das Verfahren dennoch von einer anderen, nicht-juristischen Rationalitätsform bestimmt werden.

Die Evaluation der juristischen Argumentation als *entweder* rational *oder* irrational und damit die erste der beiden Entgegensetzungen bildet den Ausgangspunkt der Überlegungen von Alexy zur Formalisierung der Abwägung mittels der »Gewichtsformel«.[45] Auch für Alexy sind die Legitimität und die Rationalität der Abwägung direkt verknüpft: »Je rationaler die Abwägung ist, desto legitimer ist das Abwägen.« (Alexy 2003b: 771) Doch diese graduelle Logik – je rationaler, desto legitimer – baut ihrerseits auf eine (binäre) Unterscheidung zwischen Rationalität und Irrationalität auf, mit der Folge, dass auch ein Mindestmaß an Rationalität ausreichen würde, um Abwägungsergebnisse als legitime Entscheidungen auszuzeichnen. So befindet Alexy zufolge das Argumentationsschema der Abwägung über die Frage, ob es sich dabei um ein rationales Verfahren handelt oder nicht: Sollte dessen »Analyse zeigen, daß Abwägen *nichts anderes* als willkürliches Entscheiden sein kann, wäre mit der Rationalität der Abwägung zugleich deren Legitimität [...] in Frage gestellt.« (ebd., Herv. J.H.)[46] Solange also die Entscheidungsfindung nicht vollkommen willkürlich passiert, ist das Resultat eine legitime Entscheidung.

Mindestens dieses Mindestmaß soll durch ein dreistufiges Schema erreicht werden. Das Ergebnis der Abwägung ist ein Vorrangverhältnis zwischen kollidierenden Prinzipien bzw. Grundrechtsnormen für den konkreten Fall. Dazu wird im Rahmen der Gewichtsformel zuerst die

45 Siehe dazu *Kapitel 4.1* (»Pluralismusaffinität«).

46 Die Rekonstruktion der Kritik ist hier von zentraler Bedeutung, denn so kann Alexy die eigene Position folgendermaßen rahmen: »[Die Abwägung] soll eine rhetorische Figur sein, die eine *unbegrenzte* Subjektivität ermöglicht.« (Alexy 2005: 573, Herv. J.H.)

Intensität geprüft, mit der ein erforderliches Mittel in das eine Prinzip eingreift. Danach wird festgestellt, wie stark das andere Prinzip beeinträchtigt wird, sollte dieses Mittel nicht eingesetzt werden. Die Einstufung der Eingriffsintensitäten mittels einer Ordinalskala, die zwischen leichten, mittleren und schweren Eingriffen unterscheidet, soll die Vergleichbarkeit gewährleisten. Sie lassen sich in der Form von natürlichen Zahlen darstellen und dann, im dritten Schritt, gegeneinander verrechnen. Das Resultat ist entweder das höhere relative Gewicht der einen oder der anderen Grundrechtnorm. Möglich ist außerdem ein Patt, also die Gleichgewichtung der beiden Alternativen.

Das Abwägungsergebnis ist damit allein von seinen Prämissen abhängig und das Verfahren, das zum Ergebnis führt, ein Geschehen der einfachen Mathematik. Angenommen wird dabei, dass sich begründete Aussagen über die jeweiligen Eingriffsintensitäten treffen lassen, dass also beispielsweise die Pflicht, Gesundheitsgefahren zu kennzeichnen, einen geringen Eingriff in die Freiheit der Berufsausübung bedeutet, oder dass die Bezeichnung als »Krüppel« in einer Satirezeitschrift einen schweren Eingriff in die Freiheit der Persönlichkeitsentfaltung darstellt (vgl. Alexy 2003a). Diese Einschätzungen befinden sich auf der Ebene der externen (evaluativen) Begründung,[47] während das Abwägungsergebnis die Ebene der internen (arithmetischen) Begründung betrifft (vgl. Klatt/Meister 2012a: 53 ff.). Auf der Ebene der externen Begründung spielt der Rechtstext und dessen Interpretation kaum eine Rolle.

> Angesichts der bescheidenen Rolle verbindlicher Texte und der zentralen Bedeutung der Beurteilung von Rechtfertigungen im Rahmen der Verhältnismäßigkeitsprüfung, fehlen dieser Prüfung die beschränkenden Merkmale der juristischen Argumentation. Angesichts der Struktur der Menschenrechtsnormen ist die Vorstellung, dass Richter Rechte *interpretieren*, etwas irreführend. Richter interpretieren keine Rechte, sie beurteilen Rechtfertigungen. (Kumm 2017: 65)

Sobald die Prämissen feststehen, sobald die Rechtfertigungen bewertet worden sind, ergibt sich der Rest wie von selbst. Selbst wenn die Beurteilungen der Eingriffsintensitäten kulturelle und politische Präferenzen reflektieren und Machtverhältnisse zum Ausdruck bringen,[48] finden diese Präferenzen – auf der Ebene der internen Begründung – methodisch gebunden Eingang in die Entscheidungsfindung. Das Schema der Abwägung garantiert so für deren (wenigstens minimale) Rationalität.

Auch die Entscheidungen des Rechts sind das, was sie sind: Dezisionen. Versteht man unter rationalen Verfahren aber bereits jede Form

47 Ich kann auf diese Problematik der externen Begründung und also der juristischen Argumentation bei sowie im Anschluss an Alexy nicht näher eingehen, vgl. dazu Bäcker (2008).

48 Vgl. für diese Kritik z.B. Koskenniemi (2011).

der regelgeleiteten Einschränkung willkürlicher Entscheidungen, also nur den Ausschluss des Beliebigen, erscheinen die Legitimitätsprobleme allzu rasch als gelöst. Die Frage, ob die Abwägung ein rationales Verfahren der Rechtserzeugung darstellt, mündet deshalb in der Regel in eine Auseinandersetzung über den Grad an Rationalität, bleibt dabei aber zugleich an die Unterscheidung rational/irrational gebunden. Dieser Strang der Kritik erkennt an, dass Abwägungsergebnisse das Kriterium gebundener, nicht-willkürlicher Entscheidungen durchaus erfüllen. Sie sind eben nicht pure Dezision. Zwar spielt die Begrenzung der entscheidungsrelevanten Erwägungen durch den Normtext eine geringere Rolle. Weil aber eine (schwache) Determinationskraft der normativen Bestimmungen auch hier gegeben ist, kann die Abwägung noch Rationalität beanspruchen (Schauer 2012). Mit ähnlicher Stoßrichtung wird darauf hingewiesen, dass das Verhältnismäßigkeitsdenken weniger Allgemeines und Besonderes verbindet, als von der Perspektive des Besonderen bestimmt ist (Tischbirek 2017: 87). Es klammert den Anspruch der Regelbildung weitgehend ein, denn die »Angemessenheitskontrolle folgt kaum einer definitorisch-formalen Argumentationsweise« (ebd.: 146). Ganz ausdrücklich wird ein situatives Einzelfalldenken privilegiert.[49] Die Abwägung arbeitet einer »Kultur des Formalismus« (Koskenniemi 2001: 494 ff.), die sich an Texten und Regeln orientiert und auf Verallgemeinerung ausgerichtet ist, entgegen. Weil jedoch die Frage der Rationalität derartigen Binnendifferenzierungen zugänglich ist – zwischen mehr oder weniger Begriffsarbeit,[50] zwischen schwächerer oder stärkerer Bindung an den Rechtstext –, kann die Abwägung (noch) als rationale und damit als legitime Form der Entscheidungsfindung gelten.

Die Frage der Rationalität per se kann die methodische Kritik nur begrenzt anleiten, weil sie die Unterscheidung von rationalen und regellosen Verfahren der Entscheidungsfindung zugrunde legt. Ein komplexeres Bild ergibt sich, wenn man danach fragt, wie die Rationalität der Abwägung beschaffen ist. Schließlich soll die Technik nicht allein und für sich genommen rational sein. Die Herausforderung besteht vielmehr darin, »den Vorrang der gerichtlichen Güterabwägung im Verhältnis zur demokratisch legitimierten Gesetzgebung zu begründen.« (Somek 2000: 195) Diese Begründung operiert zwangsläufig mit der Unterscheidung von unterschiedlichen Rationalitätsformen. Es geht, anders gesagt, bei der Diskussion um die Abwägung nicht um ein Verfahren der Entscheidungsfindung, das rational ist, sondern um ein Verfahren, das *anders* rational

49 Vgl. die Charakterisierung der Überlegungen von Alexy als »Nullpunkt der Dogmatik« durch Poscher (2003: 81 ff.).

50 Auch Tischbirek (2017: 192) spricht schließlich (nur) von einer »Akzentverschiebung von der interpretativ-definitorischen Begriffsarbeit zur situativ-wägenden Rechtskonkretisierung«.

ist.[51] Das bedeutet im Hinblick auf die Gewaltengliederung des demokratischen Rechtsstaates, dass die Rationalität der Abwägung eine andere sein soll als die (politische) Rationalität der Gesetzgebung. Die Abwägung muss die Gesetzgebung um etwas ergänzen bzw. sich von der Gesetzgebung unterscheiden, um legitime Entscheidungen zu erzeugen. Denn wenn die Abwägung auf dieselbe Weise verfahren würde wie die Gesetzgebung, würde wenig dafür sprechen, die legislativen Entscheidungen im Rahmen der Rechtsprechung einer »Rationalitätskontrolle« der Verhältnismäßigkeit zu unterstellen.[52] »Rationalität« beschreibt sodann kein Meta-Kriterium, das Gesetzgebung und Abwägung überspannt, sondern eine distinkte Weise oder Form der Entscheidungsfindung: eine Entscheidung, die insofern rational ist, als sie *juristisch*-rational ist.

Eine legitime Rechtsentscheidung muss den Anspruch juristischer Rationalität erfüllen. Das bedeutet, dass ein rationales Verfahren der Rechtsprechung selbst-reflexiv verfasst ist: Es wendet die Kriterien der juristischen Rationalität auf sich selbst an. Sollte sich also, wie Friedrich Müller für die (west-)deutsche Debatte bereits in den 1960er Jahren festgehalten hat, die Abwägung als unumgänglich erweisen, dann »[muß] Rationalisierung jedenfalls so weit gehen, auch in der Darstellung der Gründe die rationalen von den irrational wertenden Momenten der Entscheidung abzusetzen.« (Müller 1966: 215) Das Verfahren oder Schema der Abwägung muss unterscheiden zwischen Operationen, die juristisch-rational sind, und Operationen, die es nicht sind. Es muss darüber Auskunft geben, welche Bestandteile der Entscheidung »irrational« sind – nicht, weil sie willkürlich sind, sondern gemessen an der spezifischen Rationalitätsform juristischer Verfahren. Diese Frage wiederum, inwieweit es sich bei der Abwägung um eine Verknüpfung verschiedener (juristisch-rationaler und juristisch-irrationaler) Rationalitätsformen handelt, ist nicht auf die kompetenziellen Überlegungen der demokratischen Gewaltengliederung beschränkt. Sie kann auf den Zusammenhang von Berechtigung und Befähigung in der transnationalen Konstellation und die Aufgabe der Verfassung übertragen werden, systemrelative Rationalitäten *rechtlich* zu durchbrechen.[53]

Es sind insbesondere die Interventionen von Bernhard Schlink, die das Projekt der »Rationalisierung« der Abwägung vorangetrieben haben. Sie zielen darauf ab, die verschiedenen Stufen der Verhältnismäßigkeitsprüfung

51 So hält Grimm (2021b: 370 ff.) angesichts der »neuen Radikalkritik an der Verfassungsgerichtsbarkeit« fest, dass in dieser Möglichkeit, politische Entscheidungen einer anderen, nämlich einer juristischen Rationalität zu unterstellen, allein die Rechtfertigung dafür besteht, die Interpretation der Verfassung der Politik zu entziehen.

52 Siehe dazu *Kapitel 4.1* (»Globales Verfassungsprinzip«).

53 Siehe dazu *Kapitel 3.2.2*.

nicht als einheitlichen, »naturgegebene[n] Zusammenhang« zu betrachten (Reimer 2015: 60),[54] sondern die Prüfungen der Geeignetheit und der Erforderlichkeit strikt von der Angemessenheitsprüfung, d.h. von der Stufe der Abwägung, zu unterscheiden. Diese Unterscheidung geht auf das Problem der Inkommensurabilität zurück. Es besteht, knapp formuliert, darin, dass die Abwägung heterogene Rechtsgüter in Relation setzt (vgl. Christensen/Fischer-Lescano 2007: 160). Heterogene Rechtsgüter lassen sich aber nicht vergleichen und können deshalb, so wenden die Kritiker:innen ein, nicht zueinander in Verhältnisse der Rangordnung gebracht werden. Für die Befürworter:innen sind hingegen die im Rahmen der Abwägung konkurrierenden Güter oder Prinzipien zwar inkommensurabel, aber dennoch vergleichbar. Denn es werden nicht heterogene Rechtsgüter als solche zueinander in Beziehung gesetzt, sondern (extern begründete) Einstufungen von Eingriffsintensitäten. Die Vergleichbarkeit inkommensurabler Prinzipien soll also mittels einer einheitlichen Bewertungsskala ermöglicht werden. Ein Urteil über die jeweiligen Eingriffsintensitäten kann jedoch nur auf den *intra*-grundrechtlichen Vergleich einzelner Maßnahmen gegründet werden – wie zu Beginn in diesem Beispiel von Alexy:

> Wenn es stimmen würde [...], dass die Abwägung allein von »unserer Intuition« abhängig ist, dann stünde es allen Verfassungsinterpreten frei, unter Berufung auf die eigene Intuition zu sagen, dass die Pflicht zur Anbringung von Gesundheitswarnungen einen schwerwiegenden Eingriff, ein absolutes Verbot von Tabakwaren einen leichten Eingriff in die Berufsfreiheit der Tabakhersteller darstellt. Aber es würde schwerfallen, eine solche Position ernst zu nehmen. Jedenfalls lässt sich leicht begründen, warum diese Einstufungen falsch sind. Wenn, wie in diesem Fall, die Eingriffsintensität als gering und die Wichtigkeit des Schutzes der Bevölkerung vor gesundheitlichen Risiken als hoch eingestuft wird, ist das Ergebnis leicht erkennbar. (Alexy 2017a: 23)

Solche intra-grundrechtlichen Einschätzungen – der eine Eingriff in die Berufsfreiheit als leicht, der andere Eingriff als schwer – sind jedoch von Aussagen über relative Werthaftigkeiten zu unterscheiden. Für den *inter*-grundrechtlichen Vergleich gilt: »Zwischen viel von einem Wert und wenig von einem anderen Wert zu wählen, bedeutet immer noch eine Wahl zwischen inkommensurablen Einheiten in Bezug auf die Verwirklichung des Wertvollen insgesamt zu treffen.« (Urbina 2017: 63) Das bedeutet, so führt Schlink denselben Einwand aus, dass im Rahmen der Abwägung »nur die Subjektivität der Prüfenden zur Geltung kommen und zum Ergebnis fallweiser Beurteilungen von Grundrechtsgebrauch als mehr oder

54 Vgl. die frühen Wortmeldungen von Krauss (1955: 14 ff.) und Lerche (1961: 223 ff.), die jeweils die Abwägung zum notwendigen Bestandteil der Verhältnismäßigkeitsprüfung erklären.

weniger wertvoll gelangen [kann].« (Schlink 1984: 462) Dass nämlich ein leichter Eingriff in Prinzip A weniger gewichtig ist als ein schwerer Eingriff in Prinzip B, dieses Urteil setzt ein substantielles Argument allgemeiner Gültigkeit voraus, das sich auf den Zusammenhang zwischen Prinzip A und Prinzip B bezieht. Nur so können ein »Weniger« an Berufsfreiheit und ein »Mehr« an Gesundheitsschutz oder ein »Mehr« an Persönlichkeitsschutz und ein »Weniger« an Pressefreiheit miteinander verrechnet werden.[55] Eine solche objektive »Wertungssystematik« (Schlink 1976: 45) kann jedoch weder gefunden noch erarbeitet werden. Die grundsätzlichen Schwierigkeiten sind an dieser Stelle nicht relevant. Wichtiger ist es, die Rekonstruktion der »äußerst wichtige[n] Grenze« (Schlink 1984: 462) zu vertiefen, die zwischen den Argumenten der Geeignetheit und Erforderlichkeit einerseits und Abwägungsoperationen andererseits verläuft. Die Differenzierung zwischen einer inklusiven (mit Abwägung) und einer exklusiven Variante der Verhältnismäßigkeit (ohne Abwägung) lässt sich Schlink zufolge nämlich mit der Unterscheidung zwischen juristischer und politischer Rationalität kurzschließen.

In der exklusiven Variante ist die Verhältnismäßigkeitsprüfung ausschließlich prognostisch ausgerichtet. Auf der Stufe der Geeignetheit und auf der Stufe der Erforderlichkeit werden Hypothesen hinsichtlich des empirischen Zusammenhanges von Eingriff und Zweck sowie hinsichtlich der Folgen alternativer Mittel aufgestellt (vgl. Schlink 1984: 460). In späteren Texten stuft Schlink jene »Rationalität der Prognose« zur »Rationalität der Rechtswissenschaft« herauf und kontrastiert letztere mit der »Rationalität der Politik«, die evaluativ ausgerichtet ist (Schlink 2001: 460). Evaluationen folgen nicht der Unterscheidung zwischen wahr und falsch, denn »Bewertungen sind Entscheidungen, mit denen von zwei Größen die eine der anderen vorgezogen wird.« Sie können deshalb »nur im Hinblick darauf getroffen und beurteilt werden, dass sie Folgen haben, die ihrerseits wieder positiv oder negativ bewertet werden können« (ebd.: 461). Bewertungen sind Entscheidungen aufgrund von Bewertungen. Während die exklusive Variante der Verhältnismäßigkeitsprüfung Evaluationen und damit eine politische Rationalität vermeidet, weil sie sich auf die Prognose der Folgen von (rechtlich relevanten) Handlungen beschränkt, greift die Abwägung auf den Bereich der Folgenbewertung über und wird dadurch eine »politische« Entscheidung. Die inklusive Variante der Verhältnismäßigkeit verknüpft deshalb zwei Rationalitätsformen, ohne dies offen zu legen. Abwägungsentscheidungen sind demnach

55 Vgl. Petersen (2015: 61 ff.) zu den Problemen der Alexy'schen Gewichtsformel, mit ordinalen Werten (leicht, mittel, schwer) kardinale Beziehungen (ein mittlerer Eingriff ist doppelt so viel wert wie ein leichter Eingriff und ein schwerer Eingriff doppelt so viel wert wie ein mittlerer Eingriff) zu operationalisieren.

nicht rational oder irrational per se, sondern Ausdruck einer nicht-juristischen (und Schlink zufolge: politischen) Rationalität. Dass also die Abwägung »Dezision« ist, wie Schlink auch sagt,[56] bedeutet nicht, dass sie schlichtweg irrational (im Sinne von: willkürlich oder regellos) ist. Sie ist deshalb irrational, weil die Abwägung die Spezifik der juristisch-rationalen Entscheidungsfindung verfehlt. Die Abwägungsergebnisse sind nicht allein subjektivistisch. Vielmehr kollabiert im Rahmen der güterabwägenden Rechtsprechung die Unterscheidung zwischen juristischer und politischer Rationalität, die – in der Konstellation des demokratischen Rechtsstaates – deren Vorrang im Verhältnis zur Gesetzgebung erklären sollte. Die Verselbständigung der Justiz auf den Pfaden der Abwägung, die sich in einer kompetenziellen Kritik als Bedeutungsverlust der legislativen Instanzen zeigt, wird bei Schlink als Funktionsverlust juristischer Verfahren deutlich. Abwägungsentscheidungen sind selbst eine Form von Politik. Die Abwägung als »Herzstück« der Verhältnismäßigkeit bedeutet daher die Korruption der juristischen Rationalität durch eine andere Rationalitätsform, oder: die Abwägung ist ein nicht-juristisches Verfahren der Rechtserzeugung. Das weckt aber Zweifel daran, ob das Verhältnismäßigkeitsprinzip dazu geeignet ist, die Berücksichtigung von widerstreitenden normativen Forderungen juristisch-rational zu forcieren und auf diese Weise den Prozess transnationaler Konstitutionalisierung voranzutreiben.

4.3 Internationaler Investitionsschutz

Auf den folgenden Seiten sollen die formierenden Wirkungen der Verhältnismäßigkeit anhand des internationalen Investitionsschutzes aufgezeigt werden. Für die Wahl dieses Gegenstandes sprechen mehrere Gründe. *Erstens* regt sich auf dem Gebiet des Investitionsschutzes seit längerer Zeit ein ausgesprochenes »Konstitutionsbedürfnis«.[57] Die Ausbreitung zwischenstaatlicher Vereinbarungen zum Schutz ausländischer Investor:innen und vor allem die Interpretation und Ausgestaltung dieser Regelungen im Rahmen spezieller Rechtsprechung greift zusehends in die von staatlichen Verfassungen normierten Herrschaftskompetenzen ein und führt zu vielfältigen Protesten in vielen Teilen der Welt. *Zweitens* betrifft dieses Konstitutionsbedürfnis insbesondere die Responsivität des Investitionsschutzes in Form der Gewährleistung fundamentaler Rechte,

56 Hinsichtlich der demokratischen Gewaltengliederung betont Schlink (1976: 211), dass eine Abwägungsentscheidung dort getroffen werden soll, »wo sie als Dezision auftritt, anerkannt und bekämpft wird, legitimiert und revidiert werden kann.«

57 Die Formulierung stammt von Grimm (2012: 14).

wie sie in den nationalen Verfassungen und in internationalen Übereinkommen zum Schutz der Menschenrechte festgelegt sind. *Drittens* steht ein Prozess der regimespezifischen Konstitutionalisierung aufgrund der distinkten Eigenschaften des internationalen Investitionsschutzes vor besonderen Herausforderungen. Es handelt sich nämlich sowohl hinsichtlich der völkerrechtlichen Grundlagen als auch der Organisation des Rechtsschutzes um ein weithin zersplittertes Regime. *Viertens* ist das Regime strikt auf die eigene Reproduktion entlang ökonomischer Rationalitätskriterien ausgerichtet. Sein ausgeprägter inhaltlicher »Tunnelblick« (Teubner) macht die Herstellung von Responsivität umso relevanter. Das Problem der Verfassung in der transnationalen Konstellation – das Problem also, dass sich Verfassungsstrukturen entlang der normativen Interaktionen verschiedener Rechtsregime erst herausbilden müssen – ist hier somit deutlich ausgeprägt. *Fünftens* wird in neueren Gerichtsentscheidungen vermehrt auf das Verhältnismäßigkeitsprinzip zurückgegriffen, um nicht-ökonomischen Interessen gegen jene Vereinseitigungen Geltung zu verschaffen, und wird eben diese Entwicklung in der Literatur vielfach als ein Beitrag zur Konstitutionalisierung des Investitionsschutzes willkommen geheißen.

Das Regime des internationalen Investitionsschutzes ist deshalb ein überaus geeigneter Fall, um die *Entgrenzungsform der Verhältnismäßigkeit* in der Praxis zu studieren. Ich skizziere dazu zuerst dessen charakteristische Eigenschaften und stelle dar, inwiefern die Technik der Verhältnismäßigkeit zur Konstitutionalisierung des Investitionsschutzes beitragen soll. Danach konturiere ich die formierenden Wirkungen der Verhältnismäßigkeit anhand von drei konkreten Urteilen. Es kann dabei einerseits die Variabilisierung der Verfassung infolge der Verhältnismäßigkeit exemplarisch aufgezeigt werden. Das Verhältnismäßigkeitsprinzip erweist sich als ungeeignet, Grundrechtsnormen zu operationalisieren und so Gleichberechtigung abzubilden. Zudem und andererseits wird offenbar, dass Operationen der Abwägung nicht geeignet sind, die ökonomischen, auf den Schutz der privaten Eigentumsrechte ausgerichteten Rationalitätskriterien juristisch-rational zu durchbrechen. Sowohl die normtheoretische als auch die methodische Kritik erweisen sich als zutreffend.

In der Folge geht es mir somit *nicht* um die normativen Interaktionen als solche zwischen Investitionsschutz auf der einen und Menschenrechtsschutz auf der anderen Seite; also um die Frage, ob und inwieweit sich die Menschenrechte, wie auch immer man sie genau versteht, in den jeweiligen Rechtsentscheidungen als einschlägig erwiesen haben.[58]

58 Vgl. dazu u.a. Hirsch (2009), Calamita (2013), Karamanian (2013), de Brabandere (2013), Schneiderman (2016), Balcerzak (2017), Petersmann (2020). Die Bilanz ist wohl ambivalent. In einer empirischen Studie zur

Mir geht es auch nicht um die Frage, ob solche externen Normen auf den spezifischen Pfaden der Verhältnismäßigkeit Relevanz entfalten und derart die Dominanz ökonomischer Interessen relativieren oder nicht.[59] In diesen Diskussionen wird das Problem der transnationalen Konstitutionalisierung als ein substantielles aufgefasst. Von entscheidender Bedeutung sind demnach die materiellen Folgen, also die Frage, ob der umfangreiche Schutz ausländischer Investor:innen tatsächlich zugunsten entgegenstehender Bestimmungen und Interessen zurückgedrängt wird. Jene Debatte korrespondiert mit einer ethischen, auf Responsivität und Toleranz ausgerichteten Perspektive auf den Vorgang transnationaler Rechtserzeugung. Im Kontrast zur Untersuchung von konkreten inhaltlichen Vorrangrelationen werden hier die zugrunde liegenden *Politiken der Vermittlung* in den Fokus gerückt. Die Frage der Vermittlung ist die Frage der Form – die Frage danach, wie, auf welche Weise, die externen Normen relevant werden. Zentral ist somit die Untersuchung der (Bedingungen der) Konstruktion und Konkretisierung von höherrangigen normativen Strukturen. Eine solche Analyse muss der Rolle der Verhältnismäßigkeit im Rahmen des Investitionsschutzes anhand der spezifischen Eigenschaften dieser Technik auf die Spur kommen und ihre formierenden Wirkungen in den Blick nehmen. Das ist das Vorhaben der nächsten Seiten.

Auf den ersten Blick bestehen zwischen Investitions- und Menschenrechtsschutz eine Reihe von Gemeinsamkeiten. Beide Regime räumen einzelnen Individuen eine Reihe von Ansprüchen gegen den Staat ein (vgl. Simma 2011: 576; Klein 2018: 138). Die Begrenzung und Rekonfiguration der Souveränität des Staates infolge der Garantie spezifischer Rechte ist das Ziel dieser völkerrechtlichen Teilordnungen. Wie die Normen und Institutionen des Menschenrechtsschutzes, so üben auch die Bestimmungen des Investitionsschutzes eine »quasi-konstitutionelle Funktion« gegenüber den Herrschaftskompetenzen des Staates und den in der nationalen Verfassung festgelegten Rechtsansprüchen aus (Burke-White/Staden 2010: 289; vgl. ebenso Schneiderman 2008: 6; Cutler 2016: 99; Pistor 2019: 155). Dabei erstrecken sich die Rechte ausländischer

normativen Relevanz der EMRK hält Alvarez (2017: 526) fest: »[Verweise auf die Regeln des europäischen Menschenrechtsschutzes] werden, kurz gesagt, ebenso häufig als Schwert zugunsten der Investorenrechte wie als Schutzschild gegen sie eingesetzt.«

59 Es mehrt sich dabei die Skepsis (wohlbemerkt: hinsichtlich der Eigenschaften des Investitionsschutzes, nicht – wie in dieser Untersuchung – hinsichtlich der Eigenschaften der Verhältnismäßigkeit): »Es ist gerade die monothematische Natur des Systems der Investitionsabkommen [...], die eine akkurate und damit legitime Abwägung einer Vielzahl von unterschiedlichen Interessen, Politiken und Werten nicht zulässt.« (Ortino 2017: 91; vgl. auch Perrone 2017: 684)

Investor:innen regelmäßig noch weiter als die Normen des Menschenrechtsschutzes. »Keine andere Kategorie von Privatpersonen [...] hat im internationalen Recht so weitreichende Rechte wie jene Personen, die grenzüberschreitend investieren.« (Simmons 2014: 42) Diese Reichweite ergibt sich aus prozeduralen Aspekten im Zusammenhang mit den nur vage formulierten inhaltlichen Bestimmungen. Wie die Träger:innen der Menschenrechte sind auch die ausländischen Investor:innen infolge der zwischenstaatlichen Übereinkommen anspruchsberechtigt. Letztere können jedoch ihre Rechte direkt, also ohne den nationalen Rechtsweg ausschöpfen zu müssen, vor speziellen Schiedsgerichten einklagen.[60] Ein weiterer großer Vorteil für die Investor:innen besteht darin, dass die jeweiligen Entscheidungen anschließend beinahe überall durchgesetzt werden können. Zugleich ist es kaum möglich, Berufung gegen die schiedsrichterlichen Entscheidungen einzulegen (vgl. Henckels 2015; Calamita 2017).

Den Ansprüchen der Investor:innen stehen dabei nicht allein oder zuerst die Regelungen des jeweiligen Gaststaates entgegen. In den juristischen Auseinandersetzungen »brechen« sich zugleich die Konfliktlagen zwischen thematisch definierten Rechtsordnungen.

> Insbesondere dann, wenn die Regulierungsbemühungen, die der Gaststaat etwa zum Zweck der nachhaltigen Entwicklung und des Schutzes der Menschenrechte verfolgt, die Maßgaben der internationalen Vertragsregime widerspiegeln, betrifft der Streit zwischen dem Investor und dem Gaststaat auch das Verhältnis zwischen internationalem Investitionsrecht und internationalem Umweltrecht oder internationalem Menschenrechtsschutz. (Kuo 2018: 800)

Eine wichtige Aufgabe wird deshalb darin erkannt, diese widerstreitenden Verpflichtungen – hier: die Forderungen des Investitionsschutzes auf der einen und die Vorgaben des Menschenrechtschutzes auf der anderen Seite – auf den Pfaden der Rechtsprechung miteinander zu »harmonisieren« (Simma/Kill 2009). Die Herausforderung lautet, »den normativen Inhalt externer Regeln auf eine Weise effektiv zu übertragen, die die Kohärenz der Rechtsregime untereinander fördert« (ebd.: 694). Eine solche Kohärenz herzustellen, ist für das Gebiet des Investitionsschutzes allerdings schon deshalb schwierig, weil weder ein einheitliches Vertragswerk, ein organisatorisches Zentrum noch ständige Gerichte existieren.

Die Regelungen zum Schutz und zur Förderung von Auslandsinvestitionen bilden ein dezentrales Nebeneinander aus zwischenstaatlichen

60 Genauer formuliert, stellt die Möglichkeit der Individualklage vor diesen Schiedsgerichten mit Blick auf den Rechtsweg des Gaststaates einen zusätzlichen oder alternativen Pfad der Streitbeilegung dar (vgl. Vadi 2015: 180).

Verträgen.[61] Das Recht des internationalen Investitionsschutzes besteht aus einer großen Zahl von bilateralen oder regionalen Abkommen[62] und entsprechend einer Vielzahl an Parteien. Ein multilaterales Vertragswerk und ein institutionelles Zentrum wie beispielsweise die Welthandelsorganisation fehlen, trotz einer Reihe von Reformvorschlägen und -bestrebungen, weiterhin.[63] Charakteristisch für das Regime ist demnach einerseits »das Fehlen tiefgreifender Rechtsetzung« (Wells 2010: 342) und »eine mangelnde konstitutionelle Dichte« (Vadi 2018: 248). Andererseits basieren aber die verschiedenen Abkommen auf denselben inhaltlichen Prinzipien zur Behandlung ausländischer Investor:innen. Ihnen wird zudem in der Regel die Möglichkeit eingeräumt, diese Vorgaben vor spezialisierten Schiedsgerichten, meistens im Rahmen der ICSID-Konvention,[64] einklagen zu können. Auch hier, in der Institutionalisierung des Rechtschutzes, zeigt sich die Zersplitterung, die für den Investitionsschutz charakteristisch ist. Ein zentrales Gerichtsorgan (wie etwa der EGMR) oder ständige Berufungsinstanzen (wie etwa der Appellate Body der WTO) fehlen. »Weder gibt es ein hierarchisches Gerichtssystem, das Fehler kontrollieren und die Konsistenz und Kohärenz der Streitbeilegung sicherstellen könnte, noch gibt es ein legislatives Organ, das die rechtserzeugenden Tätigkeiten der Schiedsgerichte kontrollieren könnte.« (Schill 2017: 655) Die ausländischen Investor:innen können vor diesen Schiedsgerichten, ohne den eigenen Heimatstaat (z.B. für diplomatische Verhandlungen) involvieren zu müssen,[65] direkt Schadensersatz einklagen,[66] deren Rechtsentscheidungen wiederum das Regime maßgeblich prägen.

Trotz dieser normativen und institutionellen Zersplitterung wird seit geraumer Zeit ganz selbstverständlich von *einem* Rechtsregime

61 Zur historischen Entwicklung vgl. Johnson/Gimblett (2012), Miles (2013: 17 ff.). Die kolonialen Ursprünge des Investitionsschutzes als akademische Disziplin diskutiert Anghie (2004).

62 Im Jahr 2018 handelt es sich um mehr als 3.300, davon mehr als 2.900 bilaterale Investitionsabkommen. Mindestens in Kraft sind mehr als 2.600 Abkommen (vgl. UNCTAD 2019: 99).

63 Zu den Unterschieden zwischen Investitionsschutz- und Handelsrecht vgl. Simmons (2014: 14 ff.), Pauwelyn (2015: 765 ff.). Für die Einrichtung einer »World Investment Organisation« plädieren u.a. Butler/Subedi (2017).

64 *Convention on the Settlement of Investment Disputes between States and Nationals of Other States.*

65 Zur These der »Depolitisierung« von zwischenstaatlichen Konflikten um Investitionsschutz durch eine solche unmittelbare Berechtigung der Investor:innen vgl. Kriebaum (2018).

66 Die Unparteilichkeit der Schiedsrichter:innen wird immer wieder infrage gestellt. Mittlerweile klassisch dazu van Harten (2007: 152 ff.), vgl. auch Hirsch (2020).

gesprochen.[67] Diese Rede wird vor allem mit den inhaltlichen Übereinstimmungen erklärt. Die Abkommen schützen auf der materiellen Ebene einen geteilten Bestand an substantiellen Regelungen, die, auch infolge der Möglichkeit der Individualklage, als Investoren*rechte* bezeichnet werden können. Zu diesen verpflichtenden Ansprüchen gehört regelmäßig, dass die Enteignung ausländischer Investitionen lediglich aufgrund von Gemeinwohlbelangen erlaubt und an adäquate Entschädigungszahlungen geknüpft ist. Darüber hinaus wird abkommensübergreifend verlangt, dass die Investor:innen »gerecht und billig« behandelt werden (*fair and equitable treatment*) und dass die Sicherheit der Investitionen (*full protection and security)*, ein Recht auf Gewinn- und Kapitaltransfer sowie der Schutz vor Diskriminierung aufgrund von Nationalität zu garantieren ist (vgl. im Detail Dolzer/Schreuer 2012: 130 ff.; Bonnitcha/Poulsen/Waibel 2017: 93 ff.). Diese Bestimmungen sind, wie auch der Terminus »Investition« selbst (vgl. Douglas 2014), außerordentlich vage formuliert und bedürfen deshalb der weitgehenden Konkretisierung im Einzelfall. »Für einen Juristen, der sich nur mit dem nationalen Recht zur Regelung von Investitionsgeschäften auskennt, erscheinen die Regime-Normen in ihrer Allgemeinheit, Vagheit und Unbestimmtheit atemberaubend.« (Salacuse 2010: 453) Zudem werden in den Abkommen typischerweise weder die Regulierungskompetenzen des Gaststaates noch die möglichen Verpflichtungen der Investor:innen thematisch. So gewähren die einzelnen Abkommen den bestellten Schiedsrichter:innen potentiell[68] einen extrem weiten Gestaltungsspielraum.

Die Investitionsschutzabkommen und die Befugnisse der Schiedsgerichte werden deshalb vehement dafür kritisiert, die staatlichen Handlungsmöglichkeiten zu beschränken und dadurch auch die Effektivität des nationalen politischen Prozesses nachhaltig zu unterminieren.[69] Die prozeduralen und materiellen Regelungen des internationalen Investitionsschutzes sind darüber hinaus sowohl Ausdruck als auch Katalysator tief verwurzelter Machtverhältnisse, insbesondere zwischen westlichen, kapitalexportierenden Staaten und Staaten im globalen Süden: »Die kapitalsuchenden Regierungen binden sich mit bilateralen Investitionsabkommen nicht so sehr selbst die Hände, sondern bekommen die Hände

67 Vgl. zum Regimebegriff in diesem Zusammenhang Salacuse (2010), Hofmann/Tams (2011).

68 Zur Debatte um Dichte der schiedsgerichtlichen Kontrollen vgl. van Harten (2013), Arato (2014), Henckels (2015: 126 ff.), Vadi (2018: 186 ff.).

69 Vgl. zum *regulatory chill* Tienhaara (2018). Eine Reihe von vor allem lateinamerikanischen Staaten hat zuletzt die ICSID-Konvention aufgekündigt, zudem sind einige Staaten, wie z.B. Indien, der Konvention niemals beigetreten oder evaluieren die substantiellen Verpflichtungen des Investor:innenschutzes. Dieses Jahr ist etwa die EU aus der sog. Energiecharta ausgetreten (die Ausstiegsfrist beträgt allerdings zwanzig Jahre).

gebunden.« (Allee/Peinhardt 2014: 82) Zwar resultieren die konkreten Bestimmungen aus zwischenstaatlichen Übereinkünften und stehen deshalb prinzipiell zur Disposition der am Abkommen beteiligten Parteien.[70] Die Verhandlungsmacht ist aber oftmals ungleich verteilt und führt zur Konkurrenz zwischen ökonomisch schlechtergestellten Staaten sowie zur Dominanz von spezifischen, als universal deklarierten Vorstellungen wirtschaftlicher und sozialer Entwicklung (vgl. Schneiderman 2014: 80). Diese inhaltlichen Einseitigkeiten werden verschärft durch die asymmetrische Konzeption der Streitbeilegung, die in der Regel[71] nur die ausländischen Investor:innen mit prozeduralen Rechten ausstattet. Die Funktion der Schiedsgerichtsbarkeiten ähnelt so verfassungsgerichtlichen Normenkontrollen.

> Wie bei der verbindlichen Auslegung von Verfassungstexten durch Höchstgerichte haben die Schiedsrichter die Aufgabe, die Korrektheit staatlicher Handlungen im Hinblick auf unbestimmte Verpflichtungen zu beurteilen, die Staaten gegenüber ausländischen Investoren und deren Investitionen haben. (Schneiderman 2020: 421)

Auch diese Analogie darf nicht überspannt werden, denn die Entscheidungen der Schiedsgerichte modifizieren nicht die Geltungsbedingungen staatlicher Verfassungsnormen. Oberflächlich geht es nur um Fragen der finanziellen Kompensation. Die asymmetrischen Berechtigungen, die durch die jeweiligen Abkommen eingerichtet werden, bewirken jedoch in der Praxis eine Umverteilung von rechtserzeugenden Kompetenzen zugunsten der Investor:innen, die für den souverän-egalitären Zuschnitt völkerrechtlicher Normen unüblich ist. Die Folge davon ist, dass »die nicht-staatlichen Parteien eine entscheidende Rolle bei der Durchsetzung sowie bei der Auslegung und Weiterentwicklung der einschlägigen internationalen Rechtsgarantien spielen« (Alvarez 2009: 958). Die Investor:innen sind durch den Gang vor die Schiedsgerichte selbst an den Prozessen der Normerzeugung beteiligt und in dieser Hinsicht mit internationalen Organisationen vergleichbar (vgl. Arato 2015). Man kann deshalb von »triangulären völkerrechtlichen Verträgen« (Roberts 2015) sprechen, die den Investor:innen Einfluss über einen Teil der ehemals souveränen Herrschaftskompetenzen des Staates einräumen.

Auf diese Weise fungiert der Rechtsschutz ausländischer Investitionen als zentrales Instrument einer spezifischen Gesellschaftsformation, die

70 Zur »neuen Generation« der Investitionsschutzabkommen, die sich u.a. durch eine nähere Definition der geschützten Gemeinwohlinteressen und der Investor:innenrechte auszeichnen, vgl. Muchlinski (2016), Henckels (2018). Vgl. zur jüngsten Vertrags- und Rechtsprechungspraxis Ortino (2019) bzw. Alschner (2022).

71 Zur Rolle von *counterclaims* siehe die Diskussion von *Urbaser vs. Argentinien*.

auf die Privatisierung ehemals öffentlicher Leistungen und einen robusten Schutz der Eigentumsrechte bzw. auf ein »globales Recht auf Investition« (Perrone 2017) ausgerichtet ist (vgl. Sornarajah 2015: 11 ff.; Linarelli et al. 2018: 159 ff.). Das Regime bildet derart »ein Schlüsselelement bei der Herausbildung der materiellen und normativen Grundlagen des transnationalen Kapitalismus.« (Cutler 2016: 99) Claire Cutler bezeichnet den internationalen Investitionsschutz deshalb als eine Form des »neuen Konstitutionalismus«, der auf die »ständige Ausweitung des Kapitalismus durch die Verankerung von neoliberalen, marktorientierten Gesetzen [...] in nationalen und internationalen Rechtsrahmen abzielt, die die Privatisierung, Liberalisierung und Deregulierung von Handel, Investitionen und Finanzdienstleistungen begünstigen« (ebd.). Sowohl die asymmetrischen Berechtigungen (allein der Investor:innen) als auch die ausgreifenden inhaltlichen Vereinseitigungen (im Sinne einer Verfassung des transnationalen Kapitalismus) unterstreichen noch einmal, dass es nicht allzu weit führt, die Bestimmungen des Investitionsschutzes entlang der Entgegensetzung staatlicher Regulierungsmöglichkeiten mit völkerrechtlichen Verpflichtungen zu konzipieren, oder die ökonomischen Interessen, die durch das Regime stabilisiert werden, pauschal mit gemeinwohlorientierten Zwecken zu kontrastieren. Überzeugender ist es, im Anschluss an die systemtheoretischen Konzeptionen des globalen Rechtspluralismus,[72] von Konflikten zwischen funktional spezifizierten normativen Ordnungen auszugehen. Das Investitionsschutzregime kollidiert sodann mit den Prinzipien des Menschenrechts- oder Umweltschutzes, die ihrerseits weder strikt »national« noch »international« sind.

Angesichts dieser konstitutionellen Dominanz und den damit verbundenen Friktionen wird innerhalb der rechtspolitischen Diskussionen die Forderung nach einer ausgewogeneren »Balance« laut (vgl. Radi 2014; Bernardini 2017). Plädiert wird für eine »interpretative Kehrtwende« (Berner 2016), entweder zusätzlich zu oder anstelle von institutionellen Reformen.[73] Die Türen der Interpretation sollen weiter geöffnet werden als es bislang der Fall gewesen ist, um andere Normen und Prinzipien hineinzulassen. Es überrascht nicht, dass in diesem Zusammenhang die »Harmonisierungstechnik« der Verhältnismäßigkeit (Hauck 2016: 96) in den Urteilsbegründungen, teilweise auch in den Abkommen selbst, immer häufiger zur Sprache gelangt: »Schließlich würde eine Verhältnismäßigkeitsprüfung dabei helfen, die Rechte und Erwartungen der Investoren näher zu bestimmen und gleichzeitig ›Exzesse‹ bei der Ausübung öffentlicher Gewalt einzuschränken.« (Arcuri/Violi 2021: 2200) Sie soll die Legitimitätskrise des Investitionsschutzes auf dem Weg

72 Siehe dazu *Kapitel 3.2.*

73 Zu den aktuellen Reformbemühungen vgl. Schill/Vidigal (2021: 225 ff.).

einer methodischen Evolution der schiedsgerichtlichen Rechtsentwicklung überwinden (vgl. Schill 2011; Leonhardsen 2012; Schneiderman 2018).[74] Durch den flächendeckenden Einsatz der Verhältnismäßigkeit[75] soll, so die Hoffnung, ein angemesseneres Verhältnis der widerstreitenden Interessen und Regelungen etabliert und können insbesondere die Normen des Menschenrechtsschutzes einbezogen werden.[76] Ein Vorzug der pluralistischen Verhältnismäßigkeitsprüfung[77] besteht dabei darin, diese konkurrierenden normativen Bestimmungen bzw. die »nicht-ökonomischen Interessen der Allgemeinheit« auch über den konkreten Abkommenstext hinaus berücksichtigen zu können:

> Die Verhältnismäßigkeitsprüfung stellt eine Technik der Interpretation zur Lösung von Konflikten zwischen zwei konkurrierenden Interessen dar [...]. Sie ermöglicht es, eine Balance zwischen gegensätzlichen Interessen herzustellen, indem deren relative Bedeutung sogar in Fällen erwogen wird, in denen es keine ausdrückliche Ausnahme von den vereinbarten Rechten gibt, die die ausländischen Investoren im Rahmen eines internationalen Investitionsschutzabkommens genießen. (Schill/Djanic 2018: 237)

74 Der Erfolg dieser Entwicklung ist keineswegs ausgemacht. »Obwohl Wissenschaftler dafür plädieren, die Verhältnismäßigkeitsprüfung rasch zu übernehmen, um dem Vorhaben der Beilegung von Investitionsschutzkonflikten Legitimität zu verleihen, scheint es seitens der Schiedsgerichte eine ausgeprägte Zurückhaltung zu geben« (Schneiderman 2018: 267). Diese skeptische Diagnose betrifft aber, wie auch Schneiderman (ebd.: 275 ff.) selbst betont, eher den systematischen und expliziten Rückgriff. »Die Schiedsgerichte haben sich häufiger auf die der Verhältnismäßigkeitsprüfung innewohnenden Ideen gestützt, als die Terminologie der Verhältnismäßigkeit zu verwenden, oder sie haben einige der Elemente der Prüfung erörtert und angewendet, andere jedoch nicht.« (Henckels 2015: 69) Zudem findet sich das Verhältnismäßigkeitsprinzip mittlerweile auch ausdrücklich in einigen neueren Abkommen normiert (vgl. Cottier et al. 2017: 655).

75 Dabei wird die Verhältnismäßigkeit als ein allgemeines (internationales) Rechtsprinzip aufgefasst, u.a. im Rahmen von Art. 31 der Wiener Vertragsrechtskonvention (vgl. Stone Sweet/della Cananea 2014). Zum Prinzip der *systemic integration* im Zusammenhang mit dem internationalen Investitionsschutz vgl. Yotova (2016).

76 Für den Einsatz plädieren u.a. Kriebaum (2007), Stone Sweet (2010), Kingsbury/Schill (2010), Kulick (2012: 168 ff.), Stone Sweet/Grisel (2017: 243 ff.), Schill/Djanic (2018). Teilweise geht dieses Plädoyer mit relevanten Qualifikationen einher. So argumentieren Henckels (2015) und Ortino (2017) dafür, auf die letzte Prüfungsstufe der Angemessenheit zu verzichten.

77 Siehe dazu *Kapitel 4.1* (»Pluralismusaffinität«).

Mithilfe der Verhältnismäßigkeit, so die Argumentation, kann es gelingen, das Regime kohärent auszugestalten und schließlich zu konstitutionalisieren, also die bestehenden Regelungen des Investitionsschutzes durch die Inkorporation von rechtsstaatlichen Normen und Prinzipien, darunter die Garantie fundamentaler Rechte, nachhaltig zu transformieren. Das Verhältnismäßigkeitsprinzip soll dazu dienen, die normativen Interaktionen mit weiteren einschlägigen Rechtsgebieten und -ansprüchen zu forcieren und darüber die Integration konkurrierender Rechtsregime anzuleiten – es soll also dazu dienen, den Prozess transnationaler Rechtserzeugung zu mobilisieren und (limitative)[78] Verfassungsstrukturen in der Form von Rechten herauszubilden.

Diese Zuversicht im Hinblick auf die konstitutionalisierenden Wirkungen der Verhältnismäßigkeit gilt es nun anhand der ausführlichen Lektüre und Diskussion von drei Rechtsentscheidungen zu überprüfen. Das *Tecmed*-Urteil wird dabei vielfach als eine Entscheidung mit grundlegender Bedeutung für die Verhältnismäßigkeitsprüfung im Rahmen des internationalen Investitionsschutzes betrachtet. Das Urteil im Fall *Occidental Petroleum vs. Ecuador* wendet die Verhältnismäßigkeit auf den immer wichtiger werdenden Anspruch des *fair and equitable treatment* an. Im aufsehenerregenden Fall *Urbaser vs. Argentinien* wird schließlich die explizite Verpflichtung ausländischer Investor:innen auf die Normen des internationalen Menschenrechtsschutzes abwägungsorientiert diskutiert.

Tecmed vs. Mexiko (2003)

In den 1990er Jahren formieren sich in Hermosillo, der Hauptstadt des mexikanischen Bundesstaates Sonora, eine Reihe von Protesten gegen den Betrieb einer dortigen Deponie für Industriemüll. Auf der Deponie entsorgt ein Tochterunternehmen der spanischen *Tecmed*-Firma giftigen Abfall, ohne die gesetzlichen Regelungen für den Transport und die Lagerung der Abfallstoffe ausreichend zu beachten. Die Protestierenden organisieren Blockaden und Demonstrationen, um die Schließung der Deponie zu erwirken. Im November 1998 entscheidet die zuständige Umweltschutzbehörde, die Betriebslizenz nicht noch einmal zu verlängern und die Deponie zu schließen. Gegen diese Entscheidung geht *Tecmed* auf der Grundlage des 1996 in Kraft getretenen Investitionsschutzvertrages zwischen Mexiko und Spanien vor.[79]

78 Siehe dazu *Kapitel 3.2.2.*

79 *Agreement on the Promotion and Reciprocal Protection of Investments between the Kingdom of Spain and the United Mexican States* (in Kraft seit dem 18. Dezember 1996).

Den Kern dieser gerichtlichen Auseinandersetzung, die schließlich in eine Verurteilung auf Schadensersatz mündet, bildet die Beurteilung der Schließung als eine entschädigungspflichtige Enteignung (Rn. 95–96).[80] Dazu greift die *Tecmed*-Entscheidung wohl zum ersten Mal im Rahmen des internationalen Investitionsschutzes auf das Verhältnismäßigkeitsprinzip zurück (vgl. Krommendijk/Morijn 2009: 439; Leonhardsen 2012: 122).[81] Das Gericht hält fest:

> There must be a *reasonable relationship of proportionality* between the charge or weight imposed to the foreign investor and the aim sought to be realized by any expropriatory measure. (Rn. 122, Herv. J.H.)

Eine Antwort auf die Frage, ob es sich bei der Schließung der Deponie um eine Enteignung handelt, muss demnach mehr als nur die Folgen dieser Schließung miteinbeziehen. Regulierungsmaßnahmen, die zwar die Wirkung der indirekten Enteignung entfalten[82] – also den Anspruch der Investor:innen auf Schutz vor Enteignung relevant beeinträchtigen –, aber angesichts des damit verfolgten Zwecks verhältnismäßig sind, gelten nicht als Enteignung und sind somit nicht kompensationspflichtig. Die Verhältnismäßigkeit fungiert so als ein genereller Maßstab. Jede Maßnahme, die den Maßgaben der Verhältnismäßigkeit entspricht, ist von der Kompensationspflicht ausgenommen (vgl. Calamita 2014: 186). Auf diese Weise, also indem sich die Beurteilung als Enteignung nicht mehr ausschließlich auf die Wirkung der Maßnahme und die damit verknüpften ökonomischen Einbußen konzentriert (vgl. Rn. 118), wird es möglich, andere Gesichtspunkte in der Entscheidungsfindung zu berücksichtigen. Oder, anders formuliert, das Regime ist nicht länger nur auf den effektiven Schutz ausländischer Investitionen verpflichtet, denn allein die Feststellung tatsächlicher wirtschaftlicher Schädigung reicht nicht hin, um Schadensersatz beanspruchen zu können (vgl. Rn. 119). Hier wird deutlich, auf welche Weise die »Verhältnismäßigkeitsprüfung ein Einfallstor bilden [kann], um Prinzipien, die nicht zum Investitionsschutz zählen, in den argumentativen Rahmen der Schiedsverfahren einfließen zu lassen« (Kingsbury/Schill 2010: 104). Sie ist dazu in der Lage, zusätzlich zu den expliziten Ansprüchen der Investor:innen noch andere Forderungen zu berücksichtigen. Der absolute Vorrang der Eigentumsrechte ausländischer Investor:innen gegenüber konkurrierenden Interessen und entgegenstehenden Normen ist bereits aufgrund der

80 Die Randnummern beziehen sich auf *Tecmed, S.A. vs. United Mexican States*, ICSID Case No. ARB (AF)/00/2, Award (29. Mai 2003).

81 Zur Rezeption der *Tecmed*-Entscheidung durch andere Schiedsgerichte in Fällen indirekter Enteignung vgl. Bücheler (2015: 129 ff), Ortino (2019: 157 ff.).

82 Zur indirekten im Unterschied zur direkten Enteignung vgl. Dolzer/Schreuer (2012: 101 ff.).

intrinsischen Eigenschaften der Verhältnismäßigkeit ausgeschlossen. Die Technik wirkt integrativ. Zugleich ist aber, ebenso aufgrund der Verhältnismäßigkeit, jede Maßnahme, die solche Investitionen betrifft, ein Anlass für eine Abwägung mit den Ansprüchen der Investor:innenseite. Die Erweiterung des relevanten Normenbestands schwächt zugleich dessen Determinationskraft, denn keine Regulierungsmaßnahme ist infolge der Verhältnismäßigkeitsprüfung mehr »per se« gerechtfertigt:

> [W]e find no principle stating that regulatory administrative actions are per se excluded from the scope of the Agreement, *even if they are beneficial to society as a whole* – such as environmental protection –, particularly if the negative economic impact of such actions on the financial position of the investor is sufficient to neutralize in full the value [...] of its investment without receiving any compensation whatsoever. (Rn. 120, Herv. J.H.)

Die Abwägung von Gemeinwohlinteressen mit den Interessen der Investor:innen ist – entgegen der Bestimmungen, die den Vorgang der indirekten Enteignung ausdrücklich normieren – maßgeblich dafür, ob die administrativen Handlungen eine Enteignung bedeuten und *deshalb* unrechtmäßig sind. Auch hier gilt also, dass alle normativen Festlegungen unter Vorbehalten der Verhältnismäßigkeit stehen und insofern rechtfertigungspflichtig sind. Die Verhältnismäßigkeit beschränkt derart die Befugnisse des Staates zusätzlich, denn diese ergeben sich nicht mehr allein aus dem Normtext, sondern sind selbst an Verhältnismäßigkeitserwägungen geknüpft. Laut dem zugrunde liegenden Abkommen sind Enteignungen ohne Bezugnahme auf das Gemeinwohl unrechtmäßig. Ein Eingriff mit Bezugnahme auf das Gemeinwohl ist jedoch rechtmäßig, wenn für Kompensation gesorgt ist (vgl. Ranjan 2014: 869). Das Verhältnismäßigkeitsdenken überlagert diese Bestimmungen. Nur und allein ein verhältnismäßiger Eingriff in die Investition ist, so das Gericht, ein rechtmäßiger Eingriff, ganz unabhängig davon, ob die im Abkommen festgehaltenen Bedingungen erfüllt sind. »Selbst wenn ein erheblicher Verlust von Eigentum einem öffentlichen Zweck diente [...] und mit einer ›adäquaten Entschädigung‹ einherging, könnte er dennoch rechtswidrig sein, wenn er nicht der Verhältnismäßigkeitsprüfung standhält.« (Bücheler 2015: 147) Die Abwägung als Gegenbegriff zur (kodifizierten) Norm wird hier greifbar. Zudem ist schon an dieser Stelle fraglich, inwiefern die Verhältnismäßigkeitsprüfung in der Lage ist, die etablierten Rationalitätskriterien des Investitionsschutzes zu revidieren und anders zu verfassen, wenn nun jede Maßnahme als ein möglicherweise illegaler Eingriff in die Investor:innenrechte betrachtet werden kann.

Zur Anwendung der Verhältnismäßigkeitsprüfung bezieht sich das Schiedsgericht auf die Rechtsprechung des EGMR im Fall einer

Enteignung aufgrund von Umweltschutzbelangen.[83] Wie im Fall des internationalen Menschenrechtsschutzes operieren die Rechtspositionen der Investor:innen als Grenze staatlicher Maßnahmen, die im Hinblick darauf zu bewerten sind, ob sie die fraglichen Rechte unverhältnismäßig einschränken. Dabei stehen, der typischen Konstellation der Verhältnismäßigkeit entsprechend, die Handlungen der mexikanischen Regierung für das Gemeinwohl, die Ansprüche der spanischen Investor:innen hingegen für die partikularen Interessen der Einzelnen, die durch jene Handlungen (potentiell) beeinträchtigt werden. Im Anschluss an die Rechtsprechung des EGMR werden die Investor:innenrechte zudem inhaltlich vertieft und auch in dieser Hinsicht als Grundrechtsnormen konzipiert. Das Schiedsgericht stellt dabei insbesondere die benachteiligte politische Stellung der ausländischen Investor:innen heraus und betont mit Blick auf die Gewichtung der Interessen im konkreten Fall, dass es diesen kaum möglich gewesen ist, auf die Entscheidung der mexikanischen Behörden Einfluss zu nehmen.[84]

> On the basis of a number of legal and practical factors, it should be also considered that the foreign investor has a reduced or nil participation in the taking of the decisions that affect it, partly because the investors are not entitle [sic!] to exercise political rights reserved to the nationals of the State, such as voting for the authorities that will issue the decisions that affect such investors. (Rn. 122)

Die Rechte der Investor:innen erscheinen hier, um eine Formulierung von Seyla Benhabib aufzugreifen, als die »Rechte der Anderen«, die von der exklusiven Konzeption des nationalen *demos* negativ tangiert werden (Benhabib 2008). Aufgrund der eingeschränkten Partizipationsmöglichkeiten bestehen dem Gericht zufolge hohe Anforderungen an den Schutz der Investor:innen. Sie erscheinen, kurz gesagt, als eine vulnerable Gruppe, deren Rechte deshalb Berücksichtigung verdienen (vgl. Schneiderman 2013: 113 ff.; Isiksel 2016b: 332 ff.). Sie sind weniger zu belasten, weil sie – das ist der Kosmopolitismus des Kapitalismus – nicht »vor Ort« sind. Gerade weil es um *Auslands*investitionen geht, so die demokratietheoretische Anlage der Argumentation, müssen die Rechte der Kläger:innen im Zuge der Abwägung mit den Gemeinwohlinteressen mehr zählen als dies bei Inlandsinvestitionen der Fall wäre.[85]

83 Die Referenz ist *Mator E Silva, LDA., and others vs. Portugal* (16. September 1996).

84 Die Referenz ist *James and others vs. United Kingdom* (21. Februar 1986).

85 Die Rezeption der Rechtsprechung des EGMR durch das *Tecmed*-Urteil hat zur Beobachtung einer »Dehumanisierung« der Menschenrechte im Kontext des internationalen Investitionsschutzes geführt (Isiksel 2016b; vgl. auch Lafont 2020). Nicht nur betreffen die Aktivitäten der Investor:innen teilweise den Schutzgehalt der Menschenrechte. Die Ausstattung von Unternehmen

Nicht nur unter normativen, auch unter methodischen Aspekten wird die *Tecmed*-Entscheidung kritisiert. Diese Kritik betrifft vor allem die Identifikation des Zwecks der Maßnahme, die Deponie zu schließen.[86] Das Gericht geht, entgegen der Argumentation der Regierung, nicht davon aus, dass die Beeinträchtigung der Gesundheit der Anwohner:innen oder die Gefährdung der Umwelt ausschlaggebend gewesen ist. »[T]he reasons that prevailed [...] to deny the renewal of the Permit were reasons related to the social or political circumstances and the pressure exerted on municipal and state authorities« (Rn. 132). Die Motivation für die Schließung ist allein in den »Umständen« der anhaltenden Proteste zu finden. Mit der Auswahl und Definition des Zwecks kann das Gericht die Verhältnismäßigkeitsprüfung maßgeblich vorstrukturieren, wobei dieser Gestaltungsspielraum umso größer ist, desto unbestimmter der Normtext ist.

Darüber hinaus wird hier jene Variabilisierung der Verfassung offenbar, die für die Technik der Verhältnismäßigkeit wesentlich ist. Um die Maßnahme der Schließung zu rechtfertigen, ist von entscheidender Bedeutung, so das Gericht weiter, »whether community pressure and its consequences [...] were so great as to lead to a serious emergency situation, social crisis or public unrest« (Rn. 134). Für die Einschätzung, dass es sich *nicht* um eine solche »Notlage«, »Krise« oder Form der »öffentlichen Unruhe« gehandelt hatte, zieht das Gericht vor allem die Anzahl der Demonstrierenden heran:

> Even after having gained substantial momentum, community opposition, although it had been sustained by its advocates through an insistent, active and continuous public campaign in the mass media, could gather on two occasions a crowd of only two hundred people the first time and of four hundred people, the second time out of a community with a population of almost one million inhabitants [...]. Additionally the »blockage« of the Landfill was carried out by small groups of no more than forty people. (Rn. 144)

mit subjektiven Rechten findet sich darüber hinaus begleitet vom expliziten Rekurs auf Bestimmungen und Argumentationsformen des internationalen Menschenrechtsschutzes.

86 Zudem hat das Schiedsgericht die beiden der Angemessenheit vorgelagerten Prüfungsstufen (Geeignetheit und Erforderlichkeit) außer acht gelassen. Vor allem die Prüfung der Erforderlichkeit, also die Frage, welche alternativen, weniger restriktiven Maßnahmen den mexikanischen Behörden noch zur Verfügung gestanden hätten, wird nicht thematisch (vgl. Henckels 2015: 107 ff.). Das Urteil steht dadurch wiederum in Spannung zur Rechtsprechung des EGMR, auf die das Schiedsgericht maßgeblich rekurriert (vgl. Henckels 2012).

Weil die Größe der Demonstrationen nicht geeignet war, zu einer wirklichen Krise zu führen, kann der Eingriff in die Investor:innenrechte nicht als »ausreichend gerechtfertigt« betrachtet werden.

> The actions undertaken by the authorities to face these socio-political difficulties, where these difficulties do not have serious emergency or public hardship connotations [...] may not be considered from the standpoint of the Agreement or international law to be sufficient justification to deprive the foreign investor of its investment with no compensation (Rn. 147).

Eine Bezugnahme auf andere Rechtspositionen, namentlich den Schutz der Gesundheit und der Umwelt, wird als »exzessiv formalistisch« zurückgewiesen.[87] Weil ausschließlich die Reaktion auf die Proteste als einschlägiger Zweck in Betracht gezogen wird *und* die Proteste aufgrund der geringen Zahl der Demonstrierenden den normalen Rahmen nicht überschritten haben, ist die Maßnahme als unverhältnismäßig zu bewerten.

Dieser Argumentation liegt eine implizite Hierarchisierung der möglichen Eingriffszwecke zugrunde. Der Zweck, auf die Proteste zu reagieren, wird geringer gewichtet als der Zweck, Umwelt und Gesundheit vor imminenten Beeinträchtigungen zu schützen (vgl. Calamita 2014: 187f.). Es ist zu vermuten, dass hinsichtlich dieser Gründe ein kleineres Bedrohungsszenario ausgereicht hätte, um die Vorgaben der Verhältnismäßigkeit zu erfüllen. Umwelt- und Gesundheitsschutz werden also, wendet man die prinzipientheoretische Terminologie an, ein höheres abstraktes Gewicht zugewiesen.[88] Der Standpunkt der Verfassung, der diese Gewichtungen erklären könnte, wird aber erst im Vollzug der Verhältnismäßigkeitsprüfung konstruiert. Ein höheres abstraktes Gewicht von Umwelt- und Gesundheitsschutz ist nicht das Ergebnis der Interpretation einschlägiger Rechtsnormen, sondern wird schlicht stipuliert. Das Schiedsgericht äußert sich nicht dazu, ob und inwiefern, d.h. auf der Basis von welchen Kriterien, bestimmte Zwecke gewichtiger sind als andere. Zugleich liegen aber jene Gewichtungen der gesamten Argumentation zugrunde.

Diese (implizite) Hierarchisierung ist selbst Ausdruck einer Variabilisierung der relevanten Rechtspositionen. Denn einerseits wird *community pressure* als ein legitimer Eingriffszweck behandelt. Schließlich kann allein ein derartiger Zweck den Anlass der Verhältnismäßigkeitsprüfung bilden. Ihn gilt es dann mit dem Schutz der Investor:innenrechte ins

87 »[W]ould be excessively formalistic [...] to understand that the Resolution is proportional to such violations when such infringements do not pose a present or imminent risk to the ecological balance or to people's health« (Rn. 149).

88 Siehe dazu *Kapitel 4.2.1*.

Verhältnis zu setzen. Andererseits untersteht dieser Zweck selbst wiederum einer doppelten Qualifikation. Erstens müssen die Proteste auf objektive Bedrohungsszenarien rekurrieren. Weil eine solche Bedrohungslage nicht gegeben ist, findet sich die Relevanz des Zwecks deutlich »begrenzt«:

> The absence of any evidence that the operation of the Landfill was a real or potential threat to the environment or to the public health, coupled with the absence of massive opposition, limits »community pressure« to a series of events, which, although they amount to significant pressure on the Mexican authorities, do not constitute a real crisis or disaster of great proportions, triggered by acts or omissions committed by the foreign investor or its affiliates. (Rn. 144)

Dieser Argumentation zufolge sind Formen öffentlicher Kritik nur dann als Eingriffszweck bedeutsam, wenn es sich um den Ausdruck einer tatsächlichen Gefahr für Gesundheit oder Umwelt handelt. Das Gewicht der in die Abwägung eingestellten Rechtsposition ist somit von anderen Eingriffszwecken abhängig. Proteste als solche sind (unter normativen Gesichtspunkten) irrelevant. Zweitens, und quer zur ersten inhaltlichen Relation, bildet *community pressure* nur dann und insofern einen rechtsrelevanten Aspekt der Abwägung, wenn es sich um Proteste handelt, die geeignet sind, eine »echte Krise« herbeizuführen – unabhängig davon, ob diese Proteste nun eine »echte Gefahr« artikulieren. In beiden Hinsichten erscheinen die fraglichen Rechtspositionen als überaus flexibel, denn sie sind zugleich Prämisse und Resultat der Verhältnismäßigkeitsprüfung. Demonstrationen und andere Formen des Protests sind für die Rechtmäßigkeit einer Maßnahme (hier: die Schließung der Deponie) relevant, wenn sie sich auf gewichtige Gefahren beziehen und wenn sie eine bestimmte Größe erreicht haben. Hier erweist sich ein für die These der *Konstitutionalisierung qua Verhältnismäßigkeit* zentrales Problem, dass nämlich der Standpunkt der Verfassung selbst – also jene Interessen, die es zu berücksichtigen gilt – erst im Rahmen der Verhältnismäßigkeitsprüfung gebildet wird. Obwohl die öffentlichen Proteste als alleiniger Eingriffszweck in Betracht kommen und es sich insofern um einen legitimen Zweck handelt, bedeuten sie keinen eigenständigen (im Sinne von: von weiteren Bedingungen unabhängigen) normativen Grund. Sie sind Zweck und kein Zweck zugleich, sowohl relevant als auch irrelevant für die Entscheidung. Die Variabilisierung der Verfassung betrifft hier also nicht bloß die Vorrangrelationen zwischen etablierten Rechtsansprüchen im Einzelfall, sondern den normativen Charakter der Zwecke selbst. Die Technik der Verhältnismäßigkeit erweist sich als ein variabler Verweisungszusammenhang unterschiedlicher Gewichtungen. Die Position fundamentaler Rechte kann auf diese Weise aber nicht abgebildet und (limitative) Grundrechtsnormen können so nicht herausgebildet werden.

Occidental Petroleum vs. Ecuador (2012)

Der Verhältnismäßigkeitsgrundsatz wird zusehends auch zur Entscheidung von Investitionsstreitigkeiten herangezogen, die den Anspruch der billigen und gerechten Behandlung (*fair and equitable treatment* bzw. FET) berühren. Aufgrund der weitgehenden Unbestimmtheit dieses »generalklauselartig formulierte[n] Schutzstandard[s]« (Schill 2012b: 278) ist der Gestaltungsspielraum der Schiedsgerichte in Fällen des FET ausgeprägter als etwa beim Rechtsschutz vor Enteignungen (vgl. van Harten 2020: 62 ff.). Er wird immer häufiger herangezogen, um eine Reihe von staatlichen Regulierungsmaßnahmen, die Auslandsinvestitionen tangieren, auf deren Rechtmäßigkeit hin zu überprüfen (vgl. Muchlinski 2016: 48; Stone Sweet/Grisel 2017: 171). Angesichts der Konjunktur von FET-Verfahren soll mit der Verhältnismäßigkeitsprüfung eben dieser Gestaltungsspielraum begrenzt und die Entscheidungsfindung rationalisiert werden: »Die Anwendung dieses Standards wird immer hochgradig auf einen spezifischen Fall bezogen bleiben, aber die Verhältnismäßigkeitsprüfung verleiht der Argumentation der Schiedsgerichte analytische Präzision und Transparenz.« (Bücheler 2015: 3) Die Ausweitung auf den FET-Standard wird darüber hinaus als Beleg dafür interpretiert (vgl. Leonhardsen 2012: 135), dass die Technik der Verhältnismäßigkeit mittlerweile Relevanz für die Ausgestaltung des gesamten internationalen Investitionsschutzes beanspruchen kann.

Ein eindrucksvolles Beispiel für die formierenden Wirkungen der Verhältnismäßigkeit ist das Urteil im Fall *Occidental Petroleum vs. Ecuador*, das den FET-Standard der bilateralen Vereinbarung zwischen den USA und Ecuador involviert.[89] Als Klägerin tritt hier ein US-amerikanisches Erdöl-Unternehmen auf.[90] Die Klage richtet sich gegen die *caducidad*-Verordnung der ecuadorianischen Regierung aus dem Mai 2006, einen Beteiligungsvertrag zwischen dem Unternehmen und dem staatlichen Erdölproduzenten *PetroEcuador* aufzukündigen sowie das Eigentum von *Occidental* zu beschlagnahmen. Dieser Beteiligungsvertrag berechtigt das Unternehmen zur Exploration und Förderung von Öl im Amazonasgebiet. Er knüpft aber die Weitergabe dieser Berechtigungen an Bedingungen. Davon ausgehend begründet Ecuador die Kündigung mit einer Missachtung eben dieser »strengen Bedingungen«.[91] *Occidental* hatte einen Teil der vertraglich zugesicherten Privilegien mit der Hilfe eines *farmout*

89 *Treaty Between the United States of America and the Republic of Ecuador Concerning the Encouragement and Reciprocal Protection of Investment* (in Kraft seit dem 11. Mai 1997).

90 Eigentlich handelt es sich um zwei US-amerikanische Unternehmen, die Rede allein von *Occidental* in diesem Abschnitt soll die Darstellung vereinfachen.

91 »While [*Occidental*] could freely dispose of its participation, its ability to transfer or assign its rights and obligations under the Participation Contract was subject to stringent conditions.« (Rn. 119)

agreement an die *Alberta Energy Corporation* übertragen, ohne im Voraus die nötigen Genehmigungen einzuholen (vgl. Rn. 127-138).[92] Das Gericht stellt mit Blick auf dieses Verhalten eine Vertragsverletzung durch *Occidental* fest, bewertet aber dennoch die Kündigung des Beteiligungsvertrags als unverhältnismäßig[93] und verurteilt Ecuador zur Zahlung von Schadensersatz in Höhe von circa eine Milliarde Euro, die bis dato größte Summe, die unter der ICSID-Konvention festgesetzt wurde.

Zur Begründung wird in einem ersten Schritt festgehalten, dass *Occidental* sich in der Tat über geltendes Recht hinweggesetzt hatte, indem eine Vereinbarung mit *Alberta Energy* getroffen wurde, ohne sich dies genehmigen zu lassen (vgl. Rn. 381). Das *farmout agreement* beinhaltet die Weitergabe von Lizenzen zur Förderung natürlicher Ressourcen, die eigentlich an die Autorisierung durch die Regierung bzw. ein zuständiges Ministerium gebunden ist. Die Frage, ob die Maßnahme der Regierung, den Beteiligungsvertrag zu kündigen, rechtmäßig gewesen ist, ist damit, so das Gericht, aber noch nicht beantwortet. Sie ist in einem zweiten Schritt von der Prüfung der Verhältnismäßigkeit der Kündigung abhängig. Diese Prüfung wird dabei, im Kontrast zur *Tecmed*-Entscheidung, nicht aus der Rechtsprechung des EGMR aufgelesen, sondern ausdrücklich unter Rekurs auf ecuadorianisches Verfassungsrecht begründet (vgl. Rn. 397 ff.). Zudem stützt sich das Gericht auf eine Reihe von Präzedenzfällen und stellt fest: »[T]here is a growing body of arbitral law, particularly in the context of ICSID arbitrations, which holds that the principle of proportionality is applicable to potential breaches of bilateral investment treaty obligations.« (Rn. 404) Sie sind letztendlich von entscheidender Bedeutung,[94] zudem sich darunter auch Entscheidungen hinsichtlich der Interpretation des FET finden sollen. Diesen Urteilen zufolge beinhaltet der Anspruch der billigen und gerechten Behandlung eine »Pflicht zur Verhältnismäßigkeit«.[95] Die aufgeführten Entscheidungen,

92 Die Randnummern beziehen sich auf *Occidental Petroleum Corporation and Occidental Exploration and Production Company vs. The Republic of Ecuador*, ICSID Case No. ARB/06/11, Award (5. Oktober 2012).

93 Die Unverhältnismäßigkeit der Maßnahme verletzt sowohl den FET-Standard als auch den Schutz vor indirekter Enteignung, im Zentrum der Entscheidung steht aber ersterer.

94 »The Tribunal understands that [the principle of proportionality], established in the Constitution and reiterated in subsequent legislation, would take precedence over the [Hydrocarbons Law of Ecuador]. *Even if the Tribunal was wrong on that question of domestic Ecuadorian law*, the Tribunal has no doubt that the principle of proportionality is applicable as a matter of general international law, and has been applied in many ICSID arbitrations in the past.« (Rn. 427, Herv. J.H.)

95 »The obligation for fair and equitable treatment has on several occasions been interpreted to import an obligation of proportionality.« (Rn. 404)

darunter das *Tecmed*-Urteil, das die Verhältnismäßigkeitsprüfung ja auf den Tatbestand der indirekten Enteignung beschränkt, können dafür allerdings kaum als Beleg herangezogen werden.

Das Schiedsgericht bemerkt, dass die Kündigung nicht direkt mit Gemeinwohlbelangen im Zusammenhang steht. Sie ist dennoch in einem ersten Schritt als rechtmäßig zu betrachten, denn es besteht, wie der Gaststaat unterstrichen hatte, »[a] right of the Ecuadorian Government to strictly control and administer the activities of all parties operating in those [oil] fields.« (Rn. 391) Der Investor:innenschutz steht mit anderen, potentiell widerstreitenden Interessen, insbesondere mit der effektiven Entscheidungshoheit über die nationalen natürlichen Ressourcen, im Konflikt. Im Unterschied zur *Tecmed*-Entscheidung wird dieser Regelkonflikt explizit thematisch, so dass sich das Schiedsgericht dazu aufgefordert sieht, »logische« Alternativen zur »schweren Bestrafung« der Kündigung des Beteiligungsvertrags im Rahmen einer Erforderlichkeitsprüfung darzulegen.[96] Von normativen Interaktionen kann hier somit sowohl in prozeduraler als auch in materieller Hinsicht die Rede sein. Prozedural wird das Verhältnismäßigkeitsprinzip explizit mit dem Hinweis auf das Recht des Gaststaates begründet. Materiell widmet sich das Schiedsgericht ausführlich der Frage, ob die Kündigung hinsichtlich der geltenden Bestimmungen des Gaststaates zu beanstanden ist (die wiederum Rückhalt in internationalen Regelungen finden). Die Verhältnismäßigkeitsprüfung inkorporiert so eine Kollision zwischen einschlägigen Prinzipien – die effektive Kontrolle über die natürlichen Ressourcen auf der einen und der Schutz privater Eigentumsrechte auf der anderen Seite –, um sie durch Abwägung zu entscheiden.

Es zeigt sich jedoch, dass die Verhältnismäßigkeit nicht dazu in der Lage ist, die Rationalitätskriterien des Investitionsschutzes juristisch zu durchbrechen und auf diese Weise zu dessen Konstitutionalisierung beizutragen. Die Gewichtung und die Abwägung der konkurrierenden

96 »In summary, the Tribunal considers that the foregoing options existed as an alternative to *caducidad*, namely:

i) insistence on payment of a transfer fee [...]; and/or

ii) improvements to the economic terms of the original contract; and/or

iii) a negotiated settlement which could of course have covered any areas that the parties so desired, including payment of the transfer fee which had been avoided, renegotiation of the contract and additional compensation.

The final option was to have done nothing except perhaps issue a statement making it plain to all foreign oil companies that all transfers of economic interests must be authorized and that if not so authorized *caducidad* proceedings would be inevitable. No doubt this option was viewed by [Ecuador] as unpalatable and unrealistic, but as a *matter of logic* such an option did exist.« (Rn. 434–435, Herv. J.H.)

Rechtspositionen – die Frage, wie das »Recht« der Regierung zu bewerten ist – versteift sich nämlich in der Folge vollständig auf die Frage, inwiefern die Handlungen von *Occidental* einen tatsächlichen wirtschaftlichen Schaden für Ecuador bedeutet haben.

> In cases where the administration wishes to impose a severe penalty, then it appears to the Tribunal that the State must be able to demonstrate (i) that sufficiently serious harm was caused by the offender; and/or (ii) that there had been a flagrant or persistent breach of the relevant contract/law, sufficient to warrant the sanction imposed; and/or (iii) that for reasons of deterrence and good governance it is appropriate that a significant penalty be imposed, even though the harm suffered in the particular instance may not have been serious. [...]
>
> The test at the end of the day will remain one of overall judgment, balancing the interests of the State against those of the individual, to assess whether the particular sanction is a proportionate response in the particular circumstances. Accordingly, while it is possible to envisage many instances where punishment is imposed for violations which have not directly caused harm, it is immediately apparent that such punishments tend to be at the lower end of the scale – they are intended to educate and deter both the offender and the general populace. But more serious punishments are still usually reserved for instances where true harm has been suffered. And typically, the more serious the harm then the more serious the punishment. (Rn. 416–417)

Der Grad der Schädigung fungiert als das übergeordnete Kriterium, um die konkurrierenden normativen Forderungen auf eine gemeinsame Skala zu übertragen und miteinander zu verrechnen. Schwere Bestrafungen können nur durch schwere (ökonomische) Schäden gerechtfertigt werden, leichte (ökonomische) Schäden können für leichte Bestrafungen als Begründung dienen. Zwar stellt das Schiedsgericht heraus, dass die Schädigung nicht tatsächlich eintreten muss, um die »Interessen des Staates« zu verletzen. Auf jeden Fall ist aber die Sanktion, den Beteiligungsvertrag aufzukündigen, als ein tiefer Eingriff in die Rechte von *Occidental* zu werten. Das erscheint deshalb als unverhältnismäßig, weil aufseiten Ecuadors ausdrücklich kein Schaden entstanden ist.

> [T]he Tribunal accepts [...] that it is not competent for [*Occidental*] [...] to arrogate to itself the right to oversee and regulate the identity of contractors to be involved with Ecuador's oilfields.
>
> *But that is a different matter from assessing whether the loss of the approval prerogative in a particular instance has caused harm.* (Rn. 448–449, Herv. J.H.)

Die Beeinträchtigung des Rechts, den Umgang mit den nationalen natürlichen Ressourcen zu überwachen und zu regulieren, kann auf der Skala der tatsächlichen Schädigung nicht eingetragen werden (»is a different matter«). Dadurch, dass eine Weitergabe des Rechts zur Ölförderung genehmigungspflichtig ist, soll sichergestellt werden, dass die ökonomischen und ökologischen Weichenstellungen im Rahmen eines politischen Prozesses anders ausgerichtet und die bestehenden Maßgaben zum Abbau natürlicher Ressourcen neu formuliert werden können (vgl. Fuentes 2015: 320 ff.). Hingegen ist im Zuge der Abwägung eine prinzipielle Gleichberechtigung von ökonomischen und nicht-ökonomischen Interessen allein abhängig von der wirtschaftlichen Schädigung beider Seiten.[97] Nur wenn die Aktivitäten von *Occidental* einen schweren ökonomischen Schaden bedeutet hätten, wäre die Kündigung des Beteiligungsvertrags als angemessen zu bewerten. Andere Interessen und Forderungen können also aufgrund der Verhältnismäßigkeit durchaus Berücksichtigung finden – aber nur so, dass sie in einen spezifischen inhaltlichen Rahmen eingepasst werden, um sie dann miteinander »verrechnen« zu können.

Im Hinblick auf die Bewertung, dass kein derartiger Schaden entstanden ist, und zur Erläuterung der »wahren Folgen« der fraglichen Handlungen weist das Gericht zudem darauf hin, dass *farmout agreements* im Bereich der Erdölförderung weit verbreitet sind (vgl. Rn. 444) und dass Ecuador sich gegenüber *Alberta Energy* bereits anderweitig als kooperationswillig gezeigt hatte (vgl. Rn. 445). Andere und vergangene Eigentumsverhältnisse relativieren das konkrete Gewicht der Maßnahme. Vor diesem Hintergrund muss, so das Schiedsgericht, die Kündigung als unverhältnismäßig und somit als eine Verletzung des FET bewertet werden.

> The Tribunal does not necessarily disagree with the reasoning that [Ecuador] could justifiably have wished to re-emphasize the importance of adherence to its regulatory regime. But the overriding principle of proportionality requires that any such administrative goal must be balanced against the Claimants' own interests and against the true nature and effect of the conduct being censured. The Tribunal finds that the price paid by [*Occidental*] – total loss of an investment worth many hundreds of millions of dollars – was out of proportion to the wrongdoing alleged against [*Occidental*], and similarly out of proportion to the importance and effectiveness of the »deterrence message« which [Ecuador] might have wished to send to the wider oil and gas community. (Rn. 450)

Die Variabilisierung der Verfassung qua Verhältnismäßigkeit wird in diesen Formulierungen überaus deutlich. Schließlich wird der Verlust der Möglichkeiten, den Abbau der natürlichen Ressourcen kontrollieren zu können, nur dann relevant, wenn dieser Verlust den damit verbundenen Zweck beeinträchtigt, der zugleich inhaltlich (durch die Koppelung an einen tatsächlich entstandenen wirtschaftlichen Schaden)

97 Es ist aber bemerkenswert, dass das Fehlverhalten von *Occidental* in der Berechnung des Schadensersatzes durchaus berücksichtigt wird (vgl. Rn. 680).

außerordentlich eng gefasst wird. Rechte über die natürlichen Ressourcen werden als ökonomische Rechte konzipiert, deren Relevanz und Reichweite durch andere ökonomische Rechte begrenzt wird. Der Befund der Variabilisierung ist dabei – wiederum – nicht so zu verstehen, dass bereits bestehende Rechtspositionen im Einzelfall als bedingte Vorrangverhältnisse operationalisiert werden. Der Befund betrifft nicht nur den situativen Gehalt der Berechtigung, sondern die Begründung der Rechte selbst. Rechte über die nationalen natürlichen Ressourcen erweisen sich hier allein als das Abbild eines angemessenen Schutzes der ausländischen Investor:innen. Sie gelten nicht in Form einer allgemeinen Regel, sondern nur für den konkreten Fall, dass sie die Rechte der Investor:innen nicht unverhältnismäßig beeinträchtigen und sich selbst in das Raster der wirtschaftlichen Schädigung einfügen lassen. Die normtheoretische und die methodische Kritik der Verhältnismäßigkeit finden auf diese Weise in der *Occidental*-Entscheidung zusammen und verstärken einander: Ein einheitsstiftender Standpunkt der Verfassung, durch den das Problem der Abwägung inkommensurabler Güter wenigstens entschärft werden könnte, muss erst konstruiert werden. Dieser Standpunkt kann aber auf den Pfaden der Abwägung selbst nicht erreicht werden. Die Verhältnismäßigkeit kann die Gleichberechtigung der konfligierenden Prinzipien nicht abbilden und erweist sich (deshalb) als ein kraftloses Instrument, um die Rationalitätskriterien des Investitionsschutzes juristisch zu transformieren.

Urbaser vs. Argentinien (2016)

Ein zentrales Merkmal des Investitionsschutzes ist die »Privatisierung« der Konfliktbewältigung, denn nur die Investor:innen sind in der Regel dazu befähigt, Klage zu erheben (vgl. Salacuse 2010: 459 ff.). Zugleich stehen sie, über dieses Verhältnis der einseitigen Begünstigung hinaus, nicht unter den weiteren Verpflichtungen des internationalen Menschenrechtsschutzes. Das Urteil im Fall *Urbaser vs. Argentinien* deutet diese Verpflichtungen aber, entgegen der herrschenden Auffassung, als relevant für den Umgang mit den Ansprüchen ausländischer Investor:innen. Die normativen Bestimmungen zum Schutz von Auslandsinvestitionen öffnen sich hier wohl zum ersten Mal für den Schutz der Menschenrechte. »Schiedsgerichte in Angelegenheiten des internationalen Investitionsschutzes hatten bisher nicht festgestellt, dass die Verpflichtungen der Menschenrechte irgendwelche Auswirkungen auf den Schutz von Investoren haben, geschweige denn, dass die Regelungen des internationalen Menschenrechtsschutzes separate Verpflichtungen für Investoren etablieren könnten.« (Attanasio/Sainati 2017: 744) In zweifacher Hinsicht wird somit das Verhältnis zwischen Investitions- und Menschenrechtschutz und die Integration konkurrierender Rechtsregime thematisch. Zum einen fungiert der Menschenrechtschutz als ein Argument für die legale Beeinträchtigung der Investor:innenrechte. Zum anderen wird die Möglichkeit einer direkten Bindung ausländischer Investor:innen an die Normen des Menschenrechtsschutzes diskutiert. Obwohl das Verhältnismäßigkeitsprinzip nicht explizit zum Einsatz gelangt, ist die Entscheidung von einer abwägungsorientierten Methodik und einer Haltung der »vernünftigen Balance« geprägt:

> The interpretation of the [bilateral investment treaty] in light of its objective and purpose must be further contextualized with the »mother« treaty to which most [bilateral investment treaty]'s (including that in the instant case) relate, i.e. the ICSID Convention. As well stated in its preamble, the broad and fundamental purpose of this Convention is the promotion of and support for private international investment. However, at this level as well, this goal is embedded in a policy that seeks to foster a reasonable and tempered balance between the interests of the investors and those of the Host States. (Rn. 53)[98]

Eine solche Abwägungsorientierung erweist sich, wie schon in den beiden zuvor diskutierten Entscheidungen, als Einfallstor für die Berücksichtigung von externen normativen Forderungen (hier: den Schutz der Menschenrechte) *vis-à-vis* den Ansprüchen der Investor:innen.

Der konkrete Rechtsstreit stammt aus der Zeit der argentinischen Wirtschafts- und Finanzkrise. Als Kläger treten die spanischen Anteilseigner:innen (hier im Folgenden nur: *Urbaser)* einer lokalen Firma mit Zuständigkeit für den Betrieb und den Ausbau der Trinkwasserversorgung und der Kanalisation in der Provinz Buenos Aires auf.[99] Die Notstandsmaßnahmen zur Eindämmung der damaligen Krise, darunter die »pesofication« der finanziellen Verpflichtungen des Staates, führen zu wirtschaftlichen Problemen auf Seiten der Betreiberfirma. Nach verschiedenen Versuchen, neue Bedingungen zu verhandeln, wird der Firma schließlich im Juli 2006 die Konzession entzogen. Im darauffolgenden Verfahren beruft *Urbaser* sich zwar zum Teil erfolgreich auf den FET-Standard (vgl. Rn. 845). Das Schiedsgericht verurteilt Argentinien jedoch nicht zu Schadensersatzzahlungen, weil sich die Beeinträchtigung der billigen und gerechten Behandlung nur auf die intransparenten Neuverhandlungen erstreckt. Die Vertragsverpflichtungen selbst – den Ausbau der Trinkwasserversorgung und der Kanalisation – hatte

98 Die Randnummern beziehen sich auf *Urbaser S.A. and Consorcio de Aguas Bilbao Bizkaia, Bilbao Biskaia Ur Partzuergoa vs. The Argentine Republic*, ICSID Case No. ARB/07/26, Award (8. Dezember 2016).

99 Auf der Basis des *Agreement for the Promotion and Reciprocal Protection of Investments between the Republic of Argentina and the Kingdom of Spain* (in Kraft seit dem 28. September 1992).

Urbaser nicht erfüllt (vgl. Rn. 846). Außerdem, so hält das Urteil fest, umfassen legitime Erwartungen (*legitimate expectations*), die durch den FET-Standard geschützt werden, die Kenntnis der Investor:innen von der Verpflichtung des Gaststaates, die Trinkwasserversorgung für die eigene Bevölkerung zu garantieren (vgl. Rn. 720-723). Diese Verpflichtung ist sowohl in der nationalen Verfassung als auch in internationalen Abkommen, darunter dem UN-Sozialpakt (vgl. Rn. 1160), begründet. Nicht die Investor:innenseite, wie noch in der *Tecmed*-Entscheidung, vielmehr der Gaststaat kann sich somit auf den Rechtskorpus der Menschenrechte stützen, sobald diese Rechte zu den etablierten Rahmenbedingungen zählen und deren Garantie somit die Erwartungen der Investor:innen nicht verletzen kann (vgl. Levashova 2020: 118 ff.). Um diese normativen Interaktionen zu vermessen, ist wiederum ein abwägungsorientierter Ansatz maßgeblich:

> In short, [the Government's measures to implement fundamental rights] were expected to be part of the investment's legal framework. This does not mean that they are not subject to the fair and equitable treatment standard. The Government must exercise such responsibility in a manner that comports with the standard. The investor may not invoke the protection of its own interests as a prevailing objective, because these interests were part of a legal environment also covering core interests of the host State, as protected by sources of law prevailing over the Contract, based on international or on constitutional law. Recent investment arbitration practice reveals approaches that are dealing *in a more balanced fashion with the investors' and the host State's respective interests.*
>
> The fair and equitable treatment standard is not focused exclusively on interests and expectations of a legal nature. It does include the actual social and economic environment of the host State [...].
>
> In this respect, [Argentina] rightly recalls that the Province had to guarantee the continuation of the basic water supply to millions of Argentines. The protection of this universal basic human right constitutes the framework within which [*Urbaser*] should frame their expectations. (Rn. 622–624, Herv. J.H.)

Die menschenrechtlichen Forderungen, konkret: das Recht auf Wasser, existieren im Zuge der Abwägung nicht unabhängig von oder neben den etablierten Ansprüchen der Investor:innen. Die beiden Regime sind vielmehr zueinander ins Verhältnis zu setzen, und zwar als Ausdruck der »Balance« zwischen widerstreitenden Interessen. Es gilt einen angemessenen Umgang zu finden mit diesem Konflikt zwischen Normen des Investitions- und des Menschenrechtsschutzes, »the conflict between the obligation to guarantee the [investor's] right [...] and the access of the poor and vulnerable population to water« (Rn. 720). Der Anspruch auf Wasserversorgung erweist sich hier als relevant für die Evaluation der Investor:innenrechte, obwohl diese Relevanz im Abkommenstext nicht ausgewiesen wird. Implizit wird auch hier, wie schon in der *Occidental*-Entscheidung, ein Zusammenhang zwischen FET und der Idee der Verhältnismäßigkeit angenommen. Dazu gehört auch, den »exklusiven Fokus« auf *Rechts*erwartungen zu transzendieren und, wie es die »Kultur der Rechtfertigung« nahelegt,[100] die tatsächlichen Bedingungen in Betracht zu ziehen, unter denen ein spezifischer Rechtsanspruch erhoben wird. Die Abwägungsorientierung trägt somit dazu bei, die Verabsolutierung ökonomischer Interessen zu relativieren.

Auf dieser gedanklichen Linie diskutiert das Schiedsgericht in der Folge auch die Frage, ob ein Unternehmen wie *Urbaser* sogar unmittelbar zur Garantie der Menschenrechte verpflichtet ist. Es behandelt diese Frage anlässlich einer Gegen-Forderung (*counterclaim*) der argentinischen Regierung, der zufolge es *Urbaser* im Rahmen seiner Konzession versäumt habe, »to provide the necessary investment [...], thus violating its commitments and its obligations under international law based on the human right to water.« (Rn. 36) Solche Gegen-Forderungen arbeiten der asymmetrischen Anlage des Investitionsschutzes auf prozeduraler Ebene entgegen, indem der Gaststaat mit Klagebefugnissen gegen die ausländischen Investor:innen ausgestattet wird (vgl. Crow/Escobar 2018: 90).[101] Unter materiellen Gesichtspunkten besteht dadurch die Möglichkeit, der Investor:innenseite ihrerseits Pflichten aufzuerlegen (vgl. Abel 2018: 84). In der *Urbaser*-Entscheidung steht diese Auseinandersetzung mit den Pflichten der Investor:innen erneut unter den Vorzeichen einer abwägungsorientierten Interpretation. Zwar argumentiert das Gericht, dass solche Verpflichtungen nur negative Pflichten sein können und weist deshalb die Gegen-Forderung der argentinischen Regierung schließlich zurück. Doch es stellt, auch mit Blick auf die Wiener Vertragsrechtskonvention, fest, dass die Interpretation von völkerrechtlichen Abkommen auf die Harmonisierung mit weiteren Teilbereichsordnungen auszurichten ist:

> The [bilateral investment treaty] cannot be interpreted and applied in a vacuum. The Tribunal must certainly be mindful of the [bilateral investment treaty]'s special purpose as a Treaty promoting foreign investments, but it cannot do so without taking the relevant rules of international law into account. The [bilateral investment treaty] has to be construed in harmony with other rules of international law of which it forms part, including those relating to human rights. (Rn. 1200)

100 Siehe dazu *Kapitel 4.1* (»Pluralismusaffinität«).

101 Zur Frage der Zulässigkeit von *counterclaims* vgl. Rivas (2015), de Nanteuil (2018).

Zur Frage steht dabei nicht, ob Unternehmen auch Träger:innen von Pflichten sind, vielmehr, um welche Pflichten es sich handelt. Dass Unternehmen als »Subjekte des Völkerrechts« gelten, daran besteht kein Zweifel (vgl. Rn. 1195). Das betrifft jedoch nur (negative) Unterlassungs-, nicht (positive) Leistungspflichten. Ein internationales Recht auf die Bereitstellung von Trinkwasser kann nicht angenommen werden:

> The situation would be different in case an obligation to abstain, like a prohibition to commit acts violating human rights would be at stake. Such an obligation can be of immediate application, not only upon States, but equally to individuals and other private parties. (Rn. 1210)

Diesen kategorialen Erwägungen steht der abwägende Zugang zur Entscheidungsfindung entgegen. Denn es ist nicht davon auszugehen, so hält die Urteilsbegründung auch fest, dass ein Recht auf Wasser »niemals« von privaten Unternehmen garantiert werden muss.[102] Die Unterscheidung zwischen Unterlassungs- und Leistungspflichten ist demnach kontingent. Ausschlaggebend für eine (positive) Pflicht ist der Kontext des jeweiligen Falles, denn nur aufgrund einer entsprechenden »Kontextualisierung« können Menschenrechte über die (negative) Pflicht der Unterlassung hinaus für Normen des Investitionsschutzes relevant werden.

> The focus must be [...] on contextualizing a corporation's specific activities as they relate to the human right at issue in order to determine whether any international law obligations attach to the non-State individual. (Rn. 1195)

Die Verpflichtung der Investor:innen, das Recht auf Wasser – aktiv – zu schützen, ist dabei entweder von einer expliziten Bestimmung im zugrunde liegenden Investitionsschutzabkommen oder aber, deutlich wahrscheinlicher, von den spezifischen Konzessionsverträgen zwischen Gaststaat und Unternehmen abhängig (vgl. Davitti 2020: 356 ff.). Sie entscheiden über den Kontext, durch den allein Leistungspflichten etabliert werden können. Negative Unterlassungspflichten bestehen unabhängig von spezifischen Normierungen, hingegen sind positive Pflichten, die nicht im Abkommen formuliert sind, von der privatrechtlichen Form abhängig.

> While it is thus correct to state that the State's obligation is based on its obligation to enforce the human right to water of all individuals under its jurisdiction, this is not the case for the investors who pursue, it is true, the same goal, but on the basis of the Concession and not under an obligation derived from the human right to water. Indeed, the

102 »On a preliminary level, the Tribunal is reluctant to share [*Urbaser*'s] principled position that guaranteeing the human right to water is a duty that may be born solely by the State, and never borne also by private companies like [*Urbaser*].« (Rn. 1193)

> enforcement of the human right to water represents an obligation to perform. Such obligation is imposed upon States. It cannot be imposed on any company knowledgeable in the field of provision of water and sanitation services. In order to have such an obligation to perform applicable to a particular investor, a contract or similar legal relationship of civil and commercial law is required. (Rn. 1210)

Staaten sind demnach ebenso wie Unternehmen an die Pflicht gebunden, das Recht auf Wasser nicht zu verletzen. Die Unterscheidung zwischen öffentlichen und privaten Rechtsverhältnissen (wie das der Konzession) ist dabei für diese negative Pflicht irrelevant. »Die Pflicht, das Recht auf Wasser zu *respektieren*, ist für Staaten und die ausländischen Investoren verbindlich, unabhängig von dem Rechtsrahmen, der die Privatisierungsbeziehung regelt oder von jeglicher Unterscheidung zwischen öffentlich und privat.« (Guntrip 2018: 51) Die positive Pflicht hingegen kann allein privatrechtlich etabliert werden, d.h. Unternehmen sind in dieser Dimension des Menschenrechtsschutzes den Vertragsstaaten gerade nicht gleichgestellt.

Die Differenzierung zwischen Unterlassungspflichten einer- und Leistungspflichten andererseits lässt sich mit Blick auf die Theorie und Dogmatik des Völkerrechts zur Rechtsstellung von Unternehmen sicherlich nachvollziehen.[103] Die Entscheidungsbegründung kann jedoch auch als ein weiteres Beispiel der formierenden Wirkungen erläutert werden, die für die Technik der Verhältnismäßigkeit charakteristisch sind. Das Gericht stellt nämlich deutlich heraus, dass eine positive Verpflichtung von *Urbaser* durchaus möglich ist. Die Konkretisierung der möglichen Verpflichtungen entlang der Unterscheidung privat/öffentlich etabliert dabei eine Relation der »Balance« zwischen den Ansprüchen des effektiven Investitionsschutzes auf der einen Seite und den Forderungen des Menschenrechtsschutzes auf der anderen Seite. Der Schutz der Menschenrechte wird hier zum Gebot der Vertragsautonomie der beteiligten Parteien ins Verhältnis gesetzt.[104] Die Unterscheidung zwischen (allgemeinen) Unterlassungs- und (privatrechtlichen) Leistungspflichten ermöglicht es somit, den substantiellen Schutz der Menschenrechte voranzutreiben, ohne dass sich das Regime jedoch unter einen generellen, fallunabhängigen Vorbehalt fundamentaler Rechte gestellt findet. Auch in der *Urbaser*-Entscheidung zeigt sich also, dass das »Konstitutionsbedürfnis«, das

103 »Ausländische Investoren gehen keine direkten Verpflichtungen im Rahmen eines Investitionsvertrages ein, weder im Zusammenhang mit dem Schutz der Menschenrechte noch sonstwie. Auch scheinen Investoren üblicherweise nicht an die Verpflichtungen der internationalen Menschenrechte gebunden zu sein.« (Schneiderman 2016: 34)

104 Prinzipientheoretische Positionen sprechen dabei von formellen Prinzipien, die Teil der Abwägung werden.

sich seit Jahren im Hinblick auf das Regime des internationalen Investitionsschutzes regt, durch Operationen der Abwägung nicht wirksam befriedigt werden kann.

Schluss: Die Politik der Form

In der transnationalen Konstellation müssen sowohl das Objekt als auch das Medium der Demokratie anders konzipiert werden. Weder kann Herrschaft länger als einheitlicher Gegenstand *der* demokratischen Legitimation, noch kann Recht weiterhin als einheitliches Mittel *zur* demokratischen Legitimation vorgestellt werden. Ich habe mich auf den Formwandel des Rechts konzentriert, denn das Problem ebenso wie das Potential der Demokratie in der transnationalen Konstellation ist auch und vor allem ein rechtsstrukturelles. Das bedeutet, dass eine geeignete Analyseperspektive auf das Verhältnis von Recht und Demokratie von etatistischen Ansätzen konsequent abstrahieren muss. Und zwar so, dass sie nicht nur die Zerfaserung von Herrschaft registrieren, sondern auch aufzeichnen kann, dass das Recht nicht mehr nationalstaatlichen Vorstellungswelten entspricht. Erst eine solche Perspektive kann erfassen, inwiefern das Recht als Medium der Demokratie tiefgehenden Wandlungsprozessen unterworfen ist und dadurch die Problematik demokratischer Legitimation angemessen erklären und bewerten.

Es sind dabei zwei Thesen, die diese Studie angeleitet haben. Die erste These bezieht sich auf den Zusammenhang von subjektiver Berechtigung und demokratischer Befähigung, die zweite These auf die Bedingungen dieses Zusammenhanges in der transnationalen Konstellation. Ihre Schnittstelle bildet der titelgebende Begriff der *Entgrenzungsformen.* Er soll die Techniken erfassen, die transnationales Recht formieren und so das Potential demokratischer Befähigung in der Form von rechtlichen Teilhabemöglichkeiten bedingen. Ich möchte zum Schluss die vorausgegangenen Überlegungen auf eine Weise – und erneut thesenhaft – zusammenfassen, die eben diese Schnittstelle noch einmal akzentuiert.

Zwischen Berechtigung und Befähigung muss unterschieden werden. Zwischen Berechtigung und demokratischer Befähigung besteht kein notwendiger Zusammenhang. Auch in rechtsstaatlichen Kontexten sind Rechte nicht einfach als Rahmen der Demokratie zu hypostasieren. Vielmehr kann und muss zwischen der Gewährleistung von Rechten und der Gleichverteilung der Möglichkeiten, an der Rechtserzeugung teilzunehmen, unterschieden werden. Egalitär können diese Möglichkeiten dann heißen, wenn sie nicht von spezifischen gesellschaftlichen Rollen oder Zugehörigkeiten abhängig sind. Der Zusammenhang von Berechtigung und Befähigung ist demnach von rechtsförmigen Operationen abhängig, die eine solche generische Verteilung fundamentaler Rechte erzeugen. Deshalb kann dieser Zusammenhang auch unter Bedingungen eingerichtet werden, die den Prämissen des demokratischen Rechtsstaates widersprechen. In der transnationalen Konstellation betrifft dies insbesondere die Vorstellung, dass Recht und Herrschaft jeweils Einheiten bilden und somit durch ein inklusives Verfahren der Gesetzgebung miteinander verbunden werden können. Von der Legalität der Herrschaft kann aber nicht mehr die Rede sein, wenn das Recht, wie es in der transnationalen Konstellation der Fall ist, aus einer Mehrzahl von miteinander verstrickten Legalitäten besteht. Es sind die konkreten Entgrenzungsformen, die diese Verstrickungen prägen *und auf diese Weise* auch über den Zusammenhang von Berechtigung und demokratischer Befähigung entscheiden.

Rechte können als Medium demokratischer Repräsentation fungieren. Anstatt das Prinzip der Volkssouveränität entweder vorauszusetzen oder aufzugeben, ist die demokratische Funktion der Rechte besser so zu verstehen, dass sie den Selbstsetzungen der Herrschaft die uneingelöste Forderung der Gleichberücksichtigung entgegen wendet. Diese Setzungen können die Herrschaft des Volkes betreffen, aber auch, und das bereits im Rahmen des demokratischen Rechtsstaates, die Selbstermächtigung von weiteren bestimmten Singularitäten (die Herrschaft der nationalen Sicherheit, der Entfaltung des Marktes etc.). Rechte sind ein Mittel, die Substanz der Herrschaft egalitär zu »leeren«. Sie stellen also ein Medium demokratischer Repräsentation dar, weil und insofern sie einen formalen Anspruch der Gleichheit gegen die Verallgemeinerungen der Herrschaft wenden und diesen Anspruch zugleich erst konstituieren. Von entscheidender Bedeutung für dieses Potential ist weder der Inhalt spezifischer Rechte noch die Verfahren und Institutionen, die sie konkretisieren und anwenden, sondern die Position der Rechte als der »letzte Bezugsrahmen« des Rechts (Lefort). Diese Position ist aber nicht selbstverständlich. Auch innerhalb des Rechtsstaates findet sich vielfach eine Stratifizierung der Rechte, die jene demokratische Forderung der Gleichberücksichtigung verletzt. Jedoch können Rechte hier zumindest potentiell als Fundament oder Spitze eines einheitlichen, stufenbauförmigen Rechts konzipiert und prozessiert werden. Hingegen ist die Be*gründung* der Rechte, also deren Fundamentalisierung, in der transnationalen Konstellation von den Techniken abhängig, die die normativen Verstrickungen transnationaler Rechtserzeugung einrichten und prägen – also als Entgrenzungsformen wirken.

Der Standpunkt der Verfassung ist in der transnationalen Konstellation entfallen. In der transnationalen Konstellation kann am Bild des Verfassungsstaates und der Idee zweistufiger Legalität nicht länger festgehalten werden. Das verkennen die Beobachtungen eines globalen Konstitutionalismus, die weiterhin der Vorstellung hierarchischer (exklusiver) Ableitungsbeziehungen verhaftet sind und unter Konstitutionalisierung die Konkretisierung eines Standpunktes übergreifender Normen und Prinzipien verstehen. Dementgegen ist jedoch anzuerkennen, dass das Recht der transnationalen Konstellation aus den Verflechtungen unterschiedlicher Rechtsnormen, -schichten oder -ordnungen besteht. Es entsteht mit und erhält sich aufrecht durch die Überschreitung der festgesteckten Grenzen des *Rechts der Rechtsordnung*. Es besteht, aus der Perspektive der einzelnen Ordnung, aus Vorgängen der Entgrenzung, in deren Zuge sich Rechtsordnungen füreinander öffnen und miteinander verschränken. Transnationales Recht ist somit eine andere Weise der Erzeugung rechtlicher Normativität. Deshalb ist die Idee der Selbstgesetzgebung rechtlich haltlos geworden und gibt es die Verfassung in der transnationalen Konstellation nur noch in der Mehrzahl, als ein spezifischer Ausdruck dieser vielfältigen Verstrickungen und Verknüpfungen des *Rechts der Regime*. Verfassung ist also nicht entlang einer hierarchischen Konzeption der Rechtsgeltung zu verstehen, die den Anspruch erhebt, die Produktion von Recht insgesamt zu regeln. Dass sich die Rahmenmetapher als unzulänglich erweist, bedeutet aber nicht, dass Verhältnisse des normativen Vorranges ausgeschlossen sind. Das Problem der Verfassung ist hier das Problem der Vermittlung, also die Aufgabe, die normativen Interaktionen zu normieren und auf Dauer zu stellen, die für das Recht der transnationalen Konstellation wesentlich sind. Die unterschiedlichen Konzeptionen des globalen Rechtspluralismus können diese »Verfassung der Vermittlung«[1] aufzeichnen und richten dazu das Augenmerk auch auf die Techniken, die jene Interaktionen und darüber die Herausbildung von partikularen Verfassungsstrukturen anleiten.

Konstitutionalisierung ist eine Frage der Form, nicht der Haltung. Zugleich bleiben die prägenden Wirkungen dieser Entgrenzungsformen aber unterbelichtet. Die rechtspluralistischen Konzeptionen zielen auf die Bereitschaft zur Selbstbegrenzung und auf eine Ethik der Responsivität ab. Der irreduzible Pluralismus normativer Gemeinschaften oder funktional differenzierter Rechtsregime bildet dabei Anfang und Ende der Analyse. Die vielfältigen Verstrickungen des Rechts können und sollen diesen Ansätzen zufolge nicht durch ein territoriales Modell staatlicher Souveränität oder ein konstitutionelles Modell der Rechtseinheit überwunden werden. Die Entgrenzung des Rechts wird begrüßt und soll forciert werden, ohne dass aber der Blick auf das Binnengeschehen der normativen Interaktionen gerichtet wird. Der politische Gehalt der eingesetzten Vermittlungstechniken bleibt außen vor – es wird nicht danach gefragt, wie sich Verfassungsstrukturen herausbilden und auf welche Weise sie die Interaktionen formieren, aus denen sie hervorgegangen sind. Verfassungsfragen sind jedoch immer auch politische Fragen, und so klafft in der Debatte um das Verständnis und die Implikationen der transnationalen Verfassung eine Lücke, die gleichsam deren Herzstück betrifft. Man muss deshalb die Ethiken der Selbstbegrenzung und Responsivität nicht zurückweisen, aber, um ihre konstitutionalisierenden Wirkungen bewerten zu können, die Entgrenzungsformen der transnationalen

1 Siehe dazu *Kapitel 3*.

Konstellation in den Blickpunkt rücken. Gerade darin besteht der Beitrag einer nicht-etatistischen Beschreibung und Kritik transnationaler Rechtserzeugung. Denn nicht *dass*, sondern *wie* Entgrenzung passiert, ist von entscheidender Bedeutung für die Verfassung(en) der transnationalen Konstellation – für die Form der Entgrenzung. Die Techniken, die jene normativen Verstrickungen determinieren, erscheinen als ein bloßes Instrument der Vermittlung. Sie sind aber aufgrund der formierenden Wirkungen, die sie als Techniken charakterisieren, eminent politisch.

Für Rechte gilt nicht: je mehr, desto besser. Die Position und damit die demokratische Funktion der Rechte kann nicht über die materiellen Folgen der normativen Verflechtungen beschrieben werden. Daher können sich die Grenzen demokratischer Befähigung gerade auch an der Ausweitung von Rechten zeigen. (Wiederum gilt also, dass zwischen Berechtigung und Befähigung unterschieden werden muss.) So hat sich zum Beispiel das Regime des internationalen Investitionsschutzes in den vergangenen Jahren durchaus gegenüber »externen« normativen Ansprüchen, insbesondere den Normen des internationalen Menschenrechtsschutzes, geöffnet. Es wäre deshalb verkürzt, schlicht von einer fehlenden Integration der Menschenrechte zu sprechen. Diese Interaktionen zwischen Menschenrechts- und Investitionsschutz haben sich maßgeblich anhand der Entgrenzungsform der Verhältnismäßigkeit entfaltet. Das Verhältnismäßigkeitsprinzip fragt danach, wie weit eine Rechtsposition angesichts einer Vielzahl anderer möglicherweise relevanter Interessen reichen darf. In dieser Hinsicht drückt die Verhältnismäßigkeit zwar eine Haltung der Responsivität aus. Das Verhältnismäßigkeitsprinzip ist aber aufgrund seiner intrinsischen Eigenschaften – also unabhängig von der richtigen oder falschen Verwendung im Einzelfall – unfähig dazu, die Position fundamentaler Rechte zu operationalisieren und kann dadurch Gleichberechtigung weder abbilden noch einrichten. Die Ausweitung der (Menschen-)Rechte kann sich somit selbst unterlaufen, sobald sie nicht als Formalisierung von gleichen Teilhabemöglichkeiten, sondern als ein situatives Verhältnis von materiellen Ansprüchen relevant wird.

Die Entgrenzungsform der Verhältnismäßigkeit ist in der Lage, konkurrierenden normativen Forderungen im Einzelfall Berücksichtigung zu verschaffen und die Legitimitätskrise des Investitionsschutzes abzufedern. Sie kann die Verschränkung unterschiedlicher Rechtsordnungen forcieren. Zugleich ist die Verhältnismäßigkeit aber ungeeignet, die alleinige Ausrichtung des Investitionsschutzes an ökonomischen Interessen rechtlich zu durchbrechen, denn Maßnahmen zum Schutz der Menschenrechte müssen sich jeweils, unter den Umständen des konkreten Falles, gewichtiger erweisen als der Schutz der Investor:innenrechte. Eine solche Analyse spezifischer Entgrenzungsformen scheint von nur mikroskopischer Bedeutung zu sein im Vergleich mit den weit ausgreifenden Auseinandersetzungen zwischen ökonomischer Rationalität, staatlicher

Souveränität und demokratischer Solidarität, die sich um dieses Rechtsgebiet drehen. Doch anstatt aus unterschiedlichen Richtungen Politik gegen Recht auszuspielen, müssen unter den Bedingungen transnationaler Rechtserzeugung gerade diese spezifischen Vermittlungstechniken und deren Implikationen für die (Neu-)Verfassung des Investitionsschutzes betrachtet werden. Um dieses Problem noch einmal plastischer zu machen: Die Konzentration allein auf die Expansion der Menschenrechte, die durch soziale Bewegungen und politische Kämpfe erfolgreich vorangetrieben wurde, kann diese Formierungen nicht in den Blick bekommen. Denn welche Möglichkeiten mit der Ausweitung der Rechte verbunden sind, diese Frage kann in der transnationalen Konstellation nur aus der Perspektive normativer Interdependenz, und nicht von einzelnen Rechten ausgehend, sinnvoll beantwortet werden.

Notwendig ist eine Politik der Form. Entgrenzungsformen sind politisch, weil sie den Prozess transnationaler Rechtserzeugung formieren. Nötig ist deshalb eine Politik der Form. Denn entgegen souveränitätszentrierter Projektionen, die die Einheit von Recht und Herrschaft zu rehabilitieren suchen, ist die Demokratisierung der transnationalen Konstellation auf ein poröses Recht einzustellen, dessen Grenzen sich als durchlässig erweisen. Die Entgrenzung des Rechts und die Techniken der Vermittlung divergierender Rechtsordnungen sind ein grundlegendes Merkmal dieser Konstellation. Deshalb muss die Politik der Form (und dazu gehört auch, den Verzicht auf die Form selbst als eine Politik der Form zu verstehen) über eine Kritik am »Mindset« der Rechtsexpert:innen hinausreichen. Debattenbeiträge, die sich dieser Frage der Entscheidungskultur widmen, fassen den Prozess transnationaler Rechtserzeugung als Reihe von Urteilsgelegenheiten auf. Sie gehen ganz buchstäblich von der Tatsache aus, dass die Verfassungsstrukturen der transnationalen Konstellation heutzutage maßgeblich durch Gerichtsentscheidungen hergestellt werden. Diese Entscheidungen bieten Gelegenheiten, ein anderes Urteil über den Umgang mit externen normativen Ansprüchen zu treffen. Dabei ist es sicherlich richtig und wichtig, die ideologischen Orientierungen, die in diesen Urteilen zum Tragen kommen, zu unterscheiden und zu kritisieren.[2] Aber den fraglichen Einstellungen und Mentalitäten des juristischen Berufsstandes voraus liegen (oder zumindest ein zentraler Bestandteil desselben sind) die Techniken, die jene normativen Interaktionen formieren und prägen. Diese konkreten Entgrenzungsformen sind als das zu diskutieren und zu kritisieren, was sie sind: die Möglichkeiten und Grenzen demokratischer Befähigung in der transnationalen Konstellation.

2 Vgl. zur Unterscheidung von *Managerial* und *Constitutional Mindset* Koskenniemi (2007), Brunkhorst (2014). Ersteres ist von vermeintlich objektiven Werten geleitet, zweiteres schließt an Forderungen demokratischer Allgemeinheit an.

Ein Ausstieg aus der Politik der Form, etwa entlang einer Logik der souveränen Ausnahme,[3] ist somit nicht erstrebenswert. Mit Blick auf die anhaltenden Debatten um eine Regeneration der staatlichen Handlungskompetenzen gilt es wiederum, nicht Politik gegen Recht auszuspielen, sondern den Prozess transnationaler Rechtserzeugung als ein eigenständiges normatives Phänomen zu behandeln. Es ist deshalb die Aufgabe zukünftiger Untersuchungen und Interventionen, die Formierungen des Rechts daraufhin zu befragen, ob sie aus Rechten Positionen der egalitären Durchbrechung von Herrschaft machen. Die kritische Auseinandersetzung mit der Verhältnismäßigkeit kann für eine solche (andere) Politik der Form als Ausgangspunkt dienen. Denn es müsste sich zuallererst um Techniken handeln, die – gerade entgegen der formierenden Wirkungen der Verhältnismäßigkeit – normative Positionen hervorbringen können. Sie müssen hinsichtlich der Verstrickungen transnationaler Rechtserzeugung in der Lage sein, zur regelförmigen Ausprägung und so, auch durch die stärkere Berücksichtigung von Normtexten, zur Vorausfestlegung von (Grund-)Rechtspositionen beizutragen: also Entgrenzung sowohl zu forcieren als auch zu strukturieren, um derart ein Potential demokratischer Befähigung zu befestigen. Dieser Suche nach geeigneteren Techniken geht aber in jedem Fall die Einsicht voraus, dass die *Form* der transnationalen Konstellation selbst eine politische ist.

3 Im Hinblick auf die Bekämpfung der Corona-Pandemie, aber auch hinsichtlich der gegen die Klimakrise ergriffenen Maßnahmen wurde und wird auf Formulierungen der Ausnahme zurückgegriffen, um gegen den vorrangigen Schutz der Investor:innenrechte andere Normen zur Geltung zu bringen (vgl. für die ersten Forschungsbeiträge in diese Richtung Arato/Claussen/Heath 2020; Côté/Ouellet/Marcoux 2022).

Danksagung

Ohne die Freundschaften, die mich in den vergangenen Jahren getragen (und ertragen) haben, hätte ich es nicht geschafft, dieses Buch zu schreiben.

Dafür, dass sie ganze Kapitel oder noch mehr gelesen und einzelne Gedanken wieder und wieder mit mir diskutiert haben, und für die richtige Mischung aus Zuspruch und Geduld dabei, möchte ich mich insbesondere bei Felix Anderl, Antonia Füller, Laura Gorriahn, Rita Jordan, Kolja Möller, Anne Pahl, Marius Piwonka und Hannah Riede bedanken.

Ich möchte außerdem Sabine Müller-Mall und Christian Volk ganz herzlich für ihre Unterstützung und für die Betreuung der zugrunde liegenden Dissertation danken.

Das Buch ist meinen Eltern gewidmet.

Literatur

Abel, Patrick (2018), »Counterclaims Based on International Human Rights Obligations of Investors in International Investment Arbitration«, *Brill Open Law* 1, 61–90.

Abensour, Miguel (2012), *Demokratie gegen den Staat. Marx und machiavellische Moment*, Berlin: Suhrkamp.

Aleinikoff, Alexander T. (1987), »Constitutional Law in the Age of Balancing«, *The Yale Law Journal* 96:5, 943–1005.

Alexy, Robert (2017a), »Proportionality and Rationality«, in: Vicki C. Jackson/Mark Tushnet (Hg.), *Proportionality. New Frontiers, New Challenges*, Cambridge: Cambridge University Press, 13–29.

– (2017b), »The Absolute and the Relative Dimensions of Constitutional Rights«, *Oxford Journal of Legal Studies* 37:1, 31–47.

– (2015a), »Grundrechte, Demokratie und Repräsentation«, *Der Staat* 54:2, 201–212.

– (2015b), »›Menschenwürde‹ und ›Verhältnismäßigkeit‹«, *Archiv des öffentlichen Rechts* 140:4, 497–513.

– (2014), »Ein nichtpositivistischer Begriff der Grundrechte«, in: Wolfgang Ewer et al. (Hg.), *Methodik – Ordnung – Umwelt. Festschrift für Hans-Joachim Koch*, Berlin: Duncker & Humblot, 15–27.

– (2012), »Comments and Responses«, in: Matthias Klatt (Hg.), *Institutionalized Reason. The Jurisprudence of Robert Alexy*, Oxford: Oxford University Press, 319–356.

– (2011), »Grundrechte und Verhältnismäßigkeit«, in: Utz Schliesky et al. (Hg.), *Die Freiheit des Menschen in Kommune, Staat und Europa*, Heidelberg: Müller, 3–15.

– (2009), »Die Konstruktion der Grundrechte«, in: Laura Clérico/Jan-Reinard Sieckmann (Hg.), *Grundrechte, Prinzipien und Argumentation. Studien zur Rechtstheorie Roberty Alexys*, Baden-Baden: Nomos, 9–19.

– (2007), »Thirteen Replies«, in: George Pavlakos (Hg.), *Law, Rights and Discourse. The Legal Philosophy of Robert Alexy*, Oxford: Hart, 333–366.

– (2005), »Balancing, Constitutional Review, and Representation«, *International Journal of Constitutional Law* 3:4, 572–581.

– (2003a), »On Balancing and Subsumption. A Structural Comparison«, *Ratio Juris* 16:4, 433–449.

– (2003b), »Die Gewichtsformel«, in: Joachim Jickeli et al. (Hg.), *Gedächtnisschrift für Jürgen Sonnenschein*, Berlin: de Gruyter, 771–792.

– (2000), »Zur Struktur der Rechtsprinzipien«, in: Bernd Schilcher et al. (Hg.), *Regeln, Prinzipien und Elemente im System des Rechts*, Wien: Verlag Österreich, 31–52.

– (1995), »Zum Begriff des Rechtsprinzips«, in: ders., *Recht, Vernunft, Diskurs. Studien zur Rechtsphilosophie*, Frankfurt am Main: Suhrkamp, 177–212.

– (1994), *Theorie der Grundrechte*, Frankfurt am Main: Suhrkamp.
Allee, Todd/Clint Peinhardt (2014), »Evaluating Three Explanations for the Design of Bilateral Investment Treaties«, *World Politics* 66:1, 47–87.
Alschner, Wolfgang (2022), *Investment Arbitration and State-Driven Reform. New Treaties, Old Outcomes*, Oxford: Oxford University Press.
Alter, Karen J./Kal Raustiala (2018), »The Rise of International Regime Complexity«, *Annual Review of Law and Social Science* 14:1, 329–349.
Alvarez, José E. (2017), »The Use (and Misuse) of European Human Rights Law in Investor-State Dispute Settlement«, in: Franco Ferrari (Hg.), *The Impact of EU Law on International Commercial Arbitration*, Huntington: Juris, 519–648.
– (2009) »Contemporary Foreign Investment Law. An ›Empire of Law‹ or the ›Law of Empire‹?«, *Alabama Law Review* 60:4, 943–975.
Andenas, Mads/Eirik Bjorje (2015) (Hg.), *A Farewell to Fragmentation. Reassertion and Convergence in International Law*, Cambridge: Cambridge University Press.
Anghie, Anthony (2004), *Imperialism, Sovereignty and the Making of International Law*, Cambridge: Cambridge University Press.
Arato, Julian (2015), »Corporations as Lawmakers«, *Harvard International Law Journal* 56:2, 229–295.
– (2014), »The Margin of Appreciation in International Investment Law«, *Virginia Journal of International Law* 54:3, 545–578.
Arato, Julian/Kathleen Claussen/J. Benton Heath (2020), »The Perils of Pandemic Exceptionalism«, *The American Journal of International Law* 114:4, 627–636.
Arcuri, Alessandra/Federica Violi (2021), »Public Interest and International Investment Law. A Critical Perspective on Three Mainstream Narratives«, in: Julien Chaisse et al. (Hg.), *Handbook of International Investment Law and Policy*, Singapur: Springer, 2185–2210.
Arendt, Hannah (1994), »Freiheit und Politik«, in: dies., *Zwischen Vergangenheit und Zukunft. Übungen im politischen Denken*, München: Piper, 201–226.
– (1986), *Elemente und Ursprünge totaler Herrschaft. Antisemitismus, Imperialismus, totale Herrschaft*, München: Piper.
Attanasio, David/Tatiana Sainati (2017), »Urbaser v. The Argentine Republic«, *The American Journal of International Law* 111:3, 744–750.
Auer, Marietta (2014), *Der privatrechtliche Diskurs der Moderne*, Tübingen: Mohr Siebeck.
Augsberg, Ino/Tobias Gostomzyk/Lars Viellechner (2009), *Denken in Netzwerken. Zur Rechts- und Gesellschaftstheorie Karl-Heinz Ladeurs*, Tübingen: Mohr Siebeck.
Avbelj, Matej (2016), »Transnational Law Between Modernity and Post-Modernity«, *Transnational Legal Theory* 7:3, 406–428.
Bäcker, Carsten (2008), *Begründen und Entscheiden. Kritik und Rekonstruktion der Alexyschen Diskurstheorie des Rechts*, Baden-Baden: Nomos.

Balcerzak, Filip (2017), *Investor-State Arbitration and Human Rights*, Leiden: Brill.
Baldus, Manfred (1995), *Die Einheit der Rechtsordnung*, Berlin: Duncker & Humblot.
Balibar, Ètienne (2012), *Gleichfreiheit. Politische Essays*, Berlin: Suhrkamp.
– (2003), *Sind wir Bürger Europas? Politische Integration, soziale Ausgrenzung und die Zukunft des Nationalen*, Hamburg: Hamburger Edition.
Balke, Friedrich (2010), »Zwischen Polizei und Politik. Eine Genealogie des ästhetischen Regimes«, in: Thomas Bedorf/Niels Werber (Hg.), *Das Politische und die Politik*, Berlin: Suhrkamp, 207–234.
Barak, Aharon (2012), *Proportionality. Constitutional Rights and their Limitations*, Cambridge: Cambridge University Press.
Baraldi, Claudio/Giancarlo Corsi/Elena Esposito (1999) (Hg.), *GLU. Glossar zu Niklas Luhmanns Theorie sozialer Systeme*, Frankfurt am Main: Suhrkamp.
Baumgold, Deborah (1988), *Hobbes's Political Theory*, Cambridge: Cambridge University Press.
Beatty, David M. (2004), *The Ultimate Rule of Law*, Oxford: Oxford University Press.
Bellamy, Richard (2013), »Public Law as Democracy. The Case of Constitutional Rights«, in: Cormac Mac Amhlaigh (Hg.), *After Public Law*, Oxford: Oxford University Press, 130–150.
Benda-Beckmann, Franz von (2002), »Who is Afraid of Legal Pluralism?«, *The Journal of Legal Pluralism and Unofficial Law* 34, 37–82.
Benhabib, Seyla (2016), »Menschenrechte jenseits nationaler Grenzen? Eine Annäherung an den globalen Konstitutionalismus«, in: dies., *Kosmopolitismus ohne Illusionen. Menschenrechte in unruhigen Zeiten*, Berlin: Suhrkamp, 123–159.
– (2013), »Transnational Legal Sites and Democracy-Building. Reconfiguring Political Geographies«, *Philosophy and Social Criticism* 39:4/5, 471–486.
– (2008), *Die Rechte der Anderen. Ausländer, Migranten, Bürger*, Frankfurt am Main: Suhrkamp.
Benvenisti, Eyal (2018), »The Margin of Appreciation, Subsidiarity and Global Challenges to Democracy«, *Journal of International Dispute Settlement* 9:2, 240–253.
Berman, Harold J. (1995), »World Law«, *Fordham International Law Journal* 18:5, 1617–1622.
Berman, Paul Schiff (2019a), »Jurisdictional Pluralism«, in: Stephen Allen et al. (Hg.), *The Oxford Handbook of Jurisdiction in International Law*, Oxford: Oxford University Press, 121–160.
– (2019b), »Can Global Legal Pluralism Be Both ›Global‹ and ›Pluralist‹?«, *Duke Journal of Comparative and International Law* 29, 381–403.
– (2016), »The Evolution of Global Legal Pluralism«, in: Roger Cotterrell/Maksymilian Del Mar (Hg.) *Authority in Transnational Legal Theory*, Cheltenham: Edward Elgar, 151–188.
– (2015), »Non-State Lawmaking through the Lens of Global Legal Pluralism«,

in: Michael A. Helfand (Hg.), *Negotiating State and Non-State Law. The Challenge of Global and Legal Pluralism*, Cambridge: Cambridge University Press, 15–40.
– (2014), »From Legal Pluralism to Global Legal Pluralism«, in: Richard Nobles/David Schiff (Hg.), *Law, Society and Community. Socio-Legal Essays in Honour of Roger Cotterrell*, Farnham: Ashgate, 255–271.
– (2013) »Jurisgenerative Constitutionalism. Procedural Principles for Managing Global Legal Pluralism«, *Indiana Journal of Global Legal Studies* 20:2, 665–695.
– (2012), *Global Legal Pluralism. A Jurisprudence of Law Beyond Borders*, Cambridge: Cambridge University Press.
– (2009), »The New Legal Pluralism«, *Annual Review of Law and Social Science* 5, 225–242.
Bernardini, Piero (2017), »Reforming Investor-State Dispute Settlement. The Need to Balance Both Parties' Interests«, *ICSID Review* 32:1, 38–57.
Berner, Katharina (2016), »Reconciling Investment Protection and Sustainable Development. A Plea for an Interpretative U-Turn«, in: Steffen Hindelang/Markus Krajewski (Hg.), *Shifting Paradigms in International Investment Law*, Oxford: Oxford University Press, 177–203.
Bernstein, Lisa (1992), »Opting out of the Legal System. Extralegal Contractual Relations in the Diamond Industry«, *The Journal of Legal Studies* 21:1, 115–157.
Besson, Samantha (2017), »Human Rights as Transnational Constitutional Law«, in: Anthony F. Lang, Jr./Antje Wiener (Hg.), *Handbook on Global Constitutionalism*, Cheltenham: Edward Elgar, 234–247.
Bilakovics, Steven (2012), *Democracy without Politics*, Cambridge (Mass.): Harvard University Press.
Bobbio, Norberto (1993), »Natural Law and Civil Law in the Political Philosophy of Hobbes«, in: ders., *Hobbes and the Natural Law Tradition*, Chicago: Chicago University Press, 114–148.
Böckenförde, Ernst-Wolfgang (1991a), »Die verfassunggebende Gewalt des Volkes – Ein Grenzbegriff des Verfassungsrechts«, in: ders., *Staat, Verfassung, Demokratie. Studien zur Verfassungstheorie und zum Verfassungsrecht*, Frankfurt am Main: Suhrkamp, 90–112.
– (1991b), »Grundrechtstheorie und Grundrechtsinterpretation«, in: *Staat, Verfassung, Demokratie. Studien zur Verfassungstheorie und zum Verfassungsrecht*, Frankfurt am Main: Suhrkamp, 115–145.
Bogdandy, Armin von (2022), *Strukturwandel des öffentlichen Rechts. Entstehung und Demokratisierung der europäischen Gesellschaft*, Berlin: Suhrkamp.
– (2008), »Pluralism, Direct Effect, and the Ultimate Say. On the Relationship between International and Domestic Constitutional Law«, *International Journal of Constitutional Law* 6:3/4, 397–413.
Bohman, James (2016), »From Self-Legislation to Self-Determination. Democracy and the New Circumstances of Global Politics«, *Critical Horizons* 17:1, 123–134.

Bomhoff, Jacco (2021), »Book Review: Stone Sweet/Mathews, *Proportionality Balancing and Global Governance*«, *The American Journal of Comparative Law* 69:1, 168–172.
– (2013), *Balancing Constitutional Rights. The Origins and Meanings of Postwar Legal Discourse*, Cambridge: Cambridge University Press.
Bonnitcha, Jonathan/Lauge N. Skovgaard Poulsen/Michael Waibel (2017), *The Political Economy of the Investment Treaty Regime*, Oxford: Oxford University Press.
Borowski, Martin (2018³), *Grundrechte als Prinzipien*, Baden-Baden: Nomos.
Boucher, David (2015), »Schmitt, Oakeshott and the Hobbesian Legacy in the Crisis of Our Times«, in: David Dyzenhaus/Thomas Poole (Hg.), *Law, Liberty and State. Oakeshott, Hayek and Schmitt on the Rule of Law*, Cambridge: Cambridge University Press, 123–152.
Bourg, Julian (2007), *From Revolution to Ethics. May 1968 and Contemporary French Thought*, Montreal/Kingston: McGill-Queen's University Press.
Brandt, Reinhard (2002), »Habermas und Kant«, *Deutsche Zeitschrift für Philosophie* 50:1, 53–68.
Breckman, Warren (2013), *Adventures of the Symbolic. Post-Marxism and Radical Democracy*, New York: Columbia University Press.
Bredekamp, Horst (1999), *Thomas Hobbes visuelle Strategien. Der Leviathan: Urbild des modernen Staates*, Berlin: Akademie.
Brown, Wendy (2012), »Wir sind jetzt alle Demokraten ...«, in: Giorgio Agamben et al., *Demokratie? Eine Debatte*, Berlin: Suhrkamp, 55–71.
Brugger, Winfried (2005), »Negative Freiheitsrechte und kommunitaristische Selbstorganisation«, *Rechtstheorie* 36:2, 261–280.
Brunkhorst, Hauke (2014), *Critical Theory of Legal Revolutions. Evolutionary Perspectives*, New York: Bloomsbury.
– (2012), »Legitimationskrise der Weltgesellschaft«, in: ders., *Legitimationskrisen. Verfassungsprobleme der Weltgesellschaft*, Baden-Baden: Nomos, 173–226.
– (2002), »Die Politik der Menschenrechte. Verfassungsfragen in der fragmentierten Weltgesellschaft«, *Blätter für deutsche und internationale Politik* 46:8, 981–991.
Buchstein, Hubertus (2000), *Öffentliche und geheime Stimmabgabe. Eine wahlrechtshistorische und ideengeschichtliche Studie*, Baden-Baden: Nomos.
Buckel, Sonja (2007), *Subjektivierung und Kohäsion. Zur Rekonstruktion einer materialistischen Theorie des Rechts*, Weilerswist: Velbrück.
Bücheler, Gebhard (2015), *Proportionality in Investor-State Arbitration*, Oxford: Oxford University Press.
Bumke, Christian/Anne Röthel (2012), »Auf der Suche nach einem Recht des privaten Rechts«, in: dies. (Hg.), *Privates Recht*, Tübingen: Mohr Siebeck, 1–20.
Burchardt, Dana (2018), »The Twilight of Legal Order? On the Current Challenges

Faced by the Concept of a Legal System«, *Transnational Legal Theory* 9:2, 110–146.

– (2017), »Intertwinement of Legal Spaces in the Transnational Legal Sphere«, *Leiden Journal of International Law* 30:2, 305–326.

Burke-White/Staden, Andreas von (2010), »Private Litigation in a Public Law Sphere. The Standard of Review in Investor–State Arbitrations«, *Yale Journal of International Law* 35, 283–346.

Butler, Judith (2016), *Anmerkungen zu einer performativen Theorie der Versammlung*, Berlin: Suhrkamp.

Butler, Judith/Gayatri Chakravorty Spivak (2007), *Sprache, Politik, Zugehörigkeit*, Zürich: Diaphanes.

Butler, Nicolette/Surya Subedi (2017), »The Future of International Investment Regulation. Towards a World Investment Organisation«, *Netherlands International Law Review* 64, 43–72.

Calamita, N. Jansen (2017), »The (In)Compatibility of Appellate Mechanisms with Existing Instruments of the Investment Treaty Regime«, *The Journal of World Investment and Trade* 18:4, 585–627.

– (2014), »The Principle of Proportionality and the Problem of Indeterminacy in International Investment Treaties«, *Yearbook on International Investment Law and Policy*, Oxford: Oxford University Press, 157–200.

– (2013), »International Human Rights and the Interpretation of International Investment Treaties. Constitutional Considerations«, in: Freya Baetens (Hg.), *Investment Law within International Law. Integrationist Perspectives*, Cambridge: Cambridge University Press, 164–184.

Calliess, Gralf-Peter (2004), »Transnationales Verbrauchervertragsrecht«, *Rabels Zeitschrift für ausländisches und internationales Privatrecht* 68:2, 244–287.

Calliess, Gralf-Peter/Andreas Maurer (2014), »Transnationales Recht – eine Einleitung«, in: Gralf-Peter Calliess (Hg.), *Transnationales Recht. Stand und Perspektiven*, Tübingen: Mohr Siebeck, 1–36.

Campagna, Norbert (1998), »Leviathan und Rechtsstaat«, *Archiv für Rechts- und Sozialphilosophie* 84:3, 340–353.

Cappel, Christian (2006), »Anachronismus einer ›Drittwirkung‹. Das kognitivistische Konzept Karl-Heinz Ladeurs und die Matrix Gunther Teubners im grundrechtstheoretischen Spannungsfeld«, *Ancilla Iuris* 14, 41–53.

Cassese, Sabino (2015), »Ruling Indirectly. Judicial Subsidiarity in the ECtHR«, https://www.echr.coe.int/Documents/Speech_20150130_Seminar_Cassese_ENG.pdf (letzter Zugriff: 24. Juli 2024).

Christensen, Ralph/Andreas Fischer-Lescano (2007), *Das Ganze des Rechts. Vom hierarchischen zum reflexiven Verständnis deutscher und europäischer Grundrechte*, Berlin: Duncker & Humblot.

Christoffersen, Jonas (2009), *Fair Balance. Proportionality, Subsidiarity and Primarity in the European Convention on Human Rights*, Leiden: Brill.

Christofferson, Michael Scott (2004), *French Intellectuals Against the Left. The Antitotalitarian Moment of the 1970s*, New York/Oxford: Berghahn Books.

Clastres, Pierre (2020), *Staatsfeinde. Studien zur politischen Anthropologie*, Konstanz: Konstanz University Press.
Clérico, Laura (2001), *Die Struktur der Verhältnismäßigkeit*, Baden-Baden: Nomos.
Cohen, Amichai/David Zlotogorski (2021), *Proportionality in International Humanitarian Law. Consequences, Precautions, and Procedures*, Oxford: Oxford University Press.
Cohen, Jean L. (2013), »Rethinking the Politics of Human Rights and Democracy with and beyond Lefort«, in: Martín Plot (Hg.), *Claude Lefort. Thinker of the Political*, Basingstoke: Palgrave Macmillan, 124–135.
Cohen-Eliya, Moshe/Iddo Porat (2013), *Proportionality and Constitutional Culture*, Cambridge: Cambridge University Press.
– (2011), »Proportionality and the Culture of Justification«, *The American Journal of Comparative Law* 59:2, 463–490.
Colliot-Thélène, Catherine (2018a), »Politische Subjektivierung im Kontext der Pluralisierung des Rechts«, in: Tatjana Sheplyakova (Hg.), *Prozeduralisierung des Rechts*, Tübingen: Mohr Siebeck, 229–243.
– (2018b), »Fragile Demokratie«, in: Winfried Thaa/Christian Volk (Hg.), *Formwandel der Demokratie*, Baden-Baden: Nomos, 27–38.
– (2011), *Demokratie ohne Volk*, Hamburg: Hamburger Edition.
Côté, Charles-Emmanuel/Richard Ouellet/Jean-Michel Marcoux (2022), »Pandemics and the Use of Exceptions in International Economic Law. One Step Forward, Two Steps Back?«, in: Philippe Bourbeau et al. (Hg.), *A Multidisciplinary Approach to Pandemics*, Oxford: Oxford University Press, 155–172.
Cotterrell, Roger (2015), »Does Global Legal Pluralism Need a Concept of Law?«, in: Upendra Baxi et al. (Hg.), *Law's Ethical, Global and Theoretical Contexts. Essays in Honour of William Twining*, Cambridge: Cambridge University Press, 303–319.
– (2013), »Rethinking ›Embeddedness‹. Law, Economy, Community?«, *Journal of Law and Society* 40:1, 49–67.
– (2012), »What Is Transnational Law?«, *Law and Social Inquiry* 37:2, 500–524.
– (2008), »Transnational Communites and the Concept of Law«, *Ratio Juris* 21:1, 1–18.
Cottier, Thomas et al. (2017), »The Principle of Proportionality in International Law. Foundations and Variations«, *Journal of World Investment and Trade* 18, 628–672.
Cover, Robert M. (1981), »The Uses of Jurisdictional Redundancy. Interest, Ideology, and Innovation«, *William and Mary Law Review* 22, 639–682.
Croce, Mariano/Marco Goldoni (2015), »A Sense of Self-Suspicion. Global Legal Pluralism and the Claim to Legal Authority«, *Ethics and Global Politics* 8:1, 1–20.
Crow, Kevin/Lina L. Escobar (2018), »International Corporate Obligations, Human Rights, and the *Urbaser* Standard. Breaking New Ground?«, *Boston University International Law Journal* 36:1, 87–118.

Culver, Keith/Michael Giudice (2010), *Legality's Borders. An Essay in General Jurisprudence*, Oxford: Oxford University Press.

Cutler, Claire (2018), »The Judicalization of Private Transnational Power and Authority«, *Indiana Journal of Global Legal Studies* 25:1, 61–96.

– (2016), »Transformations in Statehood, the Investor-State Regime, and the New Constitutionalism«, *Indiana Journal of Global Legal Studies* 23:1, 95–125.

Dammann, Klaus (2011), »Niklas Luhmanns These zur Funktion der Grundrechte. Verfassungspatriotismus, Menschenrechtsphilosophie oder schlicht Soziologie?«, in: Veith Mehde et al. (Hg.), *Staat, Verwaltung, Information. Festschrift für Hans Peter Bull zum 75. Geburtstag*, Berlin: Duncker & Humblot, 89–105.

Dartmann, Christoph et al. (2010) (Hg.), *Technik und Symbolik vormoderner Wahlverfahren*, München: Oldenbourg.

Davitti, Daria (2020), »Proportionality and Human Rights Protection in International Investment Arbitration. What's Left Hanging the Balance?«, *Nordic Journal of International Law* 89, 343–363.

de Brabandere, Eric (2013), »Human Rights Considerations in International Investment Arbitration«, in: Malgosia Fitzmaurice/Panos Merkouris (Hg.), *The Interpretation and Application of the European Convention of Human Rights. Legal and Practical Implications*, Leiden: Nijhoff, 183–215.

de Búrca, Gráinne (2011), »The Road Not Taken. The European Union as a Global Human Rights Actor«, *The American Journal of International Law* 105:4, 649–693.

de Nanteuil, Arnaud (2018), »Counterclaims in Investment Arbitration. Old Questions, New Answers?«, *The Law and Practice of International Courts and Tribunals* 17, 374–392.

de Oliveira, Renata Camilo (2013), *Zur Kritik der Abwägung in der Grundrechtsdogmatik*, Berlin: Duncker & Humblot.

Del Mar, Maksymillian (2017), »Legal Reasoning in Pluralist Jurisprudence. The Practice of the Relational Imagination«, in: Nicole Roughan/Andrew Halpin (Hg.), *In Pursuit of Pluralist Jurisprudence*, Cambridge: Cambridge University Press, 40–63.

Delmas-Marty, Mireille (2009), *Ordering Pluralism. A Conceptual Framework for Understanding the Transnational Legal World*, Oxford: Hart.

Demirović, Alex (2013), »Kritik der Politik«, in: Rahel Jaeggi/Daniel Loick (Hg.), *Nach Marx. Philosophie, Kritik, Praxis*, Berlin: Suhrkamp, 463–485.

Derrida, Jacques (2003), *Schurken. Zwei Essays über die Vernunft*, Frankfurt am Main: Suhrkamp.

– (1991), *Gesetzeskraft. Der ›mystische Grund der Autorität‹*, Frankfurt am Main: Suhrkamp.

Dhawan, Nikita (2014) (Hg.), *Decolonizing Enlightenment. Transnational Justice, Human Rights and Democracy in a Postcolonial World*, Opladen: Barbara Budrich.

Dobner, Petra (2010), »More Law, Less Democracy? Democracy and Transnational Constitutionalism«, in: dies./Martin Loughlin (Hg.), *The Twilight of Constitutionalism*, Oxford: Oxford University Press, 141–161.

Dolzer, Rudolf/Christoph Schreuer (2012), *Principles of International Investment Law*, Oxford: Oxford University Press.

Douglas, Zachary (2014), »Property, Investment, and the Scope of Investment Protection Obligations«, in: ders. et al. (Hg.), *The Foundations of International Investment Law. Bringing Theory into Practice, Oxford*: Oxford University Press, 363–435.

Douzinas, Costas (2000), *The End of Human Rights. Critical Legal Thought at the Turn of the Century*, Oxford: Hart.

Dunoff, Jeffrey L. (2016), »How to Avoid Regime Collisions«, in: Kerstin Blome et al. (Hg.), *Contested Regimes Collisions. Norm Fragmentation in World Society*, Cambridge: Cambridge University Press, 49–87.

– (2012), »A New Approach to Regime Interaction«, in: Margaret A. Young (Hg.), *Regime Interaction in International Law. Facing Fragmentation*, Cambridge: Cambridge University Press, 136–174.

Duso, Giuseppe (2005), *Die moderne politische Repräsentation. Entstehung und Krise des Begriffs*, Berlin: Duncker & Humblot.

Duval, Antoine (2022) »Seamstress of Transnational Law. How the Court of Arbitration for Sport Weaves the *Lex Sportiva*«, in: Nico Krisch (Hg), *Entangled Legalities beyond the State*, Cambridge: Cambridge University Press, 260–288.

– (2020), »What *Lex Sportiva* Tells You about Transnational Law«, in: Peer Zumbansen (Hg.), *The Many Lives of Transnational Law. Critical Engagements with Jessup's Bold Proposal*, Cambridge: Cambridge University Press, 269–293.

Dworkin, Ronald (1996), *Freedom's Law*, Cambridge (Mass.): Harvard University Press.

– (1977), *Taking Rights Seriously*, Cambridge (Mass.): Harvard University Press.

Dyzenhaus, David (2014), »Proportionality and Deference in a Culture of Justification«, in: Grant Huscroft et al. (Hg.), *Proportionality and the Rule of Law. Rights, Justification, Reasoning*, Cambridge: Cambridge University Press, 234–258.

– (2010), »Hobbes's Constitutional Theory«, in: Ian Shapiro (Hg.), *Leviathan*, New Haven: Yale University Press, 453–480.

– (2001), »Hobbes and the Legitimacy of Law«, *Law and Philosophy* 20, 461–498.

Erfani, Farhang (2008), »Fixing Marx with Machiavelli. Claude Lefort's Democratic Turn«, *Journal of the British Society for Phenomenology* 39:2, 200–214.

Etinson, Adam (2018) (Hg.), *Human Rights. Moral or Political?*, Oxford: Oxford University Press.

Fassin, Didier (2011), *Humanitarian Reason. A Moral History of the Present*, Berkeley: University of California Press.

Feinberg, Joel (1970), »The Nature and Value of Rights«, *The Journal of Value Inquiry* 4:4, 243–260.

Fleming, Sean (2021), »The Two Faces of Personhood. Hobbes, Corporate Agency and the Personality of the State«, *European Journal of Political Theory* 20:1, 5–26.

Fischer–Lescano, Andreas (2017), »Subjektlose Rechte«, *Kritische Justiz* 50:4, 475–496.

– (2007), »Monismus, Dualismus? – Pluralismus. Selbstbestimmung des Weltrechts bei Hans Kelsen und Niklas Luhmann«, in: Hauke Brunkhorst/Rüdiger Voigt (Hg.), *Rechts-Staat. Staat, internationale Gemeinschaft und Völkerrecht bei Hans Kelsen*, Baden-Baden: Nomos, 203–229.

Fischer-Lescano, Andreas/Gunther Teubner (2006), *Regime-Kollisionen. Zur Fragmentierung des globalen Rechts*, Frankfurt am Main: Suhrkamp.

Flynn, Bernard (2005), *The Philosophy of Claude Lefort. Interpreting the Political*, Evanston: Northwestern University Press.

Flynn, Jeffrey (2003), »Habermas on Human Rights. Law, Morality, and Intercultural Dialogue«, *Social Theory and Practice* 29:3, 431–457.

Forst, Rainer (2019), »Eine kritische Theorie transnationaler (Un-)Gerechtigkeit. Zur Vermeidung positivistisch halbierter Realismen oder Normativismen«, in: Ulf Bohmann/Paul Sörensen (Hg.), *Kritische Theorie der Politik*, Berlin: Suhrkamp, 297–329.

– (2015), »Transnationale Gerechtigkeit und Demokratie. Zur Überwindung von drei Dogmen der politischen Theorie«, in: ders., *Normativität und Macht*, Berlin: Suhrkamp, 214–233.

– (1999), »Das grundlegende Recht auf Rechtfertigung. Zu einer konstruktivistischen Konzeption von Menschenrechten«, in: Hauke Brunkhorst et al. (Hg.), *Recht auf Menschenrechte*, Frankfurt am Main: Suhrkamp, 66–105.

Frankenberg, Günter (2010), *Staatstechnik. Perspektiven auf Rechtsstaat und Ausnahmezustand*, Berlin: Suhrkamp.

Franzius, Claudio (2014), *Recht und Politik in der transnationalen Konstellation*, Frankfurt am Main: Campus.

Fuentes, Ximena (2015), »Proportionality Analysis and Disproportionate Damages. Occidental Petroleum Corporation and Occidental Exploration and Production Company v. The Republic of Ecuador«, *The Journal of World Investment and Trade* 16, 315–324.

Gailhofer, Peter (2016), *Rechtspluralismus und Rechtsgeltung*, Baden-Baden: Nomos.

Galanter, Marc (1981), »Justice in many Rooms. Courts, Private Ordering, and Indigenous Law«, *The Journal of Legal Pluralism and Unofficial Law* 13, 1–47.

Gardbaum, Stephen (2008), »Human Rights as International Constitutional Rights«, *The European Journal of International Law* 19:4, 749–768.

Gaus, Daniel (2004), »Demokratie zwischen Konflikt und Konsens. Zur politische Philosophie Claude Leforts«, in: Oliver Flügel et al. (Hg.), *Die Rückkehr des Politischen. Demokratietheorien heute*, Darmstadt: Wiss. Buchgesellschaft, 65–86.

Geenens, Raf (2013), »Claude Lefort und Pierre Clastres. Einheit und Teilung«, in: Andreas Wagner (Hg.), *Am leeren Ort der Macht. Das Staats- und Politikverständnis Claude Leforts*, Baden-Baden: Nomos, 49–66.
– (2012), »Modernity Gone Awry. Lefort on Totalitarian and Democratic Self-Representation«, *Critical Horizons* 13:1, 74–93.
– (2008), »Democracy, Human Rights and History. Reading Lefort«, *European Journal of Political Theory* 7:3, 269–286.
Gerçek, Salih E. (2020), »From Body to Flesh. Lefort, Merleau–Ponty, and Democratic Indeterminacy«, *European Journal of Political Theory* 19:4, 571–592.
Geuss, Raymond (2011), *Kritik der politischen Philosophie. Eine Streitschrift*, Hamburg: Hamburger Edition.
Goldhammer, Michael (2016), »Kritik und Rekonstruktion kompetenzbezogener Verhältnismäßigkeit im Unionsorganisationsrecht«, in: Björnstjern Baade et al. (Hg.), *Verhältnismäßigkeit im Völkerrecht*, Tübingen: Mohr Siebeck, 125–144.
Goldmann, Matthias (2015), *Internationale öffentliche Gewalt. Handlungsformen internationaler Institutionen im Zeitalter der Globalisierung*, Heidelberg: Springer.
Gould, Carol C. (2014), *Interactive Democracy. The Social Roots of Global Justice*, Cambridge: Cambridge University Press.
Gragl, Paul (2018), *Legal Monism. Law, Philosophy, and Politics*, Oxford: Oxford University Press.
Granat, Katarzyna (2018), »Subsidiarity as a Principle of EU Governance«, in: Robert Schütze (Hg.), *Globalisation and Governance. International Problems, European Solutions*, Cambridge: Cambridge University Press, 273–304.
Green, Michael J. (2015), »Authorization and Political Authority in Hobbes«, *Journal of the History of Philosophy* 53:1, 25–47.
Griffiths, John (2006), »The Idea of Sociology of Law and its Relation to Law and to Sociology«, in: Michael Freeman (Hg.), *Law and Sociology*, Bd. 8, Oxford: Oxford University Press, 49–68.
– (1986), »What is Legal Pluralism?«, *The Journal of Legal Pluralism and Unofficial Law* 18, 1–55.
Grimm, Dieter (2021a), »Habermas zur Verfassungsrechtsprechung«, in: ders., *Verfassungsgerichtsbarkeit*, Berlin: Suhrkamp, 182–203.
– (2021b), »Neue Radikalkritik an der Verfassungsgerichtsbarkeit«, in: ders., *Verfassungsgerichtsbarkeit*, Berlin: Suhrkamp, 357–398.
– (2012), *Die Zukunft der Verfassung II. Auswirkungen von Europäisierung und Globalisierung*, Berlin: Suhrkamp.
– (2007), »Proportionality in Canadian and German Constitutional Jurisprudence«, *University of Toronto Law Journal* 57:2, 383–397.
– (1980), »Reformalisierung des Rechtsstaats als Demokratiepostulat?«, *Juristische Schulung* 20, 704–709.
Gündoğdu, Ayten (2014), »A Revolution of Rights. Reflections on the Democratic Invention of the Rights of Man«, *Law, Culture and the Humanities* 10:3, 367–379.

Günther, Klaus (2016), »Normativer Rechtspluralismus – Eine Kritik«, in: Thorsten Moos et al. (Hg.), *Das Recht im Blick der Anderen*, Tübingen: Mohr Siebeck, 64–82.

– (2011), »Von der gubernativen zur deliberativen Menschenrechtspolitik – Die Definition und Fortentwicklung der Menschenrechte als Akt kollektiver Selbstbestimmung«, in: Gret Haller et al. (Hg.), *Menschenrechte und Volkssouveränität in Europa. Gerichte als Vormund der Demokratie?*, Frankfurt am Main: Campus, 45–60.

– (2008), »Liberale und diskurstheoretische Deutungen der Menschenrechte«, in: Winfried Brugger et al. (Hg.), *Rechtsphilosophie im 21. Jahrhundert*, Frankfurt am Main: Suhrkamp, 338–359.

– (2001), »Rechtspluralismus und universaler Code der Legalität. Globalisierung als rechtstheoretisches Problem«, in: Lutz Wingert/Klaus Günther (Hg.), *Die Öffentlichkeit der Vernunft und die Vernunft der Öffentlichkeit. Festschrift für Jürgen Habermas*, Frankfurt am Main: Suhrkamp, 539–567.

– (1994), »Diskurstheorie des Rechts oder liberales Naturrecht in diskurstheoretischem Gewande?«, *Kritische Justiz* 27:4, 470–487.

– (1988), *Der Sinn für Angemessenheit. Anwendungsdiskurse in Moral und Recht*, Frankfurt am Main: Suhrkamp.

Guntrip, Edward (2018), »Private Actors, Public Goods and Responsibility for the Right to Water in International Investment Law. An Analysis of *Urbaser v. Argentina*«, in: *Brill Open Law* 1, 37–60.

Habermas, Jürgen (2011a), »Das Konzept der Menschenwürde und die realistische Utopie der Menschenrechte«, in: ders., *Zur Verfassung Europas*, Berlin: Suhrkamp, 13–38.

– (2011b), »Die Krise der Europäischen Union im Lichte einer Konstitutionalisierung des Völkerrechts – Ein Essay zur Verfassung Europas«, in: ders., *Zur Verfassung Europas*, Berlin: Suhrkamp, 39–96.

– (2009a), »Der demokratische Rechtsstaat – eine paradoxe Verbindung widersprüchlicher Prinzipien?«, in: ders., *Philosophische Texte. Studienausgabe in fünf Bänden*, Bd. 4, Frankfurt am Main: Suhrkamp, 154–175.

– (2009b), »Über den internen Zusammenhang von Rechtsstaat und Demokratie«, in: ders., *Philosophische Texte. Studienausgabe in fünf Bänden*, Bd. 4, Frankfurt am Main: Suhrkamp, 140–153.

– (2009c), »Hat die Konstitutionalisierung des Völkerrechts noch eine Chance?«, in: ders., *Philosophische Texte. Studienausgabe in fünf Bänden*, Bd. 4, Frankfurt am Main: Suhrkamp, 313–401.

– (2009d), »Konstitutionalisierung des Völkerrechts und die Legitimationsprobleme einer verfaßten Weltgesellschaft«, in: ders., *Philosophische Texte. Studienausgabe in fünf Bänden*, Bd. 4, Frankfurt am Main: Suhrkamp, 402–424.

– (2005), »Eine politische Verfassung für die pluralistische Weltgesellschaft?«, in: ders., *Zwischen Naturalismus und Religion. Philosophische Aufsätze*, Frankfurt am Main: Suhrkamp, 324–365.

– (1998), »Zur Legitimation durch Menschenrechte«, in: ders., *Die postnationale Konstellation. Politische Essays*, Frankfurt am Main: Suhrkamp, 170–192.
– (1996a), »Replik auf Beiträge zu einem Symposium der Cardozo Law School«, in: ders., *Die Einbeziehung des Anderen. Studien zur politischen Theorie*, Frankfurt am Main: Suhrkamp, 309–399.
– (1996b), »Kants Idee des ewigen Friedens – aus dem historischen Abstand von 200 Jahren«, in: ders., *Die Einbeziehung des Anderen. Studien zur politischen Theorie*, Frankfurt am Main: Suhrkamp, 192–236.
– (1994), *Faktizität und Geltung. Beiträge zur Diskurstheorie des Rechts und des demokratischen Rechtsstaats*, Frankfurt am Main: Suhrkamp.
– (1990), *Strukturwandel der Öffentlichkeit. Untersuchungen zu einer Kategorie der bürgerlichen Gesellschaft*, Frankfurt am Main: Suhrkamp.
– (1981), *Theorie des kommunikativen Handelns*, Bd. 2, Frankfurt am Main: Suhrkamp.
– (1971), »Naturrecht und Revolution«, in: ders., *Theorie und Praxis. Sozialphilosophische Studien*, Frankfurt am Main: Suhrkamp, 89–127.
Häberle, Peter (1975) »Die offene Gesellschaft der Verfassungsinterpreten. Ein Beitrag zur pluralistischen und ›prozessualen‹ Verfassungsinterpretation«, *JuristenZeitung* 30, 297–305.
– (1962), *Die Wesensgehaltgarantie des Art. 19 Abs. 2 Grundgesetz. Zugleich ein Beitrag zum institutionellen Verständnis der Grundrechte und zur Lehre vom Gesetzesvorbehalt*, Karlsruhe: C.F. Müller.
Halberstam, Daniel (2012), »Local, Global and Plural Constitutionalism. Europe Meets the World«, in: Gráinne de Búrca/J.H.H. Weiler (Hg.), *The Worlds of European Constitutionalism*, Cambridge: Cambridge University Press, 150–202.
Halpin, Andrew (2014), »The Creation and Use of Concepts of Law when Confronting Legal and Normative Plurality«, in: Seán Patrick Donlan/Lukas Heckerdon-Ursheler (Hg.), *Concepts of Law. Comparative, Jurisprudential, and Social Science Perspectives*, London: Routledge, 169–192.
Hamacher, Werner (2018), »Authoritas, non veritas, facit legem. (Hobbes)«, in: ders., *Sprachgerechtigkeit*, Frankfurt am Main: Fischer, 149–160.
Hampton, Jean (1986), *Hobbes and the Social Contract Tradition*, Cambridge: Cambridge University Press.
Harbo, Tor-Inge (2010), »The Function of the Proportionality Principle in EU Law«, *European Law Journal* 16:2, 158–185.
Hauck, Sué González (2016), »Normkonflikte als Optimierungsprobleme? Kritik am Einsatz des Verhältnismäßigkeitsprinzips als Mittel zur Harmonisierung des Völkerrechts«, in: Björnstjern Baade et al. (Hg.), *Verhältnismäßigkeit im Völkerrecht*, Tübingen: Mohr Siebeck, 87–103.
Heller, Jonas (2018), *Mensch und Maßnahme. Zur Dialektik von Ausnahmezustand und Menschenrechten*, Weilerswist: Velbrück.
Henckels, Caroline (2018), »Should Investment Treaties Contain Public Policy Exceptions?«, *Boston College Law Review* 59:8, 2825–2844.
– (2015), *Proportionality and Deference in Investor-State Arbitration.*

Balancing Investment Protection and Regulatory Autonomy, Cambridge: Cambridge University Press.

– (2012), »Indirect Expropriation and the Right to Regulate. Revisiting Proportionality Analysis and the Standard of Review in Investor-State Arbitration«, *Journal of International Economic Law* 15:1, 223–255.

Henkin, Louis (1996), »Human Rights and State ›Sovereignty‹«, *Georgia Journal of International and Comparative Law* 25:1, 31–45.

Hensel, Isabell/Gunther Teubner (2014), »Matrix Reloaded. Kritik der staatszentrierten Drittwirkung der Grundrechte am Beispiel des Publication Bias«, *Kritische Justiz* 47, 150–168.

Hirsch, Moshe (2020), »The Sociological Dimension of International Arbitration. The Investment Arbitration Culture«, in: Thomas Schultz/Frederico Ortino (Hg.), *The Oxford Handbook of International Arbitration*, Oxford: Oxford University Press, 717–739.

– (2009), »Investment Tribunals and Human Rights. Divergent Paths«, in: Pierre-Marie Dupuy et al. (Hg.), *Human Rights in International Investment Law and Arbitration*, Oxford: Oxford University Press, 97–114.

Hirschl, Ran (2008), »The Judicialization of Politics«, in: Keith E. Whittington et al. (Hg.), *The Oxford Handbook of Law and Politics*, Oxford: Oxford University Press, 119–141.

Hobbes, Thomas (2017), *Vom Bürger*, hg. v. Lothar R. Waas, Hamburg: Meiner.

– (1966), *Leviathan oder Stoff, Form und Gewalt eines kirchlichen und bürgerlichen Staates*, hg. v. Iring Fetscher, Frankfurt am Main: Suhrkamp.

Hochhuth, Martin (2000), *Relativitätstheorie des öffentlichen Rechts*, Baden-Baden: Nomos.

Hoesch, Matthias (2017), »Universalität und Priorität in diskurstheoretischen Begründungsmodellen«, in: Margit Wasmaier-Sailer/ders. (Hg.), *Die Begründung der Menschenrechte*, Tübingen: Mohr Siebeck, 277–302.

Hofmann, Hasso (1974), *Repräsentation. Studien zur Wort- und Begriffsgeschichte von der Antike bis ins 19. Jahrhundert*, Berlin: Duncker & Humblot.

Hofmann, Rainer/Christian J. Tams (2011), »International Investment Law. Situating an Exotic Special Regime within the Framework of General International Law«, in: dies. (Hg.), *International Investment Law and General International Law. From Clinical Isolation to Systemic Integration*, Baden-Baden: Nomos, 9–15.

Hong, Mathias (2019), *Abwägungsfeste Rechte. Von Alexys Prinzipien zum Modell der Grundsatznormen*, Tübingen: Mohr Siebeck.

Horst, Johan (2019), *Transnationale Rechtserzeugung. Elemente einer normativen Theorie der Lex Financiaria*, Tübingen: Mohr Siebeck.

Hüning, Dieter (1998), *Freiheit und Herrschaft in der Rechtsphilosophie des Thomas Hobbes*, Berlin: Duncker & Humblot.

Hulst, Harry van der (1981) (Hg.), *Die Verfassungsgerichtsbarkeit im Gefüge der Staatsfunktionen. Besteuerung und Eigentum. VVDStRL* 39, Berlin: de Gruyter.

Huscroft, Grant (2014), »Proportionality and the Relevance of Interpretation«, in: ders. et al. (Hg.), *Proportionality and the Rule of Law. Rights, Justification, Reasoning*, Cambridge: Cambridge University Press, 186–202.

Ingram, James D. (2006), »The Politics of Claude Lefort's Political. Between Liberalism and Radical Democracy, *Thesis Eleven* 87, 33–50.

Isiksel, Turkuler (2016a), *Europe's Functional Constitution*, Oxford: Oxford University Press.

– (2016b), »The Rights of Man and the Rights of the Man-Made. Corporations and Human Rights«, *Human Rights Quarterly* 38:2, 294–349.

– (2013), »Legal Pluralism as Fact and Norm«, *Global Constitutionalism* 2:2, 160–195.

Isin, Engin F. (2008), »Theorizing Acts of Citizenship«, in: ders./Greg M. Nielsen (Hg.), *Acts of Citizenship*, London/New York: Zed Books, 15–43.

Itzcovich, Giulio (2012), »Legal Order, Legal Pluralism, Fundamental Principles. Europe and Its Law in Three Concepts«, *European Law Journal* 18:3, 358–384.

Jackson, Vicki C. (2015), »Constitutional Law in an Age of Proportionality«, *The Yale Law Journal* 124:8, 3094–3196.

Janis, M.W. (1984), »Individuals as Subjects of International Law«, *Cornell International Law Journal* 17:1, 61–78.

Jansen, Nils (2010), *The Making of Legal Authority. Non-Legislative Codifications in Historical and Comparative Perspective*, Oxford: Oxford University Press.

Japp, Klaus P. (2015), »Zur Funktion der Menschenrechte in der Weltgesellschaft – Niklas Luhmanns ›Grundrechte als Institution‹ revisited«, in: Bettina Heintz/Britta Leisering (Hg.), *Menschenrechte in der Weltgesellschaft*, Frankfurt am Main: Campus, 65–97.

Jaume, Lucien (2007), »Hobbes and the Philosophical Sources of Liberalism«, in: Patricia Springborg (Hg.), *The Cambridge Companion to Hobbes's Leviathan*, Cambridge: Cambridge University Press, 199–216.

Jessup, Philip (1956), *Transnational Law*, New Haven: Yale University Press.

Jestaedt, Matthias (2015), »Verhältnismäßigkeit als Verhaltensmaß. Gesetzgebung angesichts der Vielfalt der Rationalitäten und des Eigenwerts des politischen Kompromisses«, in: ders./Oliver Lepsius (Hg.), *Verhältnismäßigkeit. Zur Tragfähigkeit eines verfassungsrechtlichen Schlüsselkonzepts*, Tübingen: Mohr Siebeck, 293–302.

– (2007), »Die Abwägungslehre – ihre Stärken und ihre Schwächen«, in: Otto Depenheuer et al. (Hg.), *Staat im Wort. Festschrift für Josef Isensee*, Heidelberg: C.F. Müller, 253–275.

– (1999), *Grundrechtsentfaltung im Gesetz. Studien zur Interdependenz von Grundrechtsdogmatik und Rechtsgewinnungstheorie*, Tübingen: Mohr Siebeck.

Johnson, Thomas O./Jonathan Gimblett (2012), »From Gunboats to BITs. The Evolution of Modern International Investment Law«, in: Karl P. Sauvant (Hg.), *Yearbook on International Investment Law and Policy 2010–2011*, Oxford: Oxford University Press, 649–692.

Kadelbach, Stefan/Klaus Günther (2011), »Recht ohne Staat?«, in: dies., (Hg.), *Recht ohne Staat? Zur Normativität nichtststaatlicher Rechtsetzung*, Frankfurt am Main: Campus, 9–48.

Kant, Immanuel (1977), *Über den Gemeinspruch: Das mag in der Theorie richtig sein, taugt aber nicht für die Praxis*, in: ders., *Werkausgabe*, Bd. 11, hg. v. Wilhelm Weischedel, Frankfurt am Main: Suhrkamp.

Kantorowicz, Ernst (1990), *Die zwei Körpers des Königs. Eine Studie zur politischen Theologie*, München: dtv.

Karamanian, Susan L. (2013), »The Place of Human Rights in Investor-State Arbitration«, *Lewis and Clark Law Review* 17:2, 423–447.

Kelsen, Hans (1960), *Reine Rechtslehre. Mit einem Anhang: Das Problem der Gerechtigkeit*, 2. Aufl., Wien: Deuticke.

– (1958), »Der Begriff der Rechtsordnung«, *Logique et Analyse* 1:3/4, 150–167.

– (1934), *Reine Rechtslehre. Einleitung in die rechtswissenschaftliche Problematik*, 1. Aufl., Leipzig/Wien: Deuticke.

– (1925), *Allgemeine Staatslehre*, Berlin: Julius Springer.

– (1920 (2006)), »Vom Wesen und Wert der Demokratie (1. Auflage)«, in: ders., *Verteidigung der Demokratie. Abhandlungen zur Demokratietheorie*, hg. v. Matthias Jestaedt/Oliver Lepsius, Tübingen: Mohr Siebeck, 1–33.

Kennedy, Duncan (2011), »A Transnational Genealogy of Proportionality in Private Law«, in: Roger Brownsword et al. (Hg.), *The Foundations of European Private Law*, Oxford: Hart, 185–220.

Kesby, Alison (2012), *The Right to Have Rights. Citizenship, Humanity, and International Law*, Oxford: Oxford University Press.

Kingsbury, Benedict (2012), »International Courts. Uneven Judicalisation in Global Order«, in: James Crawford/Martti Koskenniemi (Hg.), *The Cambridge Companion to International Law*, Cambridge: Cambridge University Press, 203–227.

Kingsbury, Benedict/Stephan W. Schill (2010), »Public Law Concepts to Balance Investors' Rights with State Regulatory Action in the Public Interest – The Concept of Proportionality«, in: Stephan W. Schill (Hg.), *International Investment Law and Comparative Public Law*, Oxford: Oxford University Press, 75–104.

Kirchheimer, Otto (2017), »Zur Staatslehre des Sozialismus und Bolschewismus«, in: *Gesammelte Schriften*, Bd. 1, hg. v. Hubertus Buchstein, Baden-Baden: Nomos, 132–151.

Kjaer, Poul F. (2018), »Constitutionalizing Connectivity. The Constitutional Grid of World Society«, *Journal of Law and Society* 45:1, 114–134.

– (2014), *Constitutionalism in the Global Realm. A Sociological Approach*, New York: Routledge.

Klabbers, Jan/Gianluigi Palombella (2019), »Introduction. Situating Inter-Legality«, in: dies., (Hg.), *The Challenge of Inter-Legality*, Cambridge: Cambridge University Press, 1–20.

Klatt, Matthias (2019), »Proportionality and Justification«, in: Ester Herlin-Karnell et al. (Hg.), *Constitutionalism Justified. Rainer Forst in Discourse*, Oxford: Oxford University Press, 159–196.

– (2014), »An Egalitarian Defense of Proportionality-Based Balancing. A Reply to Luc B. Trembley«, *International Journal of Constitutional Law* 12:4, 891–899.

Klatt, Matthias/Moritz Meister (2014), »Der Grundsatz der Verhältnismäßigkeit. Ein Strukturelement des globalen Konstitutionalismus«, *Juristische Schulung* 54, 193–199.

– (2012a), *The Constitutional Structure of Proportionality*, Oxford: Oxford University Press.

– (2012b), »Verhältnismäßigkeit als universelles Verfassungsprinzip«, *Der Staat* 51:2, 159–188.

– (2012c), »Proportionality – A Benefit to Human Rights? Remarks on the I-CON Controversy«, *International Journal of Constitutional Law* 10:3, 687–708.

Klein, Nicolas (2018), *Das Investitionsschutzrecht als völkerrechtliches Individualschutzrecht im Mehrebenensystem*, Baden-Baden: Nomos.

Klein, Rebekka A. (2016), *Depotenzierung der Souveränität. Religion und politische Ideologie bei Claude Lefort, Slavoj Žižek und Karl Barth*, Tübingen: Mohr Siebeck.

Kleinlein, Thomas (2019), »The Procedural Approach of the European Court of Human Rights. Between Subsidiarity and Dynamic Evolution«, *International and Comparative Law Quarterly* 68:1, 91–110.

– (2011), *Konstitutionalisierung im Völkerrecht. Konstruktion und Elemente einer idealistischen Völkerrechtslehre*, Heidelberg: Springer.

Koenig-Archibugi, Mathias (2010), »Is Global Democracy Possible?«, *European Journal of International Relations* 17:3, 519–542.

Koh, Harold Hongju (2006), »Why Transnational Law Matters«, *Penn State International Law Review* 24:4, 745–753.

– (1997), »Why Do Nations Obey International Law?«, *Yale Law Journal* 106, 2599–2659.

– (1996), »Transnational Legal Process«, *Nebraska Law Review* 75, 181–207.

Koller, Peter (2005), »Zur Theorie des rechtlichen Stufenbaus«, in: Stanley L. Paulson/Michael Stolleis (Hg.), *Hans Kelsen. Staatsrechtslehrer und Rechtstheoretiker des 20. Jahrhunderts*, Tübingen: Mohr Siebeck, 106–121.

Komori, Teruo (2012), »Integrating the Fragmented International Public Order. A Theoretical Perspective«, in: Eva Rieter/Henri de Waele (Hg.), *Evolving Principles of International Law. Studies in Honour of Karel C. Wellens*, Leiden: Nijhoff, 105–135.

Koselleck, Reinhart (1973), *Kritik und Krise. Eine Studie zur Pathogenese der bürgerlichen Welt*, Frankfurt am Main: Suhrkamp.

Koskenniemi, Martti (2011), *The Politics of International Law*, Oxford: Hart.

– (2009), »The Politics of International Law – 20 Years Later«, *The European Journal of International Law* 20:1, 7–19.

– (2007), »Constitutionalism as Mindset. Reflections on Kantian Themes About International Law and Globalization«, *Theoretical Inquiries in Law* 8:1, 9–36.

– (2001), *The Gentle Civilizer of Nations. The Rise and Fall of International Law 1870–1960*, Cambridge: Cambridge University Press.

Krauss, Rupprecht v. (1955), *Der Grundsatz der Verhältnismässigkeit in seiner Bedeutung für die Notwendigkeit des Mittels im Verwaltungsrecht*, Hamburg: Ludwig Appel.

Krawietz, Werner (1984), »Die Lehre vom Stufenbau des Rechts – eine säkularisierte politische Theologie?«, in: ders./Helmut Schelsky (Hg.), *Rechtssystem und gesellschaftliche Basis bei Hans Kelsen*, *Rechtstheorie*, Beiheft 5, 255–272.

Kreide, Regina (2016), »Between Morality and Law. In Defense of a Political Conception of Human Rights«, *Journal of International Political Theory* 12:1, 10–25.

Kress, Ken (1989), »Legal Indeterminacy«, *California Law Review* 77:2, 283–337.

Kreuder-Sonnen, Christian/Michael Zürn (2020), »After Fragmentation. Norm Collisions, Interface Conflicts, and Conflict Management«, *Global Constitutionalism* 9:2, 241–267.

Kriebaum, Ursula (2018), »Evaluating Social Benefits and Costs of Investment Treaties. Depoliticization of Investment Disputes«, *ICSID Review* 33:1, 14–28.

– (2007), »Regulatory Takings. Balancing the Interests of the Investor and the State«, *The Journal of World Investment and Trade* 8:5, 717–744,

Krisch, Nico (2022), »Framing Entangled Legalities beyond the State«, in: ders., (Hg), *Entangled Legalities beyond the State*, Cambridge: Cambridge University Press, 1–32.

– (2017), »Liquid Authority in Global Governance«, *International Theory* 9:2, 237–260.

– (2016), »Pouvoir Constituant and Pouvoir Irritant in the Postnational Order«, *International Journal of Constitutional Law* 14:3, 657–679.

– (2012), »The Case for Pluralism in Postnational Law«, in: Gráinne de Búrca/J.H.H. Weiler (Hg.), *The Worlds of European Constitutionalism*, Cambridge: Cambridge University Press, 203–261.

– (2010), *Beyond Constitutionalism. The Pluralist Structure of Postnational Law*, Oxford: Oxford University Press.

Krivenko, Ekaterina Yahyaoui (2017), *Rethinking Human Rights and Global Constitutionalism. From Inclusion to Belonging*, Cambridge: Cambridge University Press.

Krommendijk, Jasper/John Morijn (2009), »›Proportional‹ by What Measure(s)? Balancing Investor Interests and Human Rights by Way of Applying the Proportionality Principle in Investor-State Arbitration«, in: Pierre-Marie Dupuy et al. (Hg.), *Human Rights in International Investment Law and Arbitration*, Oxford: Oxford University Press, 422–451.

Kulick, Andreas (2012), *Global Public Interest in International Investment Law*, Cambridge: Cambridge University Press.

Kumm, Mattias (2017), »Is the Structure of Human Rights Practice Defensible? Three Puzzles and Their Solution«, in: Vicki C. Jackson/Mark

Tushnet (Hg.), *Proportionality. New Frontiers, New Challenges*, Cambridge: Cambridge University Press, 51–74.
– (2016), »Constituent Power, Cosmopolitan Constitutionalism, and Post-positivist Law«, *International Journal of Constitutional Law* 14:3, 697–711.
– (2013), »The Cosmopolitan Turn in Constitutionalism. An Integrated Conception of Public Law«, *Indiana Journal of Global Legal Studies* 20:2, 605–628.
– (2010), »The Idea of Socratic Contestation and the Right to Justification. The Point of Rights-Based Proportionality Review«, *Law and Ethics of Human Rights* 4:2, 141–175.
– (2004), »Constitutional Rights as Principles. On the Structure and Domain of Constitutional Justice«, *International Journal of Constitutional Law* 2:3, 574–596.
Kumm, Mattias/Alec D. Walen (2014), »Human Dignity and Proportionality. Deontic Pluralism in Balancing«, in: Grant Huscroft et al. (Hg.), *Proportionality and the Rule of Law. Rights, Justification, Reasoning*, Cambridge: Cambridge University Press, 67–89.
Kuo, Ming–Sung (2018), »Resolving the Question of Inter-Scalar Legitimacy into Law? A Hard Look at Proportionality Balancing in Global Governance«, *Leiden Journal of International Law* 31, 793–815.
Kuyper, Jonathan W. (2014), »The Democratic Potential of Systemic Pluralism«, *Global Constitutionalism* 3:2, 170–199.
Lacroix, Justine (2023), »Was ist eine politische und relationale Konzeption der Menschenrechte? Das Beispiel der Charta der Grundrechte der Europäischen Union«, in: Johannes Haaf et al. (Hg.), *Die Grundlagen der Menschenrechte. Moralisch, politisch oder sozial?*, Baden-Baden: Nomos, 245–266.
– (2013), »A Democracy Without a People? The ›Rights of Man‹ in French Contemporary Political Thought«, *Political Studies* 61, 676–690.
Lacroix, Justine/Jean-Yves Pranchère (2018), *Human Rights on Trial. A Genealogy of the Critique of Human Rights*, Cambridge: Cambridge University Press.
Ladeur, Karl-Heinz (2022), »Helmut Ridders Konzeption der Meinungsfreiheit als Prozessgrundrecht und ihre Bedeutung für den Wandel der Medienordnung«, in: Isabel Feichtner/Tim Wihl (Hg.), *Gesamtverfassung. Das Verfassungsdenken Helmut Ridders*, Baden-Baden: Nomos, 183–205.
– (2018), »Prozeduralisierung zweiter Ordnung – Am Anfang war das Verfahren. Überlegungen zur Bedeutung der prozeduralen Rationalität des Rechts vom griechischen Recht bis zur Postmoderne«, in: Tatjana Sheplyakova (Hg.), *Prozeduralisierung des Rechts*, Tübingen: Mohr Siebeck, 73–99.
– (2016a), *Recht – Wissen – Kultur. Die fragmentierte Ordnung*, Berlin: Duncker & Humblot.
– (2016b), »A Critique of Balancing and the Principle of Proportionality in Constitutional Law – A Case for ›Impersonal Rights‹?«, *Transnational Legal Theory* 7:2, 228–256.

– (2014), »Der Wandel der Rechtssemantik in der postmodernen Gesellschaft. Von der Subsumtion zur Abwägung und zu einer Semantik der Netzwerke«, *Rechtstheorie* 45, 467–486.
– (2013a), »Die Netzwerke des Rechts«, in: ders., *Das Recht der Netzwerkgesellschaft. Ausgewählte Aufsätze*, hg. v. Thomas Vesting/Ino Augsberg, Tübingen: Mohr Siebeck, 363–389.
– (2013b), »Das selbstreferentielle Kamel. Die Emergenz des modernen autonomen Rechts«, in: ders., *Das Recht der Netzwerkgesellschaft. Ausgewählte Aufsätze*, hg. v. Thomas Vesting/Ino Augsberg, Tübingen: Mohr Siebeck, 99–111.
– (2013c), »Der ›Eigenwert‹ des Rechts – die Selbstorganisationsfähigkeit der Gesellschaft und die relationale Rationalität des Rechts«, in: ders., *Das Recht der Netzwerkgesellschaft. Ausgewählte Aufsätze*, hg. v. Thomas Vesting/Ino Augsberg, Tübingen: Mohr Siebeck, 31–54.
– (2013d), »Postmoderne Verfassungstheorie«, in: ders., *Das Recht der Netzwerkgesellschaft. Ausgewählte Aufsätze*, hg. v. Thomas Vesting/Ino Augsberg, Tübingen: Mohr Siebeck, 77–98.
– (2013e), »Helmut Ridders Konzeption der Meinungs- und Pressefreiheit in der Demokratie«, in: ders., *Das Recht der Netzwerkgesellschaft. Ausgewählte Aufsätze*, hg. v. Thomas Vesting/Ino Augsberg, Tübingen: Mohr Siebeck, 479–496.
– (2013f), »Die Beobachtung der kollektiven Dimension der Grundrechte durch eine liberale Grundrechtstheorie. Zur Verteidigung der Dominanz der abwehrrechtlichen Dimension der Grundrechte«, in: ders., *Das Recht der Netzwerkgesellschaft. Ausgewählte Aufsätze*, hg. v. Thomas Vesting/Ino Augsberg, Tübingen: Mohr Siebeck, 519–556.
– (2013g), »Globalization and the Conversion of Democracy to Polycentric Networks. Can Democracy Survive the End of the Nation-State?«, in: ders., *Das Recht der Netzwerkgesellschaft. Ausgewählte Aufsätze*, hg. v. Thomas Vesting/Ino Augsberg, Tübingen: Mohr Siebeck, 609–637.
– (2011), »Ein Recht der Netzwerke für die Weltgesellschaft oder Konstitutionalisierung des Völkerrechts?«, *Archiv des Völkerrechts* 49:3, 246–275.
– (2008), »Das subjektive Recht und der Wunsch nach Gerechtigkeit als sein Parasit«, *Zeitschrift für Rechtssoziologie* 29:1, 109–124.
– (2007a), »Der Staat der Systemtheorie und die postmoderne Herausforderung – die Krise des ›Universalismus des Politischen‹«, in: Marcelo Neves/Rüdiger Voigt (Hg.), *Die Staaten der Weltgesellschaft*, Baden-Baden: Nomos, 147–178.
– (2007b), »Risiko Sozialstaat. Expansion des Sozialstaats ohne verfassungsrechtliche Schranken«, *Der Staat* 46:1, 61–88.
– (2006), *Der Staat gegen die Gesellschaft. Zur Verteidigung der Rationalität der ›Privatrechtsgesellschaft‹*, Tübingen: Mohr Siebeck.
– (2004), *Kritik der Abwägung in der Grundrechtsdogmatik. Plädoyer für eine Erneuerung der liberalen Grundrechtstheorie*, Tübingen: Mohr Siebeck.
– (2003), »Was kann das Konzept der ›Prozeduralisierung‹ zum Verständnis

des Vorbehalts des Gesetzes und der Rechtsfortbildung beitragen?«, in: Christian Joerges/Gunther Teubner (Hg.), *Rechtsverfassungsrecht. Recht-Fertigung zwischen Privatrechtsdogmatik und Gesellschaftstheorie*, Baden-Baden: Nomos, 85–97.

– (2000), *Negative Freiheitsrechte und gesellschaftliche Selbstorganisation*, Tübingen: Mohr Siebeck.

– (1995²), *Postmoderne Rechtstheorie. Selbstreferenz – Selbstorganisation – Prozeduralisierung*, Berlin: Duncker & Humblot.

Ladeur, Karl-Heinz/Lars Viellechner (2008), »Die transnationale Expansion staatlicher Grundrechte. Zur Konstitutionalisierung globaler Privatrechtsregimes«, *Archiv des Völkerrechts* 46:1, 42–73.

Lafont, Christina (2020), »Global Constitutionalism without Global Democracy? Human Rights and Human Dignity in a Corporate World«, in: Jorge Luis Fabra-Zamora (Hg.), *Jurisprudence in a Globalized World*, Cheltenham: Edward Elgar, 222–246.

Lefort, Claude (2017) »Entwurf zur Genese der Ideologie in modernen Gesellschaften«, in: Felix Trautmann (Hg.), *Das politische Imaginäre*, Berlin: August, 169–202.

– (2012), *Machiavelli in the Making*, Evanston: Northwestern University Press.

– (2000), »Dialogue with Pierre Clastres«, in: ders., *Writing. The Political Test*, Durham: Duke University Press, 207–235.

– (1999), *Fortdauer des Theologisch-Politischen?*, Wien: Passagen.

– (1997), »Überlegungen zum Begriff der totalen Herrschaft«, in: Daniel Ganzfried/Sebastian Hefti (Hg.), *Hannah Arendt – Nach dem Totalitarismus*, Hamburg: Europäische Verlagsanstalt, 31–53.

– (1990a), »Die Frage der Demokratie«, in: Ulrich Rödel (Hg.), *Autonome Gesellschaft und libertäre Demokratie*, Frankfurt am Main: Suhrkamp, 281–297.

– (1990b), »Menschenrechte und Politik«, in: Ulrich Rödel (Hg.), *Autonome Gesellschaft und libertäre Demokratie*, Frankfurt am Main: Suhrkamp, 239–280.

– (1990c), »Vorwort zu *Éléments d'une critique de la bureaucratie*«, in: Ulrich Rödel (Hg.), *Autonome Gesellschaft und libertäre Demokratie*, Frankfurt am Main: Suhrkamp, 30–53.

– (1988a), »Human Rights and the Welfare State«, in: ders., *Democracy and Political Theory*, Cambridge: Polity, 21–44.

– (1988b), »Hannah Arendt and the Question of the Political«, in: ders., *Democracy and Political Theory*, Cambridge: Polity, 45–55.

– (1988c), »Reversibility«, in: ders., *Democracy and Political Theory*, Cambridge: Polity, 165–182.

– (1986a), »The Logic of Totalitarianism«, in: ders., *The Political Forms of Modern Society. Bureaucracy, Democracy, Totalitarianism*, hg. v. John B. Thompson, Cambridge (Mass.): MIT Press, 273–291.

– (1986b), »The Image of the Body and Totalitarianism«, in: ders., *The Political Forms of Modern Society. Bureaucracy, Democracy, Totalitarianism*, hg. v. John B. Thompson, Cambridge (Mass.): MIT Press, 292–306.

– (1986c), »Totalitarianism without Stalin«, in: ders., *The Political Forms of Modern Society. Bureaucracy, Democracy, Totalitarianism*, hg. v. John B. Thompson, Cambridge (Mass.): MIT Press, 52–88.
– (1981), »L'impensé de l'union de la Gauche«, in: ders., *L'invention Démocratique. Les Limites de la Domination Totalitaire*, Paris: Fayard, 129–158.
– (1976), »An Interview with Claude Lefort«, *Telos* 30, 173–192.
Lefort, Claude/Marcel Gauchet (1990), »Über die Demokratie. Das Politische und die Instituierung des Gesellschaftlichen«, in: Ulrich Rödel (Hg.), *Autonome Gesellschaft und libertäre Demokratie*, Frankfurt am Main: Suhrkamp, 89–122.
Leisner, Walter (1997), *Der Abwägungsstaat. Verhältnismäßigkeit als Gerechtigkeit?*, Berlin: Duncker & Humblot.
Leonhardsen, Erlend M. (2012), »Looking for Legitimacy. Exploring Proportionality Analysis in Investment Treaty Arbitration«, *Journal of International Dispute Settlement* 3:1, 95–136.
Leopold, David (2007), *The Young Karl Marx. German Philosophy, Modern Politics, and Human Flourishing*, Cambridge: Cambridge University Press.
Lepsius, Oliver (2015), »Die Chancen und Grenzen des Grundsatzes der Verhältnismäßigkeit«, in: Matthias Jestaedt/Oliver Lepsius (Hg.), *Verhältnismäßigkeit. Zur Tragfähigkeit eines verfassungsrechtlichen Schlüsselkonzepts*, Tübingen: Mohr Siebeck, 2–41.
Lerche, Peter (1961), *Übermass und Verfassungsrecht. Zur Bindung des Gesetzgebers an die Grundsätze der Verhältnismäßigkeit und Erforderlichkeit*, Köln u.a.: Carl Heymann.
Lessenich, Stephan (2019), *Grenzen der Demokratie. Teilhabe als Verteilungsproblem*, Stuttgart: Reclam.
Levashova, Yulia (2020), »The Right of Access to Water in the Context of Investment Disputes in Argentina. Urbaser and Beyond«, *Utrecht Law Review* 162, 110–124.
Levit, Janet K. (2008), »Bottom-Up Lawmaking. The Private Origins of Transnational Law«, *Indiana Journal of Global Legal Studies* 15:1, 49–73.
Lieber, Tobias (2007), *Diskursive Vernunft und formelle Gleichheit*, Tübingen: Mohr Siebeck.
Linarelli, John et al. (2018), *The Misery of International Law. Confrontations with Injustice in the Global Economy*, Oxford: Oxford University Press.
Locke, John (1977), *Zwei Abhandlungen über die Regierung*, hg. v. Walter Euchner, Frankfurt am Main: Suhrkamp.
Löwith, Karl (1988), »Menschenrechte und Bürgerrechte bei Rousseau, Hegel und Marx«, in: ders., *Sämtliche Schriften*, Bd. 5, Stuttgart: Metzler, 174–185.
Loick, Daniel (2012), *Kritik der Souveränität*, Frankfurt am Main: Campus.
– (2011), »Von der ~~Gesetzes~~kraft zur Gesetz~~eskraft~~. Studium, Spiel, Deaktivierung: Drei Strategien zur Entsetzung der Rechtsgewalt«, in: ders. (Hg.), *Der Nomos der Moderne. Die politische Philosophie Giorgio Agambens*, Baden-Baden: Nomos, 194–213.

Lorey, Isabell (2020), *Demokratie im Präsens. Eine Theorie der politischen Gegenwart*, Berlin: Suhrkamp.

Loughlin, Martin (2014), »Constitutional Pluralism. An Oxymoron?«, *Global Constitutionalism* 3:1, 9–30.

Luhmann, Niklas (2008), »Rationalität in der modernen Gesellschaft«, in: ders., *Ideenevolution. Beiträge zur Wisssenssoziologie*, hg. v. André Kieserling, Frankfurt am Main: Suhrkamp, 186–233.

– (2005), »Die Weltgesellschaft«, in: ders., *Soziologische Aufklärung 2. Aufsätze zur Theorie der Gesellschaft*, Wiesbaden: VS, 63–88.

– (1999a), »Zur Funktion der ›subjektiven Rechte‹«, in: ders., *Ausdifferenzierung des Rechts. Beiträge zur Rechtstheorie und Rechtssoziologie*, Frankfurt am Main: Suhrkamp, 360–373.

– (1999b), »Selbstreflexion des Rechtssystems. Rechtstheorie in gesellschaftstheoretischer Perspektive«, in: ders., *Ausdifferenzierung des Rechts. Beiträge zur Rechtssoziologie und Rechtstheorie*, Frankfurt am Main: Suhrkamp, 419–451.

– (1997), *Die Gesellschaft der Gesellschaft*, Bd. 1, Frankfurt am Main: Suhrkamp.

– (1995), »Die Tücke des Subjekts und die Frage nach dem Menschen«, in: ders., *Soziologische Aufklärung*, Bd. 6, Opladen: Westdeutscher Verlag, 155–168.

– (1993), *Das Recht der Gesellschaft*, Frankfurt am Main: Suhrkamp.

– (1991), »Die Geltung des Rechts«, *Rechtstheorie* 22:3, 273–286.

– (1990a), »Die Stellung der Gerichte im Rechtssystem«, *Rechtstheorie* 21:4, 459–473.

– (1990b), »Verfassung als evolutionäre Errungenschaft«, *Rechtshistorisches Journal* 9, 176–220.

– (1989), »Individuum, Individualität, Individualismus«, in: ders., *Gesellschaftsstruktur und Semantik. Studien zur Wissenssoziologie der modernen Gesellschaft*, Bd. 3, Frankfurt am Main: Suhrkamp, 149–258.

– (1988), »Positivität als Selbstbestimmtheit des Rechts«, *Rechtstheorie* 19:1, 11–28.

– (1984), *Soziale Systeme. Grundriß einer allgemeinen Theorie*, Frankfurt am Main: Suhrkamp.

– (1981a), »Subjektive Rechte. Zum Umbau des Rechtsbewußtseins für die moderne Gesellschaft«, in: ders., *Gesellschaftsstruktur und Semantik. Studien zur Wissenssoziologie der modernen Gesellschaft*, Bd. 2, Frankfurt am Main: Suhrkamp, 45–104.

– (1981b), *Politische Theorie im Wohlfahrtsstaat*, München: Olzog.

– (1965), *Grundrechte als Institution. Ein Beitrag zur politischen Soziologie*, Berlin: Duncker & Humblot.

Maduro, Miguel Poiares (2003), »Contrapunctual Law. Europe's Constitutional Pluralism in Action«, in: Neil Walker (Hg.), *Sovereignty in Transition*, Oxford: Hart, 501–537.

Maier, Tobias (2014), *Gefährdete Freiheit. Abgründe der politischen Moderne bei Jean-Jacques Rousseau und Claude Lefort*, Würzburg: Königshausen & Neumann.

Maihofer, Andrea (1992), *Das Recht bei Marx. Zur dialektischen Struktur von Gerechtigkeit, Menschenrechten und Recht*, Baden-Baden: Nomos.

Manow, Philip (2024), *Unter Beobachtung. Die Bestimmung der liberalen Demokratie und ihrer Freunde*, Berlin: Suhrkamp.

– (2008), *Im Schatten des Königs. Die politische Anatomie demokratischer Repräsentation*, Frankfurt am Main: Suhrkamp.

Marchart, Oliver (2010), *Die politische Differenz. Zum Denken des Politischen bei Nancy, Lefort, Badiou, Laclau und Agamben*, Berlin: Suhrkamp.

Martinez Mateo, Marina (2018), *Politik der Repräsentation. Zwischen Formierung und Abbildung*, Wiesbaden: VS.

Martinich, A.P. (2016), »Authorization and Representation in Hobbes's *Leviathan*«, in: ders./Kinch Hoekstra (Hg.), *The Oxford Handbook of Hobbes*, Oxford: Oxford University Press, 315–338

Marx, Karl (1981), »Zur Judenfrage«, in: *MEW*, Bd. 1, Berlin: Dietz, 347–370.

Marxsen, Christian (2011), *Geltung und Macht. Jürgen Habermas' Theorie von Recht, Staat und Demokratie*, München: Fink.

Maus, Ingeborg (2015), »Verfassung und Verfassunggebung. Zur Kritik des Theorems einer ›Emergenz‹ supranationaler und transnationaler Verfassungen«, in: dies., *Menschenrechte, Demokratie und Frieden. Perspektiven globaler Organisation*, Berlin: Suhrkamp, 122–191.

– (2011), *Über Volkssouveränität. Elemente einer Demokratietheorie*, Berlin: Suhrkamp.

– (1994), »Volkssouveränität versus Konstitutionalismus. Zum Begriff einer demokratischen Verfassung«, in: Günter Frankenberg (Hg.), *Auf der Suche nach der gerechten Gesellschaft*, Frankfurt am Main: Fischer, 74–83.

– (1992), *Zur Aufklärung der Demokratietheorie. Rechts- und demokratietheoretische Überlegungen im Anschluß an Kant*, Frankfurt am Main: Suhrkamp.

– (1986a), »Verrechtlichung, Entrechtlichung und der Funktionswandel von Institutionen«, in: dies., *Rechtstheorie und politische Theorie im Industriekapitalismus,* München: Fink, 277–331.

– (1986b), »Perspektiven ›reflexiven Rechts‹ im Kontext gegenwärtiger Deregulierungstendenzen«, *Kritische Justiz* 19:4, 390–405.

McLachlan, Campbell (2005), »The Principle of Systemic Integration and Article 31(3)(c) of the Vienna Convention«, *International and Comparative Law Quarterly* 54:2, 279–320.

Meder, Stephan (2015), *Doppelte Körper im Recht. Traditionen des Pluralismus zwischen staatlicher Einheit und transnationaler Vielheit*, Tübingen: Mohr Siebeck.

– (2009²), *Ius non scriptum – Traditionen privater Rechtsetzung*, Tübingen: Mohr Siebeck.

Megiddo, Tamar (2019), »Beyond Fragmentation. On International Law's Integrationist Forces«, *Yale Journal of International Law* 44:1, 115–147.

Menéndez, Agustín José (2019), »Turning Proportionality Upside Down. From Legitimising Principle to Critical Tool«, in: Massimo La Torre et al.

(Hg.), *The Quest for Rights. Ideal and Normative Dimensions*, Cheltenham: Edward Elgar, 124–143.
Menke, Christoph (2015), *Kritik der Rechte*, Berlin: Suhrkamp.
– (2013), »Die ›andre Form‹ der Herrschaft. Marx' Kritik des Rechts«, in: Rahel Jaeggi/Daniel Loick (Hg.), *Nach Marx. Philosophie, Kritik, Praxis*, Berlin: Suhrkamp, 273–295.
– (2004), *Spiegelungen der Gleichheit. Politische Philosophie nach Adorno und Derrida*, Frankfurt am Main: Suhrkamp.
Meinel, Florian (2014), »Die Legalisierung der Legitimation. Zu einem deutschen Verfassungsproblem«, *Merkur* 784, 767–779.
Merkl, Adolf (1931), »Prolegomena zu einer Theorie des rechtlichen Stufenbaues«, in: Alfred Verdross (Hg.), *Gesellschaft, Staat und Recht. Untersuchungen zur reinen Rechtslehre*, Wien: Springer, 252–294.
Merry, Sally Engle (2015), »Firming Up Soft Law. The Impact of Indicators on Transnational Human Rights Legal Orders«, in: Terence C. Halliday/Gregory Shaffer (Hg.), *Transnational Legal Orders*, Cambridge: Cambridge University Press, 374–399.
– (2008), »Sociolegal Scholarship. Toward a Spatial Global Legal Pluralism«, *Studies in Law, Politics, and Society* 41, 149–168.
– (1988), »Legal Pluralism«, *Law and Society Review* 22:5, 869–896.
Michael, Lothar (2015), »Das Verhältnismäßigkeitsprinzip als Schlüssel(bund)konzept«, in: Matthias Jestaedt/Oliver Lepsius (Hg.), *Verhältnismäßigkeit. Zur Tragfähigkeit eines verfassungsrechtlichen Schlüsselkonzepts*, Tübingen: Mohr Siebeck, 42–59.
Michaels, Ralf (2019), »Private International Law as an Ethic of Responsivity«, in: Verónica Ruiz et al. (Hg.), *Diversity and Integration in Private International Law*, Edinburgh: Edinburgh University Press, 11–27.
– (2009), »Global Legal Pluralism«, *Annual Review of Law and Social Science* 5, 234–262.
– (2007), »The True Lex Mercatoria. Law Beyond the State«, *Indiana Journal of Global Legal Studies* 14:2, 447–468.
Mignolo, Walter D. (2009), »Who Speaks for the ›Human‹ in Human Rights?«, *Hispanic Issues On Line* 5:1, 7–25.
Miles, Kate (2013), *The Origins of International Investment Law. Empire, Environment and the Safeguarding of Capital*, Cambridge: Cambridge University Press.
Möller, Kai (2021), »Beyond Reasonableness. The Dignitarian Structure of Human and Constitutional Rights«, *The Canadian Journal of Law and Jurisprudence* 34:2, 341–364.
– (2014), »Proportionality and Rights Inflation«, in: Grant Huscroft et al. (Hg.), *Proportionality and the Rule of Law. Rights, Justification, Reasoning*, Cambridge: Cambridge University Press, 155–172.
– (2012), *The Global Model of Constitutional Rights*, Oxford: Oxford University Press.
Möller, Kolja (2015), *Formwandel der Verfassung. Die postdemokratische Verfasstheit des Transnationalen*, Bielefeld: Transcript.

Möllers, Christoph (2020), *Freiheitsgrade*, Berlin: Suhrkamp.
– (2015), *Die Möglichkeit der Normen. Über eine Praxis jenseits von Moralität und Kausalität*, Berlin: Suhrkamp.
– (2008), »Expressive versus repräsentative Demokratie«, in: Regina Kreide/Andreas Niederberger (Hg.), *Transnationale Verrechtlichung*, Frankfurt am Main: Campus, 160–182.
Mosabeyi, Reza (2018) (Hg.), *Kant und die Menschenrechte*, Berlin: de Gruyter.
Moyn, Samuel (2010), *The Last Utopia. Human Rights in History*, Cambridge (Mass.): Harvard University Press.
– (2008), »Marxism and Alterity. Claude Lefort and the Critique of Totality«, in: Warren Breckman et al. (Hg.), *The Modernist Imagination. Intellectual History and Critical Theory*, New York: Berghahn Books, 99–116.
Muchlinski, Peter (2016), »Negotiating New Generation International Investment Agreements«, in: Steffen Hindelang/Markus Krajewski (Hg.), *Shifting Paradigms in International Investment Law. More Balanced, Less Isolated, Increasingly Diversified*, Oxford: Oxford University Press, 41–64.
Müller, Friedrich (1966), *Normstruktur und Normativität. Zum Verhältnis von Recht und Wirklichkeit in der juristischen Hermeneutik, entwickelt an Fragen der Verfassungsinterpretation*, Berlin: Duncker & Humblot.
– (1997[7]), *Juristische Methodik*, hg. v. Ralph Christensen, Berlin: Duncker & Humblot.
Müller-Mall, Sabine (2023), *Verfassende Urteile. Eine Theorie des Rechts*, Berlin: Suhrkamp.
– (2013), *Legal Spaces. Towards a Topological Thinking of Law*, Berlin/Heidelberg: Springer.
– (2012), *Performative Rechtserzeugung. Eine theoretische Annäherung*, Weilerswist: Velbrück.
Muhle, Maria (2012), »Jacques Rancière. Die Kunst politischer Subjektivierung«, *Journal Phänomenologie* 38, 10–26.
Muir Watt, Horatia (2017), »Hospitality, Tolerance, and Exclusion in Legal Form. Private International Law and the Politics of Difference«, *Current Legal Problems* 70:1, 111–147.
Murray, Colin/Aoife O'Donoghue (2017), »A Path Already Travelled in Domestic Orders? From Fragmentation to Constitutionalisation in the Global Legal Order«, *International Journal of Law in Context* 13:3, 225–252.
Mutua, Makau (2001), »Savages, Victims, and Saviors. The Metaphor of Human Rights«, *Harvard International Law Journal* 42:1, 201–245.
Neumann, Franz (1937), »Der Funktionswandel des Gesetzes im Recht der bürgerlichen Gesellschaft«, *Zeitschrift für Sozialforschung* 6:3, 542–596.
Neumann, Volker (2015), *Carl Schmitt als Jurist*, Tübingen: Mohr Siebeck.
Neves, Marcelo (2017), »From Transconstitutionalism to Transdemocracy«, *European Law Journal* 23:5, 380–394.
Nollkaemper, André (2013), »Inside or Out. Two Types of International Legal Pluralism«, in: Jan Klabbers/Touko Piiparinen (Hg.), *Normative*

Pluralism and International Law. Exploring Global Governance, Cambridge: Cambridge University Press, 94–140.

Noortmann, Math (2015), »Transnational Law. Philip Jessup's Legacy and Beyond«, in: ders. et al. (Hg.), *Non-State Actors in International Law*, New York: Bloomsbury, 57–74.

Oakeshott, Michael (1975), »Introduction to *Leviathan*«, in: ders., *Hobbes on Civil Association*, Indianapolis: Liberty Fund, 1–79.

O'Donoghue, Aoife (2014), *Constitutionalism in Global Constitutionalisation*, Cambridge: Cambridge University Press.

Oeter, Stefan (2014), »Vom Völkerrecht zum transnationalen Recht – ›transnational administrative networks‹ und die Bildung hybrider Akteursstrukturen«, in: Gralf-Peter Calliess (Hg.), *Transnationales Recht. Stand und Perspektiven*, Tübingen: Mohr Siebeck, 387–402.

Oppelt, Martin (2017), *Gefährliche Freiheit. Rousseau, Lefort und die Ursprünge der radikalen Demokratie*, Baden-Baden: Nomos.

Orakhelashvili, Alexander (2008), »The Interaction between Human Rights and Humanitarian Law. Fragmentation, Conflict, Parallelism, or Convergence?«, *The European Journal of International Law* 19:1, 161–182.

Ortino, Federico (2019), *The Origin and Evolution of Investment Treaty Standards. Stability, Value, Reasonableness*, Oxford: Oxford University Press.

– (2017), »Investment Treaties, Sustainable Development and Reasonableness Review. A Case Against Strict Proportionality Balancing«, *Leiden Journal of International Law* 30, 71–91.

Parlett, Kate (2011), *The Individual in the International Legal System. Continuity and Change in International Law*, Cambridge: Cambridge University Press.

Patberg, Markus (2018), *Usurpation und Autorisierung. Konstituierende Gewalt im globalen Zeitalter*, Frankfurt am Main: Campus.

Pauwelyn, Joost (2015), »The Rule of Law without the Rule of Lawyers? Why Investment Arbitrators are from Mars, Trade Adjudicators from Venus«, *The American Journal of International Law* 109:4, 761–805.

Payandeh, Mehrdad (2013), »Die Internationalisierung der Rechtsordnung als Herausforderung für die Gesetzesbindung«, *Rechtswissenschaft* 4:4, 397–417.

– (2009), »Völkerrechtsfreundlichkeit als Verfassungsprinzip«, *Jahrbuch des öffentlichen Rechts der Gegenwart. Neue Folge* 57:1, 465–502.

Perez, Oren/Ofir Stegmann (2018), »Transnational Networked Constitutionalism«, *Journal of Law and Society* 45:1, 135–162.

Perju, Vlad (2012), »Proportionality and Freedom – An Essay on Method in Constitutional Law«, *Global Constitutionalism* 1:2, 334–367.

Perrone, Nicolás M. (2017), »The Emerging Global Right to Investment. Understanding the Reasoningbehind Foreign Investor Rights«, *Journal of International Dispute Settlement* 8:4, 673–694.

Peters, Anne (2021), »Menschenrechtsfunktionen jenseits des Staates«, in: Dieter Grimm, Dan Wielsch, Anne Peters, *Grundrechtsfunktionen jenseits des Staates*, Tübingen: Mohr Siebeck, 73–117.

– (2017), »The Refinement of International Law. From Fragmentation to Regime Interaction and Politicization«, *International Journal of Constitutional Law* 15:3, 671–704.
– (2016a), »Fragmentation and Constitutionalization«, in: Anne Orford/Florian Hoffmann (Hg.), *The Oxford Handbook of the Theory of International Law*, Oxford: Oxford University Press, 1011–1031.
– (2016b), »Verhältnismäßigkeit als globales Verfassungsprinzip«, in: Björnstjern Baade et al. (Hg.), *Verhältnismäßigkeit im Völkerrecht*, Tübingen: Mohr Siebeck, 1–18.
– (2014), *Jenseits der Menschenrechte. Die Rechtstellung des Individuums im Völkerrecht*, Tübingen: Mohr Siebeck.
– (2010), »Rechtsordnungen und Konstitutionalisierung. Zur Neubestimmung der Verhältnisse«, *Zeitschrift für öffentliches Recht* 65, 3–63
– (2009a), »The Merits of Global Constitutionalism«, *Indiana Journal of Global Legal Studies*, 16:2, 397–411.
– (2009b), »Membership in the Global Constitutional Community«, in: Jan Klabbers/Anne Peters/Geir Ulfstein, *The Constitutionalization of International Law*, Oxford: Oxford University Press, 153–262.
Petersen, Niels (2020), »Alexy and the ›German‹ Model of Proportionality. Why the Theory of Constitutional Rights Does Not Provide a Representative Reconstruction of the Proportionality Test«, *German Law Journal* 21, 163–173.
– (2015), *Verhältnismäßigkeit als Rationalitätskontrolle. Eine rechtsempirische Studie verfassungsrechtlicher Rechtsprechung zu den Freiheitsgrundrechten*, Tübingen: Mohr Siebeck.
Petersmann, Ernst-Ulrich (2020), »Can the Invocation of Human Rights Enhance Justice and Social Legitimacy in Investment Adjudication?«, *Indian Journal of International Economic Law* 12:1, 58–105.
Pettit, Philip (2008), *Made with Words. Hobbes on Language, Mind, and Politics*, Princeton: Princeton University Press.
Pistor, Katharina (2019), *The Code of Capital. How the Law Creates Wealth and Inequality*, Princeton: Princeton University Press.
– (2018), »Corporate Legal Particularism«, in: Andrew Arato et al. (Hg.), *Forms of Pluralism and Democratic Constitutionalism*, New York: Columbia University Press, 281–300.
Pitkin, Hanna Fenichel (1967), *The Concept of Representation*, Berkeley: University of California Press.
Pollicino, Oreste/Giovanni de Gregorio/Marco Bassini (2021), »Trump's Indefinite Ban. Shifting the Facebook Oversight Board away from the First Amendment Doctrine«, in: *Verfassungsblog*, https://verfassungsblog.de/fob-trump-2/ (letzter Zugriff: 27. Januar 2023).
Pollmann, Arnd (2022), *Menschenrechte und Menschenwürde. Zur philosophischen Bedeutung eines revolutionären Projekts*, Berlin: Suhrkamp.
Poole, Thomas (2012), »Hobbes on Law and Prerogative«, in: David Dyzenhaus/Thomas Poole (Hg.), *Hobbes and the Law*, Cambridge: Cambridge University Press, 68–96.

Poscher, Ralf (2010), »Theorie eines Phantoms – Die erfolglose Suche der Prinzipientheorie nach ihrem Gegenstand«, *Rechtswissenschaft* 1:4, 349–372.
– (2003), *Grundrechte als Abwehrrechte. Reflexive Regelung rechtlich geordneter Freiheit*, Tübingen: Mohr Siebeck.
Prandini, Ricardo (2019), »Gesellschaftlicher Konstitutionalismus. Wie die Weltgesellschaft auf die Emergenz neuer globaler Mächte reagiert«, in: Lars Viellechner (Hg.), *Verfassung ohne Staat. Gunther Teubners Verständnis von Recht und Gesellschaft*, Baden-Baden: Nomos, 235–262.
Preuß, Ulrich K. (1979), *Die Internalisierung des Subjekts. Zur Kritik der Funktionsweise des subjektiven Rechts*, Frankfurt am Main: Suhrkamp.
– (1976), »Zum Strukturwandel politischer Herrschaft im bürgerlichen Verfassungsstaat«, in: Claudio Pozzoli (Hg.), *Rahmenbedingungen und Schranken staatlichen Handelns*, Frankfurt am Main: Suhrkamp, 71–88.
Rachovitsa, Adamantia (2017), »The Principle of Systemic Integration in Human Rights Law«, *International and Comparative Law Quarterly* 66:3, 557–588.
Radi, Yannick (2014), »Balancing the Public and the Private in International Investment Law«, in: Horatia Muir Watt/Diego P. Fernández Arroyo (Hg.), *Private International Law and Global Governance*, Oxford: Oxford University Press, 156–175.
Raimondi, Francesca (2014), *Die Zeit der Demokratie. Politische Freiheit nach Carl Schmitt und Hannah Arendt*, Konstanz: Konstanz University Press.
Rancière, Jacques (2011), »Wer ist das Subjekt der Menschenrechte?«, in: Christoph Menke/Francesca Raimondi (Hg.), *Die Revolution der Menschenrechte*, Berlin: Suhrkamp, 474–490.
– (2006), *Das ästhetische Unbewußte*, Berlin/Zürich: Diaphanes.
– (2002), *Das Unvernehmen. Politik und Philosophie*, Frankfurt am Main: Suhrkamp.
Ranjan, Prabhash (2014), »Using the Public Law Concept of Proportionality to Balance Investment Protection with Regulation in International Investment Law. A Critical Appraisal«, *Cambridge Journal of International and Comparative Law* 3:3, 853–883.
Rauber, Jochen (2015), »Verhältnismäßigkeit und völkerrechtliche Systembildung. Überlegungen zur einheitsbildenden Funktion des Verhältnismäßigkeitsgrundsatzes im Völkerrecht der Konstitutionalisierung«, *Zeitschrift für ausländisches öffentliches Recht und Völkerrecht* 75, 259–298.
Rawls, John (2002), *Das Recht der Völker*, Berlin: de Gruyter.
– (1975), *Eine Theorie der Gerechtigkeit*, Frankfurt am Main: Suhrkamp.
Rebentisch, Juliane (2015), »Masse – Volk – Multitude. Überlegungen zur Quelle demokratischer Legitimität«, in: Rebekka A. Klein/Dominik Finkelde (Hg.), *Souveränität und Subversion. Figurationen des Politisch-Imaginären*, Freiburg i. Br.: Alber, 115–137.
Reimer, Philipp (2015), »Verhältnismäßigkeit im Verfassungsrecht, ein heterogenes Konzept«, in: Matthias Jestaedt/Oliver Lepsius (Hg.), *Verhältnismäßigkeit.*

Zur Tragfähigkeit eines verfassungsrechtlichen Schlüsselkonzepts, Tübingen: Mohr Siebeck, 60–76.
– (2013), »‹... und machet zu Jüngern alle Völker‹. Von ›universellen Verfassungsprinzipien‹ und der Weltmission der Prinzipientheorie der Grundrechte«, *Der Staat* 52:1. 27–57.
Renner, Moritz (2011), *Zwingendes transnationales Recht. Zur Struktur der Wirtschaftsverfassung jenseits des Staates*, Baden-Baden: Nomos.
Rivas, José Antonio (2015), »ICSID Treaty Counterclaims. Case Law and Treaty Evolution«, in: Jean E. Kalicki/Anna Joubin-Bret (Hg.), *Reshaping the Investor-State Dispute Settlement System*, Leiden: Brill, 779–827.
Rivers, Julian (2019), »The Reception of Robert Alexy's Work in Anglo-American Jurisprudence«, *Jurisprudence* 10, 133–150.
Roberts, Anthea (2015), »Triangular Treaties. The Extent and Limits of Investment Treaty Rights«, *Harvard International Law Journal* 56:2, 353–417.
Rödel, Ulrich (1997), »Von der Totalitarismustheorie zur Demokratietheorie. Claude Lefort und Cornelius Castoriadis«, in: Alfons Söllner et al. (Hg.), *Totalitarismus. Eine Ideengeschichte des 20. Jahrhunderts*, Berlin: Akademie, 208–219.
Rosanvallon, Pierre (2017), *Die Gesellschaft der Gleichen*, Berlin: Suhrkamp.
Roughan, Nicole (2016), »Mind the Gaps. Authority and Legality in International Law«, *The European Journal of International Law* 27:2, 329–351.
– (2013), *Authorities. Conflicts, Cooperation, and Transnational Legal Theory*, Oxford: Oxford University Press.
Rückert, Jürgen (2011), »Abwägung – die juristische Karriere eines unjuristischen Begriffs oder: Normstrenge und Abwägung im Funktionswandel«, *JuristenZeitung* 66, 913–923.
Rüthers, Bernd (2009), »Methodenfragen als Verfassungsfragen?«, *Rechtstheorie* 40:3, 253–283.
Runciman, David (2009), »Hobbes's Theory of Representation. Anti-Democratic or Proto-Democratic?«, in: Ian Shapiro et al. (Hg.), *Political Representation*, Cambridge: Cambridge University Press, 15–34.
Salacuse, Jeswald W. (2010), »The Emerging Global Regime for Investment«, *Harvard International Law Journal* 51:2, 427–473.
Sangiovanni, Andrea (2017), *Humanity without Dignity. Moral Equality, Respect, and Human Rights*, Cambridge (Mass.): Harvard University Press.
Sauer, Heiko (2013), »Vorrang ohne Hierarchie. Zur Bewältigung von Kollisionen zwischen Rechtsordnungen durch Randordnungsnormen, Bindungsnormen, Derogationsnormen und Kollisionsnormen«, *Rechtstheorie* 44:4, 503–539.
Saurer, Johannes (2014), »Der kompetenzrechtliche Verhältnismäßigkeitsgrundsatz im Recht der Europäischen Union«, *JuristenZeitung* 69, 281–286.
– (2012), »Die Globalisierung des Verhältnismäßigkeitsgrundsatzes«, *Der Staat* 51:1, 3–33.

Schaffer, Johan Karlsson (2015), »The Co-Originality of Human Rights and Democracy in an International Order«, *International Theory* 7:1, 96–124.
Schauer, Frederick (2012), »Balancing, Subsumption, and the Constraining Role of the Legal Text«, in: Matthias Klatt (Hg.), *Insitutionalized Reason. The Jurisprudence of Robert Alexy*, Oxford: Oxford University Press, 307–316.
Schill, Stephan W. (2017), »Reforming Investor-State Dispute Settlement. A (Comparative and International) Constitutional Law Framework«, *Journal of International Economic Law* 20:3, 649–672.
– (2012a), »Cross-Regime Harmonization through Proportionality Analysis. The Case of International Investment Law, the Law of State Immunity and Human Rights«, *ICSID Review* 27:1, 87–119.
– (2012b), »Investitionsschutzrecht als Entwicklungsvölkerrecht«, *Zeitschrift für ausländisches öffentliches Recht* 72, 261–308.
– (2011), »Enhancing International Investments Law's Legitimacy. Conceptual and Methodological Foundations of a New Public Law Approach«, *Virginia Journal of International Law* 52:1, 57–102.
Schill, Stephan W./Vladislav Djanic (2018), »International Investment Law and Community Interests«, in: Eyal Benvenisti/Georg Nolte (Hg.), *Community Interests Across International Law*, Oxford: Oxford University Press, 221–248.
Schill, Stephan W./Geraldo Vidigal (2021), »Investment Dispute Settlement à la carte. A Proposal for Reform of Investor-State Dispute Settlement«, in: Manfred Elsig et al. (Hg.), *International Economic Dispute Settlement. Demise or Transformation?*, Cambridge: Cambridge University Press, 220–263.
Schladebach, Marcus (2014), »Praktische Konkordanz als verfassungsrechtliches Kollisionsprinzip: Eine Verteidigung«, *Der Staat* 53:2, 263–283.
Schlink, Bernhard (2012), »Proportionality in Constitutional Law. Why Everywhere but Here?«, *Duke Journal of Comparative and International Law* 22, 291–302.
– (2001), »Der Grundsatz der Verhältnismäßigkeit«, in: Peter Badura/Horst Dreier (Hg.), *Festschrift 50 Jahre Bundesverfassungsgericht*, Bd. 2, Tübingen: Mohr Siebeck, 445–465.
– (1984), »Freiheit durch Eingriffsabwehr – Rekonstruktion der klassischen Grundrechtsfunktion«, *Europäische Grundrechte-Zeitschrift* 11, 457–468.
– (1992), »Grundrechte als Prinzipien?«, *Osaka University Law Review* 39, 41–58.
– (1976), *Abwägung im Verfassungsrecht*, Berlin: Duncker & Humblot.
Schmitt, Carl (2021), *Politische Theologie. Vier Kapitel zur Lehre von der Souveränität*, Berlin: Duncker & Humblot.
– (2018), *Der Leviathan in der Staatslehre des Thomas Hobbes. Sinn und Fehlschlag eines politischen Symbols*, Stuttgart: Klett-Cotta.
– (2017a), *Die geistesgeschichtliche Lage des heutigen Parlamentarismus*, Berlin: Duncker & Humblot.

– (2017b), *Verfassungslehre*, Berlin: Duncker & Humblot.
– (2016), *Der Hüter der Verfassung*, Berlin: Duncker & Humblot.
– (2014a), *Volksentscheid und Volksbegehren. Ein Beitrag zur Auslegung der Weimarer Verfassung und zur Lehre von der unmittelbaren Demokratie*, Berlin: Duncker & Humblot.
– (2014b), »Wesen und Werden des faschistischen Staates«, in: ders., *Positionen und Begriffe im Kampf mit Weimar – Genf – Versailles. 1923–1939*, Berlin: Duncker & Humblot, 124–130.
– (2012), *Legalität und Legitimität*, Berlin: Duncker & Humblot.
– (1928), »Der bürgerliche Rechtsstaat«, *Abendland* 3:7, 201–203.
Schneider, Wolfgang L. (2011), »›Rationalität‹ in Luhmanns Systemtheorie«, in: Andrea Maurer/Uwe Schimank (Hg.), *Die Rationalitäten des Sozialen*, Wiesbaden: VS, 65–78.
Schneiderman, David (2020), »Investment Arbitration as Constitutional Law. Constitutional Analogies, Linkages, and Absences«, in: Thomas Schultz/Frederico Ortino (Hg.), *The Oxford Handbook of International Arbitration*, Oxford: Oxford University Press, 421–447.
– (2018), »Global Constitutionalism and Its Legitimacy Problem. Human Rights, Proportionality, and International Investment Law«, *Law and Ethics of Human Rights* 12:2, 251–280.
– (2016), »On Suffering and Societal Constitutionalism. At the Border of International Investment Arbitration and Human Rights«, in: Tsvi Kahana/Anat Scolnicov (Hg.), *Boundaries of State, Boundaries of Rights*, Cambridge: Cambridge University Press, 25–42.
– (2015), »Book Review: Cohen-Eliya/Porat, *Proportionality and Constitutional Culture*«, *International Journal of Constitutional Law* 13:3, 769–773.
– (2014), »The Global Regime of Investor Rights. Return to the Standards of Civilised Justice?«, *Transnational Legal Theory* 5:1, 60–80.
– (2013), *Resisting Economic Globalization. Critical Theory and International Investment Law*, Basingstoke: Palgrave Macmillan.
– (2008), *Constitutionalizing Economic Globalization. Investment Rules and Democracy's Promise*, Cambridge: Cambridge University Press.
Schnell, Martin W. (2009), »Lefort, Claude«, in: Thomas Bedorf/Kurt Röttgers (Hg.), *Die französische Philosophie im 20. Jahrhundert. Ein Autorenhandbuch*, Darmstadt: Wiss. Buchgesellschaft, 216–218.
Schultz, Thomas (2014), *Transnational Legality. Stateless Law and International Arbitration*, Oxford: Oxford University Press.
Schultz, Thomas/Niccolò Ridi (2017), »Comity and International Courts and Tribunals«, *Cornell International Law Journal* 50:3, 577–610.
Schulz, Daniel (2015), *Die Krise des Republikanismus*, Baden-Baden: Nomos.
Seinecke, Ralf (2015), *Das Recht des Rechtspluralismus*, Tübingen: Mohr Siebeck.
Shaffer, Gregory (2012), »A Transnational Take on Krisch's Pluralist Postnational Law«, *The European Journal of International Law* 23:2, 565–582.

Sharafi, Mitra (2008), »Justice in Many Rooms since Galanter. De-Romanticizing Legal Pluralism through the Cultural Defense«, *Law and Contemporary Problems* 71, 139–146.

Shelton, Dinah (2010), »Developing Substantive Environmental Rights«, *Journal of Human Rights and the Environment* 1:1, 89–120.

Sheplyakova, Tatjana (2018), »Das Klagerecht und die Prozeduralisierung des Rechts«, in: dies. (Hg.), *Prozeduralisierung des Rechts*, Tübingen: Mohr Siebeck, 191–228.

– (2016), »Das Recht der Klage aus demokratietheoretischer Perspektive«, *Deutsche Zeitschrift für Philosophie* 64:1, 45–67.

Simma, Bruno (2011), »Foreign Investment Arbitration. A Place for Human Rights?«, *International and Comparative Law Quarterly* 60:3, 573–596.

Simma, Bruno /Theodore Kill (2009), »Harmonizing Investment Protection and International Human Rights. First Steps Towards a Methodology«, in: Christina Binder et al. (Hg.), *International Investment Law for the 21st Century. Essays in Honour of Christoph Schreuer*, Oxford: Oxford University Press, 678–707.

Simmons, Beth A. (2014), »Bargaining over BITs, Arbitrating Awards. The Regime for Protection and Promotion of International Investment«, *World Politics* 66:1, 12–46.

Skinner, Quentin (2018), »Hobbes on Political Representation«, in: ders., *From Humanism to Hobbes. Studies in Rhetoric and Politics*, Cambridge: Cambridge University Press, 190–221.

– (2008), *Freiheit und Pflicht. Thomas Hobbes' politische Theorie*, Frankfurt am Main: Suhrkamp.

– (2007), »Hobbes on Persons, Authors and Representatives«, in: Patricia Springborg (Hg.), *The Cambridge Companion to Hobbes's Leviathan*, Cambridge: Cambridge University Press, 157–180.

Somek, Alexander (2014), *The Cosmopolitan Constitution*, Oxford: Oxford University Press.

– (2000), »Eine egalitäre Alternative zur Güterabwägung«, in: Bernd Schilcher et al. (Hg.), *Regeln, Prinzipien und Elemente im System des Rechts*, Wien: Verlag Österreich, 193–220.

Sornarajah, Muthucumaraswamy (2015), *Resistance and Change in the International Law on Foreign Investment*, Cambridge: Cambridge University Press.

Sousa Santos, Boaventura de (1987), »Law: A Map of Misreading. Toward a Postmodern Conception of Law«, *Journal of Law and Society* 14:3, 279–302.

Staubach, Peter (2019), »Das Verhältnismäßigkeitsprinzip«, in: Dieter Grimm (Hg.), *Vorbereiter – Nachbereiter. Studien zum Verhältnis von Verfassungsrechtsprechung und Verfassungsrechtswissenschaft*, Tübingen: Mohr Siebeck, 131–160.

Stern, Klaus (1993), »Zur ›Entstehung‹ und Ableitung des Übermaßverbots«, in: Peter Badura/Rupert Scholz (Hg.), *Wege und Verfahren des Verfassungslebens. Festschrift für Peter Lerche zum 65. Geburtstag*, München: Beck, 165–175.

Stollberg-Rilinger, Barbara (2017), »Symbolik und Technik des Wählens in der Vormoderne«, in: Hedwig Richter/Hubertus Buchstein (Hg.), *Kultur und Praxis der Wahlen. Eine Geschichte der modernen Demokratie*, Wiesbaden: Springer VS, 31–62.

Stolleis, Michael (1990), »Condere leges et interpretari. Gesetzgebungsmacht und Staatsbildung in der frühen Neuzeit«, in: ders., *Staat und Staatsräson. Studien zur Geschichte des öffentlichen Rechts*, Frankfurt am Main: Suhrkamp, 167–196.

Stone Sweet, Alec (2013), »The Structure of Constitutional Pluralism«, *International Journal of Constitutional Law* 11:2, 492–500.

– (2010), »Investor-State Arbitration. Proportionality's New Frontier«, *Law and Ethics of Human Rights* 4:1, 47–76.

Stone Sweet, Alec/Giacinto della Cananea (2014), »Proportionality, General Principles of Law, and Investor-State Arbitration. A Response to José Alvarez«, *New York University Journal of International Law and Politics* 46, 911–954.

Stone Sweet, Alec/Florian Grisel (2017), *The Evolution of International Arbitration. Judicialization, Governance, Legitimacy*, Oxford: Oxford University Press.

Stone Sweet, Alec/Jud Mathews (2019), *Proportionality Balancing and Constitutional Governance. A Comparative and Global Approach*, Oxford: Oxford University Press.

Stone Sweet, Alec/Clare Ryan (2018), *A Cosmopolitan Legal Order. Kant, Constitutional Justice, and the European Convention on Human Rights*, Oxford: Oxford University Press.

Stourzh, Gerald (1989), »Vom aristotelischen zum liberalen Verfassungsbegriff. Staatsformenlehre und Fundamentalgesetze in England und Nordamerika im 17. und 18. Jahrhundert«, in: ders., *Wege zur Grundrechtsdemokratie*, Wien/Köln: Böhlau, 1–35.

Strauss, Leo (2022), *Naturrecht und Geschichte*, hg. v. Heinrich Meier, Hamburg: Meiner.

Taekema, Sanne (2019), »Between or Beyond Legal Orders. Questioning the Concept of Legal Order in Light of Interlegality«, in: Jan Klabbers/Gianluigi Palombella (Hg.), *The Challenge of Inter-Legality*, Cambridge: Cambridge University Press, 69–88.

Tamanaha, Brian Z. (2008), »Understanding Legal Pluralism. Past to Present, Local to Global«, *Sydney Law Review* 30, 375–411.

– (2000), »A Non-Essentialist Version of Legal Pluralism«, *Journal of Law and Society* 27:2, 296–321.

– (1997), *Realistic Socio-Legal Theory*, Oxford: Oxford University Press.

Taylor, Robert S. (2003), »Rawls's Defense of the Priority of Liberty. A Kantian Reconstruction«, *Philosophy & Public Affairs* 31:3, 246–271.

Teeple, Gary (1984), *Marx's Critique of Politics. 1842–1847*, Toronto: University of Toronto Press.

Teubner, Gunther (2018a), »Quod omnes tangit. Transnationale Verfassungen ohne Demokratie?«, *Der Staat* 57:2, 171–194.

– (2018b), »Zum transsubjektiven Potential subjektiver Rechte. Gegenrechte in ihrer kommunikativen, kollektiven und institutionellen Dimension«, in: Andreas Fischer-Lescano et al. (Hg.), *Gegenrechte. Recht jenseits des Subjekts*, Tübingen: Mohr Siebeck, 357–376.
– (2016), »Transnationaler Verfassungspluralismus. Neun Variationen über ein Thema von David Sciulli«, *Zeitschrift für ausländisches öffentliches Recht und Völkerrecht* 76, 1–25.
– (2015), »Exogene Selbstbindung. Wie gesellschaftliche Teilsysteme ihre Gründungsparadoxien externalisieren«, *Zeitschrift für Rechtssoziologie* 35:1, 69–89.
– (2014), »Eigenverfassungen globaler Institutionen. Transformationen des pouvoir constituant«, in: Gralf-Peter Calliess (Hg.), *Transnationales Recht*, Tübingen: Mohr Siebeck, 77–94.
– (2012), *Verfassungsfragmente. Gesellschaftlicher Konstitutionalismus in der Globalisierung*, Berlin: Suhrkamp.
– (2011a), »Das Projekt der Verfassungssoziologie. Irritationen des nationalstaatlichen Konstitutionalismus«, *Zeitschrift für Rechtssoziologie* 32:2, 189–204.
– (2011b), »Verfassung ohne Staat? Zur Konstitutionalisierung transnationaler Regimes«, in: Stefan Kadelbach/Klaus Günther (Hg.), *Recht ohne Staat? Zur Normativität nichtstaatlicher Rechtsetzung*, Frankfurt am Main: Campus, 49–100.
– (2011c), »Horizontal Effect Revisited. A Reply to Four Comments«, *Netherlands Journal of Legal Philosophy* 40:3, 275–285.
– (2006), »Die anonyme Matrix. Zu Menschenrechtsverletzungen durch ›private‹ transnationale Akteure«, *Der Staat* 45:2, 161–187.
– (2003), »Globale Zivilverfassungen. Alternativen zur staatszentrierten Verfassungstheorie«, *Zeitschrift für ausländisches öffentliches Recht und Völkerrecht* 63, 1–28.
– (2000), »Privatregimes. Neo-Spontanes Recht und duale Sozialverfassungen in der Weltgesellschaft«, in: Dieter Simon/Manfred Weiss (Hg.), *Zur Autonomie des Individuums. Liber Amicorum Spiros Simitis*, Baden-Baden: Nomos, 437–453.
– (1996), »Globale Bukowina. Zur Emergenz eines transnationalen Rechtspluralismus«, *Rechtshistorisches Journal* 15, 255–290.
– (1995), »Die zwei Gesichter des Janus. Rechtspluralismus in der Spätmoderne«, in: Eike Schmidt/Hans-Leo Weyers (Hg.), *Liber Amicorum Josef Esser*, Heidelberg: C.F. Müller, 191–214.
Teubner, Gunther/Peter Korth (2009), »Zwei Arten des Rechtspluralismus. Normkollisionen in der doppelten Fragmentierung der Weltgesellschaft«, in: Matthias Kötter/Gunnar Folke Schuppert (Hg.), *Normative Pluralität ordnen. Rechtsbegriffe, Normkollisionen und Rule of Law in Kontexten dies- und jenseits des Staates*, Baden-Baden: Nomos, 137–168.
Thornhill, Chris (2018), *The Sociology of Law and the Global Transformation of Democracy*, Cambridge: Cambridge University Press.
– (2016), *A Sociology of Transnational Constitutions. Social Foundations*

of the Post-National Legal Structure, Cambridge: Cambridge University Press.

Thym, Daniel (2019), »Between ›Administrative Mindset‹ and ›Constitutional Imagination‹. The Role of the Court of Justice in Immigration, Asylum and Border Control Policy«, *European Law Review* 44:2, 139–158.

Tienhaara, Kyla (2018), »Regulatory Chill in a Warming World. The Threat to Climate Policy Posed by Investor-State Dispute Settlement«, *Transnational Environmental Law* 7:2, 229–250.

Tischbirek, Alexander (2017), *Die Verhältnismäßigkeitsprüfung. Methodenmigration zwischen öffentlichem Recht und Privatrecht,* Tübingen: Mohr Siebeck.

Trautmann, Felix (2017), »Das politische Imaginäre. Zur Einleitung«, in: ders. (Hg.), *Das politische Imaginäre,* Berlin: August, 9–27.

– (2013), »Die Fortdauer des Politisch-Imaginären. Das Symbolische der Macht und die Phantasmen gesellschaftlicher Einheit nach Claude Lefort«, in: Andreas Wagner (Hg.), *Am leeren Ort der Macht. Das Staats- und Politikverständnis Claude Leforts,* Baden-Baden: Nomos, 91–116.

Trüstedt, Katrin (2022), *Stellvertretung. Zur Szene der Person,* Konstanz: Konstanz University Press.

Tsakyrakis, Stavros (2009), »Proportionality. An Assault on Human Rights?«, *International Journal of Constitutional Law* 7:3, 468–493.

Tuori, Kaarlo (2014), »Transnational Law. On Legal Hybrids and Legal Perspectivism«, in: Miguel Maduro et al. (Hg.), *Transnational Law. Rethinking European Law and Legal Thinking,* Cambridge: Cambridge University Press, 11–57.

Twining, William (2010), »Normative and Legal Pluralism. A Global Perspective«, *Duke Journal of Comparative and International Law* 20, 473–517.

– (2003), »A Post-Westphalian Conception of Law«, *Law and Society Review* 37:1, 199–257.

Unger, Mangabeira Roberto (2015), *The Critical Legal Studies Movement. Another Time,* a Greater Task, London: Verso.

United Nations Conference on Trade and Development (UNCTAD) (2019), *World Investment Report 2019,* https://unctad.org/system/files/official-document/wir2019_en.pdf (letzter Zugriff: 24. Februar 2023).

Urbina, Francisco J. (2017), *A Critique of Proportionality and Balancing,* Cambridge: Cambridge University Press.

Urueña, René (2016), »Interaction as a Site of Postnational Rule-Making. A Case Study of the Interamerican System of Human Rights«, in: Elaine Fahey (Hg.), *The Actors of Postnational Rule-Making. Contemporary Challenges of European and International Law,* New York: Routledge, 133–159.

Vadi, Valentina (2018), *Proportionality, Reasonableness and Standards of Review in International Investment Law and Arbitration,* Cheltenham: Edward Elgar.

– (2015), *Analogies in International Investment Law and Arbitration,* Cambridge: Cambridge University Press.

van Harten, Gus (2020), *The Trouble with Foreign Investor Protection*, Oxford: Oxford University Press.
– (2013), *Sovereign Choices and Sovereign Constraints. Judicial Restraint in Investment Treaty Arbitration*, Oxford: Oxford University Press.
– (2007), *Investment Treaty Arbitration and Public Law*, Oxford: Oxford University Press.
Venzke, Ingo/Joana Mendes (2018), »The Idea of Relative Authority in European and International Law«, *International Journal of Constitutional Law* 16:1, 75–100.
Verdirame, Gugliemo (2015), »Rescuing Rights from Proportionality«, in: Rowan Cruft, S. Matthew Liao/Massimo Renzo (Hg.), *Philosophical Foundations of Human Rights*, Oxford: Oxford University Press, 341–357.
Verschraegen, Gert (2006), »Systems Theory and the Paradox of Human Rights«, in: Michael King/Chris Thornhill (Hg.), *Luhmann on Law and Politics. Critical Appraisals and Applications*, Oxford: Hart, 101–125.
Vesting, Thomas (2015[2]), *Rechtstheorie*, München: C.H. Beck.
Vesting, Thomas /Ino Augsberg (2013), »›Das Recht der Netzwerkgesellschaft‹. Zu Karl-Heinz Ladeurs Rechts- und Gesellschaftstheorie«, in: Karl-Heinz Ladeur, *Das Recht der Netzwerkgesellschaft. Ausgewählte Aufsätze*, hg. v. Thomas Vesting/Ino Augsberg, Tübingen: Mohr Siebeck, 1–28.
Viellechner, Lars (2015), »Responsive Legal Pluralism. The Emergence of Transnational Conflicts Law«, *Transnational Legal Theory* 6:2, 313–332.
– (2013), *Transnationalisierung des Rechts*, Weilerswist: Velbrück.
Vischer, Benedict (2021), *Die Fremdheit des Rechts. Aufzeichnungen eines fragilen Versprechens*, Weilerswist: Velbrück.
Vismann, Cornelia (2012), »St. Benedict, Inc.«, in: dies., *Das Recht und seine Mittel*, hg. v. Markus Krajewski/Fabian Steinhauer, Frankfurt am Main: Fischer, 365–393.
Voigt, Rüdiger (2008), »Weltrecht – Entsteht eine ›Dritte Rechtsordnung‹?«, *Rechtstheorie* 39, 357–380.
Volk, Christian (2019), »Enacting a Parallel World. Political Protest Against the Transnational Constellation«, *Journal of International Political Theory* 15:1, 100–118.
– (2012), »Why Global Constitutionalism Does Not Live up to its Promises«, *Goettingen Journal of International Law* 4:2, 551–573.
Vollrath, Ernst (1992), »Menschenrechte als politische Option«, in: Heiner Bielefeldt et al. (Hg.), *Würde und Recht des Menschen. Festschrift für Johannes Schwartländer zum 70. Geburtstag*, Würzburg: Königshausen & Neumann, 223–236.
Wagner, Andreas (2010), *Recht – Macht – Öffentlichkeit. Elemente demokratischer Staatlichkeit bei Jürgen Habermas und Claude Lefort*, Stuttgart: Steiner.
Wahl, Rainer (2013), »Der Grundsatz der Verhältnismäßigkeit. Ausgangslage und Gegenwartsproblematik«, in: Dirk Heckmann et al. (Hg.),

Verfassungsstaatlichkeit im Wandel. Festschrift für Thomas Würtenberger zum 70. Geburtstag, Berlin: Duncker & Humblot, 823–854.
– (1981), »Der Vorrang der Verfassung«, *Der Staat* 20:4, 485–516.
Wai, Robert (2008), »The Interlegality of Transnational Private Law«, *Law and Contemporary Problems* 71, 107–127.
Walker, Neil (2014), *Intimations of Global Law,* Cambridge: Cambridge University Press.
– (2002), »The Idea of Constitutional Pluralism«, *The Modern Law Review* 65:3, 317–359.
Wall, Illan Rua (2014), »On a Radical Politics for Human Rights«, in: Costas Douzinas/Conor Gearty (Hg.), *The Meanings of Rights. The Philosophy and Social Theory of Human Rights*, Cambridge: Cambridge University Press, 106–120.
Webber, Grégoire (2017), »Proportionality and Absolute Rights«, in: Vicki C. Jackson/Mark Tushnet (Hg.), *Proportionality. New Frontiers, New Challenges*, Cambridge: Cambridge University Press, 75–99.
– (2014), »On the Loss of Rights«, in: Grant Huscroft et al. (Hg.), *Proportionality and the Rule of Law. Rights, Justification, Reasoning*, Cambridge: Cambridge University Press, 123–154.
– (2009), *The Negotiable Constitution. On the Limitation of Rights*, Cambridge: Cambridge University Press.
Weil, Prosper (1983), »Towards Relative Normativity in International Law?«, *The American Journal of International Law* 77:3, 413–442.
Weisbrod, Carol (1988), »Family, Church and State. An Essay on Constitutionalism and Religious Authority«, *Journal of Family Law* 26, 741–770.
Wellmer, Albrecht (1998), »Menschenrechte und Demokratie«, in: Stefan Gosepath/Georg Lohmann (Hg.), *Philosophie der Menschenrechte*, Frankfurt am Main: Suhrkamp, 265–291.
– (1986), »Naturrecht und praktische Vernunft. Zur aporetischen Entfaltung eines Problems bei Kant, Hegel und Marx«, in: Emil Angehrn/Georg Lohmann (Hg.), *Ethik und Marx. Moralkritik und normative Grundlagen der Marxschen Theorie*, Königstein im Taunus: Athenäum, 197–238.
Wells, Louis T. (2010), »Backlash to Investment Arbitration. Three Causes«, in: Michael Waibel et al. (Hg.), *The Backlash Against Investment Arbitration. Perceptions and Reality*, Alphen ann den Rijn: Kluwer, 341–352.
Weymans, Wim (2011), »Jenseits des Arendtschen Marxismus. Lefort über Gleichheit und Demokratie«, in: Reinhard Heil et al. (Hg.), *Unbedingte Demokratie*, Baden-Baden: Nomos, 175–197.
– (2005), »Freedom through Political Representation. Lefort, Gauchet and Rosanvallon on the Relationship between State and Society«, *European Journal of Political Theory* 4:3, 263–282.
Weyrauch, Walter Otto/Anne Maureen Bell (1993), »Autonomous Law-Making. The Case of the ›Gypsies‹«, *The Yale Law Journal* 103:2, 323–399.
Whyte, Jessica (2019), *The Morals of the Market. Human Rights and the Rise of Neoliberalism*, London: Verso.
Wiederin, Ewald (2011), »Die Stufenbaulehre Adolf Julius Merkls«, in:

Stefan Griller/Heinz-Peter Rill (Hg.), *Rechtstheorie. Rechtsbegriff – Dynamik – Auslegung*, Wien: Verlag Österreich, 81–134.

Wiener, Antje et al. (2012), »Global Constitutionalism. Human Rights, Democracy and the Rule of Law«, *Global Constitutionalism* 1:1, 1–15.

Wolf, Klaus Dieter (2014), »The Non-Existence of Private Self-Regulation in the Transnational Sphere and Its Implications for the Responsibility to Procure Legitimacy. The Case of the Lex Sportiva«, *Global Constitutionalism* 3:2, 275–309.

Wolin, Sheldon (2016), »Norm and Form. The Constitutionalizing of Democracy«, in: ders., *Fugitive Democracy and Other Essays*, hg. v. Nicolas Xenos, Princeton: Princeton University Press, 77–99.

Yildiz, Ersin (2013), »Lefort und Kantorowicz. Repräsentation und die politische Form der modernen Gesellschaft«, in: Andreas Wagner (Hg.), *Am leeren Ort der Macht. Das Staats- und Politikverständnis Claude Leforts*, Baden-Baden: Nomos, 69–90.

Yotova, Rumiana (2016), »Systemic Integration. An Instrument for Reasserting the State's Control in Investment Arbitration?«, in: Andreas Kulick (Hg.), *Reassertion of Control over the Investment Treaty Regime*, Cambridge: Cambridge University Press, 182–208.

Young, Margaret A. (2012), »Regime Interaction in Creating, Implementing and Enforcing International Law«, in: dies. (Hg.), *Regime Interaction in International Law. Facing Fragmentation*, Cambridge: Cambridge University Press, 85–110.

Zivi, Karen (2012), *Making Rights Claims. A Practice of Democratic Citizenship*, Oxford: Oxford University Press.

Zürn, Michael (2018), *A Theory of Global Governance. Authority, Legitimacy, and Contestation*, Oxford: Oxford University Press.

Zumbansen, Peer (2016), »Where the Wild Things Are. Journeys to Transnational Legal Orders, and Back«, *UC Irvine Journal of International, Transnational, and Comparative Law* 1, 161–194.

– (2015), »The Constitutional Itch. Transnational Private Regulatory Governance and the Woes of Legitimacy«, in: Michael A. Helfand (Hg.), *Negotiating State and Non-State Law. The Challenge of Global and Legal Pluralism*, Cambridge: Cambridge University Press, 83–110.

– (2013), »Transnational Private Regulatory Governance. Ambiguities of Public Authority and Private Power«, *Law and Contemporary Problems* 76, 117–138.

– (2012), »Comparative, Global and Transnational Constitutionalism. The Emergence of a Transnational Legal-Pluralist Order«, *Global Constitutionalism* 1:1, 16–52.